国家社科基金
GUOJIA SHEKE JIJIN HOUQI ZIZHU XIANGMU
后期资助项目

家庭社会资本与教育获得研究

Research on Family Social Capital and
Educational Attainment

吴新慧 著

上海交通大学出版社
SHANGHAI JIAO TONG UNIVERSITY PRESS

内容提要

家庭作为重要的社会单元,家庭社会资本对子女的教育获得会产生重要影响。本书分析了家庭社会资本介入教育的制度及文化基础,探讨了家庭社会资本对城乡儿童教育获得的影响,总结了中国家庭社会资本的结构和特征,探讨了代际闭合、社会网络、教育期望、家庭义务感与教育获得的关系,最终提出家庭社会资本代际传递路径以及家庭社会资本的提升方法。

本书适合社会学、教育学等学科师生以及广大的教育工作者和中小学生家长阅读。

图书在版编目(CIP)数据

家庭社会资本与教育获得研究／吴新慧著.—上海:
上海交通大学出版社,2023.11
ISBN 978 - 7 - 313 - 28984 - 1

Ⅰ.①家… Ⅱ.①吴… Ⅲ.①青少年教育一家庭教育一研究 Ⅳ.①G782

中国国家版本馆 CIP 数据核字(2023)第 175075 号

家庭社会资本与教育获得研究
JIATING SHEHUI ZIBEN YU JIAOYU HUODE YANJIU

著　者:吴新慧

出版发行:上海交通大学出版社　　　　　　地　　址:上海市番禺路 951 号
邮政编码:200030　　　　　　　　　　　　电　　话:021 - 64071208
印　　制:上海万卷印刷股份有限公司　　　经　　销:全国新华书店
开　　本:710 mm×1000 mm　1/16　　　　印　　张:21.25
字　　数:367 千字
版　　次:2023 年 11 月第 1 版　　　　　　印　　次:2023 年 11 月第 1 次印刷
书　　号:ISBN 978 - 7 - 313 - 28984 - 1
定　　价:78.00 元

国家社科基金后期资助项目
出版说明

后期资助项目是国家社科基金设立的一类重要项目，旨在鼓励广大社科研究者潜心治学，支持基础研究多出优秀成果。它是经过严格评审，从接近完成的科研成果中遴选立项的。为扩大后期资助项目的影响，更好地推动学术发展，促进成果转化，全国哲学社会科学工作办公室按照"统一设计、统一标识、统一版式、形成系列"的总体要求，组织出版国家社科基金后期资助项目成果。

全国哲学社会科学工作办公室

目 录

绪 论

第一节 问题缘起

一、家长参与和"别人家的孩子"

"亲爱的未来亲家,你好! 我女儿有房有保险会游泳,年满 18 岁时会配车,过年随便去哪家。可以不要彩礼,结婚嫁妆备好,送车送房,包办酒席,礼金全给孩子。唯一的要求是:能不能现在就接走,把作业辅导一下? 谁家的媳妇谁养!"配图是正在写作业的十来岁的小姑娘。这是 2019 年火遍朋友圈的一段"嫁女宣言",之后又衍生出各个版本。类似的还有"辅导功课导致家长心脏搭桥",南京 13.2 平方米、单价高至 12.7 万元/平方米"天价迷你双学区房"等传闻。在激烈的竞争面前,家长为了使孩子在教育中有更好的成绩,竭尽所能,学区房、择校、辅导班、兴趣班、辅导作业、竞选家委会……孩子在教育竞赛中并不是一个人在战斗,家长全方位参与子女教育过程,家庭社会资本对子女的教育获得影响日益深入。

在教育获得的过程中,家庭背景中先赋性因素(家庭社会经济地位,包括父母职业、受教育程度等)、后致性因素(个体学习态度、学校类型与特征等)都有重要影响。两者谁的影响更大? 20 世纪 60 年代,布劳(Blau)和邓肯(Duncan)的地位获得模型讨论了这两种因素对社会地位获得的影响,提出了家庭资源多少决定子女教育获得的观点。[1] 同一时期,科尔曼(Coleman)向国会递交了《关于教育机会平等》的报告,对美国教育机会不平等进行论述。他提出,教育不平等的根源首先在家庭及家长教育参与以

---

[1] Duncan B L. Differential Social Perception and Attribution of Intergroup Violence: Testing the Lower Limits of Stereotyping of Blacks[J]. Journal of Personality and Social Psychology, 1976, 34(4): 590.

及由此构建的社会闭合,其次才是学校;①科尔曼注重社会闭合的作用,认为父母对子女成长的关注和时间、精力投入是儿童成长过程中至关重要的社会资本。家庭构建的网络闭合性越高,子女就会得到越丰富的社会资本。②"家庭中使孩子获得成年人人力资本的社会资本依赖于家庭中成年人的经常在家和成年人对孩子的关注程度"。③

之后,众多研究者的关注点从学校转向学生家庭背景,研究中引入资本概念,以投入产出为主流的解释逻辑,讨论家庭资本对教育获得的影响。布朗(Brown)提出了"学业成就=经济资本×人力资本×社会资本"的理论体系;④布迪厄(Bourdieu)强调了家庭文化资本和惯习对孩子教育期望、学习成绩的影响;⑤贝克尔(Becker)认为,人通常是以理性行动来满足偏好,并使效用最大化的,而教育是一项重要的人力资本投资,教育获得受家庭教育投资的影响,家庭教育投资往往要进行"成本—收益"衡量。⑥

"有一个孩子,十项全能,他什么都好,可惜他是别人家的孩子。"有一种优秀是"别人家的孩子",家长在全方位参与子女教育的同时,羡慕"别人家的孩子"。西方谚语"The apple doesn't fall far from tree"(苹果落地,离树不远),与中国"有其父必有其子"不谋而合,都是说父母在基因遗传、养育态度及教养模式等方面会对子女造成极大的影响,进而影响子女未来的成就。正是家庭社会、经济、文化资本的代际传递使得子女在一定程度上继承了父母的价值观、行为模式,乃至社会地位,于是孩子们只能是"自己的孩子"。

二、教育不平等与"二代"现象

近年来,"富二代""贫二代""官二代""农二代"等词不时会引起媒体和大众的关注,触痛人们的神经。改革开放以来,经济社会体制变革带来社会阶层结构的分化与重组。社会阶层逐步细化,出现了国家与社会管理者、经理人员、私营企业主、专业技术人员、产业工人、农业劳动者等多个社会阶层。不同阶层成员在社会地位、收入水平、消费方式、生活水平等家庭资本

①　Coleman J S. Equality of Educational Opportunity[J]. Integrated Education, 1968, 6(5): 19 - 28.

②　Coleman J S. Social Capital in the Creation of Human Capital[J]. American Journal of Sociology, 1988, 94: S95 - S120.

③　Coleman J S. Foundations of Social Theory[M]. Harvard University Press, 1990.

④　吴重涵,张俊,王梅雾.家长参与的力量——家庭资本、家园校合作与儿童成长[J].教育学术月刊,2014(03): 15 - 27.

⑤　Bourdieu P, Passeron J C. Reproduction in Education, Society and Culture: Volume 4[M]. Sage, 1990.

⑥　加里·贝克尔.人类行为的经济分析[M].王业宇,陈琪,译.上海: 格致出版社,1996: 5.

方面存在差异,家庭资源的优势或劣势通过代际传递,烙印在下一代人身上,成为子代的社会特征,产生"二代"现象。

2011年,我国全面普及九年义务教育,实现了全国的适龄儿童"有学上"。2020年,小学学龄儿童净入学率达到99.9%,九年义务教育巩固率达到95.7%,初中毕业生升学率达到93.7%。① 城乡儿童在基础教育受教育机会上的差距日趋缩小甚至消失,但似乎城乡教育差距问题并未得到根本性缓解。在非义务教育阶段的教育获得,尤其是优质高等教育机会获得上,城乡差异明显。虽然在高等教育大众化的前五年,农村居民以独特的"反再生产"路径,实现"寒门出贵子",但是,近年来,高等教育不平等的"再生产"路径替代了"反再生产"路径,家庭资本占据优势的城市居民,其子女更有可能成为"学二代"。②

"学二代"形成的原因是多方面的:伴随高校扩招,高等教育大众化进程,高等教育成本主要由家庭承担,而大部分全职务农的农村居民无力承担高额教育费用;随之而来的是高等教育回报率变低,考上大学不能像以往一样,成为"天之骄子",可以轻易改变个人甚至是家庭的命运,有些农村家庭在衡量教育的投入和产出之后,做出提早放弃教育的家庭决策,农村家庭子女通过高等教育来实现"向上流动"的通道变窄。与此同时,教育资源不断向精英阶层集中,精英阶层子女高等教育入学率达到85%,普通高等教育需求接近饱和③,随之而来的是精英家庭子女对优质高等教育资源的追逐。家庭资本得以复制和再生产,"学二代"也成为继"富二代"和"官二代"之后反映社会流动弱化的新概念。④

三、"寒门出贵子"?"寒门难出贵子"?

"寒门出贵子"还是"寒门难出贵子"?2011年,《南方周末》刊登《穷孩子没有春天?——寒门子弟为何离一线高校越来越远》一文,在作者看来"出身越底层,上的学校越差"的趋势正在逐渐被加剧和固化,底层个体命运的转型逐渐陷入停顿;⑤ 2012年,《中国青年报》刊登《寒门子弟为何离一流

---

① 教育部.2020年全国教育事业统计主要结果[EB/OL].[2021 - 03 - 01].http://www.moe.gov.cn/jyb_xwfb/gzdt_gzdt/s5987/202103/t20210301_516062.html.

② 高耀,刘志民.机会扩展、社会分层与高等教育公平——基于高校学生调查数据的实证研究[J].教育科学,2015(01):44 - 54.

③ 路晓峰,邓峰,郭建如.高等教育扩招对入学机会均等化的影响[J].北京大学教育评论,2016(03):131 - 143+192.

④ 李晓飞.从"凤凰男"到"学二代":高等教育代际传递的城乡差异及其演变[J].现代大学教育,2019(01):98 - 103.

⑤ 潘晓凌,沈茜蓉,夏倩,等.穷孩子没有春天?——寒门子弟为何离一线高校越来越远[N].南方周末,2011 - 08 - 05.

高校越来越远》一文,认为"农村生源离一流大学越来越远是不争的事实"①,引发了人们对"寒门难出贵子"的激烈讨论和阶层固化问题的广泛关注。

2012 年,梁晨、李中清等人通过对北京大学和苏州大学 50 年间学生学籍分析,发现优质高等教育资源以往为社会精英阶层子女所垄断的状况被打破,社会较低阶层子女逐渐在其中占据相当比重;基础教育推广、统一高考招生制度、重点中学等制度安排共同推动了教育公平。② 文章引起了学术界关于中国教育不平等发展趋势的讨论。李春玲基于全国抽样调查数据,重点考查"80 后"人群受教育机会的城乡差距和阶层不平等,提出虽然受教育机会数量增长明显,但仍然存在城乡教育差距加剧、优质教育资源分配不均衡等问题。③ 应星、刘云杉认为,改革前后工农子女上大学的比例的不同趋势,不能以"50 年里的一场革命"概括。改革前的高等教育,很多地方有违背教育平等的精神;而改革后,重点中学制度虽然成为少数农村学生进入重点大学的通道,但是从根本上固化了城乡教育不平等④,"寒门难出贵子"。

但是也有研究认为,"寒门出贵子","寒门"激励子弟斗志和社会平等机会尚在。当前中国高等教育机会分配中尽管存在出身的影响,但根本上仍秉持着能力评价的主导性标准,体现了绩能社会"唯才是举"的典型特征。⑤ 家庭文化资本⑥、自我效能感⑦、抗逆力⑧,强大的内驱力帮助处于社会底层的子弟突破原生家庭的不足,实现向上流动。董海军认为在底层家庭背景下,物质限制的困争、家人的家常嘱咐以及身体劳动的规训,能激发"寒门子弟"向上流动的欲望,使其通过控制自己的时间使用、心志锤炼和移

① 叶铁桥,田国垒.寒门子弟为何离一流高校越来越远[N].中国青年报,2012 - 04 - 16(07).
② 梁晨,李中清,张浩,等.无声的革命:北京大学与苏州大学学生社会来源研究(1952~2002)[J].中国社会科学,2012(01):98 - 118+208.
③ 李春玲."80 后"的教育经历与机会不平等——兼评《无声的革命》[J].中国社会科学,2014(04):66 - 77+205.
④ 应星,刘云杉."无声的革命":被夸大的修辞——与梁晨、李中清等的商榷[J].社会,2015(02):81 - 93.
⑤ 刘精明.能力与出身:高等教育入学机会分配的机制分析[J].中国社会科学,2014(08):109 - 128+206.
⑥ 余秀兰,韩燕.寒门如何出"贵子"——基于文化资本视角的阶层突破[J].高等教育研究,2018(02):8 - 16.
⑦ 付志高.大学生一般自我效能感在生活事件和压力后成长间的调节作用[J].中国学校卫生,2018(03):457 - 459.
⑧ 刘乾铭,黄素君.寒门学子如何突破困境——香港抗逆学生的影响因素及启示[J].教育学术月刊,2018(11):80 - 86.

情理解来获得成长品格,接受社区文化的熏陶与结构时势的挑战,跨越原生的生活世界来实现阶层流动。① 林晓珊以"自我民族志"的方式,剖析了从农家子弟成长为高校教师的生命境遇。"农家"孩子是一种阶层烙印,但是走出大山是其"理想",即使高考失利也要不断探索,人生动机、职业抱负等是激励其实现跨越阶层的动力。②

良好的心理机制是引导"寒门学子"跨越家庭环境的劣势,实现向上流动的动力因素,但是鲜有研究关注家庭义务感这一心理因素。家庭义务感是一种支持家庭、尊重家庭成员和对其提供帮助的责任意识。内隐和外显的家庭责任意识通常对家庭成员内部行为具有指导意义。家庭义务感常反映其家庭背景和文化差异,是理解儿童发展的重要因素。③ 在重视家庭和家庭关系的中国,家庭义务感势必是影响青少年教育获得的重要因素。"家庭就是这样一种生活圈子,是围绕着一个由习俗、责任、感情和欲望所精心平衡的人编织的强有力的网。"④在传统文化中,"光宗耀祖"是一个重要的家庭责任,家族历史上的优秀人物们会被代代相传、反复赞颂,在文化代际传播中显现族群期待。⑤ 当然,在中国传统知识分子中有"修齐治平"的伦理哲学,即提高自身修为,管理好家庭,治理好国家,安抚天下百姓苍生的抱负;更有"先天下之忧而忧,后天下之乐而乐"的社会责任感和使命感。这些都是推动社会底层群体通过积极进取,实现阶层跃升的精神力量。当然,在城市化进程中,农民工等及其子女等群体"底层化意识"强化,以及"读书无用论"抬头,向上流动渠道出现"狭窄化"等,都是阻碍这些群体向上流动的因素。⑥

四、中国家庭社会资本

生态系统理论指出:微观、中间、外层、宏观四个系统是个体在发展过程中与周围环境互动而得以产生的系统。⑦ 其中,微观系统是诸如家庭、学

① 董海军.成长的驱动与机会:底层苦难经历的自我民族志[J].中国青年研究,2019(07):24 – 29.
② 林晓珊.境遇与体验:一个阶层旅行者的自我民族志[J].中国青年研究,2019(07):15 – 23+37.
③ Milan, S. and S. Wortel, Family Obligation Values As a Protective and Vulnerability Factor among Low-Income Adolescent Girls[J]. Journal of Youth and Adolescence, 2015, 44(6):1183 – 1193.
④ 林耀华.金翼[M].北京:商务印书馆,2015.
⑤ 赵巍.从留守儿童到三和青年——新生代农民工的社会化与自我认同[J].求索,2021(02):90 – 97.
⑥ 王春光.警惕农民工"底层化意识"加剧[J].中国党政干部论坛,2006(05):1.
⑦ Bronfenbrenner U. The Ecology of Human Development:Experiments by Nature and Design[M]. Harvard University Press, 1979.

校、同伴等能与个体直接互动的环境;两个或两个以上微观系统之间的相互联系,形成诸如家校互动的中间系统;外层系统虽然个体直接接触,但对个体有直接或间接影响,例如父母的工作单位、学校的领导结构等;宏观系统则主要指个体成长所处的诸如社会风俗、价值观念、社会政策等整体社会文化环境。在个体成长、教育获得的过程中,这四个系统相互作用、共同影响,形成制度(或结构)、文化和关系这三个层面的社会资本(见图0-1)。

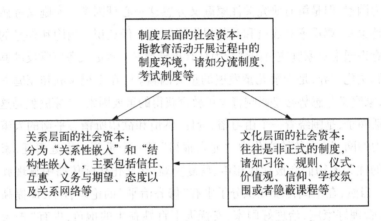

图 0-1 三种形式的社会资本之间的关系

制度层面的社会资本是指教育活动开展过程中的制度环境,诸如分流制度、考试制度等,制度设计影响中观的文化和微观的个人和家庭行为模式。文化层面的社会资本,往往是诸如习俗、规则、仪式、价值观、信仰、学校氛围或者隐蔽课程等相对客观的非正式制度,它们使信息分享、集体行动以及决策变得更加便利。关系层面的社会资本,强调的是人与人之间的关系,可以被划分为"结构性嵌入"(社会关系网络)和"关系性嵌入"。"关系性嵌入"主要是人与人互动中产生的各种关系,表现为信任、互惠、义务与期望以及人与人之间的互动关系等,带有"人格化"特征;"关系性嵌入"有家庭层面、共同体层面、学校层面几个层次,这些"关系性嵌入"与家庭经济地位相联系,直接影响学生教育获得。①

第二节 研究问题与核心概念

本书主要探讨家庭社会资本对教育获得的影响,家庭社会资本主要聚

---

① 盛冰.论教育中的社会资本[J].教育科学,2005(03):1-5.

焦于社会闭合(家长参与和代际闭合)和社会网络两个层面;教育获得主要包括学业成绩和教育分流。本书首先探讨制度、文化层面的社会资本,这些社会资本是家庭社会资本介入教育的制度和文化基础;接着从关系层面重点讨论家庭社会资本如何通过家庭义务感、教育期望等影响子女教育获得。本节将对本书研究思路、研究框架和核心概念进行说明。

一、研究问题

本书重点回答以下四个方面的问题:

第一,家庭社会资本介入子女教育的制度基础和社会文化、心理基础,包括: ① 中国教育政策变迁、中国教育政策特殊性对家庭社会资本介入子女教育的影响;② 推崇社会流动、重视教育、重视家风的中华文化以及当下家长的教育焦虑是家庭社会资本介入子女教育的文化和心理基础;③ 城乡家庭在子女教育选择和父母参与中的表现。

第二,家庭社会资本对城乡儿童教育获得的影响,包括: ① 社会闭合(家长参与、代际闭合)对子女教育获得的影响;② 社会网络对教育获得的影响。

第三,家庭社会资本对城乡儿童教育获得的路径的影响,包括家庭义务感、教育期望对教育获得的多重中介作用。

第四,总结中国家庭社会资本的结构和内容,发现中国家庭社会资本作用于教育获得的机制,提出发展中国特色家庭社会资本的具体路径。

二、研究思路和研究框架

在种种现实与学术背景下,本书关注家庭社会资本对教育获得的影响,在城乡、内外(省内随迁和省外随迁)的双重比较视角下,依照下列逻辑顺序展开研究:首先,分析家庭社会资本介入子女教育的制度基础和社会文化心理基础;其次,分析家庭社会资本对教育获得的影响;再次,探讨家庭社会资本在影响教育获得过程中的作用途径和机制;最后,在发展中国特色家庭社会资本理论的基础上,提出提升中国家庭社会资本路径。在本书中有两条路径:第一条是基于实证研究的家庭社会资本对教育获得的影响分析;第二条则是基于社会资本理论的中国社会资本理论发展与探索。研究思路如图0-2所示。

三、核心概念界定

(一)家庭社会资本

家庭是社会的重要单元,家庭内部资本与家庭外部资本构成家庭社会

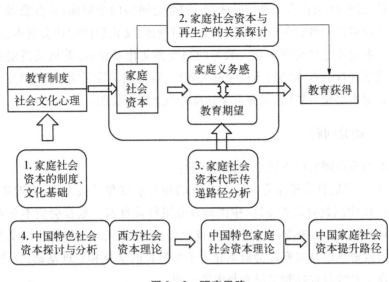

图 0 - 2　研究思路

资本。科尔曼认为社会资本是促进群体中个体心理幸福感与能力的社会资源。父母、儿童以及其他社会成员相互联系所形成的关系网络能够传递期望、规范与信息等资源给其他网络成员,这会增加个体的成长机会。他把社会资本的表现形式概述为义务与期望、信息网络、规范和有效惩罚、权威关系,多功能社会组织和有意创建的组织等。① 双亲家庭和父母的高教育期望对子女高中阶段的辍学能起有效抑制作用。②

　　法国社会学家布迪厄认为,资本是影响社会结构和再生产社会结构的重要来源,他区分了四种形式的资本:经济资本、文化资本、社会资本和符号资本。其中,社会资本指的是群体在社会网络中的地位及与其的关系。③赖特(Wright)等认为家庭社会资本实际上主要是家庭中建立在信任、规范、制度或责任等基础上的人际关系网络;④有研究认为家庭社会资本主要是指家庭中成年人与儿童关系的松紧度,主要源于父母期望与父母参与。⑤

① Coleman J S. Social Capital in the Creation of Human Capital [J]. American Journal of Sociology, 1988, 94: S95 - S120.
② Coleman J S. Social Capital in the Creation of Human Capital [J]. American Journal of Sociology, 1988, 94: S95 - S120.
③ [美]乔纳森·特纳.社会学理论的结构.下[M].邱泽奇、张茂元,等译.北京:华夏出版社,2001.
④ Wright J P, Cullen F T, Miller J T. Family Social Capital and Delinquent Involvement [J]. Journal of Criminal Justice, 2001, 29(1): 1 - 9.
⑤ Marjoribanks K, Mboya M. Family Capital, Goal Orientations and South African Adolescents' Self-Concept: a Moderation-Mediation Model[J]. Educational Psychology, 2001, 21(3): 333 - 350.

父母与儿童交往的时间以及对儿童的关注,监督儿童行为活动是家庭社会资本的主要形式。① 但戈达德(Goddard)认为社会关系不是唯一的社会资本形式,社会资本是具有信任与规范特征的社会网络。② 学生与父母间的信任、学生学习的规范都是重要的社会资本。弗斯滕贝格(Furstenberg)等认为家庭社会资本的主要表现有:父母帮助儿童完成家庭作业、父母的教育预期、母亲对孩子的鼓励、母亲参加学校会议、父母知道孩子朋友的数量、父母对儿童的社会投入、家庭与社区的联结,以及由此形成的家庭凝聚力等。③

　　大量研究不仅仅关注了家庭内的社会资本,而且认为家庭外的社会资本也是家庭社会资本的重要组成部分。斯坦顿·萨拉查(Stanton-Salazar)等认为,来源于不同家庭背景的儿童具有不同的转变人际关系网络以获得有价值社会资源的机会,家庭社会资本应该扩展到更广泛的社会网络中。④ 弗斯滕贝格等则认为,参与社会活动、紧密的帮助网络、每周与亲密朋友会面、朋友的教育期望、学校性质以及邻里关系对家庭外社会资本有重要影响。⑤

　　根据以往研究,本书将家庭社会资本界定为:家庭成员在目的性行动中获取的和被动员的、嵌入在家庭社会网络中的关系以及资源。包括建立在互动基础上的家庭亲子沟通、父母学业参与、代际闭合等社会闭合状况,以及家庭成员在社区中形成的社会关系网络和由此形成的期待、责任感等心理因素。

　　1. 社会闭合

　　美国社会学家科尔曼从功能的角度出发,把为个人行动提供便利的各种社会结构要素的组合界定为社会资本。在社会资本的创造、保持和消亡中,科尔曼强调封闭(社会闭合)的作用。他在一系列研究中系统论证了社会资本在教育获得中的作用。他所说的社会闭合是指社会网络的封闭,主

---

① Parcel T L, Dufur M J. Capital at Home and at School: Effects on Student Achievement[J]. Social Forces, 2001, 79(3): 881-911.

② Goddard R D. Relational Networks, Social Trust, and Norms: a Social Capital Perspective on Students' Chances of Academic Success [J]. Educational Evaluation and Policy Analysis, 2003, 25(1): 59-74.

③ Furstenberg Jr F F, Hughes M E. Social Capital and Successful Development among At-Risk Youth[J]. Journal of Marriage and the Family, 1995: 580-592.

④ Stanton-Salazar R D, Dornbusch S M. Social Capital and the Reproduction of Inequality: Information Networks among Mexican-Origin High School Students[J]. Sociology of Education, 1995: 116-135.

⑤ Furstenberg Jr F F, Hughes M E. Social Capital and Successful Development among At-Risk Youth[J]. Journal of Marriage and the Family, 1995: 580-592.

要包括父母参与和代际之间交流,在他看来,当父母与子女、父母与社区其他成年人之间的社会交流充分、社会网络封闭性高时,子女就会得到较丰富的社会资本。①

（1）家长参与。科尔曼根据社会资本和社会闭合理论将父母参与分为家庭内部父母参与和家庭外部父母参与。② 家庭内部父母参与包括父母与孩子交流、亲子阅读、父母指导和监督孩子功课、父母带孩子参加文化活动等。家庭外部父母参与包括父母与学校教师、其他家长或社区人员/机构的沟通和交流。

可以看到,家长参与是一个多维度的概念,通常指的是学校成员和家长之间的伙伴关系,这种关系促进了"儿童社交,情感和学业上的成长",也包含以家庭为基础的参与,家长的做法和行为与学校和教育相联系,但是发生在家里。这些措施包括协助并监督孩子做作业和完成其他学校相关的任务,陪孩子读书,并与他们谈论学习问题。③ 在本书中,家长参与,指家庭内部代际关系的紧密性,包括父母对子女的监督和学习指导,以及亲子交流和沟通。亲子沟通是指父母与子女通过信息、观点、情感或态度的交流,达到增强情感联系或解决问题等目的的过程。④

（2）代际闭合。从国外的研究来看,代际闭合属于家长参与的一个层面。包括社会帮助家长营造一个支持性的家庭环境⑤;就课程和学生学习进展与家长进行沟通;⑥招募家长义工;协助家长支持孩子们做作业和学习;让家长成为决策者;提供社区社会支持服务;培训教师,与家长合作,在社区接触多元文化的家庭。⑦ 马绍尔(Marschall)等将家长参与操作化为:

① Coleman P K, Karraker K H. Self-Efficacy and Parenting Quality: Findings and Future Applications[J]. Developmental Review, 1998, 18(1): 47 - 85.

② Coleman J S. Social Capital in the Creation of Human Capital[J]. American Journal of Sociology, 1988, 94: S95 - S120.

③ Pomerantz E M, Moorman E A, Litwack S D. The How, Whom, and Why of Parents' Involvement in Children's Academic Lives: More is Not Always Better[J]. Review of Educational Research, 2007, 77(3): 373 - 410.

④ Galvin K M, Braithwaite D O, Bylund C L. Family Communication: Cohesion and Change[M]. Routledge, 2015.

⑤ Epstein S, Pacini R, Denes-Raj V, et al. Individual Differences in Intuitive-Experiential and Analytical-Rational Thinking Styles[J]. Journal of Personality and Social Psychology, 1996, 71(2): 390.

⑥ Epstein J L. Perspectives and Previews on Research and Policy for School, Family, and Community Partnerships[J]. Family-School Links: How Do They Affect Educational Outcomes, 1996, 209: 246.

⑦ Kessler-Sklar S L, Baker A J. School District Parent Involvement Policies and Programs[J]. The Elementary School Journal, 2000, 101(1): 101 - 118.

家校之间的沟通；家长出席学校组织的活动；父母对子女在家学习的支持①。本书中的代际闭合沿用科尔曼的概念，指家长与教师或其他家长，以及家长与孩子的朋友等成为朋友，从而形成一个可以闭合的人际交往圈。

2. 社会网络

大量的社会资本研究认为，社会资本和社会网络有着直接的联系，或者是以网络的关系存在，或者是嵌在网络中。布迪厄、科尔曼、帕特南等从不同层面展开社会资本理论研究，并讨论了社会网络对教育获得的影响。布迪厄是第一个系统地对社资本展开论述的社会学家，在他的著作中，对文化资本和社会资本做了区分②，并更加注重在网络中共享态度、性格和行为对个人成长的重要性。布尔迪厄认为，"社会资本是那些实际的或潜在的与对某种持久网络的占有密切相关的资源的集合体，这一网络是一种众所周知的共同熟悉的、体制化的网络，或者说是一种与某个团体的成员身份相联系的网络，它在集体拥有的资本方面为每个成员提供支持，或者提供赢得各种各样声誉的凭证"。社会资本以关系网络的形式存在，"特定行动者占有的社会资本的数量，依赖于行动者可以有效加以运用的联系网络的规模的大小，依赖于和他有联系的每个人以自己的权力所占有的（经济的、文化的、象征的）资本数量的多少"。③

布迪厄的著作提供了一个更为复杂的，不同形式的资本概念，而科尔曼和帕特南（Putnam）的著作则在布迪厄的范围之外，提出了资本的概念。科尔曼探讨嵌入在社会网络中的社会资本对个人教育获得的影响。④ 这些网络资源在本书中单独在社会闭合层面中阐释。

帕特南提出宏观社会资本概念："社会资本是例如信任、规范和网络等，是社会组织的特征，它们能够通过推动协调和行动来提高社会效率。"⑤社会资本包括信任、规范和网络，其中网络是基础。帕特南强调社会资本在儿童教育成果中的重要作用⑥，强调通过某些形式的社会资本带来的变革和

---

① Marschall M J, Shah P R, Donato K. Parent Involvement Policy in Established and New Immigrant Destinations[J]. Social Science Quarterly, 2012, 93(1): 130 – 151.

② Bourdieu P. The Forms of Capital (1986)[J]. Cultural Theory: An Anthology, 2011, 1: 81 – 93.

③ [法]皮埃尔·布尔迪厄.资本的形式[M]//薛晓源,曹荣湘.全球化与文化资本.北京：社会科学出版社,2005.

④ Coleman J S. Social Capital in the Creation of Human Capital[J]. American Journal of Sociology, 1988, 94: S95 – S120.

⑤ Putnam D. The Prosperous Community: Social Capital and Public Life[J]. American Prospect 1993, 13: 35 – 36.

⑥ [美]帕特南.使民主运转起来[M].王列,赖海榕,译.南昌：江西人民出版社,2001.

社会流动的可能性。帕特南对格兰诺维特(Granovetter)的强关系、弱关系做出呼应①,他区分了"结合"型社会资本和"桥接"型社会资本,前者指在网络中的团结,相互加强,支持和互惠等,而后者指的是更加分散的、间接的联系和互动。帕特南认为,"桥接"型资本具有促进社会流动和社会融合的潜力,而"结合"型资本则趋于再生产社会不平等。在进一步的研究中发现,"桥接"型社会资本往往被视为是促进高等教育获得的关键,而"结合"型社会资本则被认为在社会网络中有关闭机会的能力。② 也有研究发现,"结合"型社会资本会提供情感和物质型的支持,而这些对个人在社会网络中的高等教育获得是非常重要的;③"桥接"型社会资本不仅仅影响一个人,同时也影响其他成员,因为当成员变动或成员带来新的资源时,组织内的动力机制会发生变化。④ 这种影响可能会在朋友或者兄弟姐妹之间发生。

"社会资本是那些会产生有价值的成果资源的社会关系和人际网络"。⑤ 这些资源包括提供信息、联系、建议,这些资源能在社会网络的基础上,强化网络规范和期望或开辟新的机会。在本书中,家庭社会资本就是家庭中所具有的关系和网络。关系,主要是指家庭中的关系,包含家庭成员之间的互动与关系,以及由此形成的诸如信任、期望、责任感等心理能量;网络则是家庭成员所具有的关系网络,个人通过社会网络可获取的资源,这些资源可帮助人们完成工具性或情感性行动,最终有利于个人获得更好的资源和社会地位。

(二) 教育获得

迪卡(Dika)和辛格(Singh)认为,教育获得包含教育机会获得(入学、辍学、升学情况)、学业成绩、教育相关的心理因素(教育抱负、努力程度、动机和旷课情况等)三个维度。⑥ 在各项研究中,被调查者的受教育年限、学习

---

① Granovetter. The Strength of Weak Ties[J]. American Journal of Sociology, 1973, 78(5): 1360 – 1380.

② Ball S J, Maguire M, Macrae S. Choice, Pathways, and Transitions Post – 16: New Youth, New Economies in the Global City [M]. Psychology Press, 2000; Brooks R. Friendship and Educational Choice: Peer Influence and Planning for the Future[M]. Springer, 2004.

③ Heath S, Fuller A, David M. Educational Decision-Making, Social Networks and the New Widening Participation[M]//Improving Learning by Widening Participation in Higher Education. Routledge, 2010.

④ Bassani C. Young People and Social Capital. Handbook of Youth and Young Adulthood: New Perspectives and Agendas[Z]. New York: Routledge, 2009.

⑤ Croll P. Families, Social Capital and Educational Outcomes[J]. British Journal of Educational Studies, 2004, 52(4): 390 – 416.

⑥ Dika S L, Singh K. Applications of Social Capital in Educational Literature: a Critical Synthesis [J]. Review of Educational Research, 2002(72): 31 – 60.

成绩等级、学校等级、学区状况、升学状况等被作为测量教育获得的指标。本书将重点关注学业参与、学业成绩、教育期望及中小学入学层次和初中后教育分流状况。

(1) 学业参与,指学生参与、投入学校活动的程度,对学业成就、辍学率有一定预测作用。① 学业参与包括校内课程及活动参与和心理卷入两个维度②,前者指对课程和学校活动的参与程度,后者指学生对学校的情感,包括学习兴趣和学校归属感③。本书将学业参与界定为学生课程和学校活动的参与程度。

(2) 学业成绩,是通过考试方式所获得的学习科目掌握状况的评分状况。通常有客观成绩评价和主观成绩评价。本书关注的是主观成绩评价。

(3) 教育分流,指依据学业考试成绩和学术性向测试,安排学生进入不同的学校和课程轨道,按照不同的要求和标准,采用不同方法,教授不同的内容,使学生成为不同类型的人才。

(三) 教育期望

教育期望,可以理解为一个人的教育抱负,指一个学生对他未来获得的教育的看法、感知或者打算;④也包含家庭对子女的教育打算。家庭对子女的教育期望在很大程度上会影响子女个人的教育期望。在本书中,教育期望既包含学生对自身的教育期望,也包含父母对他们的教育期望。

(四) 家庭义务感

家庭义务感,是指与对家庭成员提供帮助、支持和尊重相关的态度和行为的总和。它是一种与家庭的联结,这种联结强调子女作为家庭中的一分子,需要做出贡献与牺牲⑤。儿童家庭义务感主要体现在三个方面:① 当前对家庭的支持,如帮助做家务、照顾其他家庭成员,在文化上反哺父母;

---

① Archambault I, Janosz M, Fallu J S, et al. Student Engagement and Its Relationship with Early High School Dropout[J]. Journal of Adolescence, 2009, 32(3): 651–670.

② Glanville J L, Wildhagen T. The Measurement of School Engagement: Assessing Dimensionality and Measurement Invariance across Race and Ethnicity[J]. Educational and Psychological Measurement, 2007, 67(6): 1019–1041.

③ 胡心怡,刘霞,申继亮.流动儿童未来取向的结构分析及对学业卷入的影响[J].心理科学,2010(06): 1506–1508.

④ Campbell R T. Status Attainment Research: End of the Beginning or Beginning of the End? [J]. Sociology of Education, 1983: 47–62.

⑤ Fuligni A J, Tseng V, Lam M. Attitudes toward Family Obligations among American Adolescents from Asian, Latin American, and European Backgrounds[J]. Child Development, 1999, 70(4): 1030–1044.

② 对家人的尊敬,主要指尊重祖父母、父母等长辈的权威,在重要的事情上征求他们的意见、采纳他们的建议;③ 未来对家庭的支持,成年后孝敬父母和改变家庭命运的责任感。

第三节　研究方法与研究意义

教育既是个人和家庭实现升迁性社会流动的重要渠道,也是促进社会公平的重要途径;家庭作为重要的社会单元,家庭社会资本对子女的教育获得将产生重要影响。本书探讨家庭社会资本对城乡儿童教育获得的影响,具有一定理论和现实意义。

一、资料数据

(一)《浙江青少年教育发展调查》数据

本书的数据来源于笔者 2015 年在浙江省展开的问卷调查,调查对象为初三学生和家长。选择在浙江省内展开调查,除了人力、物力状况限制之外,主要是考虑到本书关注的不仅仅是城乡青少年初中阶段的教育获得,也要考察其初中后的教育分流状况。浙江省是全国流动人口主要集聚区之一,且浙江教育政策相对开放,为随迁子女升学提供了可能,在一定程度上保证了教育的连续性。"谁能就地升学? 谁要回老家?"只有在有较多机会的前提下,才能更多展现出家庭资本对分流等的影响,家庭社会资本对教育获得的影响探讨才更有意义。

问卷调查抽样采取分层抽样、多阶段抽样和整群抽样相结合的方法,共在浙江省内抽取了 24 所初级中学实施调查。学生及其家长选择遵循整群抽样原则,以班级为单位,共发放问卷 3 600 份,其中学生卷 1 800 份,家长卷 1 800 份,对学生卷和家长卷进行配对,无法匹配的全部剔除,最后得到 1 400 套有效问卷。

根据户籍状况和流动状况将被调查者分为城市一般①、城市流动、城市留守,农村一般②、农村留守、省内流动、省外流动 7 种类型。本书只对城市一般、农村一般、省内流动、省外流动 4 组进行分析。删除其他 3 组后得到有效数据 1 081 套。表 0 - 1 反映了被调查学生的个人和家庭基本信息。

---

① 城市一般,指城市与父母同住的孩子。

② 农村一般,指农村与父母同住的孩子。

表0-1　调查样本个人和家庭基本信息

调查样本基本信息

		频数	百分比/%		频数	百分比/%
性别				转学经历		
	男	467	43.3	无	731	71.5
	女	612	56.7	1次	172	16.8
是否独生子女				2次	75	7.3
	是	385	36.0	3次	32	3.1
	否	683	64.0	4次	9	0.9
是否住校				5次及以上	2	0.3
	是	305	28.3	迁徙状况		
	否	772	71.7	城市一般	246	22.8
就读学校类型				农村一般	364	33.7
民办农民工子弟学校		117	10.8	省内流动	186	17.2
民办公助学校		103	9.5	省外流动	285	26.4
一般公立学校		824	76.2			
普通民办学校		37	3.4			

调查样本的家庭基本信息

		父亲		母亲	
		频数	百分比/%	频数	百分比/%
文化程度	小学及以下	173	16.2	254	24.0
	初中	567	53.1	549	51.8
	高中职高技校	226	21.2	174	16.4
	大专	62	5.8	49	4.6
	本科	33	3.1	31	2.9
	研究生	6	0.6	3	0.3
政治面貌	党员	124	11.9	45	4.5
	民主党派	7	0.7	12	1.2
	群众	909	87.4	935	94.3

（二）《中国教育追踪调查（CEPS）》数据

本书部分章节使用"中国教育追踪调查"（CEPS）2013～2014年基线调查数据和2014～2015学年追访数据。首先将两期数据中的学生卷与父母卷匹配;再将两期数据进行合并,保留追访成功的样本;最后,对学生卷进行匹配,获得学生所在班级、学校信息,保留城市一般、农村一般、省内流动、省外流动4组样本,得到有效数据8 111套。样本信息如表0-2所示。

表0-2　调查样本的个人和家庭基本信息

	频数	百分比/%		频数	百分比/%
性别			家庭经济状况		
男	4 169	52.3	非常困难	319	4.1
女	3 806	47.7	比较困难	1 404	17.8
是否独生子女			中等	5 710	72.6
是	3 565	44.6	比较富裕	417	5.3
不是	4 428	55.4	很富裕	19	0.2
就读学校类型			迁徙流动状态		
一般公立学校	7 619	93.9	城市一般	3 645	44.9
民办公助	33	0.4	农村一般	3 594	44.3
普通民办学校	374	4.6	省内流动	382	4.7
民办农民工子弟学校	85	1.1	省外流动	490	6.1

家庭基本信息

		父　亲		母　亲	
		频数	百分比/%	频数	百分比/%
文化程度	小学及以下	1 121	14.1	1 796	22.5
	初中	3 468	43.6	3 281	41.2
	高中职高技校	2 110	26.5	1 841	23.1
	大专	492	6.2	451	5.7
	本科	656	8.3	535	6.7
	研究生	109	1.3	65	0.8
政治面貌	党员	1 102	14.2	510	6.6
	民主党派	60	0.8	67	0.9
	群众	6 592	85	7 149	92.5
职业状况	政府机关领导/干部	244	3.1	136	1.7
	事业单位,公司(企业)领导/干部	794	9.9	479	6.0
	专业技术人员	192	2.4	48	0.6

续表

	父　亲		母　亲	
医生,律师,中小学教师	193	2.4	298	3.7
技术性工作人员	124	1.6	334	4.2
一般职工,办事人员	341	4.3	553	6.9
商业与服务业人员	295	3.7	642	8.0
技术工人	1 445	18.0	271	3.4
普通工人	1 218	15.2	1 045	13.1
农民,牧民,渔民	1 183	14.8	1 280	16.0
初级劳动者	148	1.8	337	4.2
个体工商户	1 292	16.1	1 176	14.7
退休,无业,失业,下岗	223	2.8	1 086	13.7
其他	316	3.9	300	3.8

（三）个案访谈资料

由于教育问题涉及个人教育价值观、宏观教育政策、社会心理等多方面的因素,单纯的问卷调查无法实现对该问题深入细致的了解。为了更深入细致地了解不同群体教育期望、教育卷入等方面的状况,笔者展开了个案访谈。2014~2016 年,笔者对城乡学校、农民工子弟学校的校长、教师、学生家长等进行访谈,获得了 20 个个案资料。2017~2021 年,笔者又收集了 25 个个案资料,尤其是 2020 年"双减"政策颁布、实施,笔者就"双减"政策对浙江中小学家庭家长、学校教师,教育管理者等进行访谈,收集家庭教育策略资料,了解家庭社会资本与教育获得的关系。本书实际应用了其中较典型的 29 个个案材料,这些个案资料作为支撑丰富了研究的定性材料。

二、研究方法

（一）结构方程模型及中介效用探讨

在社会科学研究领域,有时需处理多因多果的关系,若遇到不可直接观测的变量,传统统计方法往往无能为力。结构方程模型(SEM)是基于变量的协方差矩阵来分析变量之间关系的一种统计方法。综合运用了多元回归分析、路径分析、因子分析等方法的 SEM,善于处理具有多组相互关系的变量结构,尤其善于处理多元因果关系。SEM 的优点:允许自变量和因变量含测量误差;同时估计因子结构和因子关系;允许更大弹性的测量模型;可以估计整个模型的拟合程度;还可以根据理论的成熟与否来选择进行验证性分析还是进行探索性分析。据此,本书主要应用 SPSS20.0 进行探索性因素分析、信度分析等,采用 AMOS21.0 进行结构方程模型分析。

在社科研究领域,研究情境复杂,中介变量在研究中扮演着重要角色,中介研究除了解释自变量和因变量间关系的作用机制外,还能整合已有变量间的关系①。本书除了涉及简单中介作用外,还涉及多重中介作用,在多重中介作用中,不仅有单步多重中介模型,还涉及多步多重中介模型。本书采用 Bootstrap 法对中介效用进行检验。

(二) 变量说明

因变量:包含学业参与、学业成绩和教育分流三个变量。

自变量:主要包含社会闭合、社会网络两大部分。其中社会闭合包含父母学业参与、亲子沟通和代际闭合三个维度;社会网络包含拜年网、社团参与状况、升学讨论网等。

中介变量:主要包含教育期望和家庭责任感(见表 0 - 3)。

表 0 - 3 变 量 汇 总

因 变 量				
学业参与	课堂上举手发言	学业成绩	学业成绩自评	
	遇到问题主动问老师		学业成绩父母评价	
	保质保量完成作业	教育分流	小学升初中的类型	
	参加学校文体活动		初中升学的类型	
自 变 量				
社会闭合	代际闭合	向老师了解情况	社会网络	拜年网	网差
		和同学家长联系			网顶
		班主任熟悉状况			职业规模
		任课老师熟悉状况			教研人员
		校领导熟悉状况			政府、事业单位负责人

---

① 方杰,温忠麟,张敏强,等.基于结构方程模型的多层中介效应分析[J].心理科学进展,2014(03):530 - 539.

自 变 量					
社会闭合	代际闭合	孩子好友父母熟悉	社会网络	拜年网	职业权力
		家委会成员熟悉			同乡、校友、战友聚会
		孩子好友熟悉状况			居委会/物业组织的活动
	父母学业参与	监督学习		社团参与	兴趣群体活动
		指导功课			志愿者活动
	亲子沟通	讨论学校事情			行业协会、学术团体活动
		谈论未来			单位组织的集体活动
		烦恼和父亲说		升学讨论网	教育联结
		烦恼和母亲说			讨论网文化水平构成
					亲属联结
					其他联结
					讨论网规模

中 介 变 量			
教育期望	子女教育期望	家庭责任感	高兴分担家务
	父母教育期望		不要求买太贵的东西
	子女对父母教育期望的理解		早点赚钱
			努力为父母争口气
			孝顺父母
			文化反哺父母

三、研究意义

1. 理论意义

本书在整合应用布迪厄、科尔曼社会资本理论基础上,尝试提出中国特色社会资本理论,用中国文化分析中国问题,是对社会资本理论中国化发展的重要探索。① 本书在深入细致梳理国内外教育领域中的社会资本理论的基础上,整合布迪厄和科尔曼等人社会资本理论,探讨社会闭合(父母学业参与、亲子沟通、代际闭合)、社会网络("拜年网""升学讨论网")等家庭社会资本对教育获得的影响,是对社会资本理论整合发展的一次努力。② 本书尝试发展中国特色社会资本理论。中西方家庭社会资本作用的差异性有其制度、文化的根源。本书基于实证研究和理论分析,提出中国家庭社会资本的结构,探讨了中国教育层面社会资本及相互关系,并结合中国社会现实状况,提出了中国教育领域中社会资本模型、中国家庭社会资本的提升路径,这些都是对社会资本理论中国化发展的重要探索。

2. 现实意义

在国家教育政策不断强调公平,家庭社会资本作用不断增强的时代背景下,本书具有以下现实意义:① 在双重比较视角下分析我国家庭资本及少年儿童教育获得的差异及问题,为国家教育政策调整提供实证支持。② 研究发现教育期望和家庭义务感是影响教育获得的重要因素,其他家庭社会资本通过两者中介发挥作用,为中国家庭父母教育实践提供可借鉴的路径。③ 研究发现家庭社会资本介入教育有其政策、文化基础,中国和西方国家的教育政策初心和目标不同,从而使读者更深刻地理解我国当下教育政策的变革。④ 研究提出提升中国家庭社会资本的具体可操作的路径,为提升家长教养能力,指导中国和谐家庭建构、促进青少年健康成长提供支持。

第一章　教育领域中的社会资本理论

社会资本理论是社会科学中最具影响力和最流行的理论之一。社会资本概念在社会学、政治学等学科有重要影响,该概念在公共卫生、公共住房、犯罪研究等领域也有广泛应用。20世纪80年代以来,随着社会资本概念的出现,教育社会学得到长足的发展。

尽管"社会资本"一词最早起源于1920年,但该概念的发展归功于法国社会学家皮埃尔·布迪厄和美国社会学家詹姆斯·科尔曼。布迪厄将资本区分为经济资本、文化资本和社会资本。① 科尔曼专注于社会资本在创造人力资本中的作用。1970年,布迪厄和帕斯隆(Passeron)对文化资本与其他各类资本在学校系统非对称的社会结构再生产的作用进行了阐释,对社会资本有所提及,但是没有重大发展。② 直到十年后,布迪厄在《教育社会学理论和研究手册》中,阐明了社会资本与教育场域之间的联系。科尔曼在20世纪60年代初直至去世致力于儿童研究,其社会资本概念出现也与教育有关。布迪厄和科尔曼将社会资本概念系统化,以其分析家庭和教育不平等、教育与社会再生产之间的关系。研究提出,教育成就不仅取决于学生的能力,还取决于学校的特点,父母受教育情况、经济状况,以及社交网络的某些特征。正是由于科尔曼和布迪厄对教育社会学持久的研究,从而确保了这一概念在教育研究中的突出地位。之后有大量的研究试图在社会资本的理论视角下探讨教育与社会再生产的问题。本章将对科尔曼和布迪厄的社会资本理论以及社会资本理论在教育场域的应用、发展进行梳理。

---

① Bourdieu P. The Forms of Capital (1986) [J]. Cultural Theory: An Anthology, 2011, 1: 81 - 93.

② Bourdieu P, Passeron J C. Reproduction in Education, Society and Culture: Volume 4[M]. Sage, 1990.

第一节　科尔曼和布迪厄社会资本概念

一、基本概念

布迪厄和科尔曼对社会资本的认识非常相似。布迪厄认为社会资本是"与拥有相互熟悉和认可的基本制度化关系的持久网络相关的实际或潜在资源的总和"。① 科尔曼指出,社会资本是由"行动者可以用来实现其利益的社会结构的特征"形成的。② 在这两种定义中,社会资本都表现为一系列资源,这些资源来源于构建和拥有社会行动者的关系结构。两位学者都认为社会资本可以转化为人力资本和经济资本,反之亦然。在布迪厄和科尔曼的视野中,考虑了学校及其学生所处的社会结构。学生有着不同的家庭背景,这种不同不仅包括经济、知识和技能的差异,还包括社交网络资源,以及其他可以使用的不同条件,而这些资源构成社会资本。

在布迪厄看来,研究社会资本有助于了解社会经济阶层之间结构化的差异,社会资本被视为一种权力或力量的同时,也可用来设计减小社会阶层之间差异的机制。科尔曼也看到了类似的东西,他在《社会理论基础》中指出,提出社会资本的目的是创造一种社会理论,以寻求社会行动者(被认为是理性行动者)与社会结构之间的联系。这个概念将社会视为"一组独立的个体",其利益和行为是在社会中发展起来的。个人的行为总是嵌在社会和组织关系中。③

批评者认为科尔曼和布迪厄"社会资本"陈述简短,概念模糊,使后来的研究者胡乱地发展该概念。波特斯(Portes)指出,社会资本被广泛引用的概念,包括科尔曼④和普特南的理论,都未能充分区分社会资本的构成要素、被使用的各种方式以及带来的多种后果。⑤ 当概念不能符合研究者需要的时候,研究者会通过重复声明、为变量附加新的标签或添加方程式的方式来

---

① Bourdieu P. The Forms of Capital (1986) [J]. Cultural Theory: An Anthology, 2011, 1: 81 - 93.

② Coleman J S. Foundations of Social Theory [M]. Harvard University Press, 1990.

③ Coleman J S. Foundations of Social Theory [M]. Harvard University Press, 1990: 302.

④ Coleman J S. Social Capital in the Creation of Human Capital [J]. American Journal of Sociology, 1988, 94: S95 - S120; Coleman J S. Foundations of Social Theory [M]. Harvard University Press, 1990: 302.

⑤ Portes A. Social Capital: Its Origins and Applications in Modern Sociology [J]. Annual Review of Sociology, 1998, 24(1): 1 - 24.

改进。因此,一些研究将相当多的注意力放在理论澄清和社会资本概念化的发展上。① 但是由于在不同方法框架内研究社会资本,学界出现了许多关于概念连贯性和独特性,概念分析有效性、启发性、有用性等方法论方面的问题。②

然而,教育研究并未涉及这一概念性工作。从这些定义出发的研究,基本上没有引发对社会资本概念理论的重新思考。相反,关于社会资本在教育背景中的重要性和作用的研究主要基于科尔曼③的研究,特别是代际闭合(连接学校同龄人的父母的网络)和亲子关系(父母参与儿童的学校教育)的研究。在代际闭合的情况下,社会资本被理解为一系列社会关系,这种社会关系使父母对儿童进行监督,从而增强子女对行为规范的遵守,而这被认为会影响子女在学校的表现。在亲子关系的情况下,社会资本表现为父母参与的强度,父母参与有助于孩子学业发展。

二、概念比较

布迪厄和科尔曼对社会资本的定义存在一些差异。首先,在布迪厄的理论中,社会资本是从社会结构中获得资源的能力;④但在科尔曼理论中却模糊不清,"将社会资本等同为所获得的资源"。⑤ 其次,两者的取向不同。布迪厄的概念化基于社会再生产和象征权力的理论,他将社会资本视为再生产的工具;强调基于阶级、性别和种族等结构性特征的资源的不平等获取。科尔曼的模型则具有结构—功能主义的特征,他将社会资本视为积极的社会规制,其中信任、信息渠道和规范是社区生活的特征;家庭有责任采用某些规范来增加儿童的社交机会。⑥

科尔曼的社会资本概念包括家庭内外的关系质量。与科尔曼不同,布迪厄认为家庭内部的质量关系(例如,父母在与孩子的共同活动中的支持和参与)是文化资本,而不是社会资本。根据布迪厄的观点,社会资本包括源

① Lin N. Social Capital: a Theory of Social Structure and Action. Volume 19[M]. Cambridge University Press, 2002.

② Baron S, Field J, Schuller T. Social Capital: Critical Perspectives[M]. Oup Oxford, 2000.

③ Coleman J S. Social Capital in the Creation of Human Capital[J]. American Journal of Sociology, 1988, 94: S95 – S120; Coleman J S. Foundations of Social Theory[M]. Harvard University Press, 1990: 302.

④ Bourdieu P. The Forms of Capital(1986)[J]. Cultural Theory: An Anthology, 2011, 1: 81 – 93.

⑤ Coleman J S. Social Capital in the Creation of Human Capital[J]. American Journal of Sociology, 1988, 94: S95 – S120.

⑥ Lareau A. Linking Bourdieu's Concept of Capital to the Broader Field[J]. Social Class, Poverty, and Education, 2001: 77 – 100.

于属于家庭以外群体的全部资源,是所有成员都能使用的集体资本。布迪厄认为父母的教育水平是文化资本的一个方面,而科尔曼认为这是衡量家庭人力资本的标准。此外,当将家庭关系视为文化资本时,布迪厄没有考虑家庭的结构(父母的存在,兄弟姐妹的数量等),而这包括在科尔曼的社会资本概念中。布迪厄的社会资本不包括作为特定组织(学校、学院)成员的个人可以获得的社交网络;在他看来,特定组织中关系的定性和定量方面包含了制度惯习的概念。①

第二节　科尔曼社会资本理论

一、基本思想

在科尔曼看来,社会资本是一种社会结构模式,可以在结构化的语境中简化个体的活动。② 然而,特定类型的社会结构是否代表社会资本取决于其功能是否服务于特定行动所涉及的个体。科尔曼对个人决策场域中社会资本主导理论进行了批判,在他看来,社会资本比其他类型的资本(经济资本、人力资本)对个人教育的影响更大。理性选择理论的基本概念是社会资本,强调代理人基于理性思想的行为,采用最优行动。最优即在特定行动中通过最大化有用性或最小化无用性或损失来实现。代理人将该行动与自身的预期结果进行比较,从而选择具有最佳结果的行动。理性选择理论认为社会资本是个人行为的推动者,可以带来社会流动。个人投资于与他人的关系,并从这些投资中受益,与此同时,个人衡量并确定他们将采取哪些行动来处理他们所涉及的社会关系。③

科尔曼提出,社会资本是无形的,它的形式有义务和期望、信息网络、规范与有效惩罚、权威关系、组织等。社会资本是行动者之间关系结构所固有的,科尔曼强调家庭内可用的社会资本(家庭关系和家庭结构的质量)以及社区的社会资本(社区成员之间的关系质量)。④ 与此同时,理性选择理论

---

① Bourdieu P, Passeron J C. Reproduction in Education, Society and Culture. Volume 4[M]. Sage, 1990.

② Coleman J S. Foundations of Social Theory[M]. Harvard University Press, 1990: 302.

③ Coleman J S, Farraro T J. Rational Choice Theory: Advocacy and Critique[M]. Sage, 1992.

④ Coleman J S. Social Capital in the Creation of Human Capital[J]. American Journal of Sociology, 1988, 94: S95 - S120.

框架解释了社会资本促进社会流动的方式。科尔曼对社会资本的理解超越了个人社会资本的界限,成为社区、制度、组织的特征。这种方式可以在教育机构(例如中学、大学)的层面上衡量社会资本。根据科尔曼的观点,这种社会资本形式涉及所有属于特定组织的个人的网络。① 科尔曼使用术语"网络闭合"来描述一个封闭的熟人圈,即由彼此了解并相互作用的人组成的网络。② 如果网络闭合,社区社会资本各方面的义务和期望、信息交换、规范和制裁以及与权威的关系都会更加明显。社区社会资本可以被个人用来实现个人目标。组织社会资本影响组织的效率并为组织成员提供可以获得社会资本的资源,因此,其不但有助于实现个人目标,而且有助于实现组织本身的目标。

科尔曼肯定社会资本在创造人力资本方面的重要作用。他认为,学业成就不仅取决于学生的努力或才能,还受家庭背景(经济资本、人力资本和社会资本)因素的影响。经济资本提供了学习空间、教育材料等学习物理条件;家庭人力资本提供了适当的认知环境;社会资本虽然同样重要,但影响不太明显。家庭社会资本是父母和子女之间的关系,以及那些与其他家庭成员的关系。③ 这种社会资本将作为转移家庭人力资本的手段。当无视父母与子女之间关系时,前者的人力资本就无法被后者利用,这意味着社会资本是人力资本传递的一个条件。

科尔曼认为社区因素同样影响教育成就。在这一场域创造的社会资本的类型表现在父母之间以及父母与社区之间存在的社会关系中。科尔曼将之命名为代际闭合。这种闭合社会关系的特性很重要,它建立了信息渠道,促进了对标准的遵守,提高了可靠性。在教育中,社会资本的价值在于父母可以在其中讨论孩子的活动,并就行为标准和相应的惩罚达成一些共识。在这个闭合的社会关系中,父亲的行为可以被另一个人影响,以惩罚他儿子的行为;除此之外,任何人都可以成为自己孩子和他人孩子的监督者。因此,代际闭合的存在提供了可用于每个家长的资本量,以提高其解决他们的孩子在学校以及校外的问题的能力。④ 在科尔曼看来,搬家会影响社会网

---

① Coleman J S. The Rational Reconstruction of Society: 1992 Presidential Address[J]. American Sociological Review, 1993: 1 - 15.

② Coleman J S. Foundations of Social Theory [M]. Cambridge, MA, and London: Harvard University Press, 1990.

③ Coleman J S. Social Capital in the Creation of Human Capital[J]. American Journal of Sociology, 1988, 94: S95 - S120.

④ Coleman J S. Social Capital in the Creation of Human Capital[J]. American Journal of Sociology, 1988, 94: S95 - S120.

络的这种特性,家庭连续居住地的变化、儿童转学将阻止这种联系的形成,在居住地流动性较大的家庭中,子女的辍学率较高。

二、科尔曼社会资本理论的检验

科尔曼主要致力于研究贫困学生的教育成就,他通过源自美国高中的大量数据实证分析和统计检验社会资本理论。[1] 这项研究的重点是家庭与社区之间的关系,根据学生在社会经济状况方面的差异来解释学生的高等教育成就。科尔曼和霍夫(Hoffer)的研究表明,家庭完整、最多两个孩子和母亲对子女有高等教育期望的家庭,高中生辍学率为 8.1%;有 4 个孩子的单亲家庭,母亲对子女无高等教育期望的学生,其辍学率上升到 30.6%。[2] 辍学率高占比与社会资本相对较少的家庭相对应,这些孩子的家庭社会资本属于"结构缺陷"。[3] 科尔曼和霍夫对公立高中(893 所)、天主教学校(84 所)和其他私立学校(27 所)学生教育成就进行研究后发现,教育的第二年到最后几年间,天主教学校辍学率最低(3.4%),其次是其他私立学校(11.7%),公立学校辍学率最高。研究表明,天主教学校学生的教育成就并不取决于其社会经济地位或宗教信仰,而是与其学校特征有很大关系,这种学校培养了学生参与其中的社区凝聚力。[4]

社会资本的作用。研究表明,个人教育成就与个人拥有的各种形式的资本有关,社会资本、经济资本和文化资本,拥有更多这些资本形式的个人表现出更大的教育成就[5]。大量研究强调了社会资本对个人教育成就的重要性。教育差异可以归因于社会资本的不同水平,学生的发展受到学校、社区和家庭社会资本的强烈影响。社会资本以适当的学校氛围和激励学生实现更高目标的价值观的形式支持教育成功[6]。此外,社会资本对教育成就产生了积极影响,从而影响了学生的行为和发展:它降低了辍学率,提高了

① Coleman J S. Social Capital in the Creation of Human Capital[J]. American Journal of Sociology, 1988, 94: S95 - S120.

② Coleman J S, Hoffer T. Public and Private High Schools: the Impact of Communities[Z]. New York: Basic Books, 1987.

③ Coleman J S. Social Capital in the Creation of Human Capital[J]. American Journal of Sociology, 1988, 94: S95 - S120.

④ Coleman J S, Hoffer T. Public and Private High Schools: the Impact of Communities[Z]. New York: Basic Books, 1987.

⑤ Pishghadam R, Zabihi R. Parental Education and Social and Cultural Capital in Academic Achievement[J]. International Journal of English Linguistics, 2011, 1(2): 50.

⑥ Erkan A. Effects of Social Capital on Academic Success: a Narrative Synthesis[J]. Educational Research and Reviews, 2011, 6(6): 456 - 461.

毕业率①和大学入学率②,对测试成绩有积极影响③。

　　家庭结构的影响。科尔曼认为在单亲家庭或多子女家庭中,父母的关注和监督相对较少,对应的,家庭中的社会资本减少。不少研究讨论了单亲家庭与青少年教育问题之间的关系,发现来自单亲家庭的孩子比完整家庭的孩子获得的辅助和鼓励更少,不与父母双亲同住的孩子高中辍学率似乎更高。④ 单亲家庭学生占比高的学校中,学生数学和阅读方面的表现较差。但是,社会关系网络能减少不良家庭结构的负面影响。⑤ 在学生与父母之间存有较强关系网络的学校中,家庭结构不利因素减少;父母参与学校活动较少的儿童辍学风险高。科尔曼认为家庭子女数影响子女教育成就,兄弟姐妹多的孩子相对而言更容易学校表现差、辍学率高。也有研究发现兄弟姐妹越多,学生认知能力测试成绩越差;兄弟姐妹辍学的学生,退学的可能性几乎是其他人的三倍。⑥ 需要指出的是,尽管这些结果看起来令人信服,但并不是所有方面都能得到证实。

　　社会闭合的作用。科尔曼将一些特殊学校的辍学率较低,归因于社会闭合中关系的同质性,这推动了社会活动和教育获得的研究。在随后的一些研究中发现了社会参与和积极的教育结果之间的关系。然而,并不是绝对的。摩根(Morgan)和托德(Todd)提供了截然不同的结果。虽然他们发现在拥有密集社交网络的天主教学校中,学生教育成就似乎较高,但在公立学校中却没有观察到这种影响。⑦ 还有研究发现,社会闭合与数学的更好成绩存在正相关关系,但是在其他学科如阅读或科学场域,不显著。⑧ 但是并非所有研究都证实了这种关系。戈达德(Goddard)没有发现社会

---

① Israel G D, Beaulieu L J, Hartless G. The Influence of Family and Community Social Capital on Educational Achievement[J].Rural Sociology, 2001(66): 43 - 68.

② Yan W. Successful African American Students: the Role of Parental Involvement[J]. Journal of Negro Education, 1999: 5 - 22.

③ Sun Y. The Contextual Effects of Community Social Capital on Academic Performance[J]. Social Science Research, 1999, 28(4): 403 - 426.

④ Sandefur G D, Wells T. Does Family Structure Really Influence Educational Attainment? [J]. Social Science Research, 1999, 28(4): 331 - 357.

⑤ Ling P S. The School Compositional Effect of Single Parenthood on 10th-Grade Achievement[J]. Sociology of Education, 1998: 23 - 42.

⑥ Teachman J D, Paasch K, Carver K. Social Capital and Dropping out of School Early[J]. Journal of Marriage and the Family, 1996: 773 - 783.

⑦ Morgan S L, Todd J J. Intergenerational Closure and Academic Achievement in High School: a New Evaluation of Coleman's Conjecture[J]. Sociology of Education, 2009, 82(3): 267 - 286.

⑧ Carbonaro W J. A Little Help from My Friend's Parents: Intergenerational Closure and Educational Outcomes[J]. Sociology of Education, 1998: 295 - 313.

资本对具有高社会资本的学校的数学和写作考试有影响。① 摩根提供的证据表明,父母之间密集的友谊网络会对孩子的数学成绩产生负面影响。②

三、对科尔曼理论的批评

科尔曼的社会资本概念是社会科学领域最常用的概念之一,但它也遭到了激烈批评。杜拉夫(Durlauf)认为科尔曼的论点是同义反复和循环的,社会资本似乎只有在社区层面对结果产生积极影响时才存在,没有区分因果关系。③

一些研究试图建立因果关系④,但这些结果也远非结论,而是将存在于社会结构各个层面的成就不平等归因于结构性功能障碍,例如网络(关系)闭合的相对限制及这种限制带来的后果:缺乏社会资本产生的规范。⑤ 网络闭合对于社会资本的运作并不是必不可少的⑥,只有在达到个人的特定目标时才应坚持网络闭合。当个人渴望维持特定的社会关系时,闭合网络是相联系的;但是当代理人寻求并渴望获得社会资本的资源时,他们需要与其他代理人建立关系,在这种情况下,闭合网络是不相联系的。⑦ 一个几乎没有过多关系的精简网络往往能提供更大的社会资本收益。⑧ 闭合网络可能会对外部效率产生负面影响:它可能导致群体间的不信任。⑨ 波特斯指

---

① Goddard R D. Relational Networks, Social Trust, and Norms: a Social Capital Perspective on Students' Chances of Academic Success [J]. Educational Evaluation and Policy Analysis, 2003, 25(1): 59 - 74.

② Morgan S L, Sørensen A B. Parental Networks, Social Closure, and Mathematics Learning: a Test of Coleman's Social Capital Explanation of School Effects[J]. American Sociological Review, 1999: 661 - 681.

③ Durlauf S N, Others. The Case "Against" Social Capital[R]. Social Systems Research Institute, University of Wisconsin, 1999.

④ Rose R. How Much Does Social Capital add to Individual Health? [J]. Social Science & Medicine, 2000, 51(9): 1421 - 1435.

⑤ Portes A. Social Capital: Its Origins and Applications in Modern Sociology[J]. Annual Review of Sociology, 1998, 24(1): 1 - 24.

⑥ Adler P S, Kwon S W. Social Capital: Prospects for a New Concept[J]. Academy of Management Review, 2002, 27(1): 17 - 40.

⑦ Lin N. Social Capital: a Theory of Social Structure and Action[M]. Cambridge, UK: Cambridge University Press, 2001.

⑧ Burt R S. Structural Holes: The Social Structure of Competition[M]. Cambridge, Mass: Harvard University Press, 1992.

⑨ Fukuyama F. Social Capital, Civil Society and Development[J]. Third World Quarterly, 2001, 22(1): 7 - 20.

出,科尔曼没有考虑到负面社会资本的存在,这可以体现在从事非法活动的特定部族的规范和关系中。佛里(Foley)和爱德华兹(Edwards)认为,社会资本依赖于社会背景,社会资源并非公正均匀地分布,这是科尔曼未能解决的问题。① 舒克史密斯(Shucksmith)拒绝接受社会资本是一种共同利益的观点,并声称将社会资本视为共同利益隐藏了固有的社会不平等,因为社会资本存量是由我们已经拥有的社会和文化资本所决定的。②

科尔曼社会资本理论表明受教育程度不仅仅依赖于个人才能、学校质量、家庭财富或父母教育,也同时受家庭和社区关系结构的影响。虽然大量研究接受这一结论,但是当涉及更精确的关系,解释为什么会发生这种情况以及将调查结果在美国以外的国家和地区应用时,都会遭遇问题。研究认为科尔曼变量测量存在问题:例如,父母缺席并不意味着缺失可用于儿童教育的所有资源,在教育中儿童与不在家中居住的其他亲属、兄弟姐妹等的关系同样重要;社会关系不仅仅包括数量也有质量问题。③

最后,关于社会资本与教育之间关系的许多研究来自美国,但是在其他国家进行的研究有不同的发现。如对生活在加拿大的少数民族儿童的教育研究发现,社会资本对教育成就会产生不同影响。④

第三节　布迪厄社会资本理论

一、基本思想

布迪厄是第一位系统分析社会资本概念的社会学家。他将社会资本定义为"与拥有相互熟悉和认可的基本制度化关系的持久网络相关的实际或潜在资源的总和"。集团成员资格为成员提供集体所有资本的支持,关系可以作为物质或象征性交换存在。社会资本由社会义务或关系组成,在某些

---

① Foley M W, Edwards B. Is It Time to Disinvest in Social Capital? [J]. Journal of Public Policy, 1999, 19(2): 141 – 173.

② Shucksmith M. Endogenous Development, Social Capital and Social Inclusion: Perspectives from Leader in the UK[J]. Sociologia Ruralis, 2000, 40(2): 208 – 218.

③ Goddard R D. Relational Networks, Social Trust, and Norms: a Social Capital Perspective on Students' Chances of Academic Success[J]. Educational Evaluation and Policy Analysis, 2003, 25(1): 59 – 74.

④ Abada T, Tenkorang E Y. Pursuit of University Education among the Children of Immigrants in Canada: the Roles of Parental Human Capital and Social Capital[J]. Journal of Youth Studies, 2009, 12(2): 185 – 207.

条件下,它可以转换为经济资本。布迪厄认为,一个人拥有的社会资本的数量取决于他或她可以动员的联系网络的大小,以及每个人所拥有/或连接的经济、文化、象征资本的数量。因此,布迪厄的社会资本可分解为两个要素:第一,社会关系,个人所拥有的资源;第二,这些资源的数量和质量。① 最终,布迪厄将社会资本视为主导阶层的投资,以维持和重现群体的团结,并保持群体的主导地位。②

文化资本、惯习和场域是布迪厄理论的核心概念。文化资本可以分为三种状态:身体(心灵和身体的倾向),物化(文化产品)和制度化(教育资格)。某些形式的文化资本比其他形式更有价值,每个人都为交互场域带来了不同的性格(惯习)。场域是具有不同手段和目的的代理人之间的力量博弈和斗争场所。③ 场域的特点是"游戏规则"既不明确也不编纂。由于这个场域是动态的,社会和文化资本的有价值形式也是动态的。

布迪厄的理论视角对于理解学校与家庭之间的关系特别有用。与科尔曼不同,布迪厄认识到各种网络关系的不平等价值。他和帕斯隆④、伯恩斯坦(Bernstein)⑤、迈凯伦(McLaren)⑥等都认为,学校是奖励中产阶层行为的机构。最符合学校教师和其他人期望的行为最有可能获得奖励。在社会资本场域,在学校环境中最受重视的联系或父母网络是与中产阶级专业人士的联系,这为其子女提供了在学校环境中的宝贵资本。

布迪厄提出社会资本是与现有的永久性网络相关的,当前或潜在资源的总和,这些资源可以或多或少地基于人际关系和接受的制度化关系获得。个人可以使用与其他个体的关系来实现目标,如教育目标。布迪厄对社会资本及其对教育成就的影响的分析需要通过其包括文化资本、经济资本、场域和惯习的概念来理解。在其理论中,经济资本是所有资本的基础,经济资本是拥有社会和文化资本的原因和结果,拥有和接近资本的机会在社会中分布不均。⑦ 他的社会再生产理论以经济和象征(文化和社会)资本为中

---

① Portes A. Social Capital: Its Origins and Applications in Modern Sociology[J]. Annual Review of Sociology, 1998, 24(1): 1 – 24.

② Lin N. Building a Network Theory of Social Capital[J]. Social Capital, 2017: 3 – 28.

③ Bourdieu P. Homo Academicus[M]. Stanford University Press, 1988.

④ Bourdieu P, Passeron J C. Reproduction in Education, Society and Culture. Volume 4[M]. Sage, 1990.

⑤ Bernstein B. Class, Codes and Control: Applied Studies towards a Sociology of Language. Volume 2[M]. Psychology Press, 2003.

⑥ Mclaren P. Life in Schools: An Introduction to Critical Pedagogy in the Foundations of Education[M]. Routledge, 2015.

⑦ Bourdieu P. The Forms of Capital(1986)[J]. Cultural Theory: An Anthology, 2011, 1: 81 – 93.

心,认为个人的行为主要取决于外部因素,即社会经济地位。因此,这一理论在性质上远比科尔曼更悲观,因为个人的力量和他的行为受社会因素的制约,社会资本主要用于将文化和经济资本从一代转移到下一代,从而帮助复制现有的社会秩序。至于场域和惯习的概念,它们与戈夫曼的戏剧理论最为相似,其中场域由代理人之间的战斗发生的游戏区域(阶段)代表:优势和下属,建立在共同的基础上,默许接受每个场域的利益特征,例如学术兴趣。在定义惯习时,布迪厄说它是"……社会嵌入一个身体,一个生物个体……"①不同惯习的个体参与不同场域的各种斗争。这些概念解释了个体在拥有社会资本方面的差异,也解释了个体之间纵向和横向的差异。然而,遵循布迪厄方法的大量研究包括他们研究中的各种形式的资本,同时忽略了解释个人教育成就的横向差异的惯习和场域。为了证明这些理论,布迪厄还进行了实证研究,②通过研究证明其分析工具的合理性。遵循布迪厄的传统理论,研究者认为社会资本(根植于与朋友、熟人、父母的学校和商业关系的关系)可供家庭以外的个人使用,同时,研究者使用布迪厄的社会文化再生产理论来解释社会资本行为的方式为社会不平等的再生产服务。布迪厄关于社会资本与教育获得研究的基本逻辑是:社会资本是父母传递给子女的资本之一,这些资本可以为子女提供更多更好的机会,使其获得更高的教育成就,如此就以一种隐秘的方式实现了社会再生产。③

二、布迪厄社会资本理论的检验

布迪厄的理论更多地关注影响个人获得教育成就的社会经济地位和文化资本,而不是社会资本,对社会资本的讨论在布迪厄的工作中比科尔曼要少得多。大量研究支持布迪厄的理论,认为经济资本与教育成就显著正相关④,个

① Bourdieu P. In Other Words: Essays toward a Reflexive Sociology [M]. Stanford University Press, 1990.

② Bourdieu P. Distinction: a Social Critique of the Judgment of Taste [M]//Social Stratification. Routledge, 2018: 982 - 1003; Bourdieu P. The Forms of Capital (1986) [J]. Cultural Theory: An Anthology, 2011, 1: 81 - 93; Bourdieu P. Homo Academicus [M]. Stanford University Press, 1988; Bourdieu P. In Other Words: Essays toward a Reflexive Sociology [M]. Stanford University Press, 1990; Bourdieu P, Passeron J C. Reproduction in Education, Society and Culture. Volume 4 [M]. Sage, 1990.

③ Bourdieu P. Cultural Reproduction and Social Reproduction [M]//Knowledge, Education, and Cultural Change. Routledge, 2018: 71 - 112.

④ Bidwell C E, Friedkin N E. The Sociology of Education [M]//Smelser N E. (Ed.). Handbook of Sociology. London: Sage, 1988: 449 - 471.

人拥有社会资本的差异是其拥有经济资本差异的结果①；然而，很少有研究能够证实社会资本是一种体现社会不平等的机制。有研究发现，社会资本的某些方面（如父母的朋友）在支持社会流动方面发挥着作用，这不是社会文化再生产理论的特征②，社会资本的各个方面包括使用是能够促进学生社会流动的资源。③ 无论社会地位如何，所有人都可以获得特定形式的文化和社会资本。在大多数情况下，实证研究并不支持基于布迪厄的概念化的方法④；然而，这些理论承认社会资本在促进社会流动方面的作用，又设法对布迪厄理论进行修正，从而使自己与布迪厄的原始理论模型保持距离。

教育研究的许多场域都采用了布迪厄理论，包括课堂语言、职业决策、学术话语和家庭与学校的关系。⑤ 特别是伯恩斯坦（Bernstein）扩展了布迪厄文化再生产概念，以研究文化的社会建构以及教育话语如何成为阶级再生产的工具。⑥ 教育社会学家扩展了布迪厄的社会和文化资本理论，以解释基于阶级，性别和种族/民族的学校差异。拉罗（Lareau）和霍瓦特（Horvat）建立了一个包容和排斥时刻的框架，强调学校在接受或拒绝家庭激活社会和文化资本方面的作用。⑦ 拉罗认为布迪厄在"场域"概念中提到的制度标准或"游戏规则"一直被研究人员忽视，并明确将布迪厄的场域概念融入社会和文化资本教育研究中。⑧斯坦顿·萨拉查（Stanton Salazar）借鉴了布迪厄的思想，发展了社会资本概念框架。他坚持社会网络的分层特征，根据社会关系传递的"中产阶级社会支持的程度和质量"来界定社会资本；以社会资本研究少数民族的社会化，解释了低地位和少数民族儿童、儿童积累社会资本的问题。在他看来，人际网络的结构和功能呈现出中心阶

① Bruen T. "Mature Students" Narratives of Irish Higher Education: a Critical Bourdieusian Analysis[D]. University of Sheffield, 2014.

② Doolan K. "My Dad Studied Here Too": Social Inequalities and Educational (Dis) Advantage in a Croatian Higher Education Setting[D]. University of Cambridge, Faculty of Education, 2009.

③ Bruen T. "Mature Students" Narratives of Irish Higher Education: a Critical Bourdieusian Analysis[D]. University of Sheffield, 2014.

④ Tzanakis M. Bourdieu's Social Reproduction Thesis and the Role of Cultural Capital in Educational Attainment: a Critical Review of Key Empirical Studies[J]. Educate, 2011, 11 (1): 76-90.

⑤ Grenfell M, James D. Bourdieu and Education: Acts of Practical Theory[M]. Routledge, 2003.

⑥ Bernstein B. Pedagogy, Symbolic Control, and Identity: Theory, Research, Critique. Volume 5 [M]. Rowman & Littlefield, 2000.

⑦ Lareau A, Horvat E M. Moments of Social Inclusion and Exclusion Race, Class, and Cultural Capital in Family-School Relationships[J]. Sociology of Education, 1999: 37-53.

⑧ Lareau A. Linking Bourdieu's Concept of Capital to the Broader Field[J]. Social Class, Poverty, and Education, 2001: 77-100.

级和种族差异:"这里的工人阶级社区和网络是在稀缺和保护的基础上组织起来的,由中产阶级成员构建的世界主义网络旨在最大化个人(和群体)进入主流市场的途径。"①2001年,他对墨西哥裔美国青年的学校和亲属支持网络的研究进一步阐述了该框架,强调儿童在社会网络中的嵌入性受到分层力量的影响。② 从这个角度来看,社会资本主要与分层的再生产有关,社会资本只有结合社会地位指标才能产生积极影响。③

第四节 社会资本理论整合研究

布迪厄和科尔曼对社会资本的理论发展起源于教育成就和对成就的诠释,但是这些解释是非常不同的。布迪厄的文化再生产和文化及社会资本理论被发展为对技能不足和人力资本理论的不平等学术成就的替代解释。科尔曼则关注家庭结构、父母期望、代际闭合等对辍学率的影响。沿着布迪厄和科尔曼的路径,社会资本的两种概念带来不同的研究方向。④ 但是进入21世纪以来,一些研究结合了科尔曼和布迪厄的社会资本理论,创造了自己的理论,用于分析社会资本和教育成就之间的关系。例如,皮什哈达姆(Pishghadam)和扎比希(Zabihi)调查了家庭内外的社会资本以及家庭结构;家庭的社会资本还包括布迪厄意义上的文化资本(参与文化实践和拥有文化产品),而父母的教育水平则被作为一个单独的变量。⑤ 何(Ho)解释了儿童自尊的相关性及其在获得教育成就方面的作用。研究结果表明,经济和文化资本与儿童的自尊,即教育成就显著相关,从而得出结论,社会背景是教育成就的先决条件,从而使社会再生产成为可能。然而,社会资本(根据父母参与儿童教育的程度衡量)显示了自尊与教育成就之间更强的关系,使得亲子关系的质量与社会流动紧密联系,因为它对教育的影响是远远强

① Stanton-Salazar R. A Social Capital Framework for Understanding the Socialization of Racial Minority Children and Youths[J]. Harvard Educational Review, 1997, 67(1): 1 – 41.

② Stanton-Salazar R D. Manufacturing Hope and Despair: the School and Kin Support Networks of Us-Mexican Youth[M]. Teachers College Press, 2001.

③ Horvat E M, Weininger E B, Lareau A. From Social Ties to Social Capital: Class Differences in the Relations between Schools and Parent Networks[J]. American Educational Research Journal, 2003(2): 319 – 351.

④ Coleman J S. Social Capital in the Creation of Human Capital[J]. American Journal of Sociology, 1988, 94: S95 – S120.

⑤ Pishghadam R, Zabihi R. Parental Education and Social and Cultural Capital in Academic Achievement[J]. International Journal of English Linguistics, 2011, 1(2): 50 – 57.

于其他资本的影响力的。因此,研究表明,特定的资本促进了社会不平等的再生产,而其他资本促进了社会流动。①

尽管如此,普斯陶伊(Pusztai)经常提出一个问题,即考虑到两个理论是出现在完全不同的基础上,是否有理由整合这些概念? 布迪厄的理论方法用于解释社会不平等,并且接近于马克思主义理论,而科尔曼的方法强调个人潜力,并接近涂尔干的理论根源。② 但是也有研究认为布迪厄和科尔曼的概念实际上可以整合,因为它们包含社会资本的补充定义有很大的区别,但实施应该以涉及布迪厄和科尔曼所有关键参数的方式处理。例如,社会资本可以通过包括家庭、社区和教育机构内部关系以及与朋友、父母的朋友等的关系来测量,这样就与科尔曼的社会资本理论结合起来理解了。③ 布迪厄理论和方法的追随者伯特(Burt)、林(Lin)使用综合方法,以克服其模型的缺点。④

此外,在研究社会资本作为制度特征时,科尔曼与布迪厄理论的融合更为频繁。例如,研究组织的效率。⑤ 蒂尔尼认为社会资本概念由特定群体拥有的所有内部关系(包括共同的规范和价值观)组成,也包括组织之外的关系(更为普遍的是布迪厄对社会资本的理解,而不是与群体的规范和价值观相关),他还将其与个人在组织中的成就和整个组织的效率联系起来。⑥与此类似,教育机构的社会资本及其对个人教育成就的影响可以从同一角度来看待。

通过研究布迪厄和科尔曼研究社会资本与教育成就之间关系的方法,可以得出结论,这两种方法各具有优势,同时也表现出严重的局限性。⑦ 科

① Ho S C. Home School Collaboration and Creation of Social Capital[J]. Hong Kong Journal of Sociology, 2003, 4(1): 57 - 85.

② Pusztai G, Others. The Effects of Institutional Social Capital on Students' Success in Higher Education[J].Hungarian Educational Research Journal, 2014, 4(3): 68 - 83.

③ Rogošić S, Baranović B. Social Capital and Educational Achievements: Coleman vs. Bourdieu [J]. Center for Educational Policy Studies Journal, 2016, 6(2): 81 - 100.

④ Burt R S. The Contingent Value of Social Capital[J]. Administrative Science Quarterly, 1997: 339 - 365; Lin N. Social Capital: a Theory of Social Structure and Action[M]. Cambridge, UK: Cambridge University Press, 2001.

⑤ Svendsen G L H, Svendsen G T. The Creation and Destruction of Social Capital: Entrepreneurship, Co-operative Movements, and Institutions[M]. Edward Elgar Publishing, 2004; Coates H. Trust and the Public Good: Examining the Cultural Conditions of Academic Work [J]. Quality Assurance in Education, 2009, 17(4): 430 - 431.

⑥ Coates H. Trust and the Public Good: Examining the Cultural Conditions of Academic Work[J]. Quality Assurance in Education, 2009, 17(4): 430 - 431.

⑦ Tzanakis M. Social Capital in Bourdieu's, Coleman's and Putnam's Theory: Empirical Evidence and Emergent Measurement Issues[J]. Educate, 2013, 13(2): 2 - 23.

尔曼主要是因为他的理论未能解释不同社会背景的个人拥有社会资本的差异而受到批评。然而,事实证明它在解释相似社会背景的个体之间的差异方面相当有效。因此,当样本参与者的同质群体存在问题时,理性行动理论(社会资本概念)非常有效。例如,如果正在研究社会资本与私立和公立大学学生入学之间的关系,那么父母的经济和文化资本很可能比社会资本发挥更重要的作用。但是,如果我们正在调查在特定课程(例如教师教育)中免费学习的学生的教育成就,那么教育成就的差异更可能在很大程度上取决于其拥有的社会资本。在优势方面,科尔曼的社会资本理论在大多数定量研究中得到了成功检验。此外,科尔曼的社会资本可以分析家庭内部的关系,家庭外,特别是社会机构(社区,组织)的概念,进一步简化了研究的概念化和执行。

相对的,布迪厄的原始理论更广泛、更精细,这既是优点也是缺点。建立在布迪厄社会资本概念化基础上的大多数定量研究并未始终如一、毫不含糊地支持社会再生产理论。① 此外,实证研究表明,很难清楚地实现惯习和场域的概念,这对于研究和理解社会资本与教育成就之间的关系非常重要。研究认为该理论本身更适合解释高度分化的社会中个人教育成就的差异②,或者样本中参与者的社会经济和社会文化地位存在明显差异的情况。因此,当布迪厄的社会文化再生产理论在教育场域受到考验时,建议使用定性和定量的混合研究方法。布迪厄的批评者拒绝他的理论,因为它没有得到定量研究的支持。此外,布迪厄的立场被认为是过时的,而他的观念在教育成就研究中被证明是无用的。他的理论的重要性只在经验结果的理论解释中得到承认,特别是在讨论惯习和场域时。③ 但是,这些并不意味着科尔曼和布迪厄提出的概念、理论和方法论在认识论上是有问题的。恰恰相反,研究显示社会资本是社会流动的一种手段,证明理性行动理论起了作用,而不论这种研究结果是不是基于布迪厄概念基础的研究结果,其出发点是不同的理论方法,即社会再生产理论。类似的情况发生在使用科尔曼的理性框架—理性行动理论(包括社会流动性)的研究中,这可以证明社会不平等

① Tzanakis M. Bourdieu's Social Reproduction Thesis and the Role of Cultural Capital in Educational Attainment: a Critical Review of Key Empirical Studies[J]. Educate, 2011, 11(1): 76 – 90.
② Grossman E R. An Examination of Putnam's, Coleman's, and Bourdieu's Conceptualizations of Social Capital and the Structural Differences across Class, Race, and Gender Groups[R]. The University of Akron, 2013.
③ Sullivan A. Bourdieu and Education: How Useful is Bourdieu's Theory for Researchers? [J]. Netherlands Journal of Social Sciences, 2002, 38: 144 – 166.

的可复制性。

科尔曼和布迪厄的社会资本与教育成就之间关系研究的理论方法和概念并没有被否认,因为它们在当前的许多研究中被成功地应用。将科尔曼和布迪厄的概念独立地或组合地使用似乎是合理的,社会资本的各种用途使得各种研究结果是合乎逻辑的。例如,在同一样本(3 000 名参与者)中测试布迪厄和科尔曼的社会资本的经验模型时,格罗斯曼(Grossman)得出结论,两种模型都是有效的。他发现根据科尔曼理论实施的社会资本拥有水平并不区分社会层面和种族群体,但在种族归属方面存在差异,而布迪厄的模型表明社会资本在不同的阶层、种族和民族的个体之间存在差异。此外,即使是不同的社会资本运作概念也可能导致类似的结果。例如,根据布迪厄的概念在研究中运作的社会资本可以与社会流动性正相关,这在依赖科尔曼社会资本概念的社会资本研究中很明显。反之亦然,根据科尔曼理论对社会资本的重新研究表明,社会资本可以作为社会再生产的一种手段,这与布迪厄的方法是一致的。①

目前研究社会资本的网络方法中,最常见的网络分析形式之一是自我网络模型,它源于系统中的个体代理。② 链式方法揭示了起始代理和与之有直接关系的所有代理,以及这些代理之间的关系,其采用结构方法,假设网络中的代理不根据个人态度、规范和个体特征,而是根据其在网络结构中的位置行事。这样就可以分析拥有社会资本和社会资源带来的横向和纵向差异,这些差异可以在特定组织内以及这些组织之外提供给个人。

本章对教育领域中的社会资本理论,尤其是科尔曼和布迪厄的社会资本理论进行了梳理。首先,阐释科尔曼和布迪厄的社会资本理论。在对两者基本概念进行阐释的基础上,对两者理论中概念的差异进行比较。其次,分析科尔曼社会资本理论。在对科尔曼社会资本理论基本思想梳理的基础上,对学术界对其的实证检验及批评展开分析。再次,分析布迪厄的社会资本理论。在对布迪厄社会资本理论基本思想进行梳理的基础上,对学术界对其的实证检验展开分析。最后,讨论社会资本理论整合研究,分析将科尔曼、布迪厄的社会资本理论整合研究的现状和未来研究可能。

---

① Grossman E R. An Examination of Putnam's, Coleman's, and Bourdieu's Conceptualizations of Social Capital and the Structural Differences across Class, Race, and Gender Groups[R]. The University of Akron, 2013.

② Babović M, Others. Socijalne Mreže-Povezivanje Društvenih Aktera U Sferi Ekonomskih Aktivnosti[J]. Sociologija, 2005, 47(4): 351 - 370.

第二章　家庭社会资本代际
传递的几个议题

　　科尔曼的社会闭合传统和布迪厄的社会网络资源研究思路是教育社会学中两种基本的研究范式。[①] 科尔曼强调社会闭合的作用,认为社会闭合是社会资本的重要内容,家庭内社会资本与家庭外社会资本整合形成儿童发展的闭合生态系统,而这个闭合的生态系统可能是影响儿童发展的重要积极因素。[②] 布迪厄则在社会网络视角下提出,家庭社会网络资本通过为子女提供更多、更好的教育机会,从而使子女获得更高的教育成就,在这个过程中,社会再生产以一种隐秘的方式实现。家庭不仅是社会资本的源泉,同时也是社会资本的传输者。不论是社会闭合还是社会网络,在很大程度上依赖家庭成员之间、家庭成员和其他社区成员间的互动,社会资本与家庭有着千丝万缕的关系。本章主要对家庭社会资本、教育再生产等重要领域的议题进行梳理。

第一节　教育再生产与移民悖论

一、城乡青少年教育获得

　　国内研究大量比较城乡二元的学校制度,分析不同教育环境下的儿童成长和教育获得。一部分研究显示,不同阶层子女教育获得状况不同,精英阶层子女拥有更多的入学机会[③],家庭经济资源、文化资源、组织资源及社

---

① Dika S L, Singh K. Applications of Social Capital in Educational Literature: a Critical Synthesis [J]. Review of Educational Research, 2002(72): 31-60.

② [美]科尔曼.社会理论的基础[M].邓方,译.北京: 社会科学文献出版社,1992.

③ 刘精明.高等教育扩展与入学机会差异: 1978~2003[J].社会,2006(03): 158-179+209.
谢作栩,王伟宜.高等教育大众化视野下我国社会各阶层子女高等教育入学机会差异的研究[J].教育学报,2006(02): 65-74+96.

会资源等,通过不同方式影响学生不同阶段学业,进而影响其最后就业状况;①农民与非农民子女接受高等教育机会的整体差距悬殊②,重点高中入学机会的获得,在一定程度上已经成为学生家长经济资本和社会资本的较量。

部分研究表明,家庭社会经济文化地位的预测作用呈现明显扩大化趋势;家庭所在地和户籍的巨大作用持续存在,城市和非农业户口家庭处于相对优势地位;高校自主招生政策一定程度上扩大了不同阶层家庭之间的差距;③家庭资源是预测儿童学业成就的重要变量,相比于城市家庭,农村流动家庭中父母受教育水平对家庭学习资源的作用较小;④父亲职业地位对子女高等教育数量获得无影响,对子女高等教育质量获得有影响;但是父亲受教育水平不论在质上还是量上,对其子女的高等教育获得都无影响。⑤

还有研究表明,农民工子女在入学、升学机会上与城市居民存在差异,且在农民工子女内部入学机会也存在差异。如与其他儿童相比,留守儿童的受教育机会显著偏高,但流动儿童的受教育机会显著降低。⑥ 在农村,受文化资本缺乏、国家教育资源非均衡分布等带来学业受挫的影响,学生在初中阶段存在较多辍学现象。⑦ 农民工家庭的经济状况、教育选择以及政策了解度影响子女的受教育状况。⑧ 省内流动、家庭购有住房、独生子女等有利于学生就读公办学校;⑨父母非农就业、外出打工与子女教育获得存在很大

① 文东茅.家庭背景对我国高等教育机会及毕业生就业的影响[J].北京大学教育评论,2005(03):58-63.

② 张玉林,刘保军.中国的职业阶层与高等教育机会[J].北京师范大学学报(社会科学版),2005(03):25-31.

③ 黄四林,辛自强,侯佳伟.家庭背景与高等教育入学机会的关系及其趋势——基于北京某重点大学2007~2012年的调查[J].中国青年研究,2014(03):46-52.

④ 张云运,骆方,陶沙,等.家庭社会经济地位与父母教育投资对流动儿童学业成就的影响[J].心理科学,2015(01):19-26.

⑤ 刘志民,高耀.家庭资本、社会分层与高等教育获得——基于江苏省的经验研究[J].高等教育研究,2011(12):18-27.

⑥ 杨菊华,段成荣.农村地区流动儿童、留守儿童和其他儿童教育机会比较研究[J].人口研究,2008(01):11-21.

⑦ 李裕平.农村家庭阶层的教育选择研究——以甘肃省天水市Z镇为个案[D].兰州:西北师范大学,2009.

⑧ 王东."两为主"政策背景下流动儿童家长"择校"行为分析——基于对北京市的相关调查[J].教育发展研究,2020(12):82-85.
   许传新.家长认知与意愿:流动人口子女融入城市公立学校视角[J].北京青年政治学院学报,2009(03):20-24+41.

⑨ 陶红,杨东平,李阳.农民工子女义务教育状况分析——基于我国10个城市的调查[J].教育发展研究,2010(09):6-9.

差异,但和务农相比,外出打工和非农就业通过提高家庭收入增加经济支持,更有利于子女获得进入高中和大学受教育的机会;母亲拥有较高学历和非农工作的农村家庭,其子女会受到更高期望和更多家庭辅导。① 家庭经济状况对其进入公立学校的作用受到达流入地时间长短的影响;家庭经济状况对男童有积极的影响,家庭生活状况只在初中有显著正影响。② 初中后教育意愿对流动儿童初中后教育选择具有重要影响,兄弟姐妹个数、子女初中就学学校类型等因素影响教育获得,初中就读在无证打工子弟学校的随迁子女入学机会少。③

二、移民悖论

在许多国家,移民的社会经济状况一般比当地人差,而教育是帮助移民改善其恶劣的社会经济状况的主要工具,但是大多数研究认为移民在移入国的教育体系中处于劣势地位,教育不平等是限制移民融入劳动力市场的重要原因。

国外研究显示,移民儿童在初中职业教育中比例过高,高中就读和完成高中教育的比例低,与本土的同辈群体相比,他们的受教育年限短、辍学率高;移民儿童就读初等职业教育通过教育来改变家庭境况的机会相对较少④。在荷兰,移民儿童大量就读于初等职业教育体系,而初等职业教育在荷兰中等教育体系中处于最底层,且在该体系中学生的辍学率较高。⑤

但是也有研究发现,移民儿童在社会适应上与本土儿童相似,甚至优于他们。在美国开展的一项针对两万移民儿童的研究中发现,第一代、第二代移民儿童有不良行为、暴力行为、吸毒或酗酒、药物依赖以及身体健康不佳等状况的可能性比本土儿童低。⑥ 在教育方面,存在着"移民悖论",虽然移

① 郭琳,车士义.父母非农就业、外出打工与子女的教育获得[J].兰州学刊,2011(03):107-114.
② 张绘,龚欣,尧浩根.流动儿童学业表现及影响因素分析——来自北京的调研证据[J].北京大学教育评论,2011(03):121-136+191-192.
③ 张绘.我国城市流动儿童初中后教育意愿及其政策含义[J].教育学报,2013(01):111-120.
④ Geel van M, Vedder P. The Role of Family Obligations and School Adjustment in Explaining the Immigrant Paradox[J]. Journal of Youth and Adolescence, 2011(2):187-196.
⑤ Central Bureau of Statistic. Jaarrapport Integratie 2008 [Year Report Integration 2008][R]. The Netherlands: the Hague: SDU, 2008.
⑥ Harris, K. M. The Health Status and Risk Behaviors of Adolescents in Immigrant Families[M]// Children of Immigrants: Health, Adjustment, And Public Assistance. Washington, DC: National Academy Press, 2000; Blake S M, Ledsky R, Goodenow C, et al. Recency of Immigration, Substance Use, and Sexual Behavior among Massachusetts Adolescents[J]. American Journal of Public Health, 2001(91):794-798.

民家庭存在着诸多不利于学业发展的因素,但是移民子女的学业成绩、升学状况要优于本土儿童;在纽约中学的研究发现,移民青年比美国本土青年有着更好的学业成绩。① 移民青年在缺少经济社会优势(诸如父母的高教育水平和收入)的情况下,他们的学业成绩优于本土儿童。② 这种移民悖论不仅仅存在于纽约。移民子女的数学和科学测试成绩要高出土生土长的美国儿童5%~50%。这种学业优势在来自亚洲移民家庭的儿童身上体现得更加明显。亚裔移民子女在标准化测试中的成绩、毕业率等学业指标往往高于其他孩子,包括土生土长的美国孩子。③

　　在我国,在农民工子女受教育问题上,国内研究也存在分歧:一些研究认为农民工子女学习适应性总体情况比较差④,存在诸如"学习生态圈"脆弱的问题,表现为父母期望高但辅导少、学习兴趣在一定程度上被挤压、开始分担家务劳动、与本地同学沟通交流偏少;还有学习基础和行为习惯相对较差,教学难度大等问题。⑤ 外显行为、内隐观念、人文环境、学习成绩是农民工子女较难适应的维度。⑥ 在民工子弟学校中流动儿童还会出现社会角色混乱、义务感缺失、能力弱化以及失范行为增多等现象。⑦ 但是也有研究发现,流动儿童的心理健康、学业成绩均比较稳定⑧,虽然流动儿童比本地儿童表现出更多的行为问题,如在人际交往主动性上偏弱,但学习成绩并不显著低于本地儿童,⑨且对学习环境、师生关系满意度更高;公办学校中的流动人口子女在学习适应、人际关系、行为习惯等方面适应良好。⑩

① Conger D, Schwartz A, Stiefel L. Immigrant and Native-Born Differences in School Stability and Special Education[J].International Migration Review, 2007(41): 403 - 432.
② Portes A, Rumbaut R G. Legacies: the Story of the Immigrant Second Generation[M]. University of California Press, 2001; Kao G, Tienda M. Optimism and Achievement: the Educational Performance of Immigrant Youth[J]. Social Science Quarterly, 1995(76): 3 - 19.
③ Leventhal T, Xue Y G, Brooks-Gunn J. Immigrant Differences in School-Age Children's Verbal Trajectories: a Look at Four Racial/Ethnic Groups[J]. Child Development, 2006(5): 1359 - 1374; Perreira K M, Harris K M, Lee D. Making It in America: High School Completion by Immigrant and Native Youth[J]. Demography, 2006(3): 511 - 536.
④ 王涛,李海华.农民工子女学习适应性研究[J].中国特殊教育,2006(11): 28 - 29.
⑤ 马良.流动人口子女学校教育的调查和分析[J].教育发展研究,2007(06): 56 - 60.
⑥ 刘杨,方晓义,蔡蓉,等.流动儿童城市适应状况及过程———一项质性研究的结果[J].北京师范大学学报(社会科学版),2008(03): 9 - 20.
⑦ 史晓浩,王毅杰.流动儿童社会化后果及其原因探析[J].河海大学学报(哲学社会科学版),2007(03): 28 - 31.
⑧ 曾守锤.公办学校中流动儿童的心理健康问题[J].当代青年研究,2009(08): 75 - 78.
⑨ 曾守锤.流动儿童的社会适应状况及其风险因素的研究[J].心理科学,2010(02): 456 - 458.
⑩ 许传新.家长认知与意愿:流动人口子女融入城市公立学校视角[J].北京青年政治学院学报,2009(03): 20 - 24+41.

基于已有研究,本书主要探讨:① 在中国城乡家庭教育再生产存在差异的背景下,城市儿童在学校就读、学业成绩、教育分流中是否存在显著优势;② 部分农民工子女在教育再生产中是否存在"移民悖论",即在教育期望、学业卷入、教育分流中是否优于城市儿童。

第二节 家长参与、代际闭合与教育获得

已有研究显示,父母通过辅导功课、亲子沟通等参与子女的学业;通过参与学校活动,与学校老师、其他家长之间形成良好闭合关系,进而影响子女学业状况和教育获得。本节重点讨论家庭社会资本中家长参与和代际闭合对子女教育获得的影响。

一、家长参与

(一) 家长学业参与的作用

在教育问题研究中,家长学业参与对子女学业成就的影响一直被关注。① 大量研究将家长参与同日益广泛的教育成果联系在一起,其中包括提高数学、阅读和其他学科的成绩②,增强学生自尊③以及社区关系。④ 在美国,拉丁美洲移民学生(美国学校最大的移民群体)和本土青少年成绩差距的变化表明,家长的参与可以缩小移民子女与本地儿童间的学业差距。⑤ 特殊的教养方式(监督子女学业和社会交往,帮助儿童完成家庭作业,以及构建积极的同辈群体)都对儿童在初中向高中过渡时期的行为有积极影响,诸如促进其学业成绩和校园参与的提升等。⑥ 母亲就业状况、父母学业监

① Fan X. Parental Involvement and Students' Academic Achievement: a Growth Model Ing Analysis [J]. Journal of Experimental Education, 2001(1): 27–61.

② Jeynes W H. A Meta-Analysis: the Effects of Parental Involvement on Minority Children's Academic Achievement[J].Education and Urban Society, 2003(2): 202–218.

③ Ackerman P, Brown D, Izard E. The Relations between Persistent Poverty and Contextual Risk and Children's Behavior in Elementary School[J]. Developmental Psychology, 2004(3): 367–377.

④ Coleman M. Planning for the Changing Nature of Family Life in Schools for Young Children[J]. Young Children, 1991(4): 15–20.

⑤ Planty M, et al. The Condition of Education 2008 (NCES 2008–031)[J]. National Center for Education Statistics, 2008.

⑥ Falbo T, Lein L, Amador N. A Parental Involvement During the Transition to High School[J]. Journal of Adolescent Research, 2001(5): 511–529.

督等家庭社会资本与学生的大学入学率之间有正向的相关关系。① 有研究者发现,在相同条件下,父亲的教育参与比母亲对儿童学业成绩提高的贡献更大。同时,缺少父亲角色的这种隐性单亲家庭对儿童学业成绩的不良影响也已经得到追踪研究的证实。

研究显示,父母参与均显著正向预测学业成绩,但是父亲参与、母亲参与和流动儿童学业成绩的关系并不同。母亲参与对流动儿童的学业成绩具有更强的预测力。② 父母向子女投入时间和精力构建闭合的代际关系能促进流动儿童认知能力的提升。③ 父母参与有助于缩小家庭资本、学业基础导致的学生间发展不平等,且子女年龄越小,父母参与的作用越大。父母参与能提高子女学业成绩和非认知能力;亲子阅读、亲子活动和亲子交流能够提高子女学业成绩。除家校互动外,父母参与对子女各维度非认知能力提升均有显著正向影响。④ 家长期望和家庭交流对学生学业成就有显著正向预测作用。家庭交流对学生学业成就的影响在高社会经济地位的家庭中表现最显著。⑤ 随着父母行为参与、情感参与、监管参与水平的提高,儿童不良行为水平显著下降;其中情感参与的效应最大,尤其在青年感知到父母对自己未来的信心以及将父母作为首要求助对象的程度上表现最为明显。⑥

绝大部分的研究表明,父母参与对子女的学业表现有显著的积极影响。但是,也有研究发现代内封闭对成绩不存在积极影响,但也未发现显著的消极影响。父母与子女讨论问题能正向影响孩子,监督孩子行为却无作用。⑦ 也有研究发现,家长参与对孩子的数学成绩无影响。⑧ 父母直接监督和指

① Nielsen H S, Rosholm M, Smith N, et al. The School-To Work Transition of 2nd Generation Immigrants in Denmark[J]. Journal of Population Economics, 2003(16): 755-786.

② 刘桂荣,滕秀芹.父母参与对流动儿童学业成绩的影响:自主性动机的中介作用[J].心理学探新,2016(05): 433-438.

③ 梁文艳,叶晓梅,李涛.父母参与如何影响流动儿童认知能力——基于 CEPS 基线数据的实证研究[J].教育学报,2018(01): 80-94.

④ 李波.父母参与对子女发展的影响——基于学业成绩和非认知能力的视角[J].教育与经济,2018(03): 54-64.

⑤ 安桂清,杨洋.不同社会经济地位家庭的家长参与对子女学业成就影响的差异研究[J].教育发展研究,2018,38(20): 17-24.

⑥ 吴帆,张林娓.父母参与在青少年行为发展中的作用——基于 CEPS 数据的实证研究[J].中国青年研究,2018(12): 57-66+18.

⑦ Perna, L W, Titus M A. The Relationship between Parental Involvement as Social Capital and College Enrollment[J].The Journal of Higher Education, 2005(76): 488-518.

⑧ Morgan S, Sorensen A. Parental Networks, and Social Closure and Mathematics Learning: a Test on Coleman's Social Capital Explanation of School Effects[J]. American Sociological Review, 1999(2): 661-681.

导孩子学习对子女学业成绩甚至有负向影响。① 课业指导不利于学业成绩的提高；父代对人际交往方面的学校表现管教过严，易于激起子代的"逆反"心理而不利于提高学业成绩，且城镇学生的发生概率高于农村学生。②

（二）亲子沟通的作用

亲子沟通作为家庭因素中的重要方面，对儿童发展和健康成长发挥着极为重要的作用，良好的亲子关系是儿童的重要发展性资源。③ 亲子沟通可以显著预测幸福感，良好沟通与儿童的学业成就④、自尊和心理健康呈正相关；家庭沟通对学生学业韧性有积极的正向影响，⑤高质量的亲子沟通与儿童的学业成绩存在显著正相关。⑥ 与孩子讨论学校相关事宜能显著提高孩子学业成绩，父母关心可提高孩子的数学成绩。⑦ 亲子沟通尤其是学业方面的沟通能预测儿童学业适应⑧，父母通过亲子沟通，将教育效用、学业价值等价值观传递给子女，促进子女学业表现。⑨ 良好的亲子沟通与儿童行为和情绪问题存在显著的负相关⑩，也有研究表明，不同种族的文化影响着亲子沟通，与欧洲裔母亲相比，拉丁美洲裔母亲在与其子女进行交谈的过

① Muller C. Gender Differences in Parental Involvement and Adolescents' Mathematics Achievement [J]. Sociology of Education, 1998(4): 336－356; Jeynes W H. The Relationship between Parental Involvement and Urban Secondary School Student Academic Achievement: a Me-Ta-Analysis[J]. Urban Education, 2007, 42(07): 82－110; Cooper C E. Family Poverty, School-based Parental Involvement, and Policy-focused Protective Factor Sink in Dergarten [J]. Early Childhood Research Quarterly, 2010, 25(4): 480－492; 赵延东, 洪岩璧. 社会资本与教育获得——网络资源与社会闭合的视角[J]. 社会学研究, 2012(05): 47－69+243－244.

② 方超, 黄斌. 非认知能力、家庭教育期望与子代学业成绩——基于 CEPS 追踪数据的经验分析[J]. 全球教育展望, 2019(01): 55－70.

③ Pittman K, Irby M, Ferber T. Unfinished Business: Further Reflections on a Decade of Promoting Youth Development[J]. Trends in Youth Development, 2001: 3－50.

④ Rueter M, Conger R D. Antecedents of Parent-Adolescent Disagreements[J]. Journal of Marriage and the Family, 1995(57): 438－449.

⑤ Jowkar B, Kohoulat N, Zakeri H. Family Communication Patterns and Academic Resilience[J]. Procedia－Social and Behavioral Sciences, 2011(29): 87－90.

⑥ Bailey R. Physical Education and Sport in Schools: a Review of Benefits and Outcomes[J]. Journal of School Health, 2006, 76(8): 397－401.

⑦ Peter W, Cookson Jr., Schneider B. Transforming School[M]. Newyork Garland, 1995: 57－79.

⑧ Sohr-Preston S L, Scaramella L V, Martin M J, et al. Parental Socioeconomic Status, Communication, and Childrens Vocabulary Development: a Third-Generation Test of the Family Investment Model[J]. Child Development, 2013, 84(3): 1046－1062.

⑨ Bowen N K, Bowen G L. The Mediating Role of Educational Meaning in the Relationship between Home Academic Culture and Academic Performance[J]. Family Relations, 1998, 47(1), 45－51.

⑩ Hartos J L, Power T G. Relations among Single Mothers' Awareness of Their Adolescents' Stressors [J]. Maternal Monitoring, Mother-Adolescent Communication and Adolescent Adjustment. 2000(5): 546－560; 方晓义, 林丹华, 孙莉等. 亲子沟通类型与青少年社会适应的关系[J]. 心理发展与教育, 2004: 18－22.

程中,支配性较强、反应性较低。① 家庭中的沟通和交流方向性,家庭沟通中价值观和信仰等的相同相似程度影响沟通效果,家庭需要营造一种鼓励所有家庭成员参与家庭各个话题讨论的氛围。②

还有大量研究探讨了亲子沟通与学业成就、社会适应等的关系。③ 研究显示,成绩优秀儿童及其父亲的某些沟通能力强于成绩较差儿童及其父亲,在家庭沟通中,父子沟通和母子沟通作用相当,且两种沟通一致,质量都较高;成绩较差儿童的父子和母子沟通质量都较差,父子沟通作用显著小于母子沟通,且两种沟通不一致。④ 父母与儿童交流,能提高儿童教育期望、学业自信和学业努力程度,但也增加了儿童与学校的疏离感。⑤ 亲子沟通各维度可显著预测流动儿童的心理健康水平。⑥ 不同的亲子沟通模式会影响子女学业成绩,通常僵化、简单的亲子沟通下,子女的学业成绩较差;⑦亲子沟通质量是父母期望正确性的调节变量,流动家庭亲子沟通的缺乏增大了形成错误感知和期望的概率。⑧ 充分的亲子交流能够促进流动儿童的社会融合及其发展,社会融合具有传承性和可塑性,传承结果是流动儿童社会融合的起点,亲子交流决定社会融合的方向和速度。⑨

基于已有研究,本书主要探讨:① 父母学业参与对子女教育再生产是否有正向影响,父母学业参与状况越好,是否子女的学业状况越好。② 好的亲子沟通对子女教育再生产是否有正向影响,亲子沟通状况越好,是否子女的学业状况越好。

---

① Lefkowitz E S, Laura F R. Rosalie C. How Latino American and European American Adolescent Discuss Conflict, Sexuality and AIDS with Their Mothers[J].Development Psychology, 2000, 36 (3): 315 - 325.

② Fitzpatrick M A, Ritchie D L. Communication Schemata within the Family [J]. Human Communication Reserch Within the Family, 1994(30): 275 - 302.

③ 王争艳,雷雳,刘红云.亲子沟通对青少年社会适应的影响:兼及普通学校和工读学校的比较[J].心理科学,2004(05): 1056 - 1059;杨阿丽,方晓义.父母消极抚养方式与父母冲突和青少年社会适应的关系[J].心理与行为研究,2006(04): 270 - 276.

④ 池丽萍,俞国良.不同学业成绩儿童的亲子沟通比较[J].心理科学,2012(05): 1091 - 1095.

⑤ 安雪慧.教育期望、社会资本与贫困地区教育发展[J].教育与经济,2005(04): 31 - 35.

⑥ 陈丽,刘艳.流动儿童亲子沟通特点及其与心理健康的关系[J].中国特殊教育,2012(01): 58 - 63.

⑦ 池丽萍,辛自强.优差生亲子沟通与认知和情绪压力的关系[J].心理与行为研究,2010 (02): 133 - 140.
樊召锋,俞国良.青少年的亲子冲突及其应对策略[J].天津师范大学学报(基础教育版),2008(04): 36 - 39.

⑧ 高明华.教育不平等的身心机制及干预策略——以农民工子女为例[J].中国社会科学,2013(04): 60 - 80+205 - 206.

⑨ 周皓.流动儿童社会融合的代际传承[J].中国人口科学,2012(01): 70 - 81+112.

二、代际闭合的作用

代际闭合是社会闭合的重要内容,家长参与学校活动,参与孩子的成长过程,与学校老师、其他家长以及孩子朋友之间形成良好的关系,则会形成闭合的社会系统。社会系统越闭合,孩子感受到的支持、信任以及监督越多,也就能更严格地要求自己,修正自己的行为。家庭内部资源(父母督促家庭作业)和家庭外部资源(有协作关系的他人探讨孩子管理问题)都影响孩子教育。①

社会资本可提高孩子获得高等教育的可能②,父母通过跟老师和学校管理者接触可更多地了解孩子在学校的学习状态,更好地影响孩子学习。③ 搬家等流动会导致孩子失去同龄人网络和信任而降低社区社会资本,影响学习效果。④

国外研究发现,教会学校的儿童具有较高的学业成绩,其原因是,家长有可能通过宗教活动的参与认识其他儿童父母,以形成独立于学校的社会联系,即形成家长、学校与社区的社会闭合。⑤ 社会网络闭合对儿童发展有重要意义,与朋友的父母,或与自己父母有较多联系的儿童有较少的越轨行为以及较高的学业成绩。⑥ 当儿童尤其是男孩的社会网络中出现大量的无关成年人的时候,他们具有较好的学校表现,以及较多的积极社会行为。儿童的社会化受到来自社会网络中具有共同的家庭—社区价值观(或规范)的成员的多种影响的时候,儿童的监控就得到加强。⑦ 此外,当一个家庭在儿童完成社会化过程中所起到的作用不足时,其他成年人也可能替代这个责任。社会资本与高中 10~12 年级学生的辍学率存在关联。⑧

---

① Delgado-Gaitan C. School Matters in the Mexican-American Home: Socializing Children to Education[J]. American Educational Research Journal, 1992(29): 495-513.

② Furstenberg Jr F F, Hughes M E. Social Capital and Successful Development among At-Risk Youth[J]. Journal of Marriage and the Family, 1995: 580-592.

③ Steinberg L, Darling N E, Fletcher A C. Impact of Parenting Practices on Adolescent Achievement: Authoritative Parenting, School Involvement, and Encouragement to Succeed[J]. Child Development, 1992(5): 1266-1281.

④ Hagan J, Macmillan R, Wheaton B. New Kid in Town: Social Capital and the Life Course Effects of Family Migration on Children[J]. American Sociological Review, 1996: 368-385.

⑤ Goddard D. Relational Networks, Social Trust and Norms: a Social Capital Perspective on Students' Chances of Academic Success[J]. Educational Evaluation and Policy Analysis, 2003 (1): 59-74.

⑥ Parke D. Development in the Family[J]. Annual Review of Psychology, 2004(55): 365-399.

⑦ Steinberg L, Darling N E, Fletcher A C. Impact of Parenting Practices on Adolescent Achievement: Authoritative Parenting, School Involvement, and Encouragement to Succeed[J]. Child Development, 1992(5): 1266-1281.

⑧ Teachman J D, Paasch K, Carver K. Social Capital and the Generation of Human Capital[J]. Social Forces, 1997(4): 1343-1359.

有研究发现,学生所处社会环境闭合程度越高,则学生越不容易辍学,参与学校活动越积极,越不易成为问题少年。① 这类社会资本的作用甚至超过了父母人力资本,且对于低收入家庭的学生更为重要。家长参加学校志愿活动、主动与老师沟通等都能提高孩子高等教育获得的概率。② 父母与老师、其他家长的联系能大大提高孩子的成绩。父母与学校、其他家长间紧密的社会结构为儿童的成长提供了一种重要的社会资本。③ 家庭社会资本通过拓宽教育信息来源、减少教育风险、争取教育机会和提供教育资源等途径来增加子女的受教育机会。④ 流动儿童的家庭在教育资源、教育能力和家校沟通上存在一定的不足,但同时也存在较大的异质性,⑤一些家长对家校合作看法存在误区;家校合作形式相对简单。⑥

但也有一些研究持反对意见,提出代际闭合对某些科目的成绩并无影响,有时还会形成负影响。有研究发现,家庭支持(监督学校工作、为学校工作提供帮助)对中学生的学业动机和成绩有显著影响,但是父母和老师的接触则对学业后果没有显著影响。⑦ 个别研究发现,代际闭合对孩子成绩有负面影响,天主教学校对学生数学成绩的积极影响很难用家长的学校卷入与社会闭合来解释;学生的朋友关系网络与家长保持封闭性联系的学校对学生的影响相互抵消,弱关系和更为广泛的社会接触才能带来更好的成绩。⑧

学校在选择合法化家庭资源方面发挥着重要作用,学校并不接受所有的家庭资本。国外的研究发现,低收入家庭为子女提供的资源未能被学校

①　Israel G D, Beaulieu L J, Hartless G. The Influence of Family and Community Social Capital on Educational Achievement[J].Rural Sociology, 2001(66): 43 - 68.

②　Perna L W, Marvin A. The Relationship between Parental Involvement as Social Capital and College Enrollment: An Examination of Racial Ethnic Group Differences[J].Journal of Higher Education, 2005: 76.

③　赵延东,洪岩璧.社会资本与教育获得——网络资源与社会闭合的视角[J].社会学研究, 2012(05): 47 - 69+243 - 244.

④　邵丽丽,胡业刚.父母的社会资本对子女受教育的影响[J].当代教育论坛(综合研究),2011(01): 33 - 34.

⑤　曾守锤,章兰根.流动儿童家庭教育的若干特点及其对社会工作的启示意义[J].华东理工大学学报(社会科学版),2008(04): 31 - 35.

⑥　李亚军,李启洪.农民工子女家校合作状况的调查研究——以贵阳市四所农民工子女学校学生家庭为例[J].青年研究,2011(04): 29 - 37+94.

⑦　Moon E-S, Kim C H. The Relationships between Parents' Perceptions of Parental Involvement and the Academic Motivation and Achievement of Elementary and Middle School Students[J]. Korean Journal of Educational Psychology, 2003(2): 271 - 288.

⑧　Morgan S L, Sorensen A B. Parental Networks, Social Closure, and Mathematics Learning: a Test of Coleman's Social Capital Explanation of School Effects[J]. American Sociological Review, 1999: 661 - 681.

接受和认可;①针对6组墨西哥裔美国家庭的研究发现,这6组家庭,家庭内部的资源(父母协助家庭作业),以及家庭以外的资源(父母从同事那里获取关于孩子所在学校的管理问题信息)都没有得到学校的认可。②

此外,国外研究进一步发现,那些拥有更丰富家庭社会资本的人往往表现出更高的教育成就。一般一个家庭中的社会资本(父母参与儿童教育)与传统上高中生的行为和教育成就正相关。社会资本之间的关系则是,一般社会经济地位较低的家庭,儿童的教育成就和行为能力要小得多。③ 贫困家庭表现出的代际封闭的形式,通常被亲属关系所界定。④ 总的来说,在贫困家庭中观察到的社交网络并不包括与学校或儿童基于活动的联系。中产家庭的社交网络更有可能包括各种各样的专业人员。此外,父母社交网络在阶层方面往往是同质的,因为中产阶层网络不包括贫困阶层,贫困阶层网络不包括中产阶层;非正式网络倾向于"同质性"。⑤

基于已有研究,本书主要探讨:① 代际闭合是否能促进子女的学业卷入和学业成绩,代际闭合状况越好,是否子女学业卷入越多,学业成绩越好。② 社会网络资本更丰富的家长是否能更好地实现代际闭合,通过代际闭合间接提高孩子学业成绩。③ 是否家长的社会网络资本量越丰富,孩子越容易进入好学校,实现教育再生产。

第三节 社会网络与教育获得的关联

一、社会网络与学业状况

大量研究发现,社会网络在社会环境作用于教育成果的过程中扮演着

① Delgado-Gaitan C. School Matter in the Mexican-American Home: Socializing Children to Education[J]. American Educational Research Journal, 1992(29): 488 - 513; Villanueva I. Change in the Educational Life of Chican of Amilies across Three Generations[J].Education and Urban Society, 1996(29): 13 - 34.
② Delgado-Gaitan C. School Matters in the Mexican-American Home: Socializing Children to Education[J]. American Educational Research Journal, 1992(29): 495 - 513.
③ Mcneal R B. Jr. Parental Involvement as Social Capital: Differential Effectiveness on Science Achievement, Truancy, and Dropping Out[J].Social Forces, 1999(1): 117 - 144.
④ Fischer C S. Todwell among Friends: Personal Networks in Town and City[M]. Chicago: University of Chicago Press, 1982.
⑤ Lin N. Social Capital: a Theory of Social Structure and Action[M]. Cambridge, UK: Cambridge University Press, 2001.

重要角色。① 虽然社会网络对移民和非移民一样重要,但是在亚裔移民"飞地"非常普遍的"影子学校"中,这些"群体效应"或多或少依赖于这些族群空间分布和移民"飞地"可用的种族资源。② 在迈阿密进入私立精英高中的古巴移民子女中可以发现社会网络对移民来说更紧密、更重要。尤其是对那些教育水平较低的移民家庭,族群社会网络能为其子女提供一个免受不良影响侵害的环境;由于族群网络中的人重视教育,减弱了父母受教育水平对子女学业成就的影响。③ 墨西哥裔移民绝大多数是工薪阶层,他们不太可能建构跨社会阶层的社会网络;④中国和韩国移民的社会经济更加多样化⑤,这也得益于跨阶层的社会网络关系;对于那些高技能或无聚居地的移民(如菲律宾),其种族网络资源起到的作用比较小;在这些群体中,父母特征的影响和当地家庭中的模式相似。

有研究提出,社会网络的效果与经济资本、文化资本存在交互效应⑥,精英阶层所拥有的雄厚文化资本会放大父母参与的效应,使孩子从学校社会资本中获益更多。⑦ 父母社会网络丰富,能更好地理解教育的价值,就会影响学业卷入进而影响学生成绩。华人重视教育价值,整个华人圈文化支持重视教育的力量。⑧ 一些中产父母甚至会利用掌握的信息、专业特长等来质疑校方的判断。⑨ 国内研究也发现,社会网络与代际闭合之间存在交

---

① Sampson R J, Raudenbush S W. Systematic Social Observation of Public Spaces: a New Look at Disorder in Urban Neighborhoods[J]. American Journal of Sociology, 1999, 105(3): 603 - 651.

② Kasinitz P, Mollenkopf J H, Waters M C. Inheriting the City: the Children of Immigrants Come of Age[M]. New York: Russell Sage Foundation, 2008; Zhou M, Kim S. Community Forces, Social Capital, and Educational Achievement: the Case of Supplementary Education in the Chinese and Korean Immigrant Communities[J]. Harvard Educational Review, 2006(76): 1 - 29.

③ Portes A, Rumbaut R G. Legacies: the Story of the Immigrant Second Generation[M]. Univ of California Press, 2001.

④ Bean F D, Stevens G. America's Newcomers and the Dynamics of Diversity[M]. Russell Sage Foundation, 2003.

⑤ Zhou M, Kim S. Community Forces, Social Capital, and Educational Achievement: the Case of Supplementary Education in the Chinese and Korean Immigrant Communities [J]. Harvard Educational Review, 2006(76): 1 - 29.

⑥ Teachman J, Paasch K, Carver K. Social Capital and the Generation of Human Capital[J]. Social Forces, 1997(75): 1343 - 1359.

⑦ Crosnoe R. Social Capital and the Interplay of Families and Schools[J]. Journal of Marriage and Family, 2004, 66(2): 267 - 280.

⑧ 周敏,黎熙元.族裔特性、社会资本与美国华人中文学校——从美国华人中文学校和华裔辅助性教育体系的发展看美国华人移民的社会适应[J].世界民族,2005(04): 30 - 40.

⑨ Horvat E M, Weininger E B, Lareau A. From Social Ties to Social Capital: Class Differences in the Relations between Schools and Parent Networks[J]. American Educational Research Journal 2003(2): 319 - 351.

互作用,家庭网络影响父母与教师和其他家长建立社会网络的能力,并间接影响孩子学业成绩。从不同阶段学生学业成绩来看,父母与其他父母的交往对小学阶段的孩子成绩影响较为明显,这种作用到了中学就有所削弱;进入中学后,家长与教师的联系更为重要。[①]

国内关于社会网络与农民工子女教育方面的研究并不多。研究显示,家庭资本对农民工子女就学质量有影响,文化资本多的家庭更会争取让孩子进入教学质量较高的公立学校就读,社会资本多的家庭则会通过努力在一定程度上减弱制度排斥的程度,因此两者可显著提升流动儿童就读公立学校的概率。[②] 有学者指出,家庭网络质量越好,越有可能选择流动儿童少的公立学校,以获得优质教育资源。[③]

二、社会网络与学业分流

大量研究认为,社会网络对择校和教育分流有积极影响。国外有研究发现移民家庭往往通过具体社会资本来弥补其外在社会网络资本的不足。[④] 但也有研究提出,少数族裔学生学习不佳、无法进入大学,除了缺乏足够的经济资本、文化资本之外,也因为缺乏从家庭成员的社会网络所能获得的资源。[⑤]

有研究以学生网络(学生认为可能提供相关信息支持的成年人的社会地位,非族裔朋友的数量等)研究社会资本和学业间的关系,发现不同社会资本与学生年级水平、地位预期存在正相关。[⑥] 在高收入群体中,其子女的在读年限不受亲友帮助影响,但受是否得到非亲的帮助影响。[⑦] 父母社会关系能够有效地帮助孩子获取信息和资源,增加选择高校的准确率;家长与

---

① 赵延东,洪岩璧.社会资本与教育获得——网络资源与社会闭合的视角[J].社会学研究,2012(05):47-69+243-244.

② 谢永飞.公立学校还是非公立学校? ——流动儿童就读学校性质的影响因素分析[J].兰州学刊,2015(02):154-162.

③ 苑雅玲,侯佳伟.家庭对流动儿童择校的影响研究[J].人口研究,2012(02):106-112.

④ Valenzuela A, Dornbusch S M. Familism and Social Capital in the Academic Achievement of Mexican Origin and Anglo Adolescents [J]. Social Science Quarterly, 1994(75):18-36; Hagan J, Macmillan R, Wheaton B. New Kid in Town: Social Capital and the Life Course Effects of Family Migration on Children[J]. American Sociological Review, 1996:368-385.

⑤ Perna L W. Studying College Access and Choice: a Proposed Conceptual Model [M]. Higher Education: Springer, Dordrecht, 2005:99-157.

⑥ Stanton-Salazar R D, Dornbusch S M. Social Capital and the Reproduction of Inequality: Information Networks among Mexican-Origin High School Students[J]. Sociology of Education, 1995:116-135.

⑦ Hofferth S L, Boisjoly J, Duncan G J. Parents' Extrafamilial Resources and Children's School Attainment[J]. Sociology of Education, 1998:246.

孩子目标一致,可以增加孩子进入高校的概率;两代人之间的目标、理想相似与否,影响家长为孩子择校提供有效帮助。① 不同阶层家庭拥有的社会资本数量不同,且父母社会资本在子女教育获得的转化率上也存在差异。②

国内研究发现,为保证子女获得好的教育,父母在支付经济资本的同时,也必须动用自己的社会资本。③ 家长的社会网络为家庭提供网络资源型社会资本,该资本的作用主要是为孩子提供教育机会,而非直接提高孩子的成绩。④ 家庭收入高、父母人力资本多,由此形成的关系网络增加了其子女择校的机会。⑤ 家庭通过投资于社会网络增强资源的获取能力,通过代际间社会资本向人力资本转化,从而保持优势地位,降低向下流动的可能。

有研究对流动家庭的社会网络进行比较,发现就读学校质量越好儿童家庭社会网络质量越高;公立学校就读的儿童家庭社会网络的网络规模、网差、网资总量大,网络密度低,网顶高。⑥ 家庭社会资本一定程度上参与并影响了子女的教育选择,显现为相对弱势的家庭社会资本与相对弱势的教育资源相结合。⑦

基于已有研究,本书主要探讨: ① 家长的网络资本越丰富,孩子是否越容易进入好学校;② 家长的网络资本越丰富,是否越能通过代际闭合间接提高子女的学业成绩。

第四节　家庭社会资本代际转移机制

传统研究认为,父母参与起到了"脚手架"作用,直接通过学习辅导、策略传授和能力提升等影响子女的情绪适应和学业成绩。但是后来越来越多的研究发现在这个过程中有着复杂的机制。⑧ 已有的研究探讨了教育期

① Peter W, Cookson Jrbarbara Schneider. Transforming School [M]. Newyork Garland Publish, 1995: 57-79.
② Ream R K, Palardy G J. Reexamining Social Class Differences in the Availability and the Educational Utility of Parental Social Capital [J]. American Educational Research Journal, 2008 (45): 238-273.
③ 方长春.家庭背景与教育分流——教育分流过程中的非学业性因素分析[J].社会,2005 (04): 105-118;张东娇.义务教育阶段择校行为分析: 社会资本结构的视角[J].教育发展研究,2010(02): 12-17.
④ 赵延东,洪岩璧.社会资本与教育获得——网络资源与社会闭合的视角[J].社会学研究,2012(05): 47-69+243-244.
⑤ 周群力,陆铭.拜年与择校[J].世界经济文汇,2009(06): 19-34.
⑥ 苑雅玲,侯佳伟.家庭对流动儿童择校的影响研究[J].人口研究,2012(02): 106-112.
⑦ 张娟.家庭社会资本影响中职生教育选择的问题研究[D].重庆: 西南大学,2008.
⑧ Nguyen T U H. Information Technology Adoption in Smes: An Integrated Framework [J]. International Journal of Entrepreneurial Behavior & Research, 2009.

望、家庭义务感、学习动机、自我效能感等心理因素的中介作用。

一、家庭社会资本代际传递的中介机制

研究发现，父母参与影响儿童对自己能力的觉知，同时父母也将教育重要性价值传达给儿童，增强其学习义务感和自主感。[①] 父母参与通过影响儿童学业相关态度和动机，间接起作用。[②] 当儿童感知到父母对他们的支持后，能对其自身控制感和感知能力产生积极的影响，而这些感知都能预测其学业成绩。[③]

儿童自主感和能力感是影响学业成绩和情绪适应的重要心理机制。[④] 父母参与很大程度上提升了孩子对自我的积极表征，提升了孩子自我效能感。[⑤] 流动儿童自主感和能力感在父母参与和情绪适应间起到部分中介作用，自主感可能通过能力感起作用，不同类型的父母教育参与作用机制有所差异。[⑥]

对作用路径的研究发现，家长参与通过学生控制感的中介作用间接影响学业成绩；家长参与通过儿童教育期望的中介作用，影响子女的初始成就地位和学业发展。[⑦] 父母的积极参与（期望和交流）影响高中生学业卷入并通过控制感和自尊的中介作用显著地影响子女学业成绩。[⑧] 父母学业期望对子女学业效能感和自我效能感都有显著影响，通过这些心理机制进而影

① Patterson G R. Performance Models for Antisocial Boys[J]. American Psychologist, 1986(4): 432－444.

② Grolnick W S, Ryan R M, Deci E L. Inner Resources of School Achievement: Motivational Mediators of Children's Perceptions of Their Parents[J]. Journal of Educational Psychology, 1991 (4): 508－517.

③ Grolnick W S, Slowiaczek M L. Parent's Involvement in Children's Schooling: a Multidimensional Conceptualization and Motivational Model[J]. Child Development, 1994(1): 237－252.

④ Levesque C, Zuehlke A N, Stanek L R, et al. Autonomy and Competence in German and American University Students: a Comparative Study Basedonself－Determination Theory[J]. Journal of Educational Psychology, 2004(1): 68－80.

⑤ Skinner E A, Kindermann T, Aconnell J P, et al. Engagement and Disaffection Asorganizational Constructs in the Dynamics of Motivational Development[J]. New York: Routledge, 2009: 223－224.

⑥ 邵景进,李丹,郭芳,等.父母教育卷入与流动儿童的学业成绩、情绪适应:自主感和能力感的中介作用[J].中国特殊教育,2016(01): 48－55.

⑦ Hong S, Ho H Z. Direct and Indirect Longitudinal Effects of Parental Involvement on Student Achievement: Second-Order Latent Growth Modeling Across Ethnic Groups[J]. Journal of Educational Psychology, 2005, 97(1): 32.

⑧ You S. Identifying Significant Factors Related to Adolescents' Academic Engagement Using Multilevel Latent Growth Curve Modeling (Unpublished Doctoral Dissertation)[D]. USA: University of California, 2005.

响学业状况。① 父母参与通过影响子女的自我概念和控制感对子女学业成就发挥积极作用。②

自我实现预言理论提出,父母期望提高儿童的自我动机,促使儿童努力获得较高成就。③ 父母的教育期望作为一种外在驱力促使儿童去达到父母的要求。④ 儿童的学习动机是父母教育期望与学业成就间的中介变量。父母教育期望反映了父母对教育的重视程度,在亲子沟通中,儿童把父母教的价值观内化,激发自己的学习动机。儿童学习动机有自主性动机和控制性动机,前者显著影响学业成绩。自主性动机在父母参与和学业成绩间起中介作用。父亲参与—学业成绩中自主性动机起完全中介作用,母亲参与—学业成绩中自主性动机起部分中介作用,母亲参与对流动儿童的学业成绩具有更强的预测力。⑤

学生的非认知能力发展是父母参与影响学业表现的重要中介机制。亲子阅读通过影响非认知能力部分影响学业成绩;而亲子活动和亲子交流体现为完全中介效应。⑥ 父母参与还能够有效促进子女非认知能力的发展。父母参与能够促进子女自我效能感的形成⑦,且自我效能感在父母参与对子女成绩影响中起到调节作用。⑧ 父母参与促进子女形成良好的生活惯习、较强的控制力⑨和学校适应能力⑩,使之具有更高的自主性学习动机。⑪

① Youn Y S. The Influence of Parent's Expectation on the Self-efficacy of Their Children[J]. Korean Journal of Educational Psychology, 1999, 13(4): 247 - 258.

② You S, Nguyen J T. Parents' Involvement in Adolescents' Schooling: a Multidimensional Conceptualisation and Mediational Model[J]. Educational Psychology, 2011, 31(5): 547 - 558.

③ Reitzes D C, Mutran E. Significant Others and Self Conceptions: Factors Influencing Educational Expectations and Academic Performance[J]. Sociology of Education, 1980, 53(1): 21 - 32.

④ Fan W H, Williams C M. The Effects of Parental Involvement on Students' Academic Self-Efficacy, Engagement and Intrinsic Motivation[J].Educational Psychology, 2010(1): 53 - 74.

⑤ 刘桂荣,滕秀芹.父母参与对流动儿童学业成绩的影响:自主性动机的中介作用[J].心理学探新,2016(05): 433 - 438.

⑥ 李波.父母参与对子女发展的影响——基于学业成绩和非认知能力的视角[J].教育与经济,2018(03): 54 - 64.

⑦ 韩仁生,王晓琳.家长参与与小学生学习自我效能的关系研究[J].心理科学,2009(02): 430 - 432.

⑧ 郭筱琳,周寰,窦刚,等.父母教育卷入与小学生学业成绩的关系——教育期望和学业自我效能感的共同调节作用[J].北京师范大学学报(社会科学版),2017(02): 45 - 53.

⑨ Gonzalez-Dehass A R, Willems P P, Holbein M F D. Examining the Relationship between Parental Involvement and Student Motivation[J].Educational Psychology Review, 2005, 17(2): 99 - 123.

⑩ Oluwatelure T A. Effects of Parental Involvement on Students Attitude and Performance in Science [J].African Journal of Microbiol-Ogy Research, 2010, 4(1): 1 - 9.

⑪ 刘桂荣,滕秀芹.父母参与对流动儿童学业成绩的影响:自主性动机的中介作用[J].心理学探新,2016(05): 433 - 438.

二、教育期望及其作用机制

教育期望,被普遍认为是一个重要的成就动机,并和教育成就显著关联。在威斯康星州实验设计的地位获得模型充分显示了教育期望的重要作用[1],即高的教育期望是高学业成就的重要内容。[2]

(一)子女自身教育期望

教育期望是影响儿童未来学业和职业轨迹的重要潜在因素。儿童学业期望能预测其未来的学业成果,包括学业成绩、受教育程度、动机水平及职业声望等。[3] 教育期望对数学和阅读测试的成绩有正向影响。[4] 教育期望是个人基于当前学业对未来教育程度的期望,强烈的教育期望与大学入学高度相关。[5]

教育期望对学业成果的影响存在多方面的差异。在美国进行的研究显示,教育期望对 12 年级学生的数学成绩有很大的预测作用,但是对白人学生的预测力是对黑人学生的 3 倍。[6] 高教育期望并不能带来子女的高学业成绩,有研究发现,在美国虽然黑人家长及其子女对教育价值都有较高的认同,但是黑人子女往往教育获得状况较糟糕,在教育上存在"态度—成就悖论";[7]不论是黑人学生家长还是学生,对教育的价值都有很高的认同,且黑人学生比白人学生学业卷入更多,学习动机更强,往往比非西班牙裔白人学生有更高的亲学校行为,但是总体来看,黑人学生仍然表现为学业成绩较

① Hauser R M, Tsai S L, Sewell W H. A Model of Stratification With Response Error in Social and Psychological Variables[J]. Sociology of Education, 1983: 20 - 46.

② Sewell W H, Hauser R. Causes and Consequences of Higher Education: Models of the Status Attainment Process[J]. American Journal of Agricultural Economics, 1972(54): 851 - 61.

③ Cunningham M, Corprew C S. Becker J. Eunderstanding the Role of Future Expectations in High-Achieving African-American Adolescents Living in Urban Neighborhoods[J]. Urban Education, 2009(44): 280 - 296.

④ Zhang Y, Haddad E, Torres B, et al. The Reciprocal Relationships among Parents' Expectations, Adolescents' Expectations, and Adolescents' Achievement: a Two Wave Longitudinal Analysis of the NELS Data[J]. Journal Youth Adolescence, 2011(4): 479 - 489.

⑤ Manski C. The Use of Intentions Data to Predict Behavior: a Best-Case Analysis[J]. Journal of the American Statistical Association, 1990(412): 934 - 940.
Morgan S. Modeling Preparatory Commitment and Nonrepeatable Decisions: Information Processing, Preference Formation, and Educational Attainment[J]. Rationality and Society, 2002, 14(4): 387 - 429.

⑥ Yan W, Lin Q. Parent Involvement and Mathematics Achievement: Contrast across Racial and Ethnic Groups[J]. Journal of Educational Research, 2005, 99(2): 116 - 127.

⑦ Mickelson R A. The Attitude-Achievement Paradox among Black Adolescents[J]. Sociology of Education, 1990: 44 - 61.

差,且更有可能在高中辍学,比白人受教育年限短。①

　　国内研究发现,中国中学生自我教育期望的总体水平较高,并受到性别、民族、年级、城乡户口等影响,不同群体间教育期望不同;②儿童教育期望受到户籍的显著影响,主要表现为城乡差异,而非内外之别;③受家庭背景和学校环境影响,城市户口学生的教育期望高于农村户口学生;④女生的教育期望总体高于男生。此外,学校教育水平、学校氛围、父母参与以及家庭期望对子女教育期望作用明显,其中家庭环境的影响更为关键。⑤ 父母受教育水平、家庭文化资本、学校资源⑥、子女与父母讨论学校发生的事情、家长教育期望、学业成绩⑦,以及班主任特征、班级客观学业水平、师生互动⑧等都会影响学生教育期望。学校层面,班级环境⑨、学校的阶层构成等也会影响学生学业期望。研究进一步指出,学校阶层构成对学生教育期望的效应因不同特征的学生群体而异,认知能力较低和学习成绩排名靠后的学生更能从学校阶层地位和阶层异质性的提高中获益;⑩学校质量对教育期望的积极效应不存在城乡差异,农村学生进入城市学校可以提高教育期望,但仍落后于同校城市学生;⑪家长监督、同辈进取和老师鼓励均对教育

① Spera C, Wentzel K R, Matto H C. Parental Aspirations for Their Children's Educational Attainment: Relations to Ethnicity, Parental Education, Children's Academic Performance, and Parental Perceptions of School Climate[J]. Journal of Youth and Adolescence, 2009 (8): 1140 - 1152; Mickelson R A. The Attitude-Achievement Paradox among Black Adolescents[J]. Sociology of Education, 1990: 44 - 61.

② 马欣,魏勇.家长教育期望中的"罗森塔尔效应"循环模型探析——基于 CEPS 的模型检验[J].新疆社会科学,2017(01): 135 - 140.

③ 丁百仁,王毅杰.教育期望的户籍差异——基于四类儿童的比较研究[J].教育科学,2016(05): 1 - 10.

④ 王慧敏,吴愈晓,黄超.家庭社会经济地位、学前教育与青少年的认知-非认知能力[J].青年研究,2017(06): 46 - 57+92.

⑤ 丁百仁,王毅杰.教育期望的户籍差异——基于四类儿童的比较研究[J].教育科学,2016(05): 1 - 10.

⑥ 张云亮.亲子互动、学校资源与学生教育期望——基于"中国教育追踪调查"的异质性分析[J].青年研究,2018(02): 46 - 56+95.

⑦ 马欣,魏勇.家长教育期望中的"罗森塔尔效应"循环模型探析——基于 CEPS 的模型检验[J].新疆社会科学,2017(01): 135 - 140.

⑧ 张阳阳,谢桂华.教育期望中的班级效应分析[J].社会,2017(06): 165 - 193.

⑨ 刘浩.班级环境对初中生教育期望的影响研究[J].青年研究,2018(01): 74 - 85+96.

⑩ 吴愈晓,黄超.基础教育中的学校阶层分割与学生教育期望[J].中国社会科学,2016(04): 111 - 134+207 - 208.

⑪ 王慧敏,吴愈晓,黄超.家庭社会经济地位、学前教育与青少年的认知-非认知能力[J].青年研究,2017(06): 46 - 57+92.

期望有显著影响;①城市随迁就读能提高农民工子女教育期望,并且男孩教育期望的增加要大于女孩,父母陪伴、父母外出务工的激励效应、子女自身的同群效应会提升子女教育期望。②

父母期望通过转化为子女自身的学业期望而影响子女学业状况,自我教育期望在父母教育期望和学业成就之间起中介作用。研究表明,父母教育期望在儿童自我教育期望形成和发展过程中具有重要作用。父母教育期望能解释自我教育期望40%的变异。③ 子女6岁时的父母教育期望与子女13岁时的自我期望密切相关,并且自我期望在父母教育期望与学业成就之间起中介作用。④

父母对孩子的高期望会转化为孩子的高愿望,父母对孩子的期望会增强儿童的愿望和他们教育成就间的关系。⑤ 孩子通常会以父母的教育期望为基础来确定自己的教育目标。父母的教育期望对儿童思考和规划未来教育有重要作用:父母的教育期望越高,儿童对教育的规划水平越高,评价也越积极。⑥ 子女的学业表现和父母的期望相联系,父母期望越高,子女学业表现越好。⑦ 但是,也有研究报告,父母的期望与儿童的目标间只有少量的相似性。⑧ 父母教育期望正向预测学生的数学成就;学生的自我期望、数学学习动机和数学焦虑起积极的中介作用,学习动机—数学焦虑起消极的链式中介作用。⑨

① 吴愈晓,黄超.基础教育中的学校阶层分割与学生教育期望[J].中国社会科学,2016(04):111-134+207-208.

② 宁光杰,马俊龙.农民工子女随迁能够提高其教育期望吗? ——来自 CEPS 2013~2014 年度数据的证据[J].南开经济研究,2019(01):137-152.

③ Goyette K, Xie Y. Educational Expectations of Asian American Youths: Determinants and Ethnic Differences[J]. Sociology of Education, 1999, 72(1): 22-36.

④ Rutchick A M, Smyth J M, Lopoo L M, et al. Great Expectations: the Biasing Effects of Reported Child Behavior Problems One Ducational Expectancies and Subsequent Academic Achievement[J]. Journal of Social and Clinical Psychology, 2009, 28(3): 392-413.

⑤ Marjoribanks K. Educational and Occupational Aspirations of "Common Man" Boys: Kahl's Study Revisited[J]. The Journal of Genetic Psychology, 2003(2): 208-216.

⑥ Benner A D, Mistry R S. Congruence of Mother and Teacher Educational Expectations and Low-Income Youth's Academic Competence[J]. Journal of Educational Psychology, 2007, 99(1): 140-153.

⑦ Fan X. Parental Involvement and Students' Academic Achievement: a Growth Modeling Analysis [J]. Journal of Experimental Education, 2001, 70(1): 27-61.

⑧ Lanz M, Rosnati R, Marta E, et al. Adolescents' future: a Comparison of Young People's and Their Parents Views[M]. New York: Routledge Falmer, 2001: 169-197.

⑨ 王烨晖,张缨斌,辛涛.父母教育期望对四年级学生数学成就的影响:多重中介效应分析[J].心理与行为研究,2018(01):96-102.

研究指出,中国流动儿童教育期望低、父母教育投入正向影响子女学业表现,双方期望差越大,父母教育投入越多,学业表现越好;学习投入在教育期望差、父母教育投入和学业表现间起完全中介作用。① 研究发现,在少年时具有大学教育期望的人,最终获得大学教育的机会明显增加,而个人大学教育期望的产生又主要同家庭背景和父母期望有关。具有优势地位的父母对子女上大学的期望较高,并激发了子女上大学的期望。同时,具有优势地位的父母能更多地参与子女的教育过程,为子女创造更多的支持条件,这些都有助于子女维持和实现自己的教育期望。② 和孩子交流学校发生的事情、陪孩子参观博物馆、参加家长会、主动联系老师这几项是父母通过影响儿童自我教育期望进而提升儿童认知能力的方法。③

(二) 父母期望

父母期望对子女学业成绩有积极的影响。在亚洲家庭,父母对子女的教育期望对子女学业成就具有极强的预测力。父母对子女的高学业期望往往和子女积极的学业卷入联系在一起。④ 亚裔学生往往承载着父母的高学业期望,因此而更努力地学习。⑤ 这些群体把上大学作为最基本的学业成就水平,诸如在纽约的中国移民父母往往有很大的社会压力和高学业获得的期望。⑥

一系列研究显示,家庭教育期望有助于提高子代学业成绩⑦,家长期望对学生学业成就的影响在社会经济地位处于平均水平以上的家庭中最为突出,在社会经济地位处于高水平的家庭中反而有所减弱;⑧子女的学业表现

---

① 蔺秀云,王硕,张曼云,等.流动儿童学业表现的影响因素——从教育期望、教育投入和学习投入角度分析[J].北京师范大学学报(社会科学版),2009(05):41-47.

② 王甫勤,时怡雯.家庭背景、教育期望与大学教育获得基于上海市调查数据的实证研究[J].社会,2014(01):175-195.

③ 梁文艳,叶晓梅,李涛.父母参与如何影响流动儿童认知能力——基于 CEPS 基线数据的实证研究[J].教育学报,2018(01):80-94.

④ Fuligni A J. The Academic Achievement of Adolescents from Immigrant Families: the Roles of Family Background, Attitudes, and Behavior[J]. Child Development, 1997(68): 261-273.

⑤ Mau W C. Parental Influences on the High School Students' Academic Achievement: a Comparison of Asian Immigrants, Asian Americans, and White Americans[J]. Psychology in the Schools, 1997, 34(3): 267-277.

⑥ Kasinitz P. Becoming American, Becoming Minority, Getting Ahead: the Role of Racial and Ethnic Status in the Upward Mobility of the Children of Immigrants[J]. The Annals of the American Academy of Political and Social Science, 2008, 620(1): 253-269.

⑦ 方超,黄斌.家庭人力资本投资对儿童学业成绩的影响——基于 CEPS 追踪数据的多层线性模型分析[J].安徽师范大学学报(人文社会科学版),2018(02):116-124.

⑧ 安桂清,杨洋.不同社会经济地位家庭的家长参与对子女学业成就影响的差异研究[J].教育发展研究,2018(20):17-24.

和父母的期望相联系,父母期望越高,子女学业表现越好;①父母对子女的学业教育期望高,并更多和孩子讨论学校事情时,子女的学业成就要高于平均水平;②父母的教育期望作为中介变量,影响子女学业成就;低社会经济地位家庭既可能导致子女较低的学业成就,也可能带来良好的学业成就;低社会经济地位家庭可以通过自身努力为子女提供较丰富的社会资本和文化资本。③

研究发现,家长教育期望负向预测子女的学业倦怠;家长投入在家长教育期望与学业倦怠之间起部分中介作用。教育期望能够通过提升家长投入,进而降低子女的学业倦怠水平;家庭功能在家长投入与学业倦怠的关系中起调节作用,只有家庭功能良好时,家长投入才能显著降低子女的学业倦怠水平。④ 研究认为,富裕家庭的父母有把这些相对稳定的高期望变成高教育获得的能力。⑤ 父母教育期望并不直接影响学生学业的发展,而是通过例如父母投入等一系列中介因素起作用。⑥ 教育期望高的父母会投入更多时间到儿童的教育中。⑦

国内研究表明,父母感知影响子女学业成绩,其中,父母期望的自我证实的影响占到60%以上。⑧ 我国中学生教育期望存在性别差异,女生教育期望显著高于男生;父母教育卷入程度的提高对男生教育期望的促进作用大于女生。⑨

---

① Fan X. Parental Involvement and Students' Academic Achievement: a Growth Modeling Analysis [J]. Journal of Experimental Education, 2001, 70(1): 27 - 61.

② Keith T Z, Keith P B, Quirk K J, et al. Longitudinal Effects of Parental Involvement on High School Grades: Similarities and Differences across Gender and Ethnic Groups [J]. Journal of School Psychology, 1998(36): 335 - 363.

③ 王晖,戚务念.父母教育期望与农村留守儿童学业成就——基于同祖两孙之家的案例比较研究[J].教育学术月刊,2014(12): 66 - 71.

④ 李若璇,朱文龙,刘红瑞,等.家长教育期望对学业倦怠的影响:家长投入的中介及家庭功能的调节[J].心理发展与教育,2018(04): 489 - 496.

⑤ Alexander K, Entwisle D, Bedinger S. When Expectations Work: Race and Socioeconomic Differences in School Performance[J]. Social Psychology Quarterly, 1994, 57(4): 283 - 299.

⑥ Sy S R, Schulenberg J E. Parent Beliefs and Children's Achievement Trajectories during the Transition to School in Asian American and European American Families [J]. International Journal of Behavioral Development, 2005. 29(6): 505 - 515.

⑦ Goyette K, Xie Y. Educational Expectations of Asian American Youths: Determinants and Ethnic Differences[J]. Sociology of Education, 1999, 72(1): 22 - 36.

⑧ 高明华.教育不平等的身心机制及干预策略——以农民工子女为例[J].中国社会科学,2013(04): 60 - 80+205 - 206.

⑨ 周菲,程天君.中学生教育期望的性别差异——父母教育卷入的影响效应分析[J].教育研究与实验,2016(06): 7 - 16.

　　父母的教育期望是家庭社会经济地位影响子女教育期望通过的中介机制,家长的社会经济地位越高,则对子女的期望就越高,继而影响子女对学业的态度和期望。① 教育期望和亲子交流在家庭社会经济地位对儿童发展影响中起着重要的中介作用;但这种中介作用在不同类型的儿童之间具有的作用过程不同。② 如有研究指出,父母外出务工与子女的学习成绩正相关,而教育期望在其中则起到部分的中介作用;比较发现小学及以下学历农民工外出务工不能提高其对子女的教育期望,但是,初中及以上学历农民工父母外出务工则显著提高了父母对子女的教育期望。③

　　基于已有研究,本书主要探讨:① 父母对子女的教育期望是否影响子女学业状况,父母对子女的教育期望越高,是否子女的学业状况优势越明显。② 子女自身教育期望是否影响学业状况,教育期望越高,是否学业状况越好。③ 家庭社会资本是否通过子女教育期望的中介作用发挥影响。

三、家庭义务感及其作用机制

(一) 儿童的家庭义务感

　　家庭义务感是一种支持家庭、尊重家庭成员和对其提供帮助的责任意识。内隐和外显的家庭责任意识通常对家庭成员内部行为有指导意义。家庭义务感常反映一个人的家庭背景和文化差异,是理解儿童发展的重要因素。④ 家庭义务感和责任行为会与其他塑造儿童的因素相互作用,影响儿童发展。⑤ 研究发现,家庭义务感对家庭功能有正向的作用⑥,与情绪低落负相关或者不相关⑦,但是也有研究发现,强烈的家庭义务感,对于某些时

① Sewell W H, Shah V P. Parents' education and Children's Educational Aspirations and Achievements[J].American Sociological Review, 1968(33): 191-209.

② 周皓.家庭社会经济地位、教育期望、亲子交流与儿童发展[J].青年研究,2013(03): 11-26+94.

③ 马俊龙.外出务工、教育期望与子女学习成绩[J].教育与经济,2017(05): 87-96.

④ Milan S, Wortel S. Family Obligation Values as a Protective and Vulnerability Factor among Low-Income Adolescent Girls[J]. Journal of Youth and Adolescence, 2015, 44(6): 1183-1193.

⑤ Kiang L, Andrews K, Stein G L, et al. Socioeconomic Stress and Academic Adjustment among Asian American Adolescents: the Protective Role of Family Obligation[J]. Journal of Youth and Adolescence, 2013, 42(6): 837-847.

⑥ Telzer E H, Gonzales N, Fuligni A J. Family Obligation Values and Family Assistance Behaviors: Protective and Risk Factors for Mexican-American Adolescents' Substance Use[J]. Journal of Youth and Adolescence, 2014(43): 270-283.

⑦ Juang L P, Cookston J T. A Longitudinal Study of Family Obligation and Depressive Symptoms among Chinese American Adolescents[J]. Journal of Family Psychology, 2009, 23(3): 396-404.

期的儿童,尤其是处于困境的儿童,不能提供目标和归属感,反而会成为其压力的来源,强烈的家庭义务感会带来更多的情绪困扰或照料负担;①在家庭冲突状况下,强烈的家庭义务感往往与糟糕的结果相关联。② 高的家庭义务感在某些场域降低风险(保护因素),但在其他场域又会增加风险(脆弱性因素);家庭义务感同时具有保护性和伤害性,较高的家庭义务感往往和积极的家庭功能相联系(如更多的交流等),能减少儿童参与危险行为;同时,家庭义务感放大了消极事件对心理健康的影响。家庭义务感到底对儿童是有利还是有害,要根据存在的风险因素而定。

对美国移民儿童的研究发现,家庭义务感是影响其学业卷入和社会融入的重要因素。家庭义务感被认为是大多数移民儿童在学校适应过程中的重要资源③,对儿童学业成就的积极作用在不同的移民群体中被证实。④ 美国亚裔和拉美裔儿童比其同伴有更强的家庭义务感。⑤ 尽管美国移民家庭经济社会地位相对较低,但移民儿童却和本土儿童有着一样好的适应模式,有的甚至比本土儿童适应得更好,其中家庭义务感是重要的心理因素。亚裔和拉美裔的美国儿童对帮助、尊重和支持家庭有更强的价值感。⑥ 亚裔儿童比美国本土儿童家庭义务感更强。⑦ 他们往往把学业成功看成最重要或者最有意义的,帮助其家庭经济、社会地位发展的方式。⑧

① Milan S, Wortel S. Family Obligation Values as a Protective and Vulnerability Factor among Low-Income Adolescent Girls[J]. Journal of Youth and Adolescence, 2015, 44(6): 1183 - 1193.

② Telzer E H, Gonzales N, Fuligni A J. Family Obligation Values and Family Assistance Behaviors: Protective and Risk Factors for Mexican-American Adolescents' Substance Use[J]. Journal of Youth and Adolescence, 2014(43): 270 - 283.

③ Geel van M, Vedder P. The Role of Family Obligations and School Adjustment in Explaining the Immigrant Paradox[J]. Journal of Youth and Adolescence, 2011(40): 187 - 196.

④ Fuligni A J, Witkow M R, Garcia C. Ethnic Identity and the Academic Adjustment of Adolescents from Mexican, Chinese, and European Backgrounds[J]. Developmental Psychol Ogy, 2005(41): 799 - 811.

⑤ Fuligni A J. Family Obligation and the Academic Motivation of Adolescents from Asian, Latin American, and European Backgrounds [J]. New Direction for Child and Adolescent Development, 2001(94): 61 - 75.

⑥ Fuligni A J, Tseng V, Lam M. Attitudes toward Family Obligations among American Adolescents from Asian, Latin American, and European Backgrounds[J]. Child Development, 1999, 70 (4): 1030 - 1044.

⑦ Juang L P, Cookston J T. A Longitudinal Study of Family Obligation and Depressive Symptoms among Chinese American Adolescents[J]. Journal of Family Psychology, 2009, 23(3): 396 - 404.

⑧ Fuligni A J, Zhang W X. Attitudes toward Family Obligation among Adolescents in Contemporary Urban and Rural China[J]. Child Development, 2004, 74(1): 180 - 192.

（二）家庭义务感的作用机制

在对美国移民儿童的研究中发现了家庭义务感的调节效应。尤其是那些处于社会底层的移民儿童，家庭义务感会对其行为决策和实际行为起到重要作用。处于社会底层的移民儿童可能受到犯罪行为和对立青年文化的影响，而那些具有强烈家庭责任感的儿童更可能遵从他们的父母，抗拒适应不良的诱惑，而在学校中有更好的表现[①]，家庭义务感强可保持儿童远离违法犯罪，因为他们不想因此伤害或羞辱其家庭。[②] 研究发现，家庭责任和良好适应结果间存在正相关关系，儿童对家庭义务感的强调更倾向于与积极的学业动机相联系。[③] 移民儿童把在学校表现良好作为其家庭责任的重要组成部分，在他们看来，学业的成功将帮助他们获得好的工作，而好的工作又会让他们能够更好地照顾家庭。中国儿童的家庭义务感与其教育期望有着正相关，当前帮助和未来支持对儿童的教育感受和教育个人价值具有正向预测作用，对家庭的尊重、对教育积极的预期也具有正向预测作用。[④]

家庭义务感的传递机制。父母的行动会影响子女，使其产生家庭义务感，子女的家庭义务感又会影响其学业行为，对学业结果产生影响。拉丁裔儿童有强烈的家族意识，家庭义务感能缓解其危险行为和抑郁。[⑤] 家庭经济压力会对学业适应带来负面的影响，而家庭义务感作为一种弹性因素能够减少家庭经济压力带来的负面影响，促进儿童的学业适应，那些具有较高家庭义务感的儿童受到家庭经济压力的影响要小于那些家庭义务感低的学生。[⑥] 但是这种效果仅仅存在于高中阶段。家庭义务感能成为儿童发展过程中的文化—保护因素，因为家庭义务感能够促进儿童的社会支持，使其密

---

① Portes A, Zhou M. The New Second Generation: Segmented Assimilation and Its Variants[J]. The Annals of the American Academy of Political and Social Science, 1993, 530 (1): 74-96.

② Zhou M, Bankston C. Growing Up American: How Vietnamese Children Adapt to Life in the United States[M]. Russell Sage Foundation, 1998.

③ Tseng V. Family Interdependence and Academic Adjustment in College: Youth from Immigrant and US-Born Families[J]. Child Development, 2004, 75(3): 966-983.

④ 任淑芳.父母的教育期望、青少年家庭义务感与教育领域的未来取向[D].济南：山东师范大学,2012.

⑤ Umaña-Taylor A J, Updegraff K A, Gonzales-Backen M A. Mexican-Origin Adolescent Mothers' Stressors and Psychosocial Functioning: Examining Ethnic Identity Affirmation and Familism as Moderators[J]. Journal of Youth and Adolescence, 2011, 40: 140-157.

⑥ Kiang L, Andrews K, Stein G L, et al. Socioeconomic Stress and Academic Adjustment among Asian American Adolescents: the Protective Role of Family Obligation[J]. Journal of Youth and Adolescence, 2013, 42: 837-847.

切和家庭的关系。① 帮助家人也可能对儿童内在目标的树立有所助益,因为它能渗透到其他形式的学业成就或目标中。②

基于国内研究经验,根据研究分歧,本书主要讨论:① 家庭义务感在教育获得中是否有着重要作用,家庭社会资本是否通过家庭义务感的中介作用影响家庭子女学业状况;② 不同的家庭社会资本状况是否带来不同的家庭义务感,家庭社会资本越丰富,是否子女的家庭义务感越强;③ 家庭义务感是否影响子女学业期望和学业状况,家庭义务感越强,是否子女的教育期望越强,学业状况越好。

本章重点阐述了家庭社会资本代际传递的四个重要议题。第一个议题讨论家庭资本与再生产的关系。结合国内外文献发现,家庭资本影响子女的教育机会和教育获得;但是,底层民众有自我生长的力量,国外移民子女能突破家庭资本局限,在教育获得上有"移民悖论"。第二个议题讨论家长参与、代际闭合与教育获得的关系。父母学业参与、亲子沟通会影响子女的教育获得,代际闭合也对子女教育获得有重要作用。第三个议题讨论家庭社会网络对子女教育获得的影响。以往研究发现,家庭的社会网络对子女的学业状况、教育分流都有影响。第四个议题讨论家庭社会资本代际转移机制。家庭社会资本代际传递影响儿童自主感和能力感;非认知能力发展等以中介机制的形式作用于子代;其中,教育期望和家庭义务感是影响家庭资本代际传递的重要因素。后续研究将在这四个议题的基础上展开探讨和分析。

① Umaña-Taylor A J, Updegraff K A, Gonzales-Backen M A. Mexican-Origin Adolescent Mothers' Stressors and Psychosocial Functioning: Examining Ethnic Identity Affirmation and Familism as Moderators[J]. Journal of Youth and Adolescence, 2011, 40: 140 - 157.

② Kiang L. Deriving Daily Purpose through Daily Events and Role Fulfillment among a Sian a Merican Youth[J]. Journal of Research on Adolescence, 2012, 22(1): 185 - 198.

第三章　家庭社会资本介入
教育的制度基础

教育政策作为宏观社会系统的重要构成,是一个国家在一定时期为实现一定的教育任务而规定的调整国家与教育之间、社会各领域与教育之间、教育内部各种主体之间关系的行动依据和准则。[①] 教育政策的指挥棒通过教育供给、学校、家庭等影响儿童的教育历程;家庭则通过抉择等微观家庭策略回应宏观条件,宏观经济社会发展、政策制度变革通过家庭作用于儿童。本章主要对我国的教育制度、教育政策进行梳理,讨论家庭社会资本在教育领域作用的宏观社会环境与政策基础。

第一节　教育分流制度的安排与实践

教育分流主要指学校教育系统根据社会需要与学生个人意愿、条件,把青少年学生有计划、分层次、按比例地分成几个流向,让其分别接受不同类型、不同层次的教育,从而培养社会发展所需要的各类人才的活动。[②]教育分流既包括校际不同人才类型的培养分流,也包含不同"质量"学校间的分流。考试制度、普职分流制度和重点学校制度是重要的分流制度安排。

一、考试制度与教育分流

中国的教育体系可以分为学前教育(3~6 岁)、初等教育(6~12 岁,小学)、中等教育(12~17 岁,普通中学分为初中和高中,学制各为 3 年)、高等

---

① 孙绵涛.教育行政学概论[M].武汉:华中师范大学出版社,1989.

② 董泽芳,沈百福,王道俊.百川归海——教育分流研究与国民教育分流意向调查[M].武汉:华中师范大学出版社,1999.

教育(专科、本科、研究生教育)和继续教育。在教育分流过程中,考试是重要的筛选机制,国家通过标准化的考试,筛选合适的人才进入相应的学校学习。中考制度和高考制度是我国教育分流中的重要考试制度。

"普职分流"是学校教育系统依据学业考试和学术性倾向的测试,结合社会需要与学生个人意愿、条件,把受完一定基础教育的青少年学生分别流向普通学术教育和职业教育的学习轨道,以培养各类人才的活动。在大多数国家,普通学术教育通常面向大学及以上的教育,以培养精英人才为目标;而职业教育轨道则面向劳动力市场,以培养普通技术人员为目标。改革开放以来,为了满足工业化和现代化建设对职业技术人才的需求,国家建立了大批初等、中等和高等职业学校,逐步形成了一套现代职业教育体系。

我国的"普职分流"始于初中升高中阶段。在我国,学生小学阶段主要是依据教育政策规定就近入学;在小升初过程中,大部分是对口学校直接升学。初中升高中是义务教育和非义务教育的分水岭,我国的高中教育由普通高中、职业高中、中专和技校等组成,不同类型的学校对学生的要求和标准不同,授课方法、内容也都存在差异,培养出来的学生将进入高等职业教育(大专)体系或进入普通高等教育(本科)体系,成为不同类型的人才。初中后分流路径一般有普通高中和职业高中之分、重点高中和非重点高中之分以及升学与终止学业之分。

1983年,教育部《关于进一步提高普通中学教育质量的几点意见》指出,应区分毕业考试与升学考试,有条件的地方中学应试行毕业会考。1999年,教育部《关于初中毕业、升学考试改革的指导意见》指出:初中毕业考试与升学考试,可以二考合一进行,也可以分开进行。"二考"主要是指毕业会考和升学考试。毕业会考是合格性考试,由学校组织实施,其成绩是衡量学生是否达到毕业标准的主要依据;升学考试是选拔性考试,由全省统一命题,统一时间组织考试,成绩是高中阶段学校招生的重要依据之一。传统意义上的中考,一般指升学考试。中考考试科目由国家规定,具体由地方负责组织安排,考试内容包含从简单知识到能力及综合基本技能的考查。在实践中,中考主要由省级教育行政部门管理,由当地的教育局负责,地市及学校有一定考试与招生的权利;各省市中考政策并不相同,"两考合一""两考分离"考试模式并存。

中考制度是实施"普职分流"的重要考试筛选制度。长期以来,我国普通高中和中等职业教育规模大体一致,实行"五五分流"政策。1991年,中等职业教育招生人数首度超越普通高中,1997年,职业高中与普通高中录取比例为6∶4。教育部《高中阶段教育普及攻坚计划(2017~2020年)》明确要求,高中与职业学校的占比"大体一致"。为了保障中职招生,各地规定,没有达到普高线的学生不能以任何方式(含普通高中国际班)读普高。

除中考制度外,另一项对中国教育影响深远的制度是高考制度。自1977年恢复高等学校招生考试制度以来,高考经历了多次发展与调整。1977~1984年是高考恢复、重建期。这一阶段根据人才培养需求与社会发展,在继承"文化大革命"前文理科分科的基础上,将外语与生物纳入考试,调整考试科目设置。1978年,高校招生工作步入正轨,恢复了全国统一命题与统一考试。

1985年,我国高考体制改革真正全面展开:① 实行招生多元化。改革高校全部按国家计划统一招生的做法,实行国家计划招生、用人单位委托招生、招收少数自费生等招生办法。② 实行高中会考制度。③ 实行"3+2"方案。所有的考生都必须考语文、数学、英语三科,理工类加考物理、化学,文史类加考政治、历史。到1995年,全国各省份都实行了"3+2"方案(上海除外)。④ 推进标准化考试。⑤ 试行保送生和招生并轨改革。从1985年开始,在北京大学等43所高等学校进行招收保送生的试点;1996年,试行普通高校并轨招生改革,高校学费开始增加,有30%~50%的增长;2000年,一直免费的师范专业开始收费,标志着招生并轨改革完成。

1999~2013年是深化高考改革期。1999年,教育部发布《关于进一步深化普通高等学校招生考试制度改革的意见》《面向21世纪教育振兴行动计划》,揭开了这一时期高考改革的序幕。改革涉及高考指导思想、考试内容、科目设置等。考试内容上,《关于进一步深化普通高考学校招生考试制度改革的意见》提出"突出能力和素质的考查"的改革目标;科目设置上开始推行"3+X"考试方案;考试形式上,2004年开始推行"统一考试,分省命题";在录取方式上,1999年开始试行录取信息的计算机网上传输和网上录取;在录取比例上,高校扩招大规模展开,1999年高考录取率为54%左右,而1998年该比例为35%。

2014~2021年是实施新高考改革期。2014年,《国务院关于深化考试招生制度改革的实施意见》正式发布,高考进入全面而系统的改革时期。2014年启动、2017年全面推进,"到2020年基本建立中国特色现代教育考试招生制度,形成分类考试、综合评价、多元录取的考试招生模式,健全促进公平、科学选才、监督有力的体制机制"①。2015年起,增加使用全国统一命

---

① 国务院.国务院关于深化考试招生制度改革的实施意见[EB/OL].[2014-09-05].http://www.gov.cn/zhengce/content/2014-09/04/content_9065.htm.

题试卷的省份;取消体育、艺术等特长生加分项目,大幅减少、严格控制考试加分项目;推行自主招生安排在全国统一高考后进行,推行高考成绩公布后填报志愿方式;在有条件的省份开展录取批次改革试点;改进投档录取模式,推进并完善平行志愿投档方式,增加高校和学生的双向选择机会。2017年,全面推进新高考改革,完善国家招生计划编制办法,督促高校严格执行招生计划;继续实施国家农村贫困地区定向招生专项计划;由部属高校、省属重点高校安排一定比例的名额招收边远、贫困、民族地区优秀农村学生。2020年,基本形成新的考试招生制度,全国各个省份陆续实施新高考,实现改革总体目标。高考选拔制度以高考入学考试成绩作为选拔人才的标准,社会上有"一考定终身""唯分数论"以及学生学习负担过重等疑义;自主招生政策在一定程度上强化了家庭社会经济资本与教育获得之间的关系,引发教育公平更深层次思考。但是,总的来看,高考制度为中国建设发展选拔了大批人才,促进了社会流动,"总体上符合国情,权威性、公平性社会认可"。①

二、重点学校制度

学校开展教育教学活动需要物力、人力、财力等多方面的投入;教育资源与学校教学与管理活动开展的水平与效果息息相关。为了解决教育资源短缺与国家亟须在短时间内培养一批工业化人才之间的矛盾,20 世纪 50 年代,我国开始推行重点学校制度。1953 年,教育部根据毛泽东"办重点中学"的指示,确定了首批重点中学共 194 所,占全国中学的4.4%。"文化大革命"期间,重点学校制度被取消。1977 年,邓小平在《尊重知识,尊重人才》中指出:"办教育要两条腿走路,既注意普及,又注意提高。要办重点小学、重点中学、重点大学。"②1978 年,邓小平提出"中小学要有重点班,而且可以多一些,升学率会高一些""重点学校要统一招生""重点大学应当主要从重点中学招收学生""为了早出人才,师资、钱、材料都要用到重点和提高上"。③ 这些意见对如何办好重点学校发挥了重要作用,各部委出台政策,支持重点学校建设。相关政策如表3-1所示。

---

① 国务院.国务院关于深化考试招生制度改革的实施意见[EB/OL].[2014-09-05].http://www.gov.cn/zhengce/content/2014-09/04/content_9065.htm.
② 邓小平.邓小平文选(第 2 卷)[M].北京:人民出版社,1983.
③ 中共中央文献研究室.邓小平决策恢复高考讲话谈话批示集(1977 年 5 月~12 月)[M].北京:中央文献出版社,2007.

表 3-1 重点学校建设相关政策

时　间	政策文件	相关政策内容
1978 年 1 月	教育部《关于办好一批重点中小学的试行方案》	全国重点中小学形成"小金字塔"结构，并在经费投入、办学条件、师资队伍、学生来源等方面倾斜
1978 年 2 月	教育部文件《关于恢复和办好全国重点高等学校的报告》	确定全国重点高等学校 88 所，约占全国高等学校总数的 20%
1980 年 10 月	教育部《关于分期分批办好重点中学的决定》	办好重点中学是迅速提高中学教育质量的一项战略措施

到 1979 年底，全国共有重点高校 97 所，重点中学 5 200 多所，重点小学 7 000 多所。[1] 到 1981 年底，全国 3.8% 的中学被列为重点中学，共 4 016 所，首批办好的有 696 所；全国 89.41 万所小学中，有 5 271 所（占比 0.6%）被列为重点小学；全国重点高等学校增加 98 所。重点学校发展在快速培养优质人才的同时，也导致中小学教育发展不均衡问题日益突出。为了实现教育均衡化，自 1993 年起，国家规定取消义务教育阶段重点学校制度。相关政策如表 3-2 所示。

表 3-2 取消义务教育阶段重点学校制度相关法规和文件

时　间	政策文件	相关政策内容
1993 年 3 月	国家教委《关于减轻义务教育阶段学生过重课业负担、全面提高教育质量的指示》	"义务教育阶段不应当分重点学校（班）与非重点学校（班）"
1997 年 1 月	国家教委《关于规范当前义务教育阶段办学行为的若干原则意见》	"义务教育阶段不设重点校、重点班、快慢班，除省级教育行政部门批准的教改试（实）验班外，一般不设立试（实）验班"
2005 年 5 月	教育部《关于进一步推进义务教育均衡发展的若干意见》	"加强依法治教力度，进一步规范办学行为，有效遏制义务教育阶段择校之风蔓延的势头。义务教育阶段公办学校不得举办或变相举办重点学校"
2006 年 6 月	《中华人民共和国义务教育法》第 22 条规定	"县级以上人民政府及其教育行政部门应当促进学校均衡发展，缩小学校之间办学条件的差距，不得将学校分为重点学校和非重点学校。学校不得分设重点班和非重点班"

---

① 孟繁华,张爽,王天晓.我国教育政策的范式转换[J].教育研究,2019(03)：136-144.

时　　间	政　策　文　件	相关政策内容
2010 年 5 月	《国家中长期教育改革和发展规划纲要(2010~2020 年)》	"切实缩小校际差距,着力解决择校问题。……义务教育阶段不得设置重点学校和重点班"

虽然国家规定"义务教育阶段不得设置重点学校和重点班",但是为了进一步推动经济、社会发展,国家进一步推进了重点高校和重点高中建设。1995 年,国家教育委员会决定在 2000 年前分期分批建设、评估、验收 1 000 所左右示范性普通高级中学,以推动普通高中教育的发展。之后,除了发展国家级示范高中外,各省还建设了大批省级示范高中。1992 年,国家计划实施"211 工程"推进重点高校的发展,1994 年,"211 工程"启动;1998 年,"985 工程"启动,重点高校建设继续推进。相关政策如表3-3 所示。

表 3-3　发展重点高校和重点高中的法规政策

时　　间	政　策　文　件	相关政策内容
1990 年 6 月	国家教委制定全国教育事业十年规划和"八五"计划	到 2000 年前后重点建设 100 所左右的高等学校
1991 年 4 月	党的七届人大四次会议制定《国民经济和社会发展十年规划和第八个五年计划纲要》	"努力办好一批重点大学","着力建设高等学校的一些重点学科"
1993 年 2 月	中共中央、国务院《关于印发〈中国教育改革和发展纲要〉的通知》	"高等学校培养的专门人才适应经济、科技和社会发展的需求,集中力量办好一批重点大学和重点学科"
1993 年 7 月	国家教委《关于重点建设一批高等学校和重点学科点的若干意见》	设置"211 工程"重点建设项目,面向 21 世纪重点建设 100 所左右高等学校和一批重点学科点
1998 年 12 月	教育部《面向 21 世纪教育振兴行动计划》	重点支持北京大学、清华大学等部分高等学校创建世界一流大学和高水平大学,命名"985 工程"

重点学校是国家和地方政府重点扶持的对象,其在财力、师资、软硬件设施以及各种学习交流的机会等方面是非重点学校无法相比的。虽然义务教育阶段的"重点校"制度取消了,虽然隶属于同级教育行政部门管辖的中

小学,依法应一视同仁,但历史上形成的重点学校,其优良的学校文化、声誉会延续;而隶属于不同教育行政部门的重点学校,由于投资与管理主体不同,无法在短期内被完全同等对待。于是,在义务教育阶段优质校与薄弱校依旧同时存在。在"就近入学"政策下,一些儿童进入了优质学校,而另一些则进入了一般学校或薄弱学校。不同质量的学校,儿童的学业成绩、个人能力发展不同。通过中考筛选,个体如果被选拔进入重点学校意味着可以享受优越的软硬件条件,获得更好的学习成绩或其他能力,更有可能升入优质大学;同理,如果失去了进入高中重点学校的资格,在某种程度上可以说失去了进入重点高校的有力保障。

高考扩招之前,考上大学就意味着"鲤鱼跳龙门"和阶层跃迁,只要上了大学,美好的人生就此开启;但是高考扩招降低了中国高等教育文凭的价值,出现了学历"贬值";与此同时,大学阶段的重点学校建设使得高校教育质量差距扩大,大学文凭的含金量不同。于是,家长和孩子对考入重点高校、热门专业的期待增加,重点高校、热门专业成为教育分流链条中学子们竞赛的重要标的。在不同等级的学校接受教育意味着享受教育资源的不同,也意味着不同的升学可能;为了能在教育竞争中取胜,教育竞争关口前移,波及影响到小学,甚至幼儿阶段。

第二节　市场化与教育体制变革

1992 年,党的十四大提出建立社会主义市场经济体制的目标,包括教育在内的各个领域开启了社会主义市场经济体制转型。1993 年,《中国教育改革和发展纲要》提出"初步建立起与社会主义市场经济体制和政治体制、科技体制改革相适应的教育新体制"。1999 年,中共中央、国务院明确提出"发展教育产业"。此后,教育领域开启市场化变革。

一、民办学校兴起

党的十四大指出"鼓励多渠道、多形式社会集资办学和民间办学,改变国家包办教育的做法"。1992 年,北京十一学校实行"国有民办"办学体制改革之后,基础教育领域内开始全国范围的"办学体制改革"。这个时期,国家出台了大量政策,对民办教育和办学体制改革进行推进和规范。经过改革,政府统包办学的格局被打破,形成了"以政府办学为主、社会各界参与办学"的多元办学模式。相关政策如表 3 - 4 所示。

表 3-4　办学体制改革政策

时　间	政　策　文　件	相关政策内容
1993 年 2 月	中共中央、国务院《中国教育改革和发展纲要》	"改变政府包揽办学的格局,逐步建立以政府办学为主体、社会各界共同办学的体制","国家对社会团体和公民个人依法办学,采取积极鼓励、大力支持、正确引导、加强管理的方针"
1994 年 3 月	国务院《关于〈中国教育改革和发展纲要〉的实施意见》	"鼓励企事业单位和其他社会力量按国家的法律和政策多渠道、多形式办学。有条件的地方,也可实行'民办公助''公办民助'等形式"
1996 年 4 月	国家教育委员会《全国教育事业"九五"计划和 2010 年发展规划》	"现有公办学校在条件具备时,也可酌情转为'公办民助'学校或'民办公助'学校"
1996 年 12 月	国务院《关于鼓励社会力量兴办教育促进民办教育健康发展的若干意见》	"探索多元主体合作办学,推广政府和社会资本合作模式,鼓励社会资本参与教育基础设施建设和运营管理、提供专业化服务"
1997 年 1 月	国家教育委员会《关于规范当前义务教育阶段办学行为的若干原则意见》	"各地在义务教育阶段办学体制改革中,可依实际情况实行'公办民助'、'民办公助'、社会参与、举办民办学校等多种形式"
1997 年 10 月	国务院《社会力量办学条例》	国家对社会力量办学实行积极鼓励、大力支持、正确引导、加强管理的方针
1998 年 6 月	教育部、国务院办公厅《关于义务教育阶段办学体制改革试验工作若干意见的通知》	"'公办民助''民办公助'等不同的办学模式是对义务教育阶段政府办学的适当补充"
1999 年 6 月	中共中央、国务院《关于深化教育改革全面推进素质教育的决定》	"积极鼓励和支持社会力量以多种形式办学,满足人民群众日益增长的教育需求,形成以政府办学为主体、公办学校和民办学校共同发展的格局。凡符合国家有关法律法规的办学形式,均可大胆试验"

对政策文件进行归纳可以看到,1992 年至 2000 年,政策主要是对多渠道、多形式办学进行支持和肯定,处于对新形式办学认识和接纳阶段;2000年至 2015 年,政策则是以推动教育改革的纲领性文件为主,包括《中华人民共和国民办教育促进法》(2002 年)、《国家中长期教育改革和发展规划纲要(2010~2020 年)》(2010 年)、《教育部关于鼓励和引导社会资金进入教育领域促进民办教育健康发展的通知》(2012 年)等。2015 年至 2017 年,政策

主要是为教育资产上市清扫障碍,进一步推动细分领域的发展。2016 年,《民办教育促进法修正案》《民办学校分类登记实施细则》,2017 年,《国务院关于鼓励社会力量兴办教育促进民办教育健康发展的若干意见》等系列法律文件出台,民办教育走上了依法办学的规范发展道路。2018 年至今,政策主要围绕推进新版民促法的实施条例,规范民办教育发展,以及各细分领域顶层设计的逐步完善和规范展开。①

　　这一时期,教育体制改革广泛吸纳了社会各方面的资源,通过民营企业、企业集团、社会团体、教育集团、国内外捐资、公民个人等多种渠道开展办学,在一定程度上缓解了教育经费的紧张;家庭在教育过程中的可选择性和自主性增强。但改制衍生出现的乱收费、择校等问题引起社会广泛关注。自 2005 年起,国家开始清理规范公办转制学校;2006 年,教育部等停止审批新的改制学校,并清理整顿已有改制学校;2007 年,北京市开始对 40 余所办学体制改革实验学校启动依法规范办学体制改革;2008 年,教育部要求在确保公共教育资源不流失的前提下,采取"有进有退"的策略,使一批优质教育学校回归公办属性。相关政策如表 3 - 5 所示。

表 3 - 5　清理规范公办转制学校相关政策文件

时　间	颁布部委或政策法规	相关政策内容
2005 年 5 月	教育部	具有优质教育资源的公办学校不得改为民办或以改制为名实行高收费
2005 年 12 月	国家发展改革委员会等	"全面停止审批新的改制学校和新的改制学校收费标准",对现有改制学校进行全面调查、清理规范
2006 年 4 月	教育部等七部门	"全面停止审批新的改制学校和新的改制学校收费标准","对以改制为名乱收费的学校进行全面清理"
2006 年 6 月	《中华人民共和国义务教育法》	义务教育是国家必须予以保障的公益性事业
2006 年 8 月	教育部	"停止义务教育阶段公办学校改制的审批","对本地义务教育阶段改制学校进行全面清理"

　　发展民办教育早期主要是为了弥补政府教育经费不足,而近年来,随着

---

① 创业邦研究中心.2019 中国教育产业研究报告: 教育投资额保持每年 43.9% 增长[EB/OL].[2020 - 02 - 04]. https: //baijiahao. baidu. com/s? id = 1657555613643882818&wfr = spider&for = pc.

民办教育的发展,多层次的教育供给更多的是为了满足诸如高收入群体、农民工群体等不同群体的差异化教育需求。目前,全国民办小学在校生仅占全国小学在校生的 8.1%、民办初中在校生占全国初中在校生的 13.0%;但在一些地区,民办教育的比重高达 20.0%,甚至 30.0%~40.0%。由于优质民办学校有更多的资金可以吸引优质师资,通过优先招生实现生源掐尖,在优质师资、生源的加持下,辅以优质的硬件条件,民办中小学逐渐成为"尖子"生聚集地,在升学考试中往往以绝对的优势"碾压"公办中学,这些地区民办中小学逐渐成为择校竞争的主要目标,而公办学校沦为"二流学校"。①

二、学区制度

20 世纪 80 年代初,教育部《进一步提高普通中学教育质量的几点意见》提出,"力求使学校布局和办学形式与群众生产、生活相适应,便于学生就近上学"。1986 年,《中华人民共和国义务教育法》第 9 条规定:"地方各级人民政府应当合理设置小学、初级中等学校,使儿童、少年就近入学。"就近入学以法律的形式确定下来,旨在实现教育起点公平。此后,国家又陆续签发了一系列关于就近入学的政策文件。相关政策如表 3-6 所示。

表 3-6　就近入学相关政策

时　间	政　策　文　件	相关政策内容
1986 年 12 月	《中华人民共和国义务教育法》第 9 条	"地方各级政府应当合理设置小学、初级中等学校,使儿童、少年就近入学""适龄儿童及其父母或监护人不应该也无权自择接受义务教育的学校"。
1986 年 12 月 1987 年 12 月	《中小学校建筑设计规范》《关于制定义务教育办学条件标准、义务教育实施步骤和规划统计指标问题的几点意见》	县级教育行政部门应在服务半径 3 公里内合理配置学校。在实践中以户籍或社区、路段、门牌号、村组等空间标准并结合"住、户一致"的原则确定较近的学校
1997 年 2 月	国家教委印发《治理中小学乱收费工作的意见》	"要在 1997 年、1998 年两年内解决'择校生'问题,实现就近入学目标"

"单校划片"即一个小区对应一所小学及初中,学校不选择学生,学生也不能选择学校,这是我国城镇地区儿童"就近入学"的最主要做法;在学校质

---

① 杨东平,杨旻,杨胜利.教育蓝皮书:中国教育发展报告(2019)[EB/OL].[2019-04-01]. https://www.pishu.com.cn/skwx_ps/bookdetail? SiteID=14&ID=10860883.

量差距较大的地区实行"电脑派位"。实际操作中,随着人口外迁,单校划片面临着户籍学生日益减少的"空心化"问题;而有的区域由于历史原因,即使有户籍的孩子也不一定能就近入学。①

由于教育资源分布不均,择校之风愈演愈烈,学区和学区制登上中国教育史舞台。学区是为落实义务教育"就近入学",地方教育行政部门根据公立学校情况、招生规模以及适龄学生的分布情况,主要以街道或街镇行政区划及居民户籍为依据对其子女就读学校的一种划分。② 2006 年,全国两会期间,有人大代表呼吁建立学区管理体制,扼杀择校风。随后,国家层面出台诸多政策,实施学区化办学,将同一区域内的若干所学校组建成一个学区,在学区内部打通校际壁垒、实现资源共享,以扩大优质教育资源覆盖面。2007 年,我国"两基"("基本普及九年义务教育"和"基本扫除青壮年文盲")攻坚目标如期实现,义务教育均衡成为国家教育政策的主导价值,学区制成为解决"大班额""择校"问题,实现义务教育"城乡一体化发展"的重要措施。相关政策如表 3－7 所示。

表 3－7　学区制的政策

时　间	政 策 文 件	相关政策内容
2000 年 7 月	教育部颁布《关于全国中小学收费专项治理工作实施意见》	"扩大四个直辖市和省会城市解决'择校生'问题的成果,争取两三年内实现全国各省、直辖市义务教育阶段公办学校完全停止招收'择校生'的目标,依法实行就近入学"
2006 年 6 月	《中华人民共和国义务教育法(修订案)》第 12 条	"适龄儿童、少年免试入学。地方各级人民政府应当保障适龄儿童、少年在户籍所在地学校就近入学"
2010 年 2 月	教育部颁布《国家中长期教育改革和发展规划纲要(2010—2020 年)》	"切实缩小校际差距,着力解决择校问题"
2012 年 9 月	《国务院关于深入推进义务教育均衡发展的意见》	提出实行"学区化管理",要求"发挥优质学校的辐射带动作用,整体提升学校办学水平"
2013 年 11 月	《中共中央关于全面深化改革若干重大问题的决定》	"试行学区制"作为深化教育领域综合改革的重要举措

---

① 娄元元,倪娟.多校划片政策存在的问题及对策研究[J].当代教育科学,2018(07):41－45.
② 娄元元,倪娟.多校划片政策存在的问题及对策研究[J].当代教育科学,2018(07):41－45.

时　间	政 策 文 件	相关政策内容
2014 年 1 月	教育部《关于进一步做好重点大城市义务教育免试就近入学工作的通知》	各重点大城市应制订完善进一步规范义务教育免试就近入学的方案,提出2015—2017 年年度目标任务
2014 年 9 月	《国务院关于深化考试招生制度改革的实施意见》	"义务教育免试就近入学,试行学区制和九年一贯对口招生"
2014 年 1 月	教育部《关于进一步做好小学升入初中免试就近入学工作的实施意见》	对学区的划分依据、组建原则进行明确规定,形成了较为完整的国家顶层设计

　　学区制催生了"学区房"热,带来家庭资本竞争优势教育资源的又一形式——"房择校":家长通过购买房产,以获得优质公办学校的就读资格。面对依据街道划分的学区,如果房子不在优质学校片区内,又希望孩子能获得优质教育,家长只能花大价钱购买学区房。众多家长对优质学区房的推崇使得学区房价格不断攀升。于是,上得起优质公办学校的孩子,大多是"非富即贵"的家庭子弟,一般老百姓只能"望房兴叹"。为了解决"房择校"热问题,教育部《关于做好 2016 年城市义务教育招生入学工作的通知》中明确提出,对教育资源配置不均衡、择校冲动强烈的地方,根据实际情况积极稳妥采取多校划片;并在《关于做好 2017 年义务教育招生入学工作的通知》中对多校划片做出了规定,北京、南京、武汉等城市开始试点多校划片政策。相关政策如表 3-8 所示。

表 3-8　学区化办学的政策

时　间	政 策 文 件	相关政策内容
2016 年 1 月	《关于做好 2016 年城市义务教育招生入学工作的通知》	"在教育资源配置不均衡、择校冲动强烈的地方,根据实际情况积极稳妥采取多校划片"
2017 年 1 月	教育部办公厅《关于做好 2017 年义务教育招生入学工作的通知》	"积极稳妥推进多校划片(随机摇号、派位)"
2019 年 7 月	《中共中央、国务院关于深化教育教学改革全面提高义务教育质量的意见》	"义务教育学校免试就近入学全覆盖","不得以面试、评测等名义选拔学生"

　　单校划片在实行过程中采取一校一片或一片一校,没有交叉与重叠;多校划片则是在确保教育资源大致均衡的前提下,将热点小学、初中分散至各片

区,对不同层次办学水平学校进行组合,学区内既有优质学校又有薄弱学校,一个小区对应多个小学、初中;招生中通过随机派位方式分配名额,派位未能进入热点学校的学生就近安排至其他学校。多校划片意味着有学区房的学生未必能进入热点学校,而一些非核心区家庭的孩子,也能有读名校的机会;在相对就近入学的基础上,通过户籍和优质学校入学机会脱钩,促进义务教育起点公平。从制度设计上来看,多校划片可大幅提高就近入学率,让学区房降温,但从试点城市实际效果来看,多校划片后择校变成了"择学区"。解决问题的根源当然还是在学区与学区间、学校与学校间的办学质量的均衡发展上。

三、"三限"政策与普高择校合法化

20世纪90年代以来,中国实施办学体制改革,通过市场机制多渠道筹措教育经费;与此同时,各公立普通高中在重点学校政策下不均衡发展;民众教育选择需求在政策默许背景下被刺激起来,形成教育择校乱收费现象。政府出台了大量治理法规和文件对不同教育阶段的学费、择校费,以及教材教辅材料、住宿、招生等方面的收费问题进行治理、整治。1995年,全国清理中小学阶段违规违纪收费十几亿元。相关政策如表3-9所示。

表3-9　教育乱收费问题的政策

时　间	颁布部委及政策文件	相关政策内容
1995年4月	《关于治理中小学乱收费工作的实施意见》	"不准招收'择校生'"
1996年12月	国家教委等三部门发布的《普通高级中学收费管理暂行办法》	允许高中教育向学生收取学费,要求"健全收费管理的规章和制度,对巧立名目擅自增设收费项目,扩大收费范围和提高收费标准的,……要按国家有关规定予以严肃查处"
1997年1月	国家教委《关于规范当前义务教育阶段办学行为的若干原则意见》	"义务教育阶段不设重点校、重点班、快慢班","用三年左右时间,在全国范围内使义务教育阶段免试、就近入学和不招'择校生'及变相'择校生'的原则能够全面贯彻落实"
1997年2月	国家教委《治理中小学乱收费工作的意见》	"要在1997年、1998年两年内解决'择校生'问题,实现就近入学目标"

2000年,为了治理普通高中乱收费问题,北京率先出台"三限"政策,按照"限分数、限人数、限钱数"的原则,允许在公办高中招收择校生。2001年

国务院纠风办、教育部联合发布《关于进一步做好治理教育乱收费工作的意见》，又一次提到"三限"政策。之后，一系列政策文件都对"三限"政策做了规定。相关政策如表 3 - 10 所示。

表 3 - 10　治理择校问题的政策

时　间	颁布部委及政策文件	相关政策内容
2000 年 9 月	教育部办公厅《关于全国中小学收费专项治理工作实施意见》	"从源头上加大专项治理力度,巩固和扩大治理'择校生'问题和乱收费问题的成果"
2001 年 6 月	国务院纠风办、教育部《关于进一步做好治理教育乱收费工作的意见》	"义务教育阶段公办学校必须坚持就近入学的原则,不准招收'择校生',严禁把捐资助学同录取学生挂钩"
2002 年 2 月	教育部《关于加强基础教育办学管理若干问题的通知》	重申高中招收"择校生"的"三限"政策
2003 年 5 月	教育部等《关于治理教育乱收费的工作实施意见》	把普通高中实行"三限"政策迅速推向全国
2003 年 7 月	教育部办公厅《关于公办高中严格执行招收择校生"三限"政策的通知》	明确公办高中可以招收一定数量的择校生,但必须执行"限人数、限分数、限钱数"的"三限"要求

"三限"政策是指政府举办的公办高中在完成本年度招生计划的前提下，可以招收一定数量的择校生，但必须严格限人数、限分数、限钱数。政策要求："择校生"招生比例和最低录取分数线由省级教育行政部门确定，最高收费标准由省级人民政府制定。将"择校生"纳入普通高中招生计划，统一向社会公示招生比例、招生人数和收费标准，统一按分数择优录取，统一办理入学手续；严禁学校擅自扩大"择校生"招生比例、降低录取分数线、提高收费标准或在限定金额外收取其他任何费用。

2005 年，国家主管部门提出高中"择校生"招生"并轨"的管制政策。"分档次依次录取，一次招满"的政策安排将"择校生"实质性纳入了普通高中招生计划。"择校生"采取"学生统一报名，计算机统一录取"招生方式，招生权由学校转移到了政府招生主管部门；"择校生"招生与其他计划内的招生同步进行，唯一不同的是对这部分学生要加收"择校费"，高中公费生和"择校生"招生由原来的"双轨"并为"一轨"，择校生收费合法化。

由于"三限"政策缺乏法律依据，使以金钱购买学额合法化，家庭资本在教育领域的竞争愈演愈烈，助长了教育高收费、乱收费的风气。2010 年，教育部《关于治理义务教育阶段择校乱收费问题的指导意见》规定:"禁止学校以任何名义和方式收取择校费,坚决切断收取择校生与获得利益的联系";《国家中长期教育改革和发展规划纲要(2010~2020年)》提出"切实缩小校际差距,着力解决择校问题"。直到2014年,相关省市陆续明确禁止根据"三限"政策招收择校生。

四、"影子教育"兴起

"影子教育"(Shadow Education),即课外补习。1982年,《中华人民共和国宪法》颁布,提出"国家鼓励集体经济组织、国家企业事业组织和其他社会力量依照法律规定举办各种教育事业",校外培训与其他民办教育事业同步发展。20世纪90年代初,教育市场转型开启,在国家举办和管理的教育体系之外的民办教育、"影子教育"、国际学校、留学教育等新的教育业态兴起。北京出现第一批民办中小幼学校和教育辅导机构,这些教育培训机构涉及小学、初中、大学,乃至出国留学的一系列课程。这些教育形态重新定义了教育资源配置的规则,以"市场至上"而非"绩能主义"为准则,通过家长付费购买教育服务。这些教育形态与体制内教育有越来越多的互动,对中国教育体制产生越来越复杂的影响,其中对中国教育产生重要影响的教育形态就是"影子教育",其在中国的发展如表3-11所示。

表3-11 教育培训在我国的发展

时 间	相关法规政策	发 展 状 态
1997年10月1日前	《社会力量办学条例》尚未施行,无相关法规	此时期国家尚未为民办教育制定专门法律规范,校外培训机构不具有独立的法律身份,因此并没有专门准入制度
1997年10月	国务院《社会力量办学条例》施行	初步建立了校外培训机构设立的行政审批制度:进行文化教育的非营利性校外培训机构在教育行政部门和主管行政部门"先许可后登记",营利性的校外培训机构在工商行政管理部门登记注册
2003年9月	《中华人民共和国民办教育促进法》实施	
2016年11月	《中华人民共和国民办教育促进法》(2016年修正)	确立民办教育分类管理的立法思路
2018年8月	国务院办公厅《关于规范校外培训机构发展的意见》	构建全面覆盖营利性和非营利性两类培训机构的"先证后照"前置行政审批准入制度

"影子教育"如影随形跟在学校教育后面,为学生提供"培优"或"补差"服务,很大程度上弥补了学校教育的不足。2016 年,《中国辅导教育行业及辅导机构教师现状调查报告》指出,2016 年中国中小学辅导机构营业额已经超过 8 000 亿元,教师参与人数达 700 万~850 万,学生参与人数达 1.37 亿左右;① 2019 年中国教育服务产业的总体规模已超 3 万亿元。② "影子教育"的基本模式是提前教育和高强度教育,影响参与"影子教育"和不参与"影子教育"学生的学业成绩和教育机会;"影子教育"主要分布于城市地区,极少分布在郊区或农村,农村子弟获得这一体制外优质教育资源的可能性低;与此同时,"影子教育"费用较高,那些既没有足够的智力进入重点中学、又没有足够财力获得这一教育模式的弱势人群子女在教育竞争中,处于劣势地位。"越是在大城市,越是在重点学校,越是在优势阶层,补课的强度越大","影子教育"进一步扩大了教育不公平,正在成为一种新的阶层再生产的重要机制。③

第三节　涉农教育政策调整与发展

中国是农业大国,"三农"问题是关系国家改革、发展和稳定的重大问题。本节主要讨论国家城市化进程中农村教育政策及教育发展问题,梳理农村教育经费负担机制、农村学校布局调整等相关教育政策。

一、农村教育经费负担机制

农村教育发展受农村教育财政体制影响重大,中华人民共和国成立以来,我国财政政策经历了"统收统支—分级包干—分税制"的变迁,与之相适应,义务教育财政体制也经历了"人民教育人民办""三级办学、两级管理""地方负责、分级管理、以县为主""省级统筹、以县为主"的阶段。

（一）"人民教育人民办"

中华人民共和国成立初期,国家"优先发展重工业",在户籍、粮油供应、劳动用工、教育等方面将城市和农村分割开来,实行"城乡分治、一国两策"

---

① 张韦韦.超 8000 亿元的 K12 教育市场陷"战国时代"[EB/OL].(2016－12－28)[2017－01－04].http://edu.takungpao.com/360/q/2016/1228/3407917.html.

② 北京师范大学创新发展高峰论坛.中国教育服务产业发展报告 2020[EB/OL].[2020－12－19].http://www.cdxlyedu.cn/.

③ 杨东平.新一轮"教育产业化"的特征与治理[J].清华大学教育研究,2018(01)：35－38.

的体制。这一时期，国家把主要的教育财政投入用于高等教育领域，基础教育的投入责任被下放到了基层政府，农村中小学校的经费筹集和管理虽然要求以县(区)和社队为主，但实质上主要由农民来负担。改革开放以后，国家把城市义务教育经费纳入了公共财政预算；农村义务教育的筹资责任被下放至乡、村，实行"人民教育人民办""以乡为主"的农村义务教育财政体制，多渠道筹措教育经费。由于缺乏财政支持农村义务教育无法得到充分发展。

（二）"三级办学、两级管理"

改革开放后，义务教育由地方负责，实行分级管理；经济增长指标是政府考核的主要内容，义务教育发展状况并未真正纳入政府考核体系。1982年，《中华人民共和国宪法》提出"普及初等义务教育"，普及义务教育被提升为国家战略。1985年，《中共中央关于教育体制改革的决定》提出"地方负责，分级管理"的基础教育管理体制，并在《中华人民共和国义务教育法》(1986)中以法律形式确立。"地方负责，分级管理"形成了"三级办学、两级管理"的管理体制，即"县办高中、乡办初中、村办小学""县乡两级、以乡为主"的分级办学体制，把发展农村义务教育的责任交给了地方。

在"财政包干"体制下，起初地方政府财力较为充裕，中央政府把教育财政决策权下放给地方政府；在以GDP为核心的政绩考核和"分税制"下地方政府财政收入减少，使得地方政府没动力也没钱支付义务教育经费。为了完成"普及九年制义务教育"任务，地方政府通过征收教育费附加、教育集资、拉赞助、民间借贷等方式来补充义务教育财政投入；乡镇政府则把财政负担转嫁到农民身上。有数据显示，20世纪八九十年代，"在我国义务教育经费总量中，政府财政预算内拨款所占比重仅维持在50%~60%之间，剩下的40%~50%的经费是通过捐款、集资、摊派、教育费附加和杂费等形式，由农民、企业和受教育者负担的"。① 由于不同地方、不同级别的人民政府之间财力悬殊，城乡间、地区间义务教育差别日益明显。

（三）"地方负责、分级管理、以县为主"

为加强政府调控职能，减轻农民负担，2000年，实施农村税费改革，采取"费改税"，农村义务教育经费大幅度削减。2001年，中共中央、国务院发布《关于基础教育改革和发展的决定》中提出："实行在国务院领导下，由地方政府负责、分级管理、以县为主的体制。"农村义务教育经费来源从以乡镇

---

① 王慧.中国当代农村教育史论[M].北京：光明日报出版社，2014：133.

为主转向以国家财政为主,变三级办学为两级办学,以消除或降低由税费改革给义务教育发展带来的负面影响;并从根本上确立了国家对农村基础设施和社会公共事业财政投入的责任和义务。"以县为主"强调县级政府对本地农村义务教育的责任,县级政府负责中小学的规划、布局调整、建设和管理;教职工工资发放;中小学校长、教师管理;教育教学工作管理等。2003年,《国务院关于进一步加强农村教育工作的决定》提出"在税费改革中,确保改革后农村义务教育的投入不低于改革前的水平并力争有所提高"。"以县为主"使县级人民政府替代农村集体和农民个体成为农村义务教育经费供给主体,中央和省级财政的扶持力度也有所加大。但是由于城乡及地区差距,"以县为主"的政策仍显得乏力,不能解决义务教育发展不均衡的问题。

（四）"省级统筹、以县为主"

为了解决"以县为主"的农村义务教育财政体制出现的问题,2005年,国务院发出《关于深化农村义务教育经费保障机制改革的通知》,规定省以下各级人民政府应承担的经费由省级政府统筹落实,农村义务教育经费承担主体上移。2006年修订的《中华人民共和国义务教育法》再次明确提出:对中小学建设的投入由中央政府和地方政府按照比例承担,将义务教育纳入公共财政保障的范围。自此,农村义务教育财政体制由"以县为主"转向"省级统筹",且中央政府对农村义务教育的财政支出力度不断加强。2007年,财政部、教育部下发《关于调整完善农村义务教育经费保障机制改革有关政策的通知》,要求各地"按照农村义务教育'经费省级统筹、管理以县为主'"。2009年,财政部、教育部发布《关于进一步加强农村义务教育经费保障机制改革资金管理的若干意见》,要求建立包括"中央专项资金"和"地方应承担资金"在内的国库集中支付制度,增大农村中小学经费的国库集中支付力度。2010年,《国家中长期教育改革和发展规划纲要（2010～2020年）》提出"构建城乡一体化的教育发展机制",要求"加强省级政府教育统筹,统筹管理义务教育,推进城乡义务教育均衡发展,依法落实发展义务教育的财政责任"。随着公共财政体制的构建,义务教育逐步纳入公共财政保障范围,在"以县为主"的投入和管理框架下,省级财政积极统筹,对教育财政缺口县区实施转移支付,中央政府也通过项目形式对义务教育进行直接财政投入,形成了"省级统筹、以县为主"的管理体制。

党的十八大以来,国家提出了全面协调发展和创新驱动的发展战略。为了实现该战略,各级政府将公共财政重点用于解决民生问题,义务教育被纳入各级财政支出范围,并成为财政保障的重点。同时,中央政府将义务教育生均经费水平、区域义务教育均衡度、群体间的义务教育公平度、居民的义务教育满意度等指标纳入地方政府考核范畴,确保地方政府能提供公平而有质量的教育。① 之后,多项国家政策也进一步保障农村教育经费问题。2017年,《国务院办公厅关于进一步加强控辍保学提高义务教育巩固水平的通知》进一步强调,加强省级统筹、改善乡村学校办学条件。2018年,国务院提出"城乡统一、重在农村"的义务教育经费保障机制,从教育财政体制上突破了城乡二元结构的藩篱,为建立城乡一体化的义务教育提供了重要保障。

二、农村学校布局调整

学校布局是指一套应用于规划学校的空间分布和特征的技术和管理程序,应用这种方法可以使学校的发展与适龄人口的分布相匹配,并满足教育政策目标。② 从中华人民共和国成立到改革开放前期,我国城镇化水平低,农村地区是全国人口的主要聚集地,形成了"小学不出村、中学不出队、高中不出社"的低重心、散点式学校布局。改革开放后,普及小学教育成为教育事业的奠基工程。1980年,中共中央、国务院《关于普及小学教育若干问题的决定》提出:"在(20世纪)80年代全国应基本实现普及小学教育的历史任务,有条件的地区可以普及初中教育。"并对"学校布局"做出规定:"鉴于我国经济、文化发展很不平衡,自然环境、居住条件差异很大,必须从实际出发,因地制宜,采取多种形式办学,力求使学校布局和办学形式与群众生产、生活相适应,便于学生就近上学。"1985年,中共中央为实现"两基"目标,在"人民教育人民办"的体制下,学校布局基本延续了低重心、散点式的分布,形成了"村村办学、全面覆盖"的格局。

20世纪90年代以后,随着城镇化进程和农村适龄儿童数量下降,不少地区出现"空壳学校""麻雀学校";随着农村教育费附加、集资办学等的取消,县乡财政收入减少,基础教育经费缺口凸显,政府希望通过农村中小学布局调整,减轻财政压力。2001年,中央政府出台了《关于基础教育改革与发展的决定》,开启了农村中小学布局调整"撤点并校"工作。相关政策如表3-12所示。

---

① 陈静漪,蔚珍.我国义务教育财政体制的分析框架——基于制度耦合与运行绩效的视角[J].当代教育论坛,2020(06):64-70.

② 雷万鹏,王浩文.70年义务教育学校布局调整回顾与反思[J].华中师范大学学报(人文社会科学版),2019(06):12-24.

表 3-12　农村学校布局调整的政策

时　间	颁布部委及政策文件	相关政策内容
2001 年 5 月	国务院《关于基础教育改革与发展的决定》	"按照小学就近入学、初中相对集中、优化教育资源配置的原则,合理规划和调整学校布局。农村小学和教学点要在方便学生就近入学的前提下适当合并,在交通不便的地区仍需保留必要的教学点,防止因布局调整造成学生辍学"
2006 年 6 月	教育部《关于实事求是地做好农村中小学布局调整工作的通知》	"要按照实事求是、稳步推进、方便就学的原则推进农村撤点并校工作"
2010 年 1 月	教育部《关于贯彻落实科学发展观进一步推进义务教育均衡发展的意见》	学校布局要"避免盲目调整和简单化操作"

在"撤点并校"的十多年间,农村小学数量从 2000 年的 44 万所下降到 2012 年的 15.5 万所,减少了约 65%,中西部地区农村小学数量下降幅度更大;"撤点并校"最直接的影响是学生上学路程变远,家长负担加重,边远地区的学生家庭被迫承担了更多政策成本,加剧了农村内部的教育不公平;[①] 大规模的"学校进城"后,出现了"城挤、乡弱、村空"的局面。[②]

2012 年起,农村教育步入了"后撤点并校"时代。国务院办公厅《关于规范农村义务教育学校布局调整的意见》(2012)强调"规范农村义务教育学校撤并程序","坚决制止盲目撤并农村义务教育学校";之后《关于统筹推进县域内城乡义务教育一体化改革发展的若干意见》(2016)、《关于全面加强乡村小规模学校和乡镇寄宿制学校建设的指导意见》(2018)都对农村学校布局等问题提出了指导性意见。截至 2017 年底,全国有农村小规模学校 10.7 万所,其中小学 2.7 万所、教学点 8 万个,占农村小学和教学点总数的 44.4%;在校生有 384.7 万人,占农村小学生总数的 5.8%;农村小学寄宿生有 934.6 万人,占农村小学生总数的 14.1%。[③] 相关政策如表 3-13 所示。

---

① 庞晓鹏,龙文进,董晓媛,等.农村小学生家长租房陪读与家庭经济条件——学校布局调整后农村小学教育不公平的新特征[J].中国农村观察,2017(01):97-112+143.

② 王定华.关于我国农村义务教育学校布局调整的调查与思考[J].华中师范大学学报(人文社会科学版),2012(06):141-146.

③ 杨东平,杨旻,杨胜利.教育蓝皮书:中国教育发展报告(2019)[EB/OL].[2019-04-01].https://www.pishu.com.cn/skwx_ps/bookdetail? SiteID=14&ID=10860883.

表 3 - 13　农村义务教育布局调整政策

年　份	政　策　文　件	相关政策内容
2012 年 9 月	国务院办公厅《关于规范农村义务教育学校布局调整的意见》	"严格规范学校撤并程序和行为,办好村小学和教学点,解决学校撤并带来的突出问题";"坚决制止盲目撤并农村义务教育学校","办好村小学和教学点"
2014 年 12 月	国务院办公厅《国家贫困地区儿童发展规划(2014—2020 年)》	"制定义务教育阶段学校标准化的时间表、路线图,解决农村义务教育中寄宿条件不足、大班额、上下学交通困难、基本教学仪器和图书不达标等突出问题"
2016 年 7 月	国务院《关于统筹推进县域内城乡义务教育一体化改革发展的若干意见》	"城乡学校布局更加合理,大班额基本消除,乡村完全小学、初中或九年一贯制学校、寄宿制学校标准化建设取得显著进展,乡村小规模学校(含教学点)达到相应要求"
2018 年 5 月	国务院办公厅《关于全面加强乡村小规模学校和乡镇寄宿制学校建设的指导意见》	"有序加强城镇学校建设,积极消除城镇学校大班额","要统筹乡村小规模学校、乡镇寄宿制学校和乡村完全小学布局,既要防止过急过快撤并学校导致学生过于集中,又要避免出现新的'空心校'"

三、农民工随迁子女教育政策变迁

在我国城市化发展过程中,农民工为国家的建设和发展做出了巨大的贡献,相应的,20 世纪 90 年代以来,国家针对农民工随迁子女颁布了一系列教育政策,农民工子女教育政策经历了一个"限制—接纳—平权"的过程。

(一)限制阶段(改革开放初期~1991 年)

20 世纪 80 年代,城乡人口互动不频繁,大量农民在家乡附近实现了非农就业,人口流动主要是"离土不离乡、进厂不进城"的就地转移。1989 年,随着家庭联产承包责任制带来的大量农村剩余劳动力的释放,国家的户籍制度和粮油供给制度有所松动,开始允许农民在自筹资金、自理口粮的条件下进入城镇务工经商,于是出现了农村劳动力的大规模跨地区流动——"民工潮",引发了交通运输、社会治安、劳动力市场管理等诸多问题。对此,国家当时采取了"堵"的政策,目的是加强对农民工盲目流动的管理,限制农民工的外出务工。在这个时期,农民工在流动的过程中,主要以个体流动为主,很少有拖家带口的。在这个阶段,外出务工农民子女的就学问题基本在其户籍所在地解决。

（二）认可阶段（1992～1999 年）

1992 年，党的十四大后，城乡人口流动加大，国家开始放宽农民进城务工的条件，对农民工的管理政策也由"控制盲目流动"调整为"鼓励、引导和实行宏观调控下的有序流动"。这一时期，流动民工开始呈现"家庭化"，随迁子女教育问题逐渐凸显。1992 年，《中华人民共和国义务教育法实施细则》发布，规定流动儿童如果需要在流入地接受义务教育，必须经过户籍所在地相关部门批准，申请在流入地学校借读。1996 年，《城镇流动人口中适龄儿童、少年就学办法（试行）》规定，在流出地有监护条件的必须在流出地就学，在流出地没有监护条件而不得已必须随迁入城就学则以"借读"的方式在流入地解决就学问题。1998 年，《流动儿童少年就学暂行办法》颁发，规定流动儿童在流入地可以通过"公校借读"、进入流入地公办学校附属班、专为流动儿童设立的学校或者其他民办学校接受义务教育；公办中小学可收取适当借读费。在这个阶段，国家认识到了农民工子女教育问题，并通过各种途径解决该问题，但是流动儿童流入城市是被"严格控制"的，在城市学校上学只能是"借读"，且要缴纳一定的"借读费"。

（三）重视阶段（2000～2002 年）

1986 年，《中华人民共和国义务教育法》颁布实施后，逐步提出到 20 世纪末在全国"基本普及九年制义务教育"，简称"普九"，并与"基本扫除青壮年文盲"合称"两基"。"普九"是 20 世纪最后 15 年以及 21 世纪初期，中国教育事业的重中之重。从 2000 年下半年开始，流动人口"举家迁徙"和"家庭化"趋势日益明显，随迁子女教育问题成为"普九"工作难点。2001 年，《中国儿童发展纲要（2001～2010 年）》明确规定："全面普及九年义务教育，保障所有儿童受教育的权利。小学适龄儿童净入学率达到 99%左右，小学 5 年巩固率提高到 95%左右。流动人口中的儿童基本能接受九年义务教育。"同年，国务院《关于基础教育改革与发展的决定》强调，"要重视解决流动儿童少年接受义务教育问题，以流入地区政府管理为主，以全日制公办中小学为主，采取多种形式，依法保障流动儿童少年接受义务教育的权利。"这是日后"两为主"教育政策的最初源头，国家层面开始重视农民工子女教育问题。

（四）政策导向明朗化阶段（2003～2005 年）

随着城市化进程的推进，党中央、国务院高度重视保障农民工权益，2003 年前后制定了一系列政策措施，农民工子女教育政策导向明朗化。2003 年，国务院办公厅发布了 1 号文件，强调对农民工和城镇居民应一视同仁;同年,国务院办公厅印发《关于做好农民进城务工就业管理和服务工作的通知》(以下简称《通知》),提出"要保障农民工子女接受义务教育的权利",且"流入地政府应采取多种形式,接受农民工子女在当地的全日制公办中小学入学,在入学条件等方面与当地学生一视同仁""流入地政府要专门安排一部分经费,用于农民工子女就学工作"。另外,在农民工子女简易学校的问题上,《通知》规定:"要加强对社会力量兴办的农民工子女简易学校的扶持,将其纳入当地教育发展规划和体系,统一管理⋯⋯不得采取简单的关停办法,造成农民工子女失学。"简易学校为该时期解决农民工子女就学问题提供了现实渠道。

2003 年,国务院办公厅转发了教育部等六部门《关于进一步做好进城务工就业农民子女义务教育工作的意见》(以下简称《意见》)。《意见》将1998 年《流动儿童少年就学暂行办法》中的"借读"一词去掉,变成了流入地政府对流动儿童的"接收",指出"流入地政府负责进城务工就业农民子女接受义务教育工作,以全日制公办中小学为主";提出"一视同仁",即"进城务工就业农民子女九年义务教育普及程度达到当地水平";在缴费、评优奖励、入队入团、课外活动等方面,学校要做到一视同仁。《意见》表明了国家全力解决进城农民工子女义务教育问题的决心。2004 年,中共中央、国务院《关于促进农民增加收入若干政策的意见》提出,城市政府要切实把对进城农民的职业培训、子女教育、劳动保障及其他服务和管理经费,纳入正常的财政预算。同年《关于进一步加强和改进未成年人思想道德建设的若干意见》明确要求"高度重视流动人口家庭子女的义务教育问题"。

(五) 政策强化阶段(2006~2013 年)

2006 年,国务院《关于解决农民工问题的若干意见》提出,"保障农民工子女平等接受义务教育"。为了实现这一目标,国务院明确提出了"两为主"的原则,即以流入地政府为主,负责农民工子女义务教育;以全日制中小学为主,接受农民工子女入学。2008 年,《关于做好免除城市义务教育阶段学生学杂费工作的通知》提出,免除就读公办学校的借读费和学杂费;中央对随迁子女义务教育问题落实较好的省份发放奖励金。该政策的出台,标志着政府支出责任的分担主体重心逐步上移,中央政府介入流动儿童教育财政,"分项目、按比例"的分担模式保障了中央财政对流动儿童义务教育的支持。2008~2014 年,中央财政发放的随迁子女奖励金累计高达 371.4 亿元。①

---

① 吴开俊,周丽萍.进城务工人员随迁子女义务教育财政责任划分——基于中央与地方支出的实证分析[J].教育研究,2021(10):11-23.

2010年,《国家中长期教育改革与发展规划纲要(2010~2020年)》提出:"坚持以流入地政府管理为主、以全日制公办中小学为主,确保进城务工人员随迁子女平等接受义务教育。研究制定进城务工人员随迁子女义务教育后在当地参加升学考试的办法。"作为纲要性的规划,为随迁子女教育平权提供了政策保障。2012年,国务院《关于深入推进义务教育均衡发展的意见》在"保障进城务工人员随迁子女平等接受义务教育"条款中提出:"要坚持以流入地为主、以公办学校为主的'两为主'政策,将常住人口纳入区域教育发展规划,推行按照进城务工人员随迁子女在校人数拨付教育经费,适度扩大公办学校资源,尽力满足进城务工人员随迁子女在公办学校平等接受义务教育。在公办学校不能满足需要的情况下,可采取政府购买服务等方式保障进城务工人员随迁子女在依法举办的民办学校接受义务教育。"

同年6月,《国家教育事业发展第十二个五年规划》指出,将进城务工人员随迁子女教育纳入当地教育发展规划,对进城务工人员随迁子女异地高考作出规定。8月,国务院办公厅转发《关于做好进城务工人员随迁子女接受义务教育后在当地参加升学考试工作的意见》(以下简称《工作意见》),就做好进城务工人员随迁子女升学考试工作提出了指导性意见。《工作意见》将农民工随迁子女教育的表述由"平等接受义务教育"调整为"平等接受教育";要求"坚持有利于保障进城务工人员随迁子女公平受教育权利和升学机会,坚持有利于促进人口合理有序流动,统筹考虑进城务工人员随迁子女升学考试需求和人口流入地教育资源承载能力等现实可能,积极稳妥地推进随迁子女升学考试工作"。9月,《关于深入推进义务教育均衡发展的意见》提出以政府购买民办学校服务的方式弥补公办学校供给缺口。一系列政策的出台,标志着国家从农民工子女义务教育权利问题转向对该群体初中后受教育权利的关注。

(六)"两纳入"平权阶段(2014年至今)

2014年,《国家新型城镇化规划(2014~2020年)》明确提出:在建立健全中小学生学籍管理系统建设的基础上,实行"两纳入"政策,即"将农民工随迁子女义务教育纳入各级政府教育发展规划和财政保障范畴",这是对"两为主"政策的进一步深化。政策要求:流入地政府统筹规划流动儿童义务教育,并以财政资金来保障流动儿童义务教育资源充足。同年9月,国务院《关于进一步做好为农民工服务的工作意见》提出,在"保障农民工随迁子女平等接受教育的权利"的前提下,"输入地政府要将符合规定条件的农民工随迁子女教育纳入教育发展规划……保障农民工随迁子女平等接受义务教育权利。公办义务教育学校要普遍对农民工随迁子女开放,与城镇户籍学生混合编班,统一管理。……各地要进一步完善和落实好符合条件的农民工随迁子女接受义务教育后在输入地参加中考、高考的政策"。2015年,《关于进一步完善城乡义务教育经费保障机制的通知》取消了对随迁子女义务教育的"中央奖补"政策。文件提出"两免一补"和生均公用经费基准定额随流动儿童可携带,即"钱随人走"的政策。文件规定中央和地方分东中西地区按不同比例承担流动儿童义务教育公用经费基准定额所需资金,中央政府负担流动儿童义务教育公用经费开始以政策形式固定下来。中央对地方随迁子女义务教育财政分担从奖励金转化为"钱随人走",并延续至今。

2017年,国务院办公厅《关于进一步加强控辍保学提高义务教育巩固水平的通知》提出"通过在城镇新建和改扩建学校,有序扩大城镇学位供给,全面建立以居住证为主要依据的随迁子女入学政策,为随迁子女平等接受义务教育提供条件"。2018年,《中国教育现代化2035》提出"推进随迁子女入学待遇同城化,有序扩大城镇学位供给。完善流动人口子女异地升学考试制度"。2020年,《2020年新型城镇化建设和城乡融合发展重点任务》明确提出要加快农业转移人口市民化,深化改革户籍制度和基本公共服务提供机制,推动城镇基本公共服务覆盖未落户常住人口,增加学位供给,健全以居住证为主要依据的进城务工人员随迁子女入园政策。

2021年,《中华人民共和国国民经济和社会发展第十四个五年规划和2035年远景目标纲要》提出:推进基本公共教育均等化、加快城镇学校扩容增位、保障农业转移人口随迁子女平等享有基本公共教育服务。2022年,教育部办公厅《关于进一步做好普通中小学招生入学工作的通知》提出:深入推进"两为主、两纳入、以居住证为主要依据"的随迁子女义务教育入学政策,加快推进随迁子女在公办学校或以政府购买民办学校学位方式入学就读。各地要认真落实《居住证暂行条例》关于在流入地居住半年以上和有合法稳定就业、住所等规定要求,完善随迁子女入学政策,全面清理取消不合规的随迁子女入学证明材料及其时限要求,不得要求提供户籍地无人监护等无谓证明材料;实行积分入学的地方要完善积分规则,切实保障符合《居住证暂行条例》规定条件的随迁子女能在流入地接受义务教育。认真落实随迁子女接受义务教育后在流入地参加中考政策,对回户籍地参加中考的随迁子女,户籍地和流入地教育行政部门要妥善做好考试招生报名服务工作,保障随迁子女能在户籍地顺利参加中考。

第四节　中国家庭社会资本的政策特殊性

在工业社会转型过程中,教育日益成为社会分层过程中的"分类机",被誉为工业革命带来的社会重大进步。西方教育制度庇护社会精英,巩固精英地位,固化分层与流动,家庭背景作用强大。中国教育制度,保护大众受教育权,通过教育促进社会分层和流动,绩效至上。本节讨论中国家庭社会资本特殊性的制度基础。

一、教育初心与教育公平

在我国,教育一词最早见于《孟子·尽心上》,"得天下英才而教育之"。许慎在《说文解字》中解释,"教,上所施,下所效也","育,养子使作善也"。立德树人、教书育人、使孩子做一个善人,这才是社会主义教育事业的初心。中国的教育在制度、目标、措施与方法层面坚持"一切为了学生、为了一切学生、为了学生的一切""为了全体学生的全面发展",以制度保障公平、公正地对待每一个人,向他们提供最恰切的教育,使具有不同天赋、潜能,不同气质、性格和不同文化背景的学生都能得到最充分的发展,以便他们在社会生活中能够找到自己的位置,最充分地实现人生价值。

（一）培养社会主义建设者与接班人

中华人民共和国成立以来,在教育理念和人才培养目标上,我国经历了从强调教育为政治服务,到培育社会主义建设者和接班人的转变。1958 年9 月,中共中央、国务院《关于教育工作的指示》提出,"教育为无产阶级政治服务,教育与生产劳动相结合"的教育方针,强调教育为政治服务。1980年,邓小平提出培养"有理想、有道德、有文化、有纪律"的"四有新人";1983年,邓小平提出"三个面向","教育要面向现代化,面向世界,面向未来"。1985 年,《中共中央关于教育体制改革的决定》提出,"教育必须为社会主义建设服务,社会主义建设必须依靠教育","教育体制改革的根本目的是提高民族素质,多出人才、出好人才"。

1993 年,《中国教育改革和发展纲要》提出了教育体制改革的"三个有利于"原则,"有利于坚持教育的社会主义方向,培养德智体全面发展的建设者和接班人;有利于调动各级政府、全社会和广大师生员工的积极性,提高教育质量、科研水平和办学效益;有利于促进教育更好地为社会主义现代化建设服务";并明确提出"中小学要由'应试教育'转向全面提高国民素质的轨道"。1994 年,《中共中央关于进一步加强和改进学校德育工作的若干意见》首次出现了"素质教育"的概念,之后的文件中多次对如何推进素质教育,如何培养"四有"社会主义事业建设者和接班人做出规定。1999 年,中共中央、国务院《关于深化教育改革全面推进素质教育的决定》提出"素质教育应当贯穿于各级各类教育中"。

2006 年,《中华人民共和国义务教育法》提出,"义务教育必须贯彻国家的教育方针,实施素质教育,以立法的形式确保有理想、有道德、有文化、有纪律的社会主义建设者和接班人的培养。"2010 年,《国家中长期教育改革与发展规划纲要(2010~2020 年)》提出,"坚持以人为本,推进素质教育是教育改革发展的战略主题"。2019 年,《关于深化教育教学改革全面提高义务教育质量的意见》提出,坚持立德树人,着力培养担当民族复兴大任的时代新人;坚持"五育"并举,全面发展素质教育:突出德育实效、提升智育水平、强化体育锻炼、增强美育熏陶、加强劳动教育。同年,《中共中央关于坚持和完善中国特色社会主义制度推进国家治理体系和治理能力现代化若干重大问题的决定》提出"全面贯彻党的教育方针,坚持教育优先发展,聚焦办好人民满意的教育,完善立德树人体制机制,深化教育领域综合改革,加强师德师风建设,培养德智体美劳全面发展的社会主义建设者和接班人"。2021 年,《中华人民共和国国民经济和社会发展第十四个五年规划和 2035 年远景目标纲要》提出,"全面贯彻党的教育方针,坚持优先发展教育事业,坚持立德树人,增强学生文明素养、社会责任意识、实践本领,培养德智体美劳全面发展的社会主义建设者和接班人"。

培养培育社会主义的建设者和接班人是党和国家的教育目标。自 1980 年邓小平提出培育"有理想、有道德、有文化、有纪律"的"四有新人"以来,在很长时间内培育"四有新人"是人才培养重要目标。2019 年,国家人才培养目标在"四有新人"的基础上进一步发展,强调德智体美劳全面发展,培育德智体美劳全面发展的社会主义建设者和接班人。在人才培养实现路径上,1994 年首次提出素质教育,2019 年提出全面发展素质教育,通过"五育并举"培养合格的社会主义建设者和接班人。

(二)教育政策调整与教育公平

国家通过一系列的教育政策调整,促进教育均衡发展,保障教育公平,保障儿童身心健康,以培育合格的社会主义接班人。

1. 教育均衡发展政策

从 20 世纪 90 年代开始,世界各国普遍关注全民教育公平,并致力于缩小区域、群体间教育差异;21 世纪初,我国实现了"普九",政府将缩小城乡义务教育差异纳入工作日程。2002 年,教育部《关于加强基础教育办学管理若干问题的通知》首次提出"积极推进义务教育阶段学校均衡发展"。
2003 年《关于进一步加强农村教育工作的决定》、2005 年《关于进一步推进义务教育均衡发展的若干意见》中多次重申义务教育均衡发展的重要地位。
2010 年《教育部关于贯彻落实科学发展观进一步推进义务教育均衡发展的意见》《国家中长期教育改革和发展规划纲要(2010~2020 年)》都把"促进公平"确定为国家基本教育政策,把义务教育均衡以及扶持困难群体作为促进义务教育公平的核心要义。2012 年,国务院《关于深入推进义务教育均衡发展的意见》确立了义务教育均衡发展的指导思想、基本目标、政策措施和体制保障。同年党的十八大报告提出"均衡发展义务教育"的新理念,实现了义务教育均衡发展政策的提升。

2014 年,国家教育体制改革领导小组办公室《关于进一步扩大省级政府教育统筹权的意见》提出,"切实统筹管理义务教育,把均衡发展义务教育作为重中之重";2015 年,习近平总书记指出"让每个乡村孩子都能接受公平有质量的教育,是功在当代、利在千秋的大事"。2017 年,教育"十三五"规划中提出,"十三五"期间教育的"城乡、区域、学校之间差距进一步缩小"。党的十九大报告突出强调"教育公平",提出"推动城乡义务教育一体化发展,重视农村义务教育,努力让每个孩子都能享有公平而有质量的教育"。2018 年,《中国教育现代化 2035》提出实现基本公共教育服务均等化。
2021 年,《中华人民共和国国民经济和社会发展第十四个五年规划和 2035年远景目标纲要》提出推进基本公共教育均等化:巩固义务教育基本均衡成果,完善办学标准,推动义务教育优质均衡发展和城乡一体化。

2. 义务教育公益性理念

教育是产业还是公益性事业? 1992 年,中共中央、国务院《关于加快发展第三产业的决定》,将教育的属性由"上层建筑"重新定义为"社会生产力"的一部分,明确将教育定义为第三产业,并认为教育事业是第三产业中对国民经济发展具有全局性、先导性影响的基础行业。教育产业化带来了一系列的问题。为了保障适龄儿童、少年接受义务教育的权利,实现城乡教育均衡发展,国家确立义务教育公益性事业的性质。2006 年,《中华人民共和国义务教育法》做出修订,明确提出义务教育是国家统一实施的所有适龄儿童、少年必须接受的教育,是国家必须予以保障的公益性事业。2016 年,国务院办公厅出台《关于统筹推进县域内城乡义务教育一体化改革发展的若干意见》,对义务教育的性质与作用的认识发生了根本性变化,认识到"义务教育是教育工作的重中之重,是国家必须保障的公益性事业,是必须优先发展的基本公共事业,是脱贫攻坚的基础性事业"。2017 年,国务院办公厅

《关于进一步加强控辍保学提高义务教育巩固水平的通知》提出,义务教育是国家统一实施的所有适龄儿童少年必须接受的教育,是教育工作的重中之重,是国家必须予以保障的基础性、公益性事业。

3. 教育均衡发展的措施

为了实现城乡教育均衡发展,国家实施义务教育免费政策。2001 年,国务院办公厅转发体改办等部门《关于降低中小学教材价格深化教材管理体制改革意见的通知》,提出对贫困地区农村中小学生逐步实行政府免费提供教科书制度,开始了义务教育的改革。2005 年,国务院《关于深化农村义务教育经费保障机制改革的通知》提出,"全部免除农村义务教育阶段学生学费、杂费,对贫困家庭学生免费提供教科书并补助寄宿生生活费",对"两免一补"做出了规定。2006 年,《中华人民共和国义务教育法》提出"实施义务教育,不收学费、杂费",政府全部免除西部地区农村义务教育阶段中小学学生的学杂费;2007 年,政府全部免除中部地区和东部地区农村义务教育阶段中小学学生的学杂费。2008 年,国务院《关于做好免除城市义务教育阶段学生学杂费工作的通知》提出,全部免除城市公办学校学生学杂费,城市义务教育免费政策全面实施。2017 年,国务院办公厅《关于进一步加强控辍保学提高义务教育巩固水平的通知》提出全面落实教育扶贫和资助政策,认真落实义务教育"两免一补"。

为了实现城乡教育均衡发展,政府加大了财政支持,实施贫困补助。2011 年,《关于进一步加大财政教育投入的意见》提出"统筹城乡、区域之间教育协调发展,重点向农村地区、边远地区、贫困地区和民族地区倾斜,加快缩小教育差距,促进基本公共服务均等化"。2018 年,《基本公共服务领域中央与地方共同财政事权和支出责任划分改革方案》明确了义务教育公用经费、免费提供教科书、家庭经济困难学生生活补助由中央和地方分担的方式,具体分担的比例同以往政策基本相同;同时补充了贫困地区学生营养膳食补助的分担方式:国家和地方各自试点,所需经费各自承担,中央给予适当奖补。2020 年,财政部办公厅、教育部办公厅《关于进一步加大支持力度持续做好义务教育有保障工作的通知》要求加大义务教育投入保障力度,重点向"三区三州"等深度贫困地区倾斜。按规定及时下达资金预算,保障"两免一补"、学生营养膳食补助等政策落实到位,确保建档立卡的贫困家庭学生及时得到资助。

4. 教育公平与减负

我国教育政策的目标是培养德智体美劳全面发展的"社会主义接班人",但是在教育实践过程中,由于受到高考指挥棒的影响,应试教育大行其道,学生学业负担重,身心健康发展受影响。从邓小平到习近平等党和国家领导人,均对小学生"课业负担重"表达了关注。1955 年,教育部发布《关于减轻中小学生过重负担的指示》。此后,教育部门颁布了大量"减负"文件和政策。20 世纪 50 年代中期至 60 年代中期,学生面临教育结构不合理导致的升学压力;80 年代中期以后,择校和市场因素参与等多种因素导致学生课业负担加重。① 2000 年《关于在小学减轻学生过重负担的紧急通知》、2013 年教育部《小学生减负十条规定》、2018 年《中小学生减负措施》等都针对入学择校竞争引起的作业、考试、评价、补课培训压力等开展"减负",但是政策实施效果并不理想。

针对"中小学生负担太重,短视化、功利化""校内减负,校外增负"等现实困境,2020 年,国家开始实施"双减"政策。"双减"政策目标是对教育领域的源头进行治理,通过有效减轻义务教育阶段学生过重的作业负担和校外培训负担(包括线上和线下培训),防止出现教育实质不公平。首先是校内减负。2021 年,相关部门先后印发《关于加强义务教育学校作业管理的通知》《关于进一步减轻义务教育阶段学生作业负担和校外培训负担的意见》等政策意见,严控书面作业总量,提出"健全作业管理机制、分类明确作业总量、提高作业设计质量、加强作业完成指导"等要求。其次是校外减负。为了解决"校内减下去,校外增上去"的问题,继 2018 年教育培训机构综合治理之后,2021 年,国家教育部门再一次对教育培训机构进行综合治理和整顿。

2020 年 5 月,教育部办公厅印发《义务教育六科超标超前培训负面清单(试行)》,从课程标准规定、教科书难度、教学进度、理科科目练习题等提出基本要求。同年下半年,加强教育收费治理、重点对各类中小学校外培训服务机构利用合同不公平格式条款侵害消费者权益违法行为进行集中整治。2021 年,《中华人民共和国国民经济和社会发展第十四个五年规划和2035 年远景目标纲要》提出"规范校外培训"。此后,国家又出台了中小学生睡眠管理、作业管理的一系列政策。同年,《关于进一步减轻义务教育阶段学生作业负担和校外培训负担的意见》要求切实提升学校育人水平,持续规范校外培训,有效减轻义务教育阶段学生过重作业负担和校外培训负担。之后国家又出台了一些政策对义务教育阶段校外培训学科类和非学科类范围进行明确,管控校外培训广告,健全了面向中小学生的竞赛活动管理制度。

---

① 项贤明.七十年来我国两轮"减负"教育改革的历史透视[J].华东师范大学学报(教育科学版),2019(05):67-79.

二、家庭资本与教育分流

"教育"源于拉丁文 educate，有"引出""导出"之意，强调教育是一种顺其自然的活动，旨在把自然人所固有的或潜在的素质，自内而外引发出来，以成为现实的发展状态。教育是一个人成长为社会人的重要手段，也是社会分层的重要机制。在不同的国家，教育的意义和目的不同，但是从本质来看，资本主义国家的教育目的是维护资产阶级的统治地位，保护统治阶级的优势地位。

（一）西方主要国家教育分流情况

1. 法国教育分流

法国的教育分学前、初等、中等和高等教育四个阶段。中小学学制为小学五年、初中四年、高中三年；初中分为适应阶段、中间阶段和专业定向三个阶段；高中分为确定阶段和最后阶段。法国的小升初无须考试，在第五年级结束时，由教师委员会评估决定每个学生是否继续接受教育。初三结束时有中考（Brevet），为了进入高中，必须获得此文凭，通过考试的学生将被分到其初中所在学区的高中。法国高中由普通高中和技术高中构成。普通高中从高二开始分理科、经济科和文科。高三结束时有一个高中毕业会考（Baccalauréat），通过考试的获得业士文凭（Baccalauréat，又称为 bac），通过率在 80% 左右。毕业会考是高中结束时，学生为了进入大学、大学校预备班或就业而必须参加的考试。法国高中教学有文科、经济与社会、科学三大类专业和第三产业科学技术、工业科学和技术、实验科学和技术以及医学社会科学四个技术专业供学生选择。法国的职业高中属于短期教育，学制为两年，通常出路只有就业，做普通技术工作，但职高优秀学生，政府为其打通了进入普通高中与技术高中的通道。

法国的高等教育由大学和大学校组成，前者注重普及而后者旨在为法国培养社会精英，两者在相互竞争的同时又相互补充。综合性大学注重普通高等教育，"大学校"则走"从精英到精英"的道路。18 世纪之前，法国高等教育分流机构只有大学和学院两种类型，之后，路易十五时期（1710～1774 年）创办的工程学校与军事学校，以实用型技术人才为培养目标，实行专业知识与技能教育，推动了法国社会经济的迅速发展。诸如有"下金蛋的母鸡"美誉的巴黎理工学校等一系列以科学与近代学科为主要教学内容的新型高等教育机构——"大学校"为法国培养了大批精英人才。

在法国，大学属于全民教育，只要通过高中毕业会考，就可申请进入法国大学，而"大学校"通常不直接招收高中毕业生。高中毕业生需要通过考试分流,大概前10%左右的优秀高中毕业生能进入预备班。在2~3年的预备班学习中,学生不仅要学习各种知识,还要进行抽象、推理、演绎等逻辑思维能力训练。在预备班阶段实行筛选淘汰,只有通过各个大学校设置的选拔考试"竞试"(Concours)的全国高中毕业生中的"尖子",才能进入"大学校"学习。"竞试"最基本的原则就是"优胜劣汰、择优录取",考官被明确要求主要依据天资,而不是其现有知识水平去挑选学生。①

进入"大学校"的学生是"精英中的精英",在毕业后职业地位也不同于大学毕业生。大学毕业生可以获国家颁发的学位证书,而"大学校"则颁发具有学校特色的毕业证书,"大学校"学生就业率更高,就业岗位更好。

"大学校"的生源主要来自社会上层家庭,学生毕业后走向社会上层的工作岗位,是向社会极少数群体开放的一个系统,这加剧了法国高等教育过程和结果的不公平,形成了"从精英到精英"的固化流向。② 2003年,法国国家统计局(INSEE)对出生于1959~1968年的这代法国人中能够进入"大学校"的家庭背景做了统计,发现,农民、个体雇佣的职员、工业领域技工、工业领域普通工人等平民阶层子女进入大学校的比例是5.23%;父母是手工艺者、商人和类似职业、企业的中层行政和销售工作人员、技术员、企业行政人员、商业雇员等中间阶层的,占27.95%;父母是10人及以上企业的经营者、自由职业者、企业的行政和销售领导、工程师及企业技术领导等社会上层人士的,占70.27%。1995年,有学者对多年来巴黎综合理工大学、巴黎高等师范学院、巴黎高等商学院和国家行政学院四所法国著名的"大学校"学生家庭背景进行调查,发现(20世纪)50年代时,有29%的学生来自普通家庭,90年代,这个数字仅为9%;2002年,"大学校委员会"(CGE)对秋季入学的新生进行了家庭情况调查,发现父母是农民、农业开发者的,占3.5%;是手工业者、小商人、厂长的,占6.7%;是工人的,占5.2%;是退休人员或未从业人员的,占7.6%;是公司职员的,占5.7%;是中等收入职业的,占10.0%;是企业高管、自由职业者的,占62.0%。③ 在法国,进入"大学校"被认为是实现向社会上层流动、提高个人社会地位的重要途径,学者普遍认为"大学校"是阻碍法国"社会阶梯"畅通实现向上流动的主要教育因素。

法国高等教育也在进行着改革,从当下法国高等教育分流体系来看,其大致可划分为大众化高等教育、精英化高等教育(大学校)和职业化高等教

---

① 田珊珊,段明明.法国教育的困境:在等级分化的结构上建立平等[J].比较教育研究,2017(11):48-55+92.
② 张惠,董泽芳.法国高等教育分流模式发展的新趋向[J].现代大学教育,2013(02):57-63.
③ 刘敏.从法国"大学校"入学招生的变化谈教育公平[J].复旦教育论坛,2010(05):74-77.

育。这种体系在一定程度上改变了家庭背景、阶层出身等对高等教育获得的影响,但学生家庭社会地位对教育获得的影响,仍然非常重大。布迪厄的思想和理论就是源于对教育不平等造成法国社会阶层固化,带来国家损失,冲击法国共和体制的担忧。

2. 英国教育分流

英国教育体系分为义务教育、延续教育和高等教育三个阶段。义务教育阶段全免费(4~16岁),含:幼儿园阶段(4或5岁~7岁)、小学阶段(7~11岁)、中学阶段(11~16岁)。中学毕业时有普通中等教育证书(GCSE)考试,类似中国的中考。通过分流,延续教育将不同的学生分流至两个轨道:学业路线(academic route)和职业路线(vocational route),学业路线以培养学术研究人才为目标,职业路线则以培养行业中的具有专门技能和知识的人才为目标。进入职业路线轨道的学生大多源自公立学校。

英国有"贵族教育"的传统文化,学校由公学、私立学校、文法学校和公立学校组成。公学起源于14~15世纪,主要由创办人和资助人捐款办学,创办初期免费招收贫困学生,后因宗教改革,吸引了权贵、富人孩子就读,明确规定只有贵族子女才能进入学校,公学逐渐成为最为顶尖的私立学校,成为培养精英的摇篮。公学教育目标是培养未来具有特权的统治阶层,公学毕业生大多升入牛津大学和剑桥大学。私立学校有来自牛津、剑桥等名牌大学的优秀师资,由于受到政府管辖少,可自由地制定课程和学习系统。文法学校历史非常悠久,最早是教授拉丁语的学校,现在整个英国文法学校只有164所。由于文法学校教育水平高(与私立学校不相上下),且不需要缴纳高昂学费,入学竞争特别激烈。英国绝大部分学生进入公立学校,公立学校通过划片区,实施免试就近入学。近年来,由于公立学校资金紧张,优秀师资流失,教育质量堪忧。

英国义务教育、延续教育的教育分流由不同类型学校的分化实现。在教育分流过程中,不同类型的学校根据具体要求,将不同阶层及家庭背景的学生分隔开来,进行区分教育,以确保社会某些特定阶层在社会分层中的优势地位和"遗传基因"。英国私立学校排外性极强,只有来自富裕阶层的,约占学龄人口6%的学生在私立学校就读。家庭年收入达30万英镑的家庭,每10个孩子中就有6个在私立学校就读;少数收入较低家庭子女只能通过祖父母资产或者学校奖学金才能进入私立学校。私立学校的学生学业成就远高于公立学校学生。2018年的数据显示,私立学校中A级成绩获得A*的学生占比达48%,高出公立学校22%;GCSE考试成绩获得A或7分的私立学校学生占63%,而公立学校仅为23%。

　　在英国,高等教育有精英教育和普及教育两条路径。精英教育始于12世纪创建的牛津大学,该校是英国第一所大学。之后近800年英国高等教育被牛津、剑桥垄断,这两所大学旨在培养牧师和信奉基督教的绅士,只有贵族和神职人员才能入学接受教育,出身、地位低下的学生实际上被排除在校门之外。直到19世纪伦敦大学等高等教育机构成立,才改变了英国高等教育的格局。1963年,英国高等教育委员会发布《罗宾斯报告》,建议英国高等教育向大众化发展。此后,英国建立了一批新的高校,所有高级技术学院升格为大学,英国高等教育向大众教育迈进。1966年,克罗斯兰建议高等教育建立“双轨制”,一轨面向资产阶级子女,从初中到大学,具有较强的学术性;另一轨则面向平民阶层子女,从小学到中等职业学校,以培养劳动者为目标。1974年,英国全日制大学学生数达到217 000人,英国高等教育完全进入大众化时代。此后,英国大学入学率持续攀升,1991年为20%,2000年达到30%。1991年,《英国高等教育白皮书》公布,标志着英国高等教育走向普及化。

　　虽然英国普及高等教育,但是不同阶层的教育获得质量是不同的。BBC的纪录片《学校交换:阶级分化》提出,英国只有7%的学生能接受私立教育,但在精英阶层中,39%都有私立教育背景。虽然公学学生在英国学生中仅占1.4%,但是50%的牛津生源和55%的剑桥生源来自公学。英国社会流动和贫困儿童委员会在对1991年和1992年出生的近50万名英国学生调查分析后发现,很多有潜力的学生受家庭环境影响无法进入一流大学。

　　1992年,《继续教育与高等教育法》废除了“双轨制”,将符合条件的技术学院全部升格为具有学位授予权的大学,英国统一的大学教育体制形成。但是这并不能改变精英阶层是英国最富有和最具权势阶层的现实,他们依旧占据顶级社会资源,在教育获得中占有绝对优势。《2019英国精英报告》显示:“39%的英国精英有私立教育背景,24%毕业自牛津大学或剑桥大学。100个私立学校的毕业生中,有7个会成为英国未来的顶级精英。在英国,39%的内阁议员都接受过私校教育,高达71%的资深法官毕业于牛津大学,57%的内阁议员来自牛津大学;65%的法官、57%的上议会议员、59%的公务员常务秘书以及52%的外交官来自私立学校。在英国,52%的行业精英的晋升路径是‘私立中学→牛津大学/剑桥大学→高级职位’。”

　　作为有精英治国传统的国家,在英国,普通老百姓注定与高层权力机构无缘;英国精英教育就是一个从精英到精英的再生产过程。从20世纪90年代开始至今,英国公、私立教育获得者的收入差距上涨了14%,22%的私立学校毕业生进入英国前10%高收入级别。20世纪90年代,30岁的成人,受过私立学校教育的比公立学校的收入多 7%；进入 21 世纪后,收入差距进一步扩大,高达 21%。私立学校往届生中高达 55% 的人位居管理或者行政岗位,而公立学校这一比例仅占 29%。据 1962 年的统计,英国 95% 的外交官、87% 的将军、85% 的法官、83% 的大主教、82% 的殖民地总督、87% 的政府高级官员,毕业于温切斯特、伊顿、圣保罗等公学。英国伦敦经济学院对过去 125 年中英国精英群体和九大公学的变化比较发现,九大公学的校友,进入英国精英阶层的概率是普通人的 94 倍。①

3. 德国教育分流

德国实行 12 年义务教育,有初级教育阶段、初等教育阶段和中学阶段。初级教育阶段：即学前教育,幼儿园为主要形式,年龄段 3~6 岁。初等教育阶段：小学 4 年(6~10 岁),也是义务教育的第一阶段。小学结束进入中学,中学有三种：主体中学、实科中学、文科中学。也就是说在德国,孩子在 10 岁左右需要面对职业教育和普通教育的分流,德国的学生和家长,需要在小学结束就开始考虑分流。

中学中的主体中学：5~9 年级,学制 5 年,大部分学生毕业后接受职业培训;实科中学,即 5~10 年级,学制 6 年,处于主体中学和文科中学中间的学校;功能也正在于中间性的桥梁作用,学生可进可退。成绩一般可以进入比主体中学毕业生归宿更好的专业学校和专业学院接受职业教育;成绩很好的可以转入文科中学,进一步考大学,接受学术教育。文科中学,学制 9 年,含 5~10 年级的中学(义务教育)和 11~13 年级的高级中学(非义务教育)。1882 年,德国《文科中学毕业考试章程》规定,凡通过文科中学毕业考试者可直升大学。自 20 世纪 60 年代始,德国文科中学毕业生直升入大学的比例下降,1972 年有 73%,1987 年为 61%,1991 年为 53%。随着德国教育体制的改革,三类中学不再彼此封闭,有了制度化的转轨通道,但三类学校依旧有各自的主要归宿。文科中学之外的综合中学、职业学院、技术高中、夜校等教育机构的学生只能竞争 19% 的普通大学名额。②

4. 美国教育分流

美国教育体系由基础教育、中等教育和高等教育构成。学前教育和小学教育构成基础教育;普通教育(初中与高中)和中等职业教育(高中和职教中心)构成中等教育。美国学生学习生涯主要有两次分流,16 岁时高二年级(相当于国内高一年级)开始首次分流。在这次分流中,学生主要依据

---

①　邓洁,刘昕昕.英国的精英教育对我国的启示[J].中国成人教育,2007(19)：119 - 120.

②　郑也夫.德国教育与早分流之利弊[J].清华大学教育研究,2012(06)：6 - 15.

自己学业水平测试成绩,结合本人兴趣、爱好、家庭状况等在普通高中、综合高中和职业高中三种高中中进行选择。分流后,部分学生开启中等职业教育之路;另一部分学生则继续留在高中学习,探求未来发展方向。由于在美国,综合高中占全美中等教育机构的94%左右,初中毕业生大约98%都是升入综合高中就读。因此,美国学生教育分流主要是校内的分轨和校际分流。

1) 校内按轨分流

美国的教育分流主要有校内流动和校际流动两种方式。校内分流有按质分流和按轨分流:按质分流,即根据学生如能力、兴趣、爱好等特征分流;按轨分流,即学生在完成一定阶段的基础教育后的分流方向,如升学、就业等。[1] 在美国,学生能力和教学水平之间的良好匹配被认为能够使教学过程的有效性和效率最大化。分轨就是实现效率最大化的重要途径,它允许教师"根据学生的能力水平定制教学"。学生在一个竞赛的环境中,所有的"参赛者"都有平等地参与竞争和获得胜利的机会。分轨通过能力分组、课程选择、种族和社会经济地位将学生区隔开来的过程来实现,轨道的设置直接或间接地与学生的阶级和种族背景有关。20世纪70年代早期,美国约有85%的公立学校采用了分轨体系;90年代中期,三分之二的高中被适度分轨,60%的小学实行各种形式的以班级为单位的能力分组;到21世纪初,公立高中和小学采用某种分轨形式的比例与20世纪90年代中期大致相同。

美国教育的"校内按轨分流"在不同阶段具体做法不同。在幼儿园阶段,就有基于读写能力的分组;小学阶段有班级、课程、五年级分流等,如设置特长班、开设照顾班、课堂中按能力分组等。肤色、性别、家庭背景以及其他标签都会影响分流结果,美国公立学校通常会低估非洲裔和拉美裔学生的能力;而分流结果又成为一种能力信号,影响教师和管理人员对孩子能力的判断和学业期望,分轨对低收入和非白人学生带来负面影响。[2]

高中阶段的校内分流主要是"按轨分流",主要体现在综合高中的课程设置和教育目标上。综合高中分为学术类、普通类、职业类,学生的占比分别为43%、33%和24%。[3] 三种不同的教学轨道设置了完全不同的课程,学生毕业后的出路也不同。学术类主要开设普通课程,为大学培养新生;普通类主要开设普通课程、技术课程和实践课程,培养社会良好公民;职业类主

---

[1] 王晓燕.迈向"有差异的优异"——发达国家基础教育分流模式与特征[J].教育研究,2019 (09):71-86.

[2] 郭元婕.为国家培养有生态责任的下一代——基于北京市小学生生态素养状况的分析[J]. 人民教育,2021(23):58-61.

[3] 赵娟.美国普职教育分流与融合研究[J].福建师大福清分校学报,2018(06):71-76.

要开设技术课程,使学生掌握就业知识和技能。

异质化学区和学校通常会采用"按轨分流"。在美国,实行学区制,学区内的公立学校是免费的,只要住在这个社区就可以去相应的学校就读。公立中小学预算经费来源:州一级经费预算占48%、当地财产税贡献占44%、联邦政府提供的约8%的州教育预算。通过财产税筹集的教育资金数额取决于社区内房屋和公司价值,住房估值越高、商业共同体越强大,产生的以教育为目的的税收越多;财产税和抵押贷款利息可以从联邦所得税中扣除,从而给特权阶级提供了比贫困社区更多的子女教育间接补贴;除此之外,富裕学区能通过各种方法获得更多的学校教育资助。

在异质化学区里,有些学校既有特权阶级的孩子,又有普通老百姓的子女在读。为了保障特权阶级子女的优势,这些学校实行"按轨分流"。分轨是将资源分配给不同的项目体系,而不是给学生个人。学校通过开发一些特权阶级子女最有可能参加的项目,为其配置最好的老师和最优的资源,是一种隐蔽的学校内部不平等的形式。另外,在一些异质化的学区中,特权阶级和普通百姓的子女可能在同一学区的不同学校。理论上而言,同一学区内学校办学经费来源于同样的房产税、物业税以及其他税收,因此,同一学区里的学校及学校里的每个学生应该得到相同的支出。但有研究调查了同一地区89所小学的支出后发现,学校生源阶级构成影响办学经费额,贫困生比例最高的学校,分配到的用于改善教学和运营的资金较少;在同一学区内的每名学生,小学时期支出总额从3 045美元到8 165美元不等,也就是说,在经济资源如何分配给学校方面,阶级权力有强大而隐蔽的影响。当然,不同的资金投入直接影响学生学业成绩:美国斯坦福大学2016年的一项研究显示,最贫困社区学生的测试成绩比来自富裕社区的学生低4个等级。①

2) 校际分流

在美国,分流教学是非竞争性的,参与者被"带着"到目的地,而无须与同行者进行实质性的竞争。在私立学校或者资金充裕的学校,几乎所有的孩子都要上大学;在同质性学区里,同质性的生源,使得这些学校不需要分轨。譬如资源丰富的同质性学校主要服务于富裕和特权阶级的孩子,在这些学校里参与的是分流教学,而不是分轨教学。

在美国,基础教育阶段,最好的学校通常是私立学校。全美10%左右的

---

① 郭元婕.为国家培养有生态责任的下一代——基于北京市小学生生态素养状况的分析[J].人民教育,2021(23):58-61.

学生在私立学校就读。学生学业成绩,家长的资产状况、社会影响力等都是美国私立学校的录取条件。除了素质教育,美国私立学校还承担顶级精英教育的任务,真正顶级精英教育的核心只有一条,就是培养学生决策的能力。

基础教育、中等教育和高等教育构成都有校际分流,在高等教育阶段同样明显。美国高等教育由大学本科及以上普通高等教育(含本科、专业学校等)和高等职业教育(含社区学院、职业学院等)构成。美国学生的第二次分流在高三或高四。这次分流中,学生主要面临的是进入四年制大学本科院校抑或进入两年制社区学院或职业技术学院等的选择。① 学术能力评估测试(SAT)和学业测验(ACT),是美国学生高中升大学考试,每次测试都提供学生的测试成绩及排名状况,为学生确定有无资格申报以及可申报高等院校层次类型提供依据。这两种测试每年举行多次考试,测试时间和次数可以由学生自主选择,可选择最好成绩进行申报。升学分流强调全面考核,学生的高校入学考试成绩、中学成绩、中学校长或教师推荐信,学生在美育方面的特殊才艺、领导才能以及社区服务和工作的经历等都是考核的内容;一流的研究型高校,还组织学生面试考核。

美国高等教育的校际分流兼顾大众与精英取向,社区学院和赠地学院等高校承担大众化培养责任,哈佛、耶鲁等研究型大学则承担着精英教育重任。哈佛、耶鲁等常春藤盟校是私立大学,它们是美国乃至世界顶尖大学,这些学校强调素质教育,强调学生的社会交往、协调和决策能力;其教育目标是培养国家领导人、主流精英阶层、盎格鲁-撒克逊(WASP)族裔的接班人。19世纪下半叶,这些学校为了将其他族裔排除在外,入学考试设置希腊语和拉丁文考试,由于其他族群公立学校不开设这两门课程,其他族群精英子女就无法参与考试竞争。直至第一次世界大战前后,这两门考试被取消;到20个世纪五六十年代,这些名校对全民敞开大门,只要考试成绩好,都有就读机会。但是很快,美国名校又开始强调素质教育标准。在教育分流过程中,学校一方面通过考试筛选其他族群的精英,另一方面通过素质教育标准,保证本族裔在考试竞争中的优势地位。要考入这些学校,除了有过硬的成绩,艺术、体育等方面的特长之外,家族给学校捐款、家长或亲友是校友等都会增加被录取的概率。哈佛大学前校长萨默斯说过:"我们招收校友的孩子入校,这是我们建设自己社区文化的一个部分。"

社会学家卡拉贝尔(Carabell)在著作《被选中的:哈佛、耶鲁和普林斯

---

① 赵娟.美国普职教育分流与融合研究[J].福建师大福清分校学报,2018(06):71-76.

顿的入学标准秘史》中提出,自 20 世纪 20 年代起,美国这些名校在招生标准上开始从客观成绩标准向主观个人化评价方式转变,采用推荐信、个别面试等方法对申请入校的学生进行"品格"评判,这些标准随着社会文化价值变更而变化。学校通过操作这些主观标准,以维系贵族阶层权益,而非为国家培养知识精英。① 对于一个普通美国高中生而言,跨越这些以维系特权阶级权益为目的的教育分层门槛,十分困难。

　　20 世纪 60 年代早期以前,高等教育是美国富人阶级的特权,直到 1969 年美国最好的私立大学才开始招收女学生,且一直以来对少数族裔学生入学有诸多限制。1966 年,科尔曼的报告《关于教育机会平等》,对美国教育机会不平等进行了论述。1968 年,有报告称:"美国 50% 的大学本科生来自全国 25% 收入最高的家庭;只有 7% 来自收入最低的家庭","最富有家庭青年进入高等院校的机会是低收入家庭青年的 3 倍"。② 此后,低收入阶层子女入学机会有了非常微弱的提升:1976～1995 年间,低收入阶层子女的高校入学率增加了 0.8%,其中,1989～1995 年间,低收入阶层子女的高校入学率提高了 2.1%。③ 2003 年,在全美最优秀 30 所大学中,有 10%～15% 的学生来自全美家庭收入后 50% 的家庭,而 1983 年该比例是 20%～30%,20 年间减少了一半。2004 年,146 所精英大学中,74% 的学生来自收入处于前 25% 的家庭,只有 3% 的学生来自家庭收入处于后 25% 的家庭;④哈佛大学中,超过 70% 的学生来自收入前 25% 的家庭;只有 6.8% 的学生来自收入后 25% 的家庭;2008 年美国精英私立大学中,来自收入后 50% 家庭的学生只占 12%,家庭收入前 2.5% 的学生竟占到 1/3 强。

　　(二) 家庭资本对教育分流的影响比较

　　家庭资本对教育获得的影响如何? 接下来,对西方国家家庭资本作用模式及对社会流动的影响进行探讨;在此基础上,对中国不同历史时期家庭社会资本的作用进行分析。

　　1. 西方家庭资本作用分析

　　在西方国家,家庭社会资本、家庭经济资本等家庭资源会转化成子女的教育资源和机会,优势阶级通过资源转化帮助子女完成在各个升学阶段的

①　吴晓刚.中国当代的高等教育、精英形成与社会分层 来自"首都大学生成长追踪调查"的初步发现[J].社会,2016(03):1-31.

②　陈学飞.美国、德国、法国、日本当代高等教育思想研究[M].上海:上海教育出版社,1998.

③　董泽芳,谭颖芳.战后美国高等教育分流的特点及促进社会分层流动的功效[J].外国教育研究,2013(07):102-111.

④　Carnevale A P, Rose S J, Kahlenberg R D. America's Untapped Resource: Low-income Students in Higher Education[J]. The Century Foundation, 2004.

跳跃。资源转化有直接排斥和隐形排斥两个机制。①

　　直接排斥又包括特权排斥和经济排斥。特权排斥是指具有特权地位的阶层利用特权在各个升学阶段为其子女预留位置,典型的就是英国的庇护流动模式。②这些阶层的子女从入学开始就进入专门学校,直到进入一流大学,以保证其优势地位。在英国,贵族是最富有和最具权势的阶层,他们占据顶级社会资源。英国公学明确规定只有贵族子女才能进入;英国的牛津、剑桥两所大学,开始只招收贵族和神职人员,虽然后面入学门槛降低,但是根据《2019英国精英报告》,英国精英阶层仍然被私立中学和牛津、剑桥大学毕业的学生主导。类似的,法国也只有少数精英阶层子女能进入"大学校"接受精英教育。

　　经济排斥是指富裕家庭的孩子利用其经济优势选择高质量的学校。在西方国家,大部分国家的私立学校都是为少部分人开设的。英国私立学校排外性极强,只有来自富裕阶层的、约占学龄人口6%的学生在私立学校就读。在德国,大部分私立学校由国家资助,监管更加严格,收费适中。在法国,私立学校主要是允许传授宗教的天主教学校,国家支付教师费用,收费低。在美国,私立学校费用也要低于英国。当然,能进入这些私立学校的只有少部分的精英阶层子女。上层社会阶层的流动性只是少部分幸运儿的特权,一个富人家的孩子可能拥有其他孩子数倍的教育资源,这里无法通过教育去追求平等,挖掘所有学生的天赋。除此之外,在美国,好的学区是和社区内房产的价值、商业共同体价值联系在一起的,富人阶层的子女居住在优秀社区,更能获得优质的教育资源。当然,经济排斥还表现在对学生能力的培养上,在美国,学生要有击剑、花样滑冰、马术、网球和高尔夫球等符合特权阶级文化标准的艺术体育等方面的特长,家族给学校捐款、家长或亲友是校友等都会增加被精英大学录取的可能。这些行为都需要坚实的经济基础。

　　隐形排斥,即由于底层阶层经济能力差,对于升学的风险承担能力较低,升学的机会成本对他们而言太大,教育投入产出不成正比,于是,在衡量产出和收益后,底层民众会"自愿地、理性地"选择让子女过早放弃升学机会。而具有经济资源优势的阶层就可以将该优势转化为子女的入学机会,不平等的代际传承就出现了。2004~2014年间,英国的大学学费从平均每

---

① 李煜.制度变迁与教育不平等的产生机制——中国城市子女的教育获得(1966~2003)[J].中国社会科学,2006(04):97-109+207.

② Turner R. Sponsored and Contest Mobility and the School System [J]. American Sociological Review, 1960, 25.

年1 250英镑涨到了9 000英镑,特别是经济危机期间很多大学生毕业即失业,很多低收入家庭不愿供孩子读大学。经合组织的调查显示,英国是该组织中社会流动性最低的国家,贫穷家庭或父母受教育水平低的家庭的孩子,只有50%的可能接受高等教育。

当然,在教育制度的设计上,西方国家也是竭尽所能以保障特权阶层的优势。欧洲社会的学校系统属于双轨制,精英选拔遵循"赞助性流动"模式,即早期将精英候选人选拔出来,并赋予他们更好的社会资源,赞助或保护他们成为将来的社会精英,这种"赞助性流动"通过精英教育体制实现。英国有公学、私立学校、文法学校和公立学校等,这些学校有等级划分,不同的学校面向不同阶层,顶级精英阶层子女进入公学、私立学校,一般精英子女进入私立学校、文法学校,而普通大众子女则进入公立学校。于是,精英阶层子女享有更好的师资、学校软硬件资源,享受与普通学生不同的培养路径,获得不同层次的高等教育资源。

在法国,高中由普通高中和技术高中构成,普通高中从高二开始分理科、经济科和文科。在经历高中毕业会考后,大部分学生进入综合大学;而只有少部分精英阶层子女进入"大学校"预备班,并通过严格的考试和筛选,最终进入"大学校"。只有少数精英阶层的子女能进入"大学校","大学校"的毕业生则凸显了精英群体在社会生活中的主导地位以及在推动国家繁荣进步上的功能。

在德国,孩子在四年级左右实施普职分流,在这个年龄段,孩子的学习能力、个人志趣等均未显现,为孩子普职分流提供决策的信息更多与家庭经济、社会和文化的资源状况有关,上层家庭一般会选择普通中等教育,而下层家庭则更倾向于选择职业教育。

美国的分流是学术型—晚分流模式。在美国,在16岁高二年级时和高三、高四有两次分流,分流年龄要比德国晚。在选拔的过程中,主要是依据某些考试制度和测评进行公开竞争,该模式具有"开放培养、全员竞争、末位淘汰"的特征。[①] 有研究认为,美国的教育分层是一种"竞争流动"的精英选拔模式,赋予所有社会成员相同的机会进行公平竞争,最终胜出者成为社会的精英;没有等级区分的大众教育体制学校是与该模式相适应的,在这种体制下人人享有平等的教育机会。[②] 但是通过对美国"校内分轨"和"校际分

---

① 王晓燕.迈向"有差异的优异"——发达国家基础教育分流模式与特征[J].教育研究,2019 (09):71 - 86.

② 吴愈晓.教育分流体制与中国的教育分层(1978~2008)[J].社会学研究,2013(04):179 - 202+245 - 246.

流"分析发现,校内的"按轨分流",主要体现在课程设置、项目设置以及教育目标等方面,不同阶层的子女在分轨教学下,享受到的教育资源不同;"校际分流"主要通过精英学校、私立学校以及高等教育中的精英教育、大众教育分流保障等校际分化,保障精英阶层子女的教育获得优势。可以说,美国教育在表面的"竞争流动"的精英选拔模式和公平下,通过分轨等隐含的手段,来维护统治阶级和精英阶层的利益。

欧洲家庭受到稳固的阶层结构和早期教育分流的影响,家庭资本对教育获得影响巨大,对于这些国家的民众来说,进入符合其身份地位的学校是各个阶层理性的教育策略。早期的教育分流作为一种冷却装置,能够在早期冷却普通民众对子女的教育期待,形成一种与家庭背景相符的现实的期待。① 在精英教育体制通行的社会中,个体的教育成就更多体现在所获得教育的"质量"而非获得教育数量的多少和阶段上,所获得的教育质量对个体地位获得的影响力可能比教育年限更大。这样的教育选拔机制,在很大程度上,维持了精英阶层子女在教育获得上的优势地位。

总体来看,不论是分轨还是分流,不论是特权排斥还是经济排斥,都是特权阶级制定的游戏规则,以保障特权阶级的利益并将其传递给其子女,实现阶级再生产。伦敦政治经济学院社会学教授麦克·萨维奇(Mike Savage)指出,英国的阶层分化和两极分化十分严重并仍在加深,精英阶层与其他阶层的差距加大,虽然中产阶层和工人阶层中还分化出了新的社会阶层,但边界依然明确。教育曾被视为二战后西方国家推动经济发展和增加社会流动性的"造梦机器",但如今,这个机器似乎一直处在失灵状态;民众普遍认为社会流动性仍在下降。

2. 中国家庭资本作用分析

在西方国家,家庭社会资本是影响教育获得的重要因素,但是在中国悠久的历史进程之中,科举考试为社会底层提供了向上流动的通道。一个人即便出身"寒门",亦可以通过科举考试实现阶级地位的跃升。在中华人民共和国成立以后,中国民众的教育获得更多受到体制变革和国家教育政策的影响,左右教育获得的机制在不同时期不同;家庭经济社会地位对教育获得的影响并不是一以贯之的,而是随着时代的变迁有所不同,不同时期家庭资本的作用大小不同。

1949 年以来,国家直接干预教育机会分配,受教育机会明显向工农子

---

① 侯利明.地位下降回避还是学历下降回避——教育不平等生成机制再探讨(1978~2006)[J].社会学研究,2015(02):192-213+245-246.

女倾斜。于是,以往为社会上层子女所垄断的状况被打破,高等精英教育生源开始多样化,工农等社会较低阶层子女逐渐在其中占据相当比重,教育机会分配相对平等。在"文化大革命"期间,国家采取了更为彻底的政策,对教育强有力的控制阻断了社会阶层与教育获得之间的联系①,家庭成员政治成分,成为子女能否获得教育的关键因素。改革开放之前,中国推行的一系列激进的平均主义政策与政治运动,对原有的社会分层结构进行了较大程度的重组,出现了"去分层化"的现象,当时社会出现了较高的相对流动率。②

有研究发现,1940~1970 年间,家庭文化资本(父亲学历)对个人教育获得的影响不显著;家庭社会资本(父亲职业)一直都对子女的教育获得有影响,在 1940~1950 年期间家庭社会资本影响力较大,随后开始下降,到 70 年代降至最低点;③家庭经济资本对个人教育获得有微弱的影响,但对如农村和女性人口这些特殊人群有显著影响。1966~1976 年间,家庭社会资本、文化资本对子女升学概率影响较小。④

改革开放之后,"去分层化"政策等一系列制度限制逐渐取消,允许下乡青年返城、自由就业,恢复"择优录取"的高考制度,教育选拔得以全面恢复和持续发展。通过高考制度,读书考试和社会地位的获得之间再次紧密联系在了一起;个人才智、学养在很大程度上影响其向上流动的可能;阶层再生产机制重新发挥作用,家庭背景影响在教育领域与劳动力市场中同时显现。

从教育获得来看,在改革开放初期 10 年间,出身于专业技术人员、管理人员和一般非体力人员家庭的人在平均受教育年限上显著提高,人均超过了 11 年。相比之下,出身于农民家庭的人在平均受教育年限上则没有显著的变化。受改革前平等主义政策影响,改革初期家庭间经济资本差异较小,渐进式的改革中政治资本更加容易传递。与此同时,文化资本依附于父母自身,受外界影响相对较小,只要不是极端恶劣的外界环境,父母总能把文化资本传递给子女⑤,于是,这一时期发挥影响的家庭资源主要是文化资本

① Deng Z, Treiman D J. The Impact of the Cultural Revolution on Trends in Educational Attainment in the People's Republic of China[J]. American Journal of Sociology, 1997, 103(02): 391 – 428.

② Watson J L. Class and Social Stratification in Post-Revolution China[M]. Cambridge University Press, 1984.

③ 李春玲.社会政治变迁与教育机会不平等[J].中国社会科学,2003(03): 86 – 99.

④ 李煜.制度变迁与教育不平等的产生机制——中国城市子女的教育获得(1966~2003)[J].中国社会科学,2006(04): 97 – 109+207.

⑤ 李路路,石磊,朱斌.固化还是流动?——当代中国阶层结构变迁四十年[J].社会学研究,2018(06): 1 – 34+242.

和政治资本。家庭文化资本对子女升学概率影响显著增强,且对子女大学升学概率影响更突出。① 到了 20 世纪 70 年代,家庭文化资本的影响力才开始变得显著。到 20 世纪 80 年代和 90 年代,父亲学历的影响达到最高点。② 这一时期,家庭社会资本对子女升学概率影响有所增强③,社会资本对教育获得的影响在 20 世纪 80 年代和 90 年代上升至最高点。④

1992 年,国家开启了市场化改革,市场力量稳固发展,体制内教育事业趋于市场化,上学所需的各种费用不再由政府完全包揽,而主要由家庭承担。教育的市场化途径,如高中阶段的择校费或赞助费、大学阶段自费留学等,为高经济社会地位人群子女提供了多层面的教育获得可能。教育产业化、市场化进一步强化了家庭资源在教育领域中发挥作用的空间,提高了家庭资源的回报。家庭经济资本和社会资本中的关系网络在教育获得中作用越来越大。管理阶层子女的升学优势从改革中期以来不断扩大。⑤ 在市场化后期,国家开始重视教育公平,1994 年,终止"三限"政策,家庭的经济资本、社会资本作用模式发生变化;学区房、"影子教育"兴起,家庭经济资本作用增强,人们通过购买学区房、购买校外辅导以提升子女竞争进入重点学校的概率;家庭的社会资本中诸如家长参与、代际闭合等,在这一时期的作用也逐渐加强和突出。总体来看,这一时期阶层差距正在成为影响教育公平的重要因素,拥有更多经济、文化资本和社会资本者的子女在高中入学机会上更占优势⑥,富裕阶层和城市户籍的家庭获得了更多的教育机会。⑦

伴随着经济社会体制变革,以及教育政策的调整,在"双减"的政策背景下,学区淡化,分配生制度、公民同招、民办学校转回公办体制,家庭资本中的经济资本、关系网络等作用将进一步淡化;而社会资本中诸如家长参与、代际闭合等家庭建设中的社会资本部分,在这一时期的作用逐渐加强和突出,新时期家庭社会资本建设日益迫切。

① 李煜.制度变迁与教育不平等的产生机制——中国城市子女的教育获得(1966~2003)[J].中国社会科学,2006(04):97-109+207.
② 李春玲.社会政治变迁与教育机会不平等[J].中国社会科学,2003(03):86-99.
③ 李煜.制度变迁与教育不平等的产生机制——中国城市子女的教育获得(1966~2003)[J].中国社会科学,2006(04):97-109+207.
④ 李春玲.社会政治变迁与教育机会不平等[J].中国社会科学,2003(03):86-99.
⑤ 李煜.制度变迁与教育不平等的产生机制——中国城市子女的教育获得(1966~2003)[J].中国社会科学,2006(04):97-109+207.
⑥ 杨东平.杨东平教育随笔:教育需要一场革命[M].上海:上海人民出版社,2007.
⑦ 吴晓刚.1990~2000 年中国的经济转型、学校扩招和教育不平等[J].社会,2009(05):88-113+225-226.

本章以时间为轴,梳理我国教育政策的变迁,探讨家庭社会资本介入教育的制度基础以及中国家庭社会资本的政策特殊性。首先,分析中国教育分流制度安排与实践。重点讨论普职分流和重点学校制度这两个对城乡儿童教育获得有重要影响的制度安排。其次,讨论市场化带来的教育体制变革。其中包含民办学校兴起、学区制度、"三限"政策与普高择校合法化以及"影子教育"兴起等。再次,讨论涉农教育政策调整。农村教育经费负担机制、农村学校布局调整以及农民工随迁子女教育政策调整给农村居民教育带来重大影响。教育政策的变迁和调整直接影响家庭资本在教育领域的投入和作用模式。最后,通过讨论中国培养社会主义建设者和接班人的教育初心、教育政策调整以实现教育公平的实践,以及中西方教育分流制度设计比较等分析中国家庭社会资本介入教育的政策特殊性。

第四章 家庭社会资本介入 教育的文化基础

再生产的社会机制并非简单地机械式地运转,而是个人和家庭"策略"的一种结果①,而个体和家庭策略植根于宏观教育政策、制度设计,且深受社会文化、心理等众多因素的影响。本章主要讨论在社会转型期的中国,家庭社会资本卷入教育的社会文化、心理基础;探讨在教育政策、社会文化心理影响下城乡家庭社会资本介入教育的不同模式。

第一节 家庭社会资本介入教育的 文化与心理基础

几乎所有关于家庭社会资本与教育获得的研究都证实:儿童教育获得受家庭社会资本影响非常大,丰富的家庭资本能帮助孩子在教育中获得成功;而贫困家庭的孩子,即使有天赋,也难以获得好的教育和职业成就。②贫困家庭的孩子是"听天由命"还是"与命运抗争"? 也许在西方国家,大部分穷人家的孩子只能是"听天由命";而在中国,不论是传统社会还是现代社会,"与命运抗争""鲤鱼跳龙门"的案例屡见不鲜。

一、中华文化共性: 推崇社会流动

一方水土养育一方人。长期以来,北美、大洋洲和西欧的主流文化都强

---

① Goldthorpe J H. Class Analysis and the Reorientation of Class Theory: the Case of Persisting Differentials in Educational Attainment[J]. British Journal of Sociology, 1996: 481–505.

② Blau P M, Duncan O D. The American Occupational Structure[M]. New York: John Wiley Press, 1967;[法]布尔迪,帕斯隆.继承人: 大学生与文化[M].邢克超,译.北京: 商务印书馆, 2021.

调能力而非努力①,在精英大学考试入学中,入学标准的多元化,以及对各方面能力的强调,都可以看到西方文化对能力的推崇。另外,在西方国家,尤其是法国,贵族文化历史悠久,与底层文化壁垒分明;法国人一方面追求统一性,另一方面强调个性;他们崇尚权威、依附集权、追求卓越、认同精英。"由于法国社会的演变及构成方式,法国需要有一个精英阶层,就像军队需要军官"。法国传统思想和精英文化是"大学校"得到法国民众的认可与信赖、教育分层以及由此带来的阶级固化的文化基石。布迪厄的区隔理论是基于法国经验而提出的。他所生活的时代,法国处于稳定的工业社会阶段,基于身份、荣誉、地位文化等先赋因素而形成的等级区分明显,阶层流动小,社会阶层结构相对固化。② 在英国,贵族文化影响深远,在英国公民思想中,贵族传统的延续是几代人的事情,"三代出一贵族";在文化中,贵族的沿袭和传承再自然不过。与此相似,美国的主流也是通过隐蔽的"校内"分流模式,在公平竞争包裹下以分轨模式,保护特权阶级的利益。

　　曾有法国参议员提出社会文化和心理层次上的因素是阻碍"社会阶梯"畅通实现向上流动的主要原因,底层的孩子往往具有自卑的情绪,认为自己"不是上大学的料"。正如法国学者塞西尔·德尔雷(Cecil Delray)在《教育优先区巴黎政治学院一角》中引述的话:"其他同学的词汇量是我的十倍,他们的衣着风格和长头发都让我感到茫然,我缺少他们的社会解码。"这些底层的孩子缺乏自我认同和定位,他们即使接受高等教育,也大多会选择职业教育的道路。③

　　不同于西方国家,在受儒家文化滋养的中国,科举制度带来的社会流动效应,在社会中树立了"强调努力"和"注重学习"的价值导向。④ 中国人常说,"富不过三代,穷不过五服""王侯将相宁有种乎?"在中国人的价值体系中,努力比能力更重要。"凡将相无种,圣贤豪杰亦无种,只要人肯立志,都可以做得到的。"曾国藩不仅这么说也这么做,通过自己的努力成就了功名,改变了曾家几代务农的家族命运。对于中国平民而言,科举考试是其进入官绅阶层的唯一途径,是中国封建社会社会流动的主要方式。自古以来,社

①　Aurini J, Davies S, Dierkes J. Out of the Shadows? An Introduction to World Wide Supplementary Education[M]//Aurini J, Davies S, Dierkes J. Out of the Shadows: The Global Intensification of Supplementary Education. UK: Emerald Group Publishing Limited, 2013: xv—xxiv.

②　安超,李强.半规制化养育与儿童的文化反叛——三个中产家庭的童年民族志[J].湖南师范大学教育科学学报,2021(01):75-86.

③　刘敏.从法国"大学校"入学招生的变化谈教育公平[J].复旦教育论坛,2010(05):74-77.

④　陈涛,巩阅瑄,李丁.中国家庭文化价值观与影子教育选择——基于霍夫斯泰德文化维度的分析视角[J].北京大学教育评论,2019(03):164-186+192.

会阶层流动文化在中国盛行：农民子弟通过科举"跃龙门""朝为田舍郎，暮登天子堂""缙绅家非奕叶科第，富贵难于长守"，官宦家庭在其固有的应试科举优势外，需几代人始终秉承积极进取精神，付出持久不懈努力，才能保持社会地位而不被时代淘汰。①

科举制度为中国社会的流动提供了制度保证。从大量历史数据来看，科举制创设以后，社会各阶层亦通过科举制度"构成一种井然流动的社会关系"。② 魏晋南北朝唯门第论；到了隋唐时期，寒素家庭通过科举向上流动的比例还十分有限，在唐代的统治阶层之中，士族占 66.2%，小姓占 12.3%，寒素占 21.5%。两宋时期，中国社会实现了由"门第社会"向"科举社会"的转变。晚唐时期，科举入仕者中名族公卿占 76.4%，寒族占 9.3%，中等家庭占 14.3%；而到宋代比例发生了变化，名族公卿占 13%，寒族占 58.4%，中等家庭为 28.6%，寒族和中等家庭比例大大提升。元朝虽然重视"荫袭"和"跟脚"，但在 100 名进士中，也有 35% 来自毫无官宦传统的家庭。明代科举制所引起的社会流动达到了一个新的阶段。公元 1411～1469 年，即永乐九年到成化五年间，平民之家向上流动率在 60%～86% 之间，1505 年弘治十八年以后则在 38%～55% 之间浮动。明代进士中，出身于贫寒家庭的占 49.5%，其中前三代无初级功名的占 46.7%，前三代有初级功名但无高级功名的占 2.8%。③ 清代科举流动率依旧维持在较高的水平：有研究发现，康熙至清末 915 本朱墨卷中的贡生、举人、进士中，33.44% 的父辈中无功名，其中 13.33% 的是连续五代均无功名；对清代 57 名状元家庭背景分析发现，51%（29人）出身于官宦家庭，49% 出身于平民家庭。④

改革开放以来，中国的社会结构发生了较大变化，一些新的社会阶层出现，中产阶层不断壮大。虽然阶层不断分化，但是并未形成稳定的阶层群体和文化差别，阶层流动的空间还很大。虽然城乡居民居住空间、社会交往和社会认同上呈现结构化倾向，但在生活方式、文化品位等层面上，阶层分化的趋势并不明显；在我国经济社会地位高的家庭，有更广的社会网络、更优势的社会资本，但是在子女教育上，各个阶层还未形成独特、稳定的文化性情和养育观念，中产阶层父母在家庭教养态度、惯习上却和底层父母无甚差别。⑤ 现

---

① 管宏杰,郭培贵.明代南直隶鼎甲进士地域分布与社会流动[J].历史档案,2022(01)：36－42.
② 管宏杰,郭培贵.明代南直隶鼎甲进士地域分布与社会流动[J].历史档案,2022(01)：36－42.
③ 彭大成.曾国藩的树人育才之道及其当代启示[J].湖南师范大学社会科学学报,2015(04)：65－73.
④ 董雁伟.社会流动论争与"富民社会"视阈下的科举制[J].思想战线,2020(03)：107－116.
⑤ 洪岩璧,赵延东.从资本到惯习：中国城市家庭教育模式的阶层分化[J].社会学研究,2014(04)：73－93+243.

代养育出现文化交叉现象,中产阶层的家长倾向于采取"杂食性"的培养策略,且家庭阶层地位越高,"杂食性"的培养倾向愈明显。① 中国的养育实践是文化互嵌的,离明显的阶层固化还有很大距离。② 在阶层成员还未稳定、阶层的集体意识尚未形成的时候,不仅要考察阶层的差异性,更要考察不同阶层的共同性。③ 中国文化传统非常重视教育,即使底层的家庭同样对孩子的教育抱有很高的期望;同样对通过教育获得阶层跃迁充满期待。

二、中华文化共性:重视教育

在西方社会分层中,以经济(财富)、政治(权力)和社会(声望)三项标准来衡量;且三个标准可以各自独立,也可以相互转化。④ 与此不同,中国传统社会的地位则在于是否能通过科举考试,"获得功名"为标准。科举制是中国封建社会国家通过分科考试的办法选拔各级文官的一种选官制度。从隋朝确立至清末 1905 年废除历经 1 300 余年,科举制度以"文衡"取士、报考自由,开辟了社会各阶层通过考试获取功名、地位与权利,进入社会上层的道路。科举制以儒家知识和观念为选官标准,因此,中国知识分子学习儒学,使得儒家价值规范在社会得以广泛认同与普及。

儒家思想中的进取功名、积极入世等思想深刻地影响着中国文人,社会成员要想达到这一目的,就必须进学读书、学习文化知识、参加科举考试。科举制把读书、应考、做官三者联系在一起,通过考试社会上绝大部分的财富被分配给一小部分获得功名的读书人,教育成为"十载寒窗、一举成名、富贵荣华、锦衣玉食"的阶梯;一旦一个人"及第入仕"则会带来整个家庭乃至家族命运的改变,家族的兴衰荣辱也紧紧地与"读书"联系在一起,形成了"万般皆下品,唯有读书高"的文化价值观。"读书""功名"成为中国封建社会知识分子人生头等大事。千千万万知识分子埋头苦读,"两耳不闻窗外事,一心只读圣贤书"。

中华人民共和国成立后,在后发型产业化的中国,学校教育具有"后发效果",国家为了快速吸收先进国家的技术,巧妙地将学历隐藏在职业分配

---

① 田丰,梁丹妮.中国城市家庭文化资本培养策略及阶层差异[J].青年研究,2019(05):1 - 11+94.

② 安超,李强.半规制化养育与儿童的文化反叛——三个中产家庭的童年民族志[J].湖南师范大学教育科学学报,2021(01):75 - 86.

③ 安超,康永久."文化区隔"与底层教育的污名化[J].贵州师范大学学报(社会科学版),2019(02):48 - 57.

④ 戚务念.论应试主义的社会根源[J].华中师范大学学报(人文社会科学版),2019(03):163 - 174.

的过程中,学历对社会进步和社会流动具有强效果,人们对学历的重视程度也要远高于其他国家。① 在改革开放以后,中国社会阶层的分化和产业化的发展几乎是同步展开的,国家通过教育分流制筛选人才、通过重点学校制度重点培养社会建设急需的专业技术人才。当然,种种制度设计都决定了只有少数人能够通过"独木桥""金榜题名",狭窄的社会上升通道决定了是否获得高等教育对于个人命运关系极大。② 随着产业结构的调整和学校教育的发展,社会流动速度加快、社会阶层分化,在原来的农民和工人家庭中,子女通过获得中等或高等教育,实现了阶层跃升。

虽然在改革开放以后,社会上出现以经济指标衡量一个人成功与否的标准,短时间内出现了"读书无用论";但是随着信息时代的到来,知识成为社会发展的重要动力,同时也是地位获得的主要渠道,全社会重新认识教育价值,并高度趋同。高考制度在现代社会的人才选拔中部分继承了古代科举的高竞争、高利害、高风险特征③,通过高考获得高学历成为一个成功的渠道;与此同时,在中国受教育年数长短、学历的高低更容易换算成个人具有的知识和技能的程度以及未来职业的等级。中国大部分家庭认同教育价值,认同努力学习是"寒门子弟"改变命运、实现阶层上升、改善阶层固化的重要通道。尤其对于农村家庭而言,教育是他们实现阶层向上流动的重要渠道。农村学生要改变命运,唯有通过教育获得文化资本,进而获得社会资本和经济资本,才可能最终改变自身的地位。对于城市中产阶层而言,他们希望通过教育给孩子创造一个更好的未来,让孩子拥有更多的选择与可能。

三、中华文化性情:重视家风

家风,是一个家庭或家族在世代繁衍过程中逐渐积淀、发展、演进而形成的较为稳定的生活方式、行为习惯、文化氛围、精神风貌和价值观念的总和,是维系家庭或家族良性运行的精神纽带。家训,则是指家庭对子孙立身处世、持家治业的教诲。家训是家庭的重要组成部分,对个人的教养、原则都有着重要的约束作用。传统家风、家训源远流长,《论语》《孝经》《千字文》等传统典籍都有许多治家、修身、教子的格言警句。流传最早的家训有

---

① Dore R P. The Diploma Disease: Education, Qualification and Development [M]. Berkeley: University of California Press, 1976.

② 戚务念.论应试主义的社会根源[J].华中师范大学学报(人文社会科学版),2019(03): 163-174.

③ 陈涛,巩阅瑄,李丁.中国家庭文化价值观与影子教育选择——基于霍夫斯泰德文化维度的分析视角[J].北京大学教育评论,2019(03): 164-186+192.

周公、孔子等的口头家训;此后,有《帝范》《颜氏家训》《家范》《袁氏世范》《郑氏规范》《内训》《治家格言》《庭训格言》《五种遗规》《曾国藩家书》《家训》等。这些家风、家训都诠释了进德修身、自强不息、乐善好施、亲人济众、厚德载物的传统伦理精神。

在农耕社会,衣食殷实的大户人家抑或是平民之家,都重视有目的、有计划甚至有组织的家教,孔融让梨、曾子杀猪、二十四孝故事等都是古代家教的典范。曾国藩是中国传统文化熏陶出来的"修身、齐家、治国、平天下"的典型知识分子,其教育思想主要体现在他写给儿子纪泽、纪鸿以及诸弟近1 500封家书中。曾国藩把家训归结为"早扫考宝书蔬鱼猪"八字,这"八字"宝典注重生活细节,强调在日常生活中培养良好的行为习惯,简洁而可操作性强,成为家族流传下来的治家宝典。许多贫民之家也重视家教,在家庭生活中也富含教育智慧。平民虽然在经济社会地位上处于弱势,但"人穷志不短""无规矩不成方圆""有骨气、有出息"的"家教"成为支撑子女成长的道德世界和文化氛围。在中国民间,有很多人没有优渥的家庭条件、没有学过礼仪艺术,缺少高级的文化资本,但是他们通过教育实现了人生跃升,在这个过程中,高度的内驱力、自制力,对人、对物存有无限的探索欲和好奇心,真诚而勇敢的心都是推动其走向成功的重要动力。

毛泽东在子女读书教育上强调读书的最终目的是服务人民、服务社会、服务国家。1946年,他写信给在苏联的毛岸青:"希望你在那里继续学习,将来学成回国,好为人民服务。"1955年8月6日、1957年8月9日两次写信给儿媳刘思齐:"最要紧是争一口气,学成为国效力。""全部精力,应当集中在转学后几年的功课上,学成为国服务。"对儿媳邵华的教育也是如此,希望她"立志奔前程,女儿气要少些,加一点男儿气,为社会做一番事业,企予望之"。① 习近平总书记在成长的过程中,也受到良好的家风熏陶。习家家风非常严格,甚至有些不近人情。习仲勋要求子女在生活上简朴、厉行节约,要求子女"吃饭时掉在桌上的米粒都要捡起来吃掉,一丁点也不能浪费,吃到最后还要掰一块馒头把碗碟上的菜汁擦干净";还告诫子女要"夹着尾巴做人",不搞特殊化,不允许任何特权。②

在中国,家庭社会经济地位虽然会影响子女学业成就高低,但是中国社会民间的"家教""教养",以及由此形成的家庭责任感和家国情怀对国人的

---

① 刘国新,王健.毛泽东与曾国藩子女读书教育思想对比——以毛泽东、曾国藩家书为例[J].毛泽东思想研究,2013(03):83-86.

② 《习仲勋传》编委会.习仲勋传.下卷[M].北京:中央文献出版社,2013.

流动和分层带来重大影响。在中国传统文化中,教育的目的是为家庭乃至家族的群体利益服务,个人成长服从于家族稳定发展的需求。① 西方的养育模式是接力模式,即一代人只养自己的下一代,不用赡养上一代;中国的养育模式则是反哺模式,在中国文化中,赡养父母是孝的最低层次,"孝有三:大孝尊亲,其次不辱,其下能养"。中国人最高层次的孝是能光宗耀祖,让父母享受荣耀,其次是不给父母带来耻辱,最低层次是赡养父母。② 除了对父母的责任之外,更有对家族的责任"家庭生活是中国人的第一生活,亲戚邻里朋友是第二社会生活。你须为它增加财富,你须为它提高地位。不但你的家庭这样仰望于你,社会众人也是以你的家庭兴败为奖惩。最好是你能兴家,其次是能管家,最叹息的是不幸而败家"。③

端蒙养、重家教是中华民族的优良传统,古人非常重视家风建设,形成了修治齐平、荫泽后代的家国情怀,中国人强调家国情怀和社会责任感。孟子有云:"人有恒言,皆曰天下国家。天下之本在国,国之本在家,家之本在身。"④在中国人的传统价值观念中,家就是小的国,国也是千万家,"穷则独善其身,达则兼济天下""修身、齐家、治国、平天下"是中国文人崇尚的社会责任。"光宗耀祖、衣锦还乡"的家族使命和"治国、平天下"的社会责任,并非独属于某个阶层,而是跨越阶层、是所有儿童成长的基本教养;是民间生活所涵养的质朴、韧性和生命力,是激发底层奋进,逆流而上,不断探索的动力。

四、教育焦虑:家庭社会资本介入教育的心理基础

中国传统的"重教文化",教育资源配置的不均衡、单一的评价机制带来的"考试指挥棒"和"分数GDP",以及教育在社会流动中特有的社会分层的功能,使得"分分分,学生的命根",家长的神经被成绩牵动。教育焦虑成为家庭社会资本介入子女教育的重要心理基础。

教育焦虑是体现在教育层面的由教育过程和教育结果带来的不确定性所产生的紧张、不安、忧虑、烦恼等复杂情绪状态,包括入学焦虑、升学焦虑和择校焦虑等。近年来,中国家长的"教育焦虑症"已成为一种群体性情绪,从"双减"政策实施前的"学区房""择校热""培训热"到"鸡娃""虎妈狼爸"

① 王芳.《小舍得》:"鸡娃"时代的主体性发展困境[J].学术月刊,2021(11):168-176.
② 康凤云.习近平家风观的形成:时代背景、理论基础和实践条件[J].江汉论坛,2021(01):13-18.
③ 梁漱溟.中国文化要义[M].上海:上海人民出版社,2018.
④ 杨威,张金秋.新时代家训、家风建构的新向度[J].重庆社会科学,2020(02):12-19.

"母职经纪人"等,教育焦虑已经成为我国家长的真实心态写照。① 2018 年,《中国家长教育焦虑指数调查报告》显示,超半数家长因为不能为孩子购买最好的学区房而感到焦虑;68%的家长对孩子的教育感到"比较焦虑""非常焦虑"。

教育焦虑根源于教育机会不平等和"学历下降回避"。最大化维持不平等(MMI)假设和有效维持不平等(EMI)假设是目前学术界阐释教育不平等的发展趋势的主要观点。MMI 假设认为,教育扩张并不能带来真正的教育平等。只有社会中上层的需求完全得到满足后,新增的教育资源才有可能惠及下层,这种模式将持续最大化地维系下去。EMI 宣称,即便社会上层群体的高等教育需求已经饱和,不平等仍将以更加有效的方式延续。因为社会上层群体高等教育需求的饱和只能降低高等教育机会获得绝对数量的不平等,而质量上的不平等不会改变,社会上层群体仍然在优质高等教育机会获得中占据优势。在中国高等教育大众化过程中,"最大化维持不平等"和"有效维持不平等"的现象均成立。② 从 1978 年到 2017 年,中国高等教育在学总规模从 228 万人增长到 3 779 万人,毛入学率从 2.7%增长到 45.7%,中国高等教育进入大众教育模式。城乡家庭从关注子女"能否上大学"转向"上什么样的大学"。近年来,高考竞争压力逐渐下移,"上什么样的大学"往往和上什么样的高中、初中,甚至小学相联系。

在中国,近年来一系列教育政策调整,使得教育城乡差距、地区差距不断缩小,个人获得教育的机会越来越多,但是获得优质教育的机会仍然有限,教育不平等依然存在。我国的重点学校制度、民办学校发展"民进公退"等,使得相同教育层次的学校存在等级、质量和性质的差异。有数据显示,一些城市重点高中的录取比例只有中考人数的 8%,中考淘汰率最高能达到57%。约半数学生在初中毕业后可能被分流到职业高中③,虽然,近年来国家把职业教育确立为经济社会发展的重要基础和教育工作的战略重点,但由于职业教育的办学条件(包括财政投入、师资和各项硬件环境)不及普通教育,而且其生源大部分来自中低收入家庭,在很多家长心目中,孩子进入职业技术学校就意味着学术教育的终结,退出教育链,在教育竞争中失败。

---

① 余雅风,姚真."双减"背景下家长的教育焦虑及消解路径[J].新疆师范大学学报(哲学社会科学版),2022(04):39-49+2.
② 李春玲.高等教育扩张与教育机会不平等——高校扩招的平等化效应考查[J].社会学研究,2010(03):82-113+244.
③ 陆韵.义务教育阶段"民办择校热"背后教育不公平的生成与治理[J].中国教育学刊,2020(12):35-41.

"教育链"是由基础教育到高等教育的各个教育节点组成的完整教育序列,它具有累积效应、逐级递增、单方向的特点,中国人普遍认为获得的学历越高越好,"教育链"越完整越好。① 于是,在教育过程中,中国的父母倾向于选择让子女的学历相当于或高于自己的策略,以防止和回避子女学历的下降,中国家庭普遍把孩子考上大学作为学习的终极目标;在奔赴教育塔尖的这个过程中,拥有较高社会经济地位的家长用其拥有的资源帮助子女在"教育链"中不断累积。有研究发现,在许多国家,中上阶层家庭的孩子更可能进入学术教育轨道,毕业后获得更高地位的职业,而中下阶层的孩子则更可能进入职业教育轨道从而影响了他们获得高等教育的机会和相应更高的职业地位。② 在中国,教育分流是一个淘汰赛,如果在某一教育阶段被成功筛选出来,那么这些人在下一教育阶段的成功概率就会很高。如果失败,那么在下一教育阶段的失败概率也会很高;为了使"教育链"完整,中国家长普遍认同高质量学校在升学竞争中的优势,由此,帮助子女每个阶段进入重点学校学习是家庭教育策略的重要内容。

除了回避学历下降之外,少子化使得家庭希望全部集聚于一个孩子身上,也是父母教育焦虑的重要原因。苏联教育家马卡连柯(Макаренко)认为,教育独生子女要比教育几个孩子困难得多,这种情况下,对孩子不幸的恐惧总是压在父母心头,剥夺父母应有的平静,也很难遏制对孩子的爱。③ 集中到一个孩子身上的关怀,往往会超出有益的范围,使父母的爱带有"神经质",容易把孩子培养成利己主义者。少子化时代核心家庭的最大教育陷阱就是难以克制的"过度"之爱。少子化、规避学历下降策略最直接的影响是导致中国家长教育焦虑的蔓延。焦虑的父母全身心投入子女教育,家庭经济资本、文化资本都倾注于一个孩子身上,家庭社会资本从更多层面介入子女教育,产生"直升机父母"和"密集型养育"现象。

第二节　家庭社会资本介入教育:教育选择

教育选择是通过教育场域中各种社会争斗来使优胜者获得较好的教育

---

① 文军,顾楚丹.基础教育资源分配的城乡差异及其社会后果——基于中国教育统计数据的分析[J].华东师范大学学报(教育科学版),2017(02):33-42+117.

② Shavit Y, Müller W. Vocational Secondary Education, Tracking, and Social Stratification[M]. Springer, 2000.

③ [苏联]马卡连柯.家庭和儿童教育[M].丽娃,译.上海:上海人民出版社,2016.

资源与机会,并通过教育利益的转换取得较好的社会地位的过程。[①] 它是家庭资本介入子女教育的重要策略。美国学者亨利·莱文(Henry Levin)将教育选择分为对学校类型的选择、对学校质量的选择和对特定教育计划及教育形式的选择。[②] 初中后教育分流学校类型的选择主要涉及普高与职高、公办与民办的选择;学校质量选择则包含重点与非重点学校的选择;对特定教育计划及教育形式的选择涉及常规学校与非常规教育机构之间的选择,后者包括参加课外辅导班、聘请家教等。

一、学校质量选择

城乡二元结构、重点非重点二元学校制度是形成教育社会分层的基本制度;[③]重点学校制度影响城市家庭择校,城市家庭主要是"重点"和"非重点"学校的选择;城乡二元结构、重点学校制度,则使农村家庭面临"城市学校""农村学校""好学校""差学校"的选择。在教育市场化改革影响下,民办学校兴起,城乡家庭又有了"公办"和"民办"的选择。

(一)城市家庭的选择

20世纪90年代后,城乡之间、地区之间、学校之间的差距呈不断拉大之势。少数重点学校与多数普通学校、薄弱学校的教学质量差距不断加大,重点学校的升学率远远高于一般学校,于是,城市儿童家长通过各种方法追求优质教育资源。

1. 公办、民办的评估与选择

为了解决教育经费不足问题,国家允许重点学校通过多种渠道吸引社会资金支持学校办学,高消费民办学校纷纷兴起。此外,一些重点学校吸引各种社会资源开办民办分校,"民办公助""公办民助""校中校"等多种转制学校出现,给不同阶层家长提供了学校类别选择的可能。

在民办学校兴起和公办学校转制过程中,一些地方民办学校不论在师资、生源、硬件、升学率等方面都优于公办,出现了家长"追捧民办"的现象。[④] 在师资上,热门民办学校以远高于公办学校的薪酬待遇吸引优秀教师;在生源上,这类民办学校有招生自主权,可以在公办学校招生前遴选优质生源,具有掐尖效应。在优质师资和掐尖生源的加持下,一些民办学校的

① 刘精明.教育选择方式及其后果[J].中国人民大学学报,2004(01):64-71.
② 朱映,范国锋.初中毕业生教育选择意愿及其影响因素研究——基于东莞市的实证调查[J].中国职业技术教育,2021(16):51-57+62.
③ 杨东平.高中阶段的社会分层和教育机会获得[J].清华大学教育研究,2005(03):52-59.
④ 杨东平.新一轮"教育产业化"的特征与治理[J].清华大学教育研究,2018(01):35-38.

中考成绩和升学率远远优于公办学校。有研究发现，在一个区31所学校中，8 992名学生参加中考，个人总成绩前5%的学生，有87%来自民办学校，有13所公办学校无学生进入这个名单。① 于是，民办学校逐渐形成马太效应，越来越多的家长认同优质民办学校，越来越多的优质师资、优秀学生聚集在这些学校，优异的考试成绩又进一步强化了这些学校的优势。于是，优质民办学校—重点高中—重点大学的升学之路被大家追捧，优质民办学校成为城市家庭择校的首选。

> 我们在民办小学读，民办学校抓得紧，公办比较自由，小孩子还是要抓的。民办初中升学比公办好很多。当然生源好是一方面啊，全市甚至全省的最好的小孩子都在这里，升学肯定好啊，公办没有掐尖的；民办师资也好，很多好老师都被挖到民办学校了。想读民办初中，小学、幼儿园最好是一条龙民办，如果初中再到民办学校，有些孩子不适应。（周××，个案1）

> 民办学校先招生，只要面试时间不是同一天，可以参加好多场面试，我们报了好几个学校，赶场一样。大部分民办学校有游园活动的，一方面给家长讲解学校的理念和状况，另一方面让孩子在校园里参观，学校利用这个机会对孩子进行观察、考核，当然还有其他各种（考核），要求很高。先去试试呗，不行再回公办读。我们公办对口的学校也不错，当然不能和民办比。（吴××，个案2）

在"公办失宠、民办受追捧"的背景下，民办学校、私立学校等各学校入学门槛形态多样并逐级升高。笔试、面试、心理测试，以多样的方式对小朋友智商、综合能力进行考察，同时对家庭经济状况、父母教育理念等进行评估。

> 我家小孩在公办小学读书，想考初中的时候能上个民办的中学。所以，每次考试都很认真地对待，尤其是后面几年，四年级以后，要全优才有资格申请民办学校。有个朋友的儿子成绩很好，有一次考试没考好，考了个良，就没有资格推荐民办初中了。当然，还要有拿得出手的证书，校级的三好学生没用，要区里的，还要奥数之类的。给他报了不

少辅导班,大大小小的奖有一堆,这次拿了个区三好学生,也是很辛苦的,要成绩全优,又拿过区里的奖,每步都要认真,小孩子、大人都挺辛苦,那也没办法……现在家长报课也很疯狂,听说有同学报了两个"学而思"数学,一个是这个学期的课,一个是下个学期的,超前学啊,说是这样才有好成绩,进民办才能有戏。(曾××,个案3)

由于教育的累积效应,择校已由择高中逐渐扩展至择初中、择小学,甚至是择幼儿园。为了能进对应的民办学校,一些家长通过参加学校单独或和社会培训机构联合或委托举办以选拔生源为目的的各类培训班("占坑班")、参加各类竞赛等以获得入学资格。

为了进××学校(民办学校),我们是从幼儿园就开始上民办的,之后民办的小学,然后直升民办初中,这样才能考上好高中啊,公办学校中考上前三的真不多。民办幼儿园也不好进,四五百个小孩选一个,家长要面试,看看理念和学校教育理念合不合。(周××,个案1)

我们当时要进民办小学,那得先上民办幼儿园,一步步来,当时报名民办幼儿园,八个里面选一个。我觉得我家闺女面试没啥问题,我们自己没答好,尤其是她爸,问老师"你们幼儿园的理念是什么?"你都来报这所幼儿园了,还不知道幼儿园的理念? 当然没上成啊……(吴××,个案2)

2. 重点、非重点的选择

重点学校在师资、设备等软件和硬件上的优势,能给学生带来更好的学业成绩和升学表现,因此,帮助孩子进入重点学校成为家长的重要教育策略。访谈发现,在2014年以前,家庭的经济条件和资源优势可以帮助孩子获得更好的教育机会,而在2014年取消"三限"政策以后,学区房成为择校的重要"筹码"。

"三限"政策使择校合法化,高中录取有两条分数线,一条是公费线,一条是自费线。当学生成绩达到公费线,不收择校费;学生成绩达到自费线,则缴纳择校费;学生成绩在自费线以下,原则上不招生。招收"三限生"的择校费,根据学校的办学水平高低和学校名气大小而不同,根据学生分数离公费线的差距也不同。

我们读书的时侯,考高中差一点分数是可以额外缴费上学的,我父

母和我们说得最多的话就是，"学习是为自己学，要靠自己，你们达不到分数线，家里也是没办法的"。（吴××，个案2）

另外，在那个时代，有些家庭有比较丰富的社会资源，家长依托家庭的社会资源，将子女安排到优质学校就读。学生家长的社会资源，直接影响到子女的入学机会，同时也影响择校费。① 凭借家庭社会资源择校，是一种隐性的教育资源配置方式，不易为人识别。

"三限"政策中，政府对公办普通高中择校进行限价并参与收缴费用，将分数和"钱"联系起来，于是，同样的成绩，不同家庭背景的孩子可能就要面临不同的人生道路。一段时间内，"择校"和"乱收费"几乎成了一对同义词，助长了教育高收费、乱收费的风气，教育公平遭到了破坏②，导致社会上产生强烈的教育不公平的感受。

2014年国家取消"三限"政策，在政策上终止了择校的合法化，关系和权力在择校中作用减少，而"学区房"则成为子女享受优质教育资源的重要前提。

为了治理择校乱收费问题，国家推行学区制"就近入学"政策。但是由于历史、地域等原因，城市优质学校分布不均匀，优势群体所居住的区域各种自然、人文环境通常较好，拥有更多的教育资源；而弱势群体所居住区域则没有这种优势，所在区域学校质量较差。

> 城北的教育不如城南，在城南，教育都是均等化的，各个学校教育水平都差不多，都不错。但是城北各个学校差距很大。（陈老师，个案4）

购买"学区房"以获得优质教育资源，近乎成为普通家庭择校的唯一途径，于是优质学区内住宅价格在房地产市场整体火爆的情势下以更快速度上涨。优质教育资源的经济成本，已经超出城市大多数普通家庭的负担能力。

> 学区房价格是一路飞涨啊，原来××的房子四五万（元）一平（方米），我们犹豫犹豫没买，一转眼，现在要将近10万（元）一平（方米）

---

① 叶晓阳."以权择校"：父母政治资本与子女择校[J].世界经济文汇,2012(04)：52-73.
② 李煜.制度变迁与教育不平等的产生机制——中国城市子女的教育获得(1966~2003)[J].中国社会科学,2006(04)：97-109+207.

了,翻了一番不止。错过了就买不起了……后悔当然后悔啊,但是也没有用,也只有让老婆在小孩子读书上多下点功夫了,不是说最好的学区房是家里的书房嘛。(高××,个案5)

买学区房也是没办法,一家老小原来在宽大的老房子里住得好好的,现在换到这个老破小,当然不舒服,为了孩子读书也没办法。这么点房子要三四百万元,现在还不止了。也想过去边上租个大套的,就马路对面,那边和我们不是一个学区,价格便宜很多,我们在看,有合适的还是要租一个大的房子住,不然老老小小太苦了。(沈×,个案6)

住宅市场的"学区房热"现象,不断抬高优质教育资源的竞争门槛,使富裕家庭拥有更多就读名校的机会。一些高收入群体为谋求子女高质量教育和向上流动机会而竞相高价购买"学区房",帮助家庭实现经济资本向社会资本和文化资本的代际转化。[①] 与此同时,也给学区房带来了资本属性,一些优势家庭还能通过学区房获得经济收益。

学区房面积越小越好卖,我们买的50来平(方米),单价要比边上大套的贵很多,买学区房就是为了个学位票,小孩子读完书,转手卖掉,还能赚点钱,很划算。(沈×,个案6)

(二) 农村家庭的选择

受城乡二元体制影响,城乡教育资源分布不平衡,农村学校的教学质量和教学水平整体落后于城市,即使在农村教育系统内,不同教学点、村小、乡镇完小等不同级别的学校在师资力量、教学质量和设施水平上也存在差异。随着"撤点并校""集中办学"的实施,一大批农村小规模学校被调整和撤并,学校布点到了城镇;另外,在人口流动背景下,城市对流动儿童的接纳,也使得农村家庭的教育选择日益多样化,村小、乡镇中心完小、县城的小学以及城市的小学都是可能的选项。

1. 城乡的选择

在农村家庭教育选择过程中,城市学校是优先选项,经济条件好的家庭多数会选择举家外迁到县城、地级市或者省城,通过购房入户来解决孩子教育问题。

---

① Wu Q, Zhang X, Waley P. When Neil Smith Met Pierre Bourdieu in Nanjing, China: Bringing Cultural Capital into Rent Gap Theory[J]. Housing Studies, 2017, 32(5): 659 – 677.

　　我们是××乡下来的,在这里开手机修理店十来年了,也就比打工好一点,自由点。这边刚开始房价便宜,买了房就能落户,小孩子也就能在这边读书了。一开始是我一个人过来的,后来老婆也过来一起,买了房子后就全家迁出来了。以前房子还便宜,现在是买不起了。(朱××,个案7)

对于没有能力在城市买房落户的流动家庭而言,则需要通过满足政府部门规定的入学条件来为子女争取学习机会。当然,由于流入地教育资源承载力、流动人口数量不同,各地的中考政策也存在很大差异。诸如北京、上海等城市,异地中考政策严苛,不允许异地报考普通高中或重点高中;而杭州、广州则相对宽松。考试政策则很大程度上影响流动家庭的教育决策。

　　我们来杭州工作很多年了,一直在打工,现在可以在杭州升学,每年社保我们都交的,各种手续都办好了,缺一年都不行,比起其他地方,这边可以考高中,也可以考职高,(我家)小孩子成绩不好,高中考不上的,也有老乡孩子成绩好,准备在这边考高中。(孙××,个案8)

　　我儿子一直在这里,以后读高中,高考肯定也在这里,其实就差个户口了,老家也没人了。儿子读书入园,我们一点困难都没有,我们证件齐全。如果暂住证快过期了,中心管理员会通知我们去办。我们是一直都没断过,不管是两年还是三年,我们夫妻一直都没断过。暂住证一年办一次。(李××,个案9)

当然对于社保未交、证件不齐等不符合入学政策的家庭,就要各显神通了。

　　我儿子在××小学(公办学校),我是来这里打工的,没有买房子,租在这边。我开出租车,老婆开小卖店。孩子在公办学校上学还是我托人办的,他没拿我一分钱,没抽我一根烟。其实也不是亲戚,我老婆在小区边上开店,他每天都要出门遛狗,每天都会在我家店门口坐上一会儿,认识也有四五年了,虽然不是亲戚,那天我说:"儿子读书怎么办啊?"他说:"什么怎么办?你的社保什么都交了没有?"我说:"没有,要是有也不用发愁了。"然后他就问我要上什么样的小学,我说公办就行,民办的不要去。我也不指定要上什么什么小学,这样万一人家办不到,不好。只要能进公办就好了。然后他就帮我问了信息让我去报名。我是周末去报的名。后来我买东西感谢他,他都退回来给我了。(李××,个案 10)

我儿子、女儿都是在这里读的小学、中学。女儿在 XLS 小学读。我在 SMF 买了房子,但是户口还是在老家。我在老家还有几亩地,户口迁过来的话就没有(地了)。很多人买房子也就为了迁户口让孩子读书,我们这两个已经上学了,就没必要迁户口了。其实个人把孩子迁到城里的学校读书对一般打工的家庭来说还是不容易的。如果是企业里的高管啊,或者由企业出面的话来解决孩子的入学问题会好办些……(方××,个案 11)

小女儿下半年要初三了。我大女儿小女儿小学初中都是在这里读的。一直在这里读。入学不困难,我们大女儿开的证明,小女儿是一个老师给我们引进去的。我们这个人很老实的,当时我们邻居跟我说,如果报不进的话就跟他说。我们不是没报进吗? 就跟他说了。他的一个侄子是老师,就给我们说进去了。我们和那个人没关系啊,就他做生意我做生意大家一起啊。在那里十多年,人家都知道我们人很好的啊。他自己问帮我的,如果不是他告诉我,我不知道他侄子是做老师的。他不帮忙我们就只能回老家。小女儿入学,房东帮忙讲了一下,开了证明,就进去了。那时候有本地人帮忙讲一下会好一点。现在难进了。我听他们说啊,现在公家房什么的都不能进了。现在出门打工的人多,带小孩的也多。(余××,个案 12)

通过访谈可以看到,这些未能达到政策要求的家庭,通过弱关系为子女获得了公办学校的就读机会。这些家庭子女能够在城市公办学校就读,一方面是弱关系提供了信息和渠道;另一方面更是由于城市化进程中,城市扩张,城郊区域教学资源相对薄弱,而本地人则通过用脚投票,选择主城区更好的学校,因而给这些区域的外来人员子女在公办学校就读的机会,但是随着常住人口数量增多,教育质量提升,优质公办学校招收的随迁子女数量越来越少。

我到这个中学有十来年了,这里的老师流动率挺高的,一共 70 来人,每年都会走 10 来个,走了之后再招新人,大学刚毕业的……学校历史挺悠久的,这里是城乡接合部了,外地来的孩子很多,基本上是本地学生和外地学生一半一半,都是混合编班的。学习成绩还是外地学生好些,不是本地学生差了,是留在我们这里的本地学生差。好学生都不愿意在这里和外地的孩子一起读书。留在我们这里的都是不要读书的城里的孩子,要读的少……最近几年实行零择校,生源慢慢好起来了,有些学习成绩好的,但是家庭经济条件差的,买不起学区房的也都留在这里读书。在以前很多好学生都想尽办法转走了,买学区房、交赞助费、参加好初中的筛选考试等。这些都要钱的,筛选考试考的都是课本外的知识,没有请家教你是根本考不上的,外地的孩子请家教的少。(陈老师,个案4)

一开始公办学校也招外来务工人员子女,还很多,现在好的公办学校基本没有,基本上就是常住户口。好的公办学校常住户口现在它都满足不了了嘛!像××、××,有很多外来务工子女进入,包括××、××和××。以后户籍人口多了,那外来人员子女在录取顺序上,肯定要靠后了。(王校长,个案13)

在农村,由于学校布局调整,学校数量减少,学校与家庭住所的距离大幅增加;很多地方因为不具备寄宿条件,只好由父母或爷爷奶奶在城镇租房,或者通过寄宿、走读、寄养、寄管、随读等形式让孩子到城镇就学。那些选择在乡镇小学就读的,很多都是"走不出去"的家庭;而留在村小学就读的孩子,其家庭状况往往更复杂、更糟糕。

我们这学校的孩子大部分条件不好,小孩子跟着爷爷、奶奶在这边上学,有些是住校的,有些走读。有些家里条件很差,家离学校很远,有次我们老师去家访,走了个把小时才到,真是家徒四壁啊,小孩就和爷爷奶奶挤在一个小破屋里,除了一张床,一个灶台,几张桌椅,什么都没有。(刘×,个案14)

我们情况比较复杂,学校里的孩子一部分的父母在国外,或者有亲戚在国外,有些对小孩子学习不重视,都是在国内学几年就出国去,家长也就是把小孩子放在这里放一放。还有一些是离异家庭的子女,还有一些是跨国婚姻子女,男方在国内找不到老婆,到其他国家娶媳妇,有些女的生下孩子后就跑回国了,剩下孩子孤苦无依。(季××,个案15)

2. 公办、民办的选择

对于流动家庭而言,同城教育的享有在一定程度上保障了农民工子女在公办学校接受义务教育的权利。据统计,到 2011 年,79.2%的随迁子女义务教育阶段在公办学校就读;2014 年为 79.5%;2015 年达到了 84.4%;2019 年为 79.4%,到 2020 年该比例上升至 85.8%。虽然在东部地区,绝大部分地区达到了 80%,但广东、浙江和江苏,2018 年仍有 206 万随迁子女未能进入公办教育系统,占据了全国无法纳入公办学校的随迁子女总量 291 万的 71%。① 也就是说,在"公办为主"的政策之下,还有部分随迁子女在民办学校就读。

通过访谈发现,随迁子女就读的民办学校不论是硬件条件还是师资、生源、升学,和优质民办学校不可同日而语。对于农村家庭而言,公办学校是其子女教育选择的最优选,而民办学校则是无奈之举。

> 我们这个学校是原来一个厂房改建的,比较简陋。整个生源也不行,没办法和公办学校比。去年下半年我们在四年级抽测了一下,其中有一门学科我们在三所民工子弟学校里是排第一的……像我们这所学校,现在是一个老师既要当班主任,又要教两个班的学生,一个班主任要教 100 多个人,要面对 100 多个孩子外加一个班的管理。公办学校老师小学一年级是每周 9 节语文课,再加 2 节思品课,这样基本上他上正课的时间是 11 节。而我们呢,两个班就是 20 来节课,还得批改 100 多份作业。所以这个差距不光是硬件上存在,软件上也是存在的。(王校长,个案 13)
>
> 现在学生学习已经比以前好很多了,刚开始的时候,我刚过来,还没有我们学校自己培养的学生,很多是中途插班进来的,各地课本教材不一样,学生基础也不一样,很难教。(李老师,个案 16)
>
> 我们的生源不太好,能带出来优高、普高也很不错了。我们这样的学校对升学率是不做要求的。我们的课都多,每周都有 18~20 节,每天都是三四节,非班主任一个星期 20 节课。老师流动很大的,要么就是考公办,要么就去更好的私立学校。(费老师,个案 17)

由于公立学校有着高限制性的入学要求,其每年通过全国统一的、严格的入学考试来择优录取学生,对于无法满足条件进入公办学校的随迁子女而言,只能进入民办农民工子弟学校。相较于公立学校,该类私立学

---

① 吴开俊,周丽萍.进城务工人员随迁子女义务教育财政责任划分——基于中央与地方支出的实证分析[J].教育研究,2021(10):11-23.

校的入学限制少,一些学生因达不到公立学校的要求,只能选择该类私立学校。

　　进公办和民办一般来说小学不是看成绩的,是看条件的。首先划定一个区域,就近入学;第二呢,在这个区域里面,第一步解决"一表生""二表生";第二步就是要符合杭州市6个入学条件。杭州市6个入学条件:暂住证一年,劳动合同一年,社保一年(最少或一年以上),这三个条件是硬杠杠,其他几个条件相对就容易多了,户口本,身份证,还有准生证了。(王校长,个案13)

　　我哥这个小的孩子马上要上小学了,我们是想她能进××小学,毕竟××是这边最好的小学,老师啊,学生啊都好,整个学校的学习氛围和环境也很好。但××小学不好进,招的大部分是本地人,户口在这边的,而且学校名额也不够,没有多少机会进去。(吴××,个案18)

　　我是安徽人,大儿子是五年级的时候来杭州的,小儿子是一年级来的,大儿子以前是在阳光小学读的,那边没有初中,上初中了就来这里读了。为什么没去公办的学校?我们条件不够啊,我没有社保,进不去公办的学校。(屠师傅,个案19)

　　我是湖南来的,来这里6年了,我大儿子比小儿子大17岁,小儿子在××读书(民办小学)。因为我们没有工作,也没有社保,小儿子也进不了公办的学校。(张××,个案20)

　　我家里的条件还行,当时没进公办学校主要是因为孩子偏科太厉害,她数学只能考20来分,其他功课都还好,成绩太差,公办初中也进不去。校长不是说短板效应啥的,的确是这样,她数学差,我说给她找个家教或者辅导班上上,她不要去。她主要是不想学习了。她老说,我小哥小学毕业不是一样做得很好。(季××,个案21)

　　我来自江西上饶横峰县清柏乡,来杭州很多年了,2003年就来了。我女儿二年级就跟过来了,当时我们住在××东×村,有个人说,把你孩子带过来我把他弄到公办学校去读书。当时这个人喝了点酒,但是我们当真了,信了,把女儿带过来了。但是我女儿成绩差进不去,后来只好在民办的××小学读了一年。到后来这边××二小(公办学校)招生,我又让她去考,就是留了一级才考上。现在是××二小直接到××中学去读书。家里的书和这里的课本不一样,二年级、三年级、四年级成绩都还好,五、六年级成绩就差了。小学升中学的时候成绩还可以。(李××,个案9)

当然,在随迁子女就读的民办学校中,也存在软硬件条件的差别,对于无法进公办学校的家庭,对于农村家庭而言,同样可以在"好民办""差民办"之间进行选择,但是,由于优质民办学校的学费远远高于公办学校,一般农村家庭难以承受高昂的学费,且子女也无法达到这些学校的入学要求,因此,流动家庭只能尽量选择能力范围内的,质量稍好的民办学校。

> 之前在说,所有的学校都转成公办学校了嘛……一个社会的发展它都要历经各个时间段,它在这个时间段里面只能是以这样的方式去解决问题。我们现在也一样,看上去它是一个急剧膨胀的扩张的事实,大量的外来务工人员,公办的投入没那么大,现在公办学校也招了那么多人,招不了的也只有靠民办学校来解决了。转公办还要一个过程吧……JS、YG 都是混在一起,家长自己选的。但是对家长来说首选的是我们这里,首选的这里我们压力很大,他条件一符合让他往金沙那里分流的话,家长死活不同意,所以弄得我们就扩一个班,本来我们今年一年级实在是没办法扩了,要按照真正的公办学校的这个建筑面积啊,场地啊,人均占有量啊,很多硬件达不到,但是现在是解决临时性的困难。(王校长,个案 13)

> XS 区有三个民办的中学,JSHSY 在 JB 那边,听说很乱很乱,YG 中学也是今年才有了初一,而且听说 WB 是这几个学校里面最好的。费用也不低。进不了公办已经很对不起孩子了,自己苦点也要把孩子送到好点的学校。(屠师傅,个案 19)

在外来务工人员子女小升初的时候,有机会从一般的公办学校或者民办学校进入优质民办学校或者公办学校,而进入这些学校的前提一是符合当地招生政策、二是孩子的成绩足够好。

> WH 小学升初中时有对口中学,但是还有一部分学生选择新的机会,比如说,HZ 的一些名牌学校: DN 学校。YC,CH,成绩好的又跑到那里去了。总的来看,东区里面重新选择好的学校的比较少,WH 这个牌子还可以,西区的 XS 小学,他们毕业想去选择 WH,但是区域限制是不允许择校的。那怎么办呢?他就选择 DN 学校,YC,CH 这些名校是民办的,民办是可以优先选择,优先去考的,所以这边的生源也会好一点。(王校长,个案 13)

> 让你选择某一个小学(中学),一般都有对口初中,虽然小学成绩比

较差,但是到对口初中读书是没问题的,但是初中的容量往往比较大,它可能就招 10 个班,12 个班,甚至 14 个班,相对来说他可能就有些空缺,这个空缺有点近似于两个概念,它可以重新吸收就近的符合条件的外来务工人员子女。这些学校有自主招生的一个空间,成绩好一点的符合这 6 个条件的它还给你测试一下,成绩好它就收进去了。像我们去年的两个班的毕业生差不多走掉了 20 个人,其实这 20 人就是我们的前 20 名,我们的尖子生。(王校长,个案 13)

二、"影子教育"参与

在子女教育投入中,除了择校之外,还有"择教"。"择校"一般围绕正规的学校教育,是家庭追求优质教育资源的选择,主要途径是支付择校费,购买"学区房"等投入,但是,相较于成本高、操作难的"择校"行为,择教相对简单。于是,辅导机构兴起,为那些没有能力择校的家庭,提供了一条获得相对优质校外教育的途径。为了减轻中小学生的学业负担,公办学校组织或主导的补课被明令禁止,民办学校也"不准举办以各种名目收取费用的实习班、补习班、提高班、超常班",但免费的和由社会机构举办的课后辅导班则不在禁止之列。校外辅导的力量逐渐专业化,私营机构追求营利的本质使它们千方百计地刺激消费、宣扬"今天不走,明天要跑"以及"重点小学—重点初中—重点高中—重点大学"的线性价值逻辑,制造不正常的竞争焦虑;在行动上,市场化力量一方面为学生提供学习生活、兴趣培养、团队活动托管服务;另一方面,以学而思为代表的教培机构,对语文、数学、英语等主科开展高度精细化补习。[①]

当"不要让孩子输在起跑线上"成为家庭微观教育决策的共识,向上流动的焦虑情绪开始"下移",而学校教育系统无法满足人们的教育需求时,课外补习班在中国迅速崛起,并逐渐形成中国教育新业态。[②] 现有研究发现教育获得受家庭资本影响,与中、低收入家庭相比,高收入家庭能支付数量更多、质量更高的课外辅导[③],城市家庭孩子相对农村家庭有更多的接受高质量教育补习的机会。在笔者的访谈中也发现了城乡家庭之间"影子教育"

---

① 陆一."堵式减负"困局与中国基础教育改革[J].文化纵横,2019(01):126-133+143.

② 陈涛,巩阅瑄,李丁.中国家庭文化价值观与影子教育选择——基于霍夫斯泰德文化维度的分析视角[J].北京大学教育评论,2019(03):164-186+192.

③ 马克·贝磊,廖青."影子教育"之全球扩张:教育公平、质量、发展中的利弊谈[J].比较教育研究,2012(02):13-17.

获得的差距。

> 我女儿上学而思的数学。以前,她生病,功课耽误了一些,而且没有什么突出的特长,在班里感觉没有存在感。但是后来学而思上了之后,发现数学一下好了很多,慢慢地信心也就来了。(各类班)一直在学着,她学过美术、书法,还练过双排键电钢琴,书法老师是朋友推荐的,他们说哪里有个比较好的,我们就找去,跟着学了好多年,地铁来来去去也要个把小时,小朋友字写得不错,在市里拿了一等奖。双排键电钢琴好老师不好找,她也没时间练习,后面停了。(杨××,个案 21)

> 我们也想给孩子上辅导班,我们小县城,像学而思这种课没有线下上课点,只能报线上的,线上的效果肯定不如线下的好,但是也没办法,小地方没得上;我家儿子二年级,成绩不错,每天回家很自觉做作业。我给他报了架子鼓、乒乓球,还有书法课,都是在家附近学,家里老人生病,也没有办法帮忙接送,我这边工作很忙,只有就近学了。(夏××,个案 22)

城市家庭不单单会给孩子上各种兴趣班,也会对教师的教学能力、声望等进行综合评估,不惜投入大量的人力、物力、财力给子女报课外辅导班;而小城镇家庭则受到校外培训资源的限制,选择线上课程,对师资、课程质量的要求比城市家庭要低。

> 我哥哥嫂嫂也都是 2005 年左右到杭州,当时我嫂子自己开店,我哥在酒店管理工程,收入还可以,还是可以保障孩子的一些学习需要的,比如学拉丁舞、课外补习之类。我侄女,语文、英语的成绩会好些。理科(科学)不好,在××找了科学老师给辅导,一次两个小时,一共 200元钱,是和另外一个老乡的孩子合起来请的。还有拉丁舞,一周一节,一次两小时,100 元钱一次。(吴××,个案 18)

> 我大女儿说要是学一门特长录取分数还能低一点,叫我给她学,我没让她学。辅导班没有让她上。我小女儿喜欢唱歌,手机里唱,她也要跟着唱的,画画她也喜欢的。没有上什么兴趣班,我们房租交了之后就只能吃饭了。大女儿要读大学,小女儿也得 1 000 多元一个月。她 7 元多一餐,一学期 700 多元。零花钱就 5 元 10 元,她要问我要钱我不给的。(余××,个案 12)

> 哪怕尽量让自己省一点我也不会让孩子落下,小孩子要搞运动我

就尽量让他去搞,管他搞什么名堂出来。儿子在练跆拳道,一年是 3 200 元,全部交清。我女儿没有参加什么兴趣班,她本来是说参加一个画画的培训班,我说画画画不出什么名堂。她小时候唱歌,就报了一个唱歌的给她搞搞,那时候也不贵,好像是 1 000 多元……我女儿语文好,数学差,数学 120 分的卷子才考 20 多分,基础题都错,她没找到方法。她的功课我辅导不来,我老公才读了初二,这个根本不懂,就只有让她自己找到方法去做。有时候找个大学生来辅导,可是大学生也做不来。学校这边有 4 个学生给她辅导,一门一个。有一次我问我女儿,作业辅导得怎么样,她说,他们也不懂。(李××,个案 9)

从访谈可以看到,农村家庭子女的"影子教育"获得受家庭经济状况影响非常大,家庭经济好的家庭能给子女提供市场化的"影子教育",而家庭经济状况差的家庭则只能依靠大学生提供的"志愿服务"等非市场化的教育服务,当然,服务质量和水平也要大打折扣。至于兴趣爱好,这些家庭的孩子,只能更多靠"自学成才"了。

三、初中后教育分流

虽然在中国有"普职分流",但是由于中国人普遍的"职业教育二流化"心理倾向,在城市中,接受普通高中教育是初中毕业生的首要选择,重点高中和普通高中的吸引力强于中等职业教育。[1] 绝大部分初中毕业生首先选择重点高中或普通高中,甚至有的家庭不惜花高价给孩子"买"高中读,而只有少数成绩较低的学生被迫无奈选择了中等职业教育。本节主要对农村家庭初中后教育选择进行讨论,而不涉及城市家庭。

2012 年全国义务教育阶段在校生中进城务工人员随迁子女,在初中就读 358.33 万人;2019 年,在初中就读 384.93 万人;2020 年,在初中就读 394.88 万人。城市化进程中,子女是否随迁,初中后如何就学是农村家庭需要面对的重要问题。2013 年,"异地高考"实施之前,农民工随迁子女的城市教育获得问题仅限于义务教育阶段,"初中后城市教育获得"并不现实;异地高考、异地中考政策的出台为随迁子女初中后教育选择提供了可能。

(一) 读书? 工作?

13~18 岁第二代农村流动人口在城市出生和成长,缺乏农村的生活经

---

[1] 朱映,范国锋.初中毕业生教育选择意愿及其影响因素研究——基于东莞市的实证调查[J].中国职业技术教育,2021(16):51-57+62.

验,更熟悉城市的运作法则;第二代农村流动人口不满足于能糊口的工作,他们要求做体面的工作。① 在初中二年的时候这些孩子就需要做出一个选择。

这里分流应该是在初二的时候。后来新的政策出来,有冲突的话,我们一般都是像初二的上学期那样,很多都劝回去了。初二上学期转进来,然后后来政策下来,那时候我们上一届初三这学期读完,下学期就让他们回去了。因为中考政策要求学籍满三年,他们初二才转进来,学籍不够三年,是没办法中考的。即使留在这里,也还是要回老家去的,所以还是要他们早点回去适应那边的中考。也有一部分初三年级学生也不读的,中途退掉,要去学手艺。他们就是觉得读职高没意思,普高也考不上。我们班也有一个,成绩一直都是在最底下,可能跟不上这个进度或者难度,成绩在班级里也是倒数的,家长看他成绩一直这样,很散漫,每次考下来都这么差,就不想让他读职高,就让他去学厨师。(费××,个案 17)

我们在杭州读小学、初中,成绩一般般,高中是考不上的,不读高中也要读职高啊,现在小孩子这么小,也没有什么技术,如果直接工作,也没有好工作,到职高学点技术也好,就算不读书,在学校里再待几年,大一点到社会上也好。(李××,个案 23)

我们是从东北过来的,我在食堂前台收银,她爸爸是跑运输的,家里有几台车,条件还可以。她小哥现在 24 岁,还没成家,小学毕业后去学了美发,现在自己开理发店。她小哥是说如果小妮子不想读书可以跟他学美容美发,小妮子也想学。我的意思是她现在太小了,十六七岁,这么小出去,一个傻小孩,虽然说在她小哥那里,她小哥能照顾她,但是总有照顾不到的时候,外面会接触各种人,这个年纪也容易学坏,傻小孩我不放心。(季某某,个案 21)

我就和我女儿说"妈妈在外面打工也辛苦,你要成熟点,好好读书,听老师的话,我们家是没钱的人,和人家有钱人是比不上的,只要你能读上去,我都会培养你,假如你读不上去,你要我去花钱,我是没钱的……"太小了,十七八岁,不读书你说能干嘛?说良心话,我在学校食堂兼职一个小时才 12 元钱,在美食城配餐,脚鸡眼都很厚,我妈妈在外

① 韩嘉玲.及早关注第二代农村流动人口的成长与出路问题[J].中国党政干部论坛,2007 (08):30-33.

面捡可乐瓶，外面这么大雨……我老公他的打算是这样的，便宜点就给女儿上，太高了，两万三万元我们是上不起的……职高就是在里面混日子，和不读书有什么区别？我老公是一家之主，最后让他做决定。如果我有偏见，他会说我的。因为在农村大家都说，女儿毕竟是别人家的人，我说话比较直不会拐弯抹角……（李××，个案9）

通过访谈可以看到，外来务工人员在子女初中后是读书还是工作的态度上，普遍倾向于让子女读书，把职高教育作为一个延缓子女进入社会和增长技能的手段；但是也有些家长由于经济条件的限制，对子女初中后的出路十分矛盾，一方面孩子太小，到社会上没技能也找不到好工作；另一方面对职高教育不认同，认为就是"混日子"；同时还要考虑家庭经济条件状况，在没有能力支付高中教育费用的条件下，会牺牲女儿、保障儿子的学习权利。

（二）返乡？留城？

高中阶段教育与高考制度紧密相连，且属非义务教育，当前大部分城市的高中教育资源相对短缺。为了解决随迁子女初中后教育问题，国家和地方出台了异地高考、异地中考政策。由于我国流动人口流动呈"孔雀东南飞"现象，大部分流入广东、上海、北京、浙江等省份，这些地区承载的随迁子女教育供给压力较大。[1] 高中阶段"异地教育"的开放则受城市经济社会资源承载能力、高中教育经费投入等多方面因素制约，"异地高考"具体政策在设计过程中，地方政府具有更大的话语权，不少地方，尤其是人口净流入地都设置了较高的制度门槛，有些地方还通过"异地中考"政策的限制，隐性制约异地升学。由于各省实际状况不同，在制度门槛的设计上也存在显著差异，各省异地高考"门槛"各不相同。京沪粤的异地高考"门槛"最高。不但对如暂住证或工作居住证、住所、职业、社保缴纳年限（3～6年不等）等以及初中、高中学籍等进行了限定，而且对升学考试的类型有所限定，在北京的随迁子女，只能参加高等职业学校招生考试，而上海则根据父母持证的类型区分考试类型，持居住证C证人员子女只能在上海参加中职考试，只有持A证者的子女才可以在上海就地中高考；广东则是2016年以前符合相关条件的只能报考高等职业学院，2016年以后才放开高考。虽然，异地高考中考政策为随迁子女在城市提供就读可能，但是从各地的政策设计来看，具有一定的门槛，当农民工家庭无法满足制度要求的条件时，他们就面临着回乡就

---

① 吴开俊，周丽萍.进城务工人员随迁子女义务教育财政责任划分——基于中央与地方支出的实证分析[J].教育研究，2021(10)：11－23.

读或者留城就读的选择问题。与其他地区相比,浙江的政策相对宽松,以考生的学籍条件(高中阶段学习经历和学籍)作为标准,使得一些父母愿意为子女留下来。

> 异地高考对初中生也是一个稳定,原来分流很厉害,基本上到初三多数都分流掉了。成绩好他就想"我要回去读高中,能高考,这里读了高中不能高考",所以成绩好的到了初三基本都回去了,成绩差的倒是留下来了,读职高。因为读职高最后拿个毕业证就行了,所以成绩差的一部分留下来了。异地高考政策出台之后,外地的能在这边高考的就开始选择这边的高中了,不过选择这边的高中也是有一定的相应的政策的,最开始呢,是2013年那时候出台的要求就是要完整初中3年的学籍,3年中最少得有1年的社保,这个时期是逐渐过渡的,刚开始实施的只要有学籍就能考,第二年是2年学籍,今年(2015)是3年学籍,明年就是既要有3年学籍又要有1年社保。这样一来对我们初中生有分流,但分流就少了。(王校长,个案13)
>
> 在异地高考实施之前,每年初二下、初三就有很多孩子转学回老家去了,现在有了在浙江高考的机会,走的人少了很多,基本上就走两三个。留下的有很多是参加职高考试的,还有一些考普高,还有一些实在读不起来的,干脆初中毕业就不读了。我们到初三有8个班,4个快班和4个慢班,都是按照成绩来的,要学的在一起好好学,不要学的在一起混日子。(陈××,个案4)

从政策设计来看,虽然有一定的社保、学籍等要求,但是总体来看,浙江政策相对宽松,尤其是对省内流动的随迁子女基本不存在无法参加普高升学的问题,问题大的是跨省流动的随迁子女,无法达到在省内考高中的要求,也只有将孩子送回老家。

> 我儿子考高中那年,一共保送32个人,但是他每次排名都最后,33、34,最后被刷下来了。我给他报了几个重点高中,没上线,普通高中是上线了,还多了不少,但是读普高没用啊。还是送回河南老家了。我老公的妹夫是我们老家一所重点高中的副校长,我们把孩子送到他那里读书,放心肯定是放心的。回去适应不适应,那也没办法了,谁让他不好好学习,考不上这边的重点高中。(方××,个案11)
>
> 我2007年来杭州,一直是做装修的,做装修也有20来年了,一般

都接整套的活,散活是不接的。我有两个儿子,大儿子现在初三,小儿子现在五年级,都是不好好学习,皮得要命。大儿子现在马上要中考了,可能会直升吧,成绩不好,考也考不起。肯定不会回去高考的,所有的教材都不一样,如果回去也跟不上,而且还没人管。(屠师傅,个案19)

我侄女在XS中学读二年级,学习成绩还可以,在班里排前10左右,一个班40人,一个年级440人,150名左右。我们是想让她更努力,能考个前八的学校,实在不行个优高,普高之类的,没有想过读职高、技校。(吴××,个案18)

我们家两个孩子,大的已经回老家了,小的还在这里读小学,大的成绩不错的,当然想考高中,但是这边政策不允许,只能考职高,所以我们初二就转回去了,教材课程都不一样,初三回去就来不及了。找了个重点中学,当然是想让孩子考高中,读大学。小的先在这边读着,看看政策会不会放宽点。(张××,个案24)

不能去老家读高中,因为我们全家都在这,老家没得读,家里没人呀。她一个人在家里我又不放心,她毕竟那么大了,假如把家里弄得乱七八糟,我们在外面又不知道,我要牢牢地带在身边的。读,肯定要在这边读,也能在这边高考,因为我们证件齐全,上次说可以直接在这边考,那就看你分数考了多少,就读什么样的高中。现在允许在这边考高中了。就看你的分数达到什么样的要求。(李××,个案9)

(三)优质高中? 普通高中? 职业高中?

在随迁子女初中后升学,首选是城市优质高中,由于高中教育是非义务教育,有些学校给优秀学生提供了就读优质高中的机会。当然,要进入优质高中,孩子的成绩是第一位的,孩子要靠自己的成绩为自己打拼一个未来。

我儿子在外县××读高中,高一了。他的成绩一直很好,应该算比较聪明,而且喜欢读书的那种。我们这里的教学质量还是差些,能考出去的话,读高中上好大学的机会就多些。去年初中升高中,当时去了JH二中(一中?)(被调查者本人不确定),HJ中学还有LS的中学都去考过,考试都是通过了,在最后还是选了JY中学。JH中学要他的,但是像我们这种外地的考进去还要两万元钱,学校说两万元可以不收我们的,但是分班不能进入尖子班。最好的尖子班是培养北大、清华的苗子的,我儿子想读尖子班,但是进不去。他说不能进尖子班就不去了。LS

中学考试也通过了,但是很奇怪的事情,LS 中学招生的时候分数线比 JY 中学还要高,但是高考的成绩,一本上线率还不如 JY 中学。我们选这个中学大部分是孩子的意思,他想到那里读就去吧……以前我们这里是有很多成绩好的孩子到外面读高中,但是这几年有所限制。一共给外地学校到我们这里招生 10 个名额,如果考到前 10 名,那么包括档案啊,学籍啊一切的一切,学校都帮学生搞定。但是如果没有考到前几名,如果想去那里读书就比较麻烦。JY 中学招生很好招的,对学生还是有选择的。当时考试的时候我儿子考了第二,他同学考了第一,后来学校就只是给考第一的那个男孩子打了电话,让他去那里读书,我家就没收到电话。还是我打听到管招生的老师的电话,主动联系,那边电话才打来了,问是不是决定要去那里读高中,如果定下来就把手续办了,我们说决定了,很快学籍啊一切都办好了。学校每年升学率高,在各地挑好学生,招生很容易。他们也不在乎个把学生,只在意他们觉得特别好的。听说有个女孩子,平时成绩都很好,年级一二名,但是在参加考试的时候成绩没考好,排名一般,学校就不要她,找人去说都没用。(周××,个案 25)

　　我们现在的初中三年级,我觉得还可以吧,连续两年有一个保送重点高中的名额,保送是保送的尖子生,他们到重点高中还得参加保送生的考试,考过了就收下;并且我们去年有 2 个学生优高上线,其他的都是职高,职高也很不容易了,对于这样的生源能教出来也不容易。(王校长,个案 13)

成绩好的孩子可以通过考试获得高中教育机会,而其他孩子,绝大部分只能进入职高就读。而且从升学来看,大部分的随迁子女成绩一般,只能选择"直升"。初中生初中毕业有两个考试,一个是毕业会考,另外一个是升学中考。会考试卷相对简单,主要是获得完成义务教育的证书。而中考具有筛选功能,试卷有一定的区分度。初中毕业生在完成会考后,可以有保送、直升(自主招生)和参加中考等选择。

　　高中招生呢,有两种,一种是不通过中考就能够进入高中的,我们把它叫作直升;直升也分了两类,一类我们叫作保送生,但是保送生基本上是保送到重点高中,也就是杭州的前八所重点高中;还有一类是最尾巴的,尾巴的那一类呢,是中考他考不好,成绩不好,考得让人伤心的,所以干脆让他绕过中考,这一类呢,就是我们讲的直升……当然,职高分两类：一种是直升，自主招生，他不通过中考，自己选择学校到那个学校去进行双向选择，经过简单的测试和面试然后对他录取，基本上是杭州市的职高。到了初三分流的孩子其实已经不多了，初一走几个，初二走几个，初三呢……还有一类是他们通过考试填志愿考上的。学生可以选择是否参加考试。（王校长，个案13）

我们现在有20多个孩子说要参加中考。一百十几个人20个人参加，其余100多人都是直升。我们初三开学的时候分过班的，好些的在一班，其余在二、三班。接下来，一班好的学生还要挑出来，专门对这些孩子做有针对性的教学，帮助他们升高中。其他孩子只要升职高，技校，要求相对低些，还有些就是能够毕业就可以了。（李老师，个案16）

今年应该工作2年多，这个班是从初一带起来的。这届有20多个孩子希望参加中考，很多也不是说他们的成绩比较好，只是他们的家长觉得参加中考能考上的学校、专业肯定比直升的好，事实不是这样的，参加中考如果考不到普高的分数还是只能读职高、技校。直升班和中考班肯定在课堂投入上面不一样啊。对于老师来说，如果是直升班，压力就还好啦，那要参加中考的这个班嘛，压力肯定就挺大的，这个班是要抓的。（费老师，个案17）

大量的未来职业成了这些孩子必须思考的问题。由于中国教育对学历的关注高于对未来职业的关注，不少孩子、家长对未来的职业没有特别的思考。

我是想让她读个职高，她喜欢读美容美发、空乘专业，好像说杭州旅游学校就有这个专业，我想让她读那个，读个三年，出来也20（岁）了，那时候想干啥干啥都行，总比现在这么小就出来好。老师也是这么说的，小妮子条件好，很乖巧，读个空乘专业挺好。（季某某，个案21）

昨天学校给了个团校的宣传单，里面有些专业，挺好，但是我姑娘说，学费太贵了，一个学期4 800元，一年就接近一万元，她还舍不得。她爸爸身体不怎么好，她也懂事。后来老师说这些专业是本科的，收费贵些，一般的职高收费没这么贵。（季某某，个案21）

班上孩子我感觉他们都没有想得那么远，只有让他们选专业了才想一下喜欢什么专业，然后选一下。高中不分专业的，他们就只想着自己能不能考得上。还有我们班有部分人就想考"3+2"，5年制的，那么他们就没想过自己要去学什么专业，就想着能不能考上。家长的话好像以前我打电话说让他们哪几个孩子直升、中考,有几个有提起过,说让孩子选幼师类的、护士类的,女生嘛,这几类比较稳定。(费老师,个案 17)

第三节　家庭社会资本介入教育:家长参与

家长参与是家长对子女从出生至成年期间所有关于子女教育及其发展的活动的参与。家长参与以地点区分可以有家庭为主、学校为主和社区为主三种类型;以内容区分可以分为养育子女、相互交流、志愿服务、在家学习、参与决策、与社区合作等。

一、城市家庭父母参与

(一) 密集养育

自 20 世纪 90 年代以来,美国中上阶层父母中开始流行密集养育。密集养育的思想,随着儿童早期发展重要一类言论的出现以及科学育儿知识的普及,在国内也被中国父母接受。密集养育,引导家长们投入更多时间和金钱抚育儿女,其中更强调母亲的责任——母职。母职也称"母亲角色",是社会围绕子代养育和照料而建构的一系列活动和关系。[1] 北美社会 20 世纪 80 年代以来强调"密集母职",其特点是强调以孩子为中心、母亲责任不可替代、时间和情感投入。[2] 艾德丽安·里奇(Adrienne Rich)在其成名作《成为母亲》一书中,将相互交叠的"母职"含义区分为"制度性母职"和"经验的母职"两个范畴。[3] 制度性母职是由主流男性所定义、为社会和历史所建构的对母亲角色的期待和要求;而作为经验的母职,则是女性独有的个人体验。在她看来,一个母亲必须放弃自己的目标才能给孩子无条件的爱,才能符合社会对好母亲的期待。莎朗·海斯(Sharon Hays)将其核心要义概括为:视母亲为孩子"最理想的照料者";认为母亲应以孩子身心发展利益最大化为目标,甚至放弃自己的发展。"密集母职"要求母亲全天候不间断地

---

[1]　Arendell T. Conceiving and Investigating Motherhood: the Decade's Scholarship[J]. Journal of Marriage and Family, 2000, 62(4): 1192-1207.

[2]　Murphy E. Risk, Responsibility, and Rhetoric in Infant Feeding[J]. Journal of Contemporary Ethnography, 2000, 29(3): 291-325.

[3]　Rich A C. Of Woman Born: Motherhood as Experience and Institution [J]. Psychology of Women Quarterly, 1995, 2(4): 368-371.

照料、以饱满的情绪提供高质量的陪伴、为孩子人生的每一个阶段负责,即在时间、情感和责任三方面进行"密集投入"。①

在中国传统社会,受生理性别和社会性别的交叠影响,家庭有着"男主外,女主内"的明确分工,在家庭教育过程中,父亲具有绝对的权威,而母亲则是包容一切,慈祥温柔的存在,"严父慈母"是传统家庭常见管教模式。但是,近年来,随着妇女地位提升、能力发展,家庭养育重心转变,父亲在子女教育中逐渐淡出,"母职"则被逐渐加大,逐渐被强调。为了子女教育,一些母亲甚至放弃工作,当起了"全职太太""陪读妈妈"。母亲成为子女教育的主要责任人,父亲则或者处于缺席状态,或者仅仅是顶层设计的教育决策者,抑或者是孩子的"玩伴",甚至是妈妈们口中的"猪队友"。

> 我家老公很忙,每天要很晚才回家,家里的里里外外都是我搞的,小孩子功课当然只有我来了,每天不是上辅导班,就是在送辅导班的路上,时间被打得七零八碎。我单位里就混混,能过关就行。我老公具体事情是不管的,把握总体方向,报什么课,什么时候上,我会和他商量,一般会听他的意见。男人眼界还是开阔些。(吴××,个案2)

> 我们家学习都是我管,他爸爸连他上什么课都不知道,这个爸爸就像是租来的……学校里要求也高,没有优秀老师会私聊你,压力还是不小,关键是小朋友还不认真,很着急。成绩不好只有多盯着点,我们有朋友还为了孩子上学,辞职当全职妈妈,天天搞孩子,也没见孩子成绩有起色。带个孩子都没有自己了,知道不对,好像也没有办法。(徐××,个案26)

> 我们家钢琴是练不起来的,爸爸太宠孩子,我叫孩子练琴,他让孩子看电影;我让孩子先完成作业再去玩,他说什么时候做都可以;我说成绩很重要,他说学不好没关系,爸爸养你。看样子好像不仅仅是钢琴学不起来,啥事也成不了。(李××,个案27)

传统社会母亲的主要任务以家庭、子女的生活照料为主,外加一些生产劳动和辅助性家务;现代社会,子女成长期望和教育焦虑的作用下,母亲工作重心开始转向与子女教育相关的一系列活动,中国城市的母亲业已成为

---

① 杨笛,金一虹.教育母职化与母职的焦虑[J].社会建设,2022(01):25-35+85.

孩子的"教育经纪人"①,教育的母职化使母职实践具有了"知识和情感密集型"的特征②,形成了教育对妈妈的单方面的依赖。③

> 家里有琴童,妈妈很辛苦。二年级考8级真的对他来说有难度,考级的3首曲子,曲子很长,而且很难,还有俄罗斯的曲子,小朋友也搞不懂曲子是什么意思,不能理解曲子的意思。要练出来,一点错都没有,这么小的孩子,怎么能没错呢?现在不愿意练琴,一上琴凳就有情绪。以前不是这样的。老大今年大提琴也5级了,乐器这些学习都是要靠辛苦练出来的,天赋肯定是有点,但是最多还是辛苦。我压力也很大,老师和我说小朋友练得怎么样,主要看妈妈陪练效果,要把他弹错的音和节拍听出来,要监督他练琴。(丁××,个案28)

(二) 全面投入

在子女教育过程中,母亲的参与程度往往高于父亲,需耗费大量时间、精力的琐碎教育投入往往由母亲承担,子女教育已然与母亲角色捆绑,母亲对子女的教育成败全程负责。很多家庭,母亲参与子女教育全面规划,选择辅导课程机构,安排周末假期活动,管教子女的言行举止等。

1. 校外培训管理

精细化管理校外时间和日常教育是母亲参与教育的重要内容。校外时间的精细化管理主要体现在:"鸡娃",即像打了鸡血一样不断给孩子安排学习和培训班。在市场培训项目的选择上,母亲们会针对子女兴趣以及教育政策导向,进行目的性明显的选择。在特长培养上,母亲一方面会考虑孩子的兴趣,另一方面还要考虑证书是否有用,对于特长培训的目的不在于爱好本身而在于"爱好文凭"。

> 我家儿子现在一年级,学编程、英语、书法、思维课、足球、学而思数学,对了,还有手风琴,每天放学回家就是上课,一周没有空的时候。我也是有毛病,原来说要给他减点课,但是听到人家说什么课好,我就给他报。这不,思维课是人家说不错,我给儿子体验了下,他

---

① 杨可.母职的经纪人化——教育市场化背景下的母职变迁[J].妇女研究论丛,2018(02): 79-90.
② 施芸卿.当妈为何越来越难——社会变迁视角下的"母亲"[J].文化纵横,2018(05): 102-109.
③ 杨笛,金一虹.教育母职化与母职的焦虑[J].社会建设,2022(01): 25-35+85.

说喜欢，就又给报了。想着现在功课不紧，让他都接触下，后面留下他喜欢的，擅长的。主要是看他擅长哪个，坚持下来，后面升学都有用。（徐××，个案26）

2. 课后学习的安排与管理

城市母亲很多喜欢针对子女的学习生活进行全程监控，功课辅导、日常行为教育、不良习惯校正等，稍有异常或下滑就会紧张并介入调试。当然，还包括对子女的校外时间进行精细化的切分和管理以及日常生活中的各方面行为。

> 我儿子到现在写字还不好看，在辅导班里写得挺好，一到家就飞起来了，那个握笔姿势，你看着要吐血。有一次，我实在着急，和他说如果写字小拇指再翘起来，晚饭也别吃了，这才认真些。（徐××，个案26）

> 我对女儿的功课管得很紧，全程跟的，她不会的我都会，感觉管太多了，依赖性太强，什么事情自己都不动脑筋，找妈妈。我为了给小朋友安排时间，给他做了时间表，几点起床，几点吃饭，几点做什么都有安排，到点了催她睡觉。小姑娘比较乖，都还好的。有时候做不到，有时候能执行，大部分可以做到的。现在上初中了，其实在家的时间也不多，晚自习回来，再学习会就睡觉了，也就周末和假期的时候给她安排一下，更有条理吧。（徐××，个案29）

这些母亲对子女何时学习、何时休闲、何时休息等方面进行严格而细密的规定，对饮食、着装、玩耍、交友等进行全方位的管理；如同直升机一样无时无刻不盘旋在孩子周围。还有一些父母会过度袒护和四处攻击，成为"涡轮喷气式攻击机"家长。

（三）母职焦虑

"密集母职"树立了一个难以企及的母职标准，导致女性无论怎样努力都"不够称职"，从而对女性形成普遍的"压迫性力量"。[①] 对于家有学童的妈妈来说，这就像在她们身上压上了一座大山，她们竞相在孩子身上"越投入越多"，不知道何时终了，但又停不下来，像一个被抽打的陀螺。[②] 鉴于母

---

① 施芸卿.当妈为何越来越难——社会变迁视角下的"母亲"[J].文化纵横,2018(05)：102 - 109.

② 王芊霓,葛诗凡.人类学家项飙谈内卷：一种不允许失败和退出的竞争（澎湃新闻专访）[EB/OL][2020 - 10 - 22].https：//www.thepaper.cn/newsDetail_forward_9648585.

亲对子女教育的"过密化"投入,母亲的教育焦虑也"应运而生"。有研究发现,育儿焦虑指数最高的是接受过高等教育的,居住在大城市的中产妈妈。这些80后和90后的知识女性很多认可密集养育。在密集养育下,城市母亲承接了更多的教育责任,通过增加陪伴的时间和力度、增强家校之间的密度等方式,以帮助子女获得更好的学习成绩和更多的表现机会。而密集型教养很可能导致"过度教养",导致儿童主动性的匮乏和独立性的缺失,使家长与儿童均处于焦虑之中,甚至出现了家长越用心,孩子越失败的怪圈①,于是家长陷入更大的焦虑,子女陷入更无助的境地。

> 我家小朋友想考艺术类院校,所以老师说,要在二年级把8级拿下来,后面要抓紧考10级,先把证书拿下来,如果慢了就来不及了。但是小朋友最近不肯练琴了,我也很着急。(丁××,个案28)
>
> 我是老师不找我,我比较平静,有时候不大敢联系老师问女儿在班里的状况,一问吧就焦虑,着急上火;成绩要是有波动,老师会私聊我们,说实话,只要老师找过我,那天我的脸色就不好看,喉咙就要响了。(吴××,个案2)
>
> 对小孩子最重要的是耐心,要等得起。但是现在妈妈们都太急了。我平时上班忙,也没太多时间管孩子。每天回家,看到为写作业、练钢琴家里鸡飞狗跳,看到老婆那焦虑的样子,真的很着急。也只能开导她,让她多读点子女教育的书籍。(高××,个案5)

二、农村家庭父母参与

不同于城市有钱、有闲、有知识、有规划的"四有"父母,在现行教育体制下农村父母参与面临更多挑战,农村母亲面临更多的压力。不同于城市家庭的密集式养育,农村家庭更多采取"松散型教养模式"。

(一) 功课辅导无力

对于劳动时间过长、经济和文化资本匮乏的农村家庭而言,尽管同样期盼子女学业有成,但自身的能力不足,在子女教育过程中无法参与,面对子女功课充满无力感。

> 体育考试中考,我们班基本上20多分,30分满分的人不多,20多

---

① 王芳.《小舍得》:"鸡娃"时代的主体性发展困境[J].学术月刊,2021(11):168-176.

分的很多都要补考。我们这边是没有什么家长陪跑的,都是老师自己每天早上中午陪着跑。(费老师,个案 17)

我现在也没多少工夫管他们,都是他妈妈管,家长会大部分是他妈妈来,我很少联系老师的,除了他的班主任,其他老师都不认识。他妈妈会给老师打打电话问问孩子的情况,也是有事情了问问,一般也不问。小儿子想抓成绩,我们也没能力啊,我是初中毕业,她妈妈小学毕业,功课辅导不了,也只能看看有没有做完,现在的知识就是高中生也不一定能辅导了,课程内容变化很大的。(屠师傅,个案 19)

我有两个孩子,大儿子现在上高二,女儿现在上初一。儿子成绩还好,女儿不行,心思不在学习上,有些东西你现在教了她,会了,但是相似类型的她遇到还是不会。我们平时也不怎么教她学习,我自己也没什么文化,而且以前学的东西,到现在都十多年了,基本也忘记了,想教她也教不了。我们没有给她请家教,两个孩子都没请。(方××,个案 11)

(二) 日常教育简单

虽然在城市家庭中"打骂"等教育方式逐渐被家长摒弃,但是农村父母在兼顾家庭与教育子女的过程中经常感到身心俱疲、无所适从;家庭经济社会地位的劣势,使得父母对子女产生强烈的亏欠感和负疚感,在子女教育过程中,一边是简单粗暴的教育方式,另一边是对孩子的溺爱。

因为我也很少和女儿沟通,有时候她说陪我说说话嘛,我觉得累了就说,"别说别说,我要睡觉啦,别吵别吵"。她有时候想跟我说话叫我陪她出去玩,我说"我累了没时间出去玩,让我休息一下,你一个人出去玩吧"。她本来很想和我说说心里话,我说打住打住,不要说不要说。她说谁谁谁,我说"你现在还小哦,不要谈恋爱哦,你现在谈恋爱我要打死你",我就吓她。她就说班里谁谁谁喜欢谁谁谁,我就说"你不要听这个话,你把书读好了就好啦。你把书读好啦工作找好啦什么样的男朋友都好找,你现在还小……"孩子犯错了,我有时会打她,我脾气暴躁,孩子爸爸也会打,有时候我说话,"说说说,好啦烦死啦",我说"你读不来书就是打工的料,下半年准备去哪里打工……"我不让她干活,我自己来做。我婆婆就说,这么大的人了还不让她洗个碗,嫁出去了就说你妈妈不让她干活,我说到时候她会洗的,她说疼小孩也不是这样疼的呀。她太小了,什么都不懂,连洗衣服都洗不来。我舍不得让她做家务,她也做不来,有时候她洗得不干净,我心里不舒服,就说,"你就坐在

那里玩,我来弄"。(李××,个案9)

农村家庭对子女教育,只能采取"松散型教养模式"由其自由成长。父母对子女玩手机、打游戏、谈恋爱、打架、骂人等问题往往无能为力、无可奈何;当孩子在物质上有所诉求时,尽全力满足,甚至为了管住孩子,给孩子买电脑,让其在家玩。

> 本来他们是在老家读书的,男孩子不好管,我父母根本管不了,就把他们带过来了。在家里的小孩子很多打游戏啊,打架啊,不回家,我这两个孩子还老实些,但是也不行,老人管不了。他要什么我们基本都会满足他,只要买得起。平时对他照顾也少,也只有买点他喜欢的东西了。家里买了台电脑,也不是为了学习,主要是为了不让他们去外面打游戏,自己在家里玩着,我们也能控制他们的时间,如果出去玩了,找也找不到人。我们打工的老乡很多小孩和我儿子这么大,初中没毕业就出去打工了,他有个同学,初二没读完也不读了。(屠师傅,个案19)

(三)家校合作缺席

现阶段,政府和学校不断要求家长参与到学校教育中,参与"家校合作",家长与学校积极联系,负责孩子课业辅导、特长培养等,与学校共同教育子女。但是,农村家长往往没有办法有效回应学校教育的要求,家校合作参与度低。一方面是,在城市化进程中,数千万的流动家庭因外出务工被迫与子女分离,面临着骨肉分离的问题;另一方面是农村家长能力有限,无法有效参与家校合作,与城市家长全方位参与子女教育形成鲜明对比的是,农村家长学校参与整体呈现退出状态。

> 公办学校和我们学校的家长也不一样的,公办学校你给家长发消息让配合检查作业,听写,家长都很配合的,但是这里的家长大部分都不理你,他们的意思是我们是交了钱的,交给你们钱,这些事情就得你们管。(李老师,个案16)

> 有时候有些家长很难沟通。以前有个家长,他就提了很多问题。他就是交了家校通短信平台几元钱一个月,6元的也有,8元的也有,他这个交了之后就觉得要充分利用,他要求老师把孩子每一节课的表现告诉他,一个老师教两个班,一个星期20节课,一天4节课,那4节课,100个孩子,一个家长发一次,那就得发100条,一天得发100条,这个

又不能群发,这个要针对你的孩子、他的孩子,所以不能群发。没办法,有时候有些家长很难沟通。如果是从整个比例来看,应该也不是很多,但是确实是有几个是比较集中的,像我谈的这个家长就是比较典型的。他每一个学期至少得有2次到3次来吵架,跟老师,包括跟我。当然我们不是说那种泼妇骂街的,我们是跟他讲道理,他整个人很激动,每一年都会有,因为他站在自己的立场上。(王校长,个案13)

我跟老师很少联系,因为我们女儿成绩不怎么好,有时候开家长会都是叫我老公去,我做兼职抽不了身,很少去,每次家长会都是我老公去,反正他回来了再跟我说几句。因为有一次是这样的,下雨了,我女儿忘记带雨披,淋着雨去学校,一身湿答答的。然后她老师给我打电话,让我送身换洗衣服。我请假给她把衣服送过去,那样子才看过老师一眼。我很少很少见她们老师。(李××,个案9)

农村家校互动的主要形式是家长会。家长会一般一学期召开一次,向家长通报一下本学期学生的成绩和遵守学校纪律的情况,对于农村家长而言,家长会成为他们了解子女学业状况的唯一途径。至于参与学校活动、参与家委会活动,农村家长少得可怜。

开家长会都是我老公去,因为我做兼职没时间去。我就去过一次她们学校,她在几班哪个教室我都搞不清楚,她班里多少人我也不知道。我儿子和女儿都不住校,都回家,一下课听说他们老师就发短信来,都发给我老公的,因为我老公管这么多事情。她爸爸认识的家长多,因为他去开家长会,就会说这是×××的家长,要到黑板上去那个的呀,有时候成绩不好,就会说这是谁谁的家长,×××(儿子名)×××(女儿名)的家长,要到黑板上去亮相,然后他回来时就会骂我,"你看,每次开家长都是我去的,妈妈根本没来过"。(李××,个案9)

我哥哥嫂子毕竟开店工作忙,也管不上。侄女是跟我住在一起,而且我的时间也会多一点,所以侄女的大部分学习都是我在管,开家长会都是我过去。去开家长会,她的每门老师基本上我都认识,英语老师接触得少些,其他老师都会去聊聊。晚自习19:50我去接孩子,他们老师刚好下课,碰到了,我就去和任课老师聊聊。聊个一两分钟,如果有什么问题,就会聊得久一点。如果没什么问题,就会问问小孩子最近作业完成怎么样啊,上课有没有认真听这样子的。(吴××,个案18)

家委会对于农村家长而言,有时候成为一个摆设,并不能发挥作用。

> 我们这边有家委会的,会找比较稳定一点,可能会稍微有文化,比较讲礼仪一点的家长。家委会成员和老师的联系也不是特别多,像个形式一样,如果有什么事也是让学生自己弄掉。是不是家委会成员跟孩子成绩没有多大关系。一般是成绩好一点的会跟老师联系比较多,和他是不是家委会的没有多大关系的。(费老师,个案17)

对于有不良行为的学生,尤其是在学生严重违反校纪校规的情况下,教师会联系家长到学校进行共同教育。当家长感到无计可施时,往往选择拒绝学校的"邀请",把教育子女的责任推给学校和教师,把教师当成管教孩子的"救命稻草"。

> 外地孩子的父母基本是不会主动和老师联系的,很多时候你联系他们,他们也没空理你。有个班主任给一个家长打电话,从早上一直打到晚上,人家就是不接,爸爸是开大货车的,没工夫接;妈妈没文化,在家里,你和她说,她也搞不清楚。有时候,班主任告状,家长也烦了。不少家长是外地来这里做生意的,还有些是暴发户,他们就想着孩子能把家业继承过去就行,读书好不好没关系,只要孩子不闹事,在学校里待着就可以。还有些家长他们也是没有能力管孩子,你让他来,让他多管管孩子,他也只会说,"我不识字,我管不了"。(陈老师,个案4)

本章主要对家庭社会资本介入教育的基础和形式进行阐述。首先,分析家庭社会资本教育介入的社会文化基础。中华人民共和国成立后,不同阶段家庭资本在子女教育获得中的影响不同,家庭社会资本教育介入也呈现阶段性的特点。不同的作用和模式由众多的社会、文化、心理基础决定。中国传统的推崇社会流动、重视教育价值、重视家庭责任家风家训建设是家庭社会资本介入的文化基础;教育不平等带来的教育焦虑是家庭社会资本介入的心理基础。其次,分析家庭社会资本教育介入的形式:教育选择。重点讨论城乡家庭在学校质量选择、"影子教育"参与、初中后教育中的选择模式及差异。最后,讨论家庭社会资本教育介入的形式:家长参与。在"密集养育"与"母职兴起"的时代背景下,城乡家庭面临着共同的教育压力,面对教育压力,城市家庭采取"密集养育"而农村家庭更多采取"松散型教养模式"。

第五章　社会闭合与教育获得

科尔曼强调社会闭合的作用,虽然家庭社会经济地位与学业成绩间有强烈的正相关性,但其影响并不是简单、直接的,而是需要通过家长参与、互动的中介效应才能发生作用。[①]　而父母参与、代际闭合等很大程度上在社会经济地位对学习成绩的影响中起中介作用,社会闭合是家庭背景转化成子女学业成就的重要社会资本。研究显示,与孩子讨论学校相关事宜能显著影响其学业成绩的提高[②],有效的亲子沟通可以增强儿童教育期望、学业自信和学业参与[③],并能帮助子女提高学业成绩[④];但也有研究发现,父母直接的学业参与(如直接监督和指导孩子功课)对学业成绩有显著负效应。父母关心孩子的学校生活、参与学校活动的,这对于处于劣势环境的孩子在学校的成功更为重要。[⑤]　本章主要回答以下几个问题:社会闭合中的家长参与、亲子沟通、代际闭合对子女学业教育获得有何影响? 社会闭合中的代际闭合对子女学业教育获得影响如何? 在城乡四组青少年教育获得中,家长参与、代际闭合的作用有何异同?

第一节　家长参与、代际闭合城乡比较

在教育问题研究中,家长参与对孩子学业成就的影响的重要作用一直

①　Sewell W H, Hauser R M. Causes and Consequences of Higher Education: Models of the Status Attainment Process[J]. American Journal of Agricultural Economics, 1972, 54(5): 851-861.
②　Sui-Chu E H, Willms J D. Effects of Parental Involvement on Eighth-Grade Achievement[J]. Sociology of Education, 1996: 126-141.
③　安雪慧.教育期望、社会资本与贫困地区教育发展[J].教育与经济,2005(04): 31-35.
④　Bailey R. Physical Education and Sport in Schools: a Review of Benefits and Outcomes[J]. Journal of School Health, 2006, 76(8): 397-401.
⑤　Kerbaiv D, Bernhardt A. Parental Intervention in the School: the Context of Minority Involvement [M]//Parents, Their Children, and Schools. Routledge, 2018: 115-146.

被关注①,家长参与被认为是强调教育重要性的主要手段。不同社会阶层,在家长参与的各个层面存在差异,诸如:有较高社会经济地位的父母会更积极地参与子女的学习;②美国亚裔父母对子女学习的参与率远低于白人父母③,中国父母由于不熟悉子女功课加之工作繁重,他们更多地给子女安排课外活动。但是也有研究认为不同阶层的父母在对子女学习的参与程度上实际差异并不大。④ 本节就对城乡家庭家长参与进行比较。

一、家长参与城乡比较

(一) 父母学业参与

科尔曼认为父母或者家庭中其他成年人对子女成长的关注和对子女的时间、精力投入是儿童成长过程中至关重要的社会资本。⑤ 家长学业参与中关于"你的学习谁管得多"这个问题,回答母亲管得多的占 46.8%,父亲管得多的占 21.5%,表示一样多的占 27.4%,值得注意的是,也有 2.8% 的表示父亲、母亲都不管。分组比较发现,虽然在城乡家庭中子女学习管理者大多是母亲,但是城乡组间仍有显著差异。在省外流动家庭中,父亲参与的比例和母亲接近,而在城市一般、农村一般家庭中,均是母亲参与子女学业管理的比例远远高于父亲(见表 5-1)。

表 5-1　家长对孩子学习管理情况

	父亲管得多/%	母亲管得多/%	一样多/%	都不管或其他人/%	N
城市一般	17.5	53.8	25.8	2.9	240
农村一般	15.9	51.4	27.9	4.8	358
省内流动	26.0	43.2	24.9	5.9	169
省外流动	33.0	32.4	30.9	3.7	188

$\chi^2 = 36.854$　$P = 0.000$

① Fan X. Parental Involvement and Students' Academic Achievement: a Growth Modeling Analysis [J]. Journal of Experimental Education, 2001, 70(1): 27-61.

② Horvat E M, Weininger E B, Lareau A. from Social Ties to Social Capital: Class Differences in the Relations Between Schools and Parent Networks[J]. American Educational Research Journal, 2003, 40(2): 319-351.

③ Goyette K, Xie Y. Educational Expectations of Asian American Youths: Determinants and Ethnic Differences[J]. Sociology of Education, 1999: 22-36.

④ Sui-Chu E H, Willms J D. Effects of Parental Involvement on Eighth-Grade Achievement[J]. Sociology of Education, 1996: 126-141.

⑤ Coleman J S, Farraro T J. Rational Choice Theory: Advocacy and Critique[M]. CA: Sage Publications, Inc, 1992.

　　"监督学习"和"指导功课"是父母学业参与的重要模式,有 28.9% 的被调查者表示父母"几乎每天"监督学习,"没有"监督学习的占比为 17.2%;从"指导功课"状况来看,有 6.1% 的家长"几乎每天"指导子女功课,而"没有"的占比 57.9%,该比例远远高于父母没有"监督学习"的比例。笔者认为两种学业参与模式上的差异,反映出几个问题:第一,家长对子女学习高度重视,但到了初中阶段,父母所学知识已经无法为孩子学业提供辅导,只有少部分家长还能辅导子女学业;第二,虽然受有限的人力资本限制,很多家长在无力指导功课后,以"监督者"的身份参与子女学习;第三,孩子们的学习主动性、自主性不足,父母"两三天一次""几乎每天"监督学习的占 44.6%(见表 5-2)。

表 5-2　父母学业参与状况

	没有 /%	一个月以上 /%	半个月左右一次/%	一个星期一次 /%	两三天一次 /%	几乎每天 /%	N
监督学习	17.2	8.0	6.7	23.5	15.7	28.9	1 064
指导功课	57.9	11.0	6.1	11.2	7.7	6.1	1 066

　　两两组间比较发现,在监督学习上,城市一般和农村三组间的差异显著,农村三组在学业监督上,显著少于城市家庭;省外流动和城市一般、农村一般存在显著差异,省外流动显著低于农村一般和城市一般,和省内流动差异不显著;农村一般组显著低于城市一般,高于省外流动组,和省内流动组差异不显著(见表 5-3)。

表 5-3　父母监督学习比较

I	J	均值差($I-J$)	标准误	P
城市一般	农村一般	0.468 ***	0.142	0.006
	省内流动	0.520 **	0.178	0.022
	省外流动	0.860 ***	0.160	0.000
省内流动	城市一般	-0.520 **	0.178	0.022
	农村一般	-0.052	0.163	1.000
	省外流动	0.340	0.179	0.302

I	J	均值差($I-J$)	标准误	P
省外流动	城市一般	−0.860***	0.160	0.000
	农村一般	−0.392**	0.143	0.038
	省内流动	−0.340	0.179	0.302

注1: 由于农村一般与城市一般、省内流动、省外流动三组的差异均不显著,故在表格中不列出。类似情况均作此类处理。

注2: *表示$P<0.1$,**表示$P<0.05$,***表示$P<0.01$。下同。

在指导功课上,城市一般显著高于农村一般和省外流动,与省内流动组不存在显著差异(见图5-4);农村一般显著少于城市一般,但是和省内流动、省外流动的差异并不显著;省内流动组和其他组间差异均不显著;省外流动和城市一般差异显著,和其他组并不显著。即,城市一般显著高于农村一般和省外流动,省内流动并不显著低于城市一般家庭。

表5-4 父母指导功课比较

I	J	均值差($I-J$)	标准误	P
城市一般	农村一般	0.553***	0.144	0.001
	省内流动	0.292	0.173	0.444
	省外流动	0.500***	0.151	0.006

注: 差异不显著的,表格中不予列出,下同。

（二）亲子沟通

家长参与和儿童亲社会行为密切相关,良好的亲子沟通,可以促进儿童亲社会行为的发展,良好的亲子交流可以降低儿童违纪和犯罪行为,帮助子女形成亲社会行为。[1] 调查显示,有23.2%的父母"几乎每天"会和孩子"讨论学校发生的事情","两三天一次"的占19.3%;有13.6%的父母"几乎每天"会和孩子讨论有关未来生活的话题,"两三天一次"的占比16.2%(见表5-5)。

---

[1] Burk W J, Laursen B. Mother and Adolescent Reports of Associations Between Child Behavior Problems and Mother-Child Relationship Qualities: Separating Shared Variance from Individual Variance[J]. Journal of Abnormal Child Psychology, 2010, 38(5): 657−667.

表5-5　亲子沟通状况

	没有/%	一个月以上一次/%	半个月左右一次/%	一个星期一次/%	两三天一次/%	几乎每天/%	N
讨论学校发生的事情	14.8	9.9	8.0	24.8	19.3	23.2	1 063
讨论我的未来生活	11.8	20.6	17.3	20.5	16.2	13.6	1 065

对父母和子女"讨论学校发生的事情"进行分组比较发现,城市一般显著高于农村一般和省外流动,城市一般与省内流动不存在显著差异;农村一般显著低于城市一般,但是和省内流动、省外流动的差异均不显著;省外流动和城市一般组差异显著,和其他组并不显著;省内流动和其他组间差异均不显著。即,城市一般家庭在"讨论学校发生的事情"上显著高于农村一般和省外流动,城市一般并不优于省内流动;农村三组间的差异并不显著。"讨论我的未来生活"分组比较发现,四组组间差异不显著(见表5-6)。

表5-6　讨论在学校发生的事情

I	J	均值差$(I-J)$	标准误	P
城市一般	农村一般	0.409**	0.140	0.021
	省内流动	0.335	0.170	0.264
	省外流动	0.514***	0.154	0.005

对朋友关系的亲子交流进行比较发现,四组不同类型的家庭中亲子交流朋友关系频率也不高,"偶尔"交流在四组中都超过50%,"经常"交流在25%以上。从四组比较来看,城市一般家庭亲子交流朋友关系状况最好,"经常"交流占39.81%,"偶尔"为52.13%,从不为8.06%;省外迁徙家庭和农村一般家庭沟通朋友关系状况都不是很好,"从不"均在14.0%以上(见表5-7)。

对师生关系的亲子交流进行比较发现,四组不同类型的家庭中子女和父母交流在校师生关系的频率不高,但是要高于交流朋友关系和学校事情。"偶尔"交流在四组中都超过45%,"经常"交流在35%以上。四组比较来看,城市一般家庭亲子交流师生关系状况最好,"经常"交流占 44.44%,"偶尔"为 47.84%,"从不"为 7.72%;省外迁徙家庭和农村一般家庭沟通师生关系状况都不是很好,"从不"均在 12.0% 以上,省内流动家庭的沟通状况介于其他三组之间(见表 5 – 8)。

表 5 – 7　亲子交流:朋友关系

	从不/%	偶尔/%	经常/%	N
农村一般	14.16	58.43	27.41	7 621
城市一般	8.06	52.13	39.81	7 073
省内流动	11.28	57.56	31.16	780
省外流动	14.58	55.72	29.70	1 118
合　　计	11.20	55.36	33.44	16 592

$$\chi^2 = 364.310\,3 \quad P = 0.000$$

表 5 – 8　亲子交流:师生关系

	从不/%	偶尔/%	经常/%	N
农村一般	12.36	50.63	37.01	7 620
城市一般	7.72	47.84	44.44	7 068
省内流动	9.33	48.98	41.69	782
省外流动	12.58	51.29	36.13	1 121
合　　计	10.10	49.24	40.66	16 591

$$\chi^2 = 170.567\,8 \quad P = 0.000$$

对子女和父母交流心情或烦恼的状况进行比较发现,子女和父母交流心情或烦恼的频率较高,"经常"交流在 30% 以上,城市一般家庭的沟通频率超过了 45%,"偶尔"为 44.66%,"从不"为 9.52%;农村一般家庭在亲子心情烦闷沟通上频率最低,"经常"为 33.95%,"偶尔"为 48.95%,而"从不"为 17.10%。省外迁徙家庭和省内流动家庭的沟通状况要优于农村一般家庭(见表 5 – 9)。

表 5 - 9　亲子交流：心情或烦恼

	从不/%	偶尔/%	经常/%	N
农村一般	17.10	48.95	33.95	7 622
城市一般	9.520	44.66	45.82	7 080
省内流动	14.84	49.87	35.29	782
省外流动	15.90	48.30	35.80	1 120
合　　计	13.40	47.21	39.39	16 604

$$\chi^2 = 471.152\ 6 \quad P = 0.000$$

二、代际闭合城乡比较

父母参与学校事务，这是最常见的家校沟通形式，也是校方最依赖的形式；家长与其他孩子家长、老师间的代际闭合可以形成一种支持性社群，有利于各种教育信息交流、传递，从而可以监督鼓励和促进学生更有效地学习；[1]参与学校事务（诸如参与家长会、在学校教学活动中当志愿者等）和在家对子女学业辅导的结合模式能促进子女的学业表现。[2] 相同社区（或家庭）的社会交往中儿童的友谊或伙伴关系有父母卷入时，即儿童认识父母的朋友，或儿童认识朋友的父母可能促进代际闭合的产生。[3] 本节从家校联系方式、校园活动参与、校园人际网络等层面讨论城乡家庭代际闭合的状况。

（一）家校联系方式

关于家长与学校的联系方式，调查显示，打电话是父母联系学校老师的最主要方法，占 79.1%，其次是参加家长会，占 60.5%，再次是发短信，占 28.6%，网络工具占 15.8%，而其他方式的家校联系都比较少。每个家庭以 1.93 种方式联系学校（见表 5 - 10）。

---

① Coleman J S. Foundations of Social Theory[M]. Harvard University Press, 1990.

② Epstein J L. Perspectives and Previews on Research and Policy for School, Family, and Community Partnerships[J]. Family-School Links: How Do They Affect Educational Outcomes, 1996, 209: 246.

③ Coleman J S. Social Capital in the Creation of Human Capital[J]. American Journal of Sociology, 1988, 94: S95 - S120.

表 5 - 10　家校联系方式

	N	响应百分比/%	个案百分比/%
家长会	632	31.2	60.5
家长信	69	3.4	6.6
打电话	827	40.9	79.1
发短信	299	14.8	28.6
网络工具(微信等)	165	8.2	15.8
学校志愿活动	20	1.0	1.9
其　　他	12	0.5	1.2
合　　计	2 024	100.0	193.7

卡方检验发现,在多种家校联系方式中,参加家长会($X^2 = 6.284, P = 0.099$)、使用网络工具($X^2 = 43.788, P = 0.000$)和参加学校志愿活动($X^2 = 6.428, P = 0.093$)等方式存在显著差异,而其他方式差异不显著。城市家长在参加家长会、使用网络工具等方式上均高于其他群体。省外流动家庭参加家长会的比例最低,农村一般家庭在使用网络工具和参加学校志愿活动上的比例都低于其他群体(见表 5 - 11)。

表 5 - 11　家校联系方式分组比较(%)

	家 长 会	网络工具	参加学校志愿活动
城市一般	65.3	28.9	3.5
农村一般	60.0	10.1	0.6
省内流动	63.1	18.9	2.3
省外流动	55.0	10.9	2.2

为了更具体地了解家校联系状况,笔者对家长参加孩子家长会的状况进行了调查。调查显示,68.9%的家长开家长会的时候"每次都去",18.3%的"大部分都去",6.7%的"有时间去,没时间不去",4.3%的"很少去",1.8%的"都不去"。分组比较发现,在家长会的参与状况上,城市一般家庭参与率最高,省内流动家庭其次,省外流动家庭参与度最低(见表 5 - 12)。

表 5 - 12　参与家长会状况(%)

	每次都去	大部分都去	有时间去,没时间不去	很少去	都不去
城市一般	75.5	13.9	3.8	3.8	3.0
农村一般	67.4	20.6	5.3	5.6	1.1
省内流动	75.3	14.6	6.2	2.8	1.1
省外流动	61.2	21.5	11.3	3.9	2.1
合　计	68.9	18.3	6.7	4.3	1.8

$$X^2 = 30.281 \quad P = 0.003$$

（二）校园活动参与

比较家长校园活动参与状况发现,不同维度的学校活动,家长参与状态不同。41.5%的父母会比较多(含"经常"和"比较多",下同)地向老师了解孩子的学习情况,19.0%的家长比较多地和孩子同学家长联系,10.1%的家长比较多地参与学校志愿活动,17.6%的家长比较多地参与孩子班级、学校活动,9.1%的家长比较多地给老师教学和管理提意见和建议,7.2%的家长比较多地给学校发展提意见、建议,43.4%的家长比较多地关注当地的招生政策(见表 5 - 13)。

表 5 - 13　家校联系状况(%)

	从来不	很少	一般	比较多	经常
向老师了解孩子的学习情况	3.8	23.2	31.5	28.3	13.2
和孩子同学的家长联系	18.4	39.7	23.0	14.4	4.6
参加学校的志愿活动	30.9	39.9	19.1	7.9	2.2
参加孩子班级、学校活动	23.2	34.9	24.3	12.1	5.5
给老师教学管理提意见、建议	30.7	39.0	21.2	7.8	1.3
给学校发展提意见、建议	36.4	38.4	18.0	6.1	1.1
关注当地招生政策	10.9	19.5	26.2	21.2	22.2

方差分析发现,家长在校园活动参与上,向老师了解孩子的学习情况($F = 2.017, sig = 0.110$),和孩子同学的家长联系($F = 9.321, sig = 0.000$),参加学校的志愿活动($F = 5.530, sig = 0.001$)参加孩子班级、学校活动($F = 10.219, sig = 0.000$),给老师教学管理提意见、建议($F = 4.421, sig = 0.004$),

给学校发展提意见、建议($F=2.825,sig=0.038$),关注当地招生政策($F=9.535,sig=0.000$)等存在显著差异。

"向老师了解孩子的学习情况"两两组间比较发现,城市一般和省外流动存在显著差异,其他各组间的差异不显著(见表 5 - 14)。

表 5 - 14　向老师了解孩子的学习情况分组比较

I	J	均值差($I-J$)	标准误	P
城市一般	农村一般	0.172	0.092	0.063
	省内流动	0.150	0.109	0.167
	省外流动	0.232*	0.097	0.017

"参加孩子班级、学校活动"两两比较发现,城市一般显著优于农村一般和省外流动;省内流动和农村一般差异显著;省外流动和城市一般差异显著;农村一般和城市一般,省内流动差异显著。在父母子女学校活动参与上,省外流动相对于城市一般和省内流动的劣势明显,但省内流动则较城市一般差,但是优于省外流动和农村一般(见表 5 - 15)。

表 5 - 15　参加孩子班级、学校活动分组比较

I	J	均值差($I-J$)	标准误	P
城市一般	农村一般	0.504***	0.097	0.000
	省内流动	0.217	0.114	0.057
	省外流动	0.416***	0.102	0.000
省内流动	城市一般	−0.217	0.114	0.057
	农村一般	0.287***	0.104	0.006
	省外流动	0.199	0.109	0.067
省外流动	城市一般	−0.416***	0.102	0.000
	农村一般	0.088	0.091	0.333
	省内流动	−0.199	0.109	0.067

在"给老师教学管理提意见、建议""给学校发展提意见、建议"以及"关注当地招生政策"上,农村一般和其他三组的差异均显著,而其他组间的差异均不显著。即,农村一般家庭在给老师提意见,给学校提意见上显著少于

其他组,省内流动和省外流动在这个问题上均高于农村一般,但是其他组间无显著差异(见表5-16)。

表5-16 参与学校教学分组比较

给老师教学管理 提意见、建议		均值差($I-J$)	标准误	P
农村一般	城市一般	-0.190 **	0.084	0.024
	省内流动	-0.185 **	0.090	0.039
	省外流动	-0.273 ***	0.078	0.001

给学校发展提 意见、建议		均值差($I-J$)	标准误	P
农村一般	城市一般	-0.148	0.081	0.070
	省内流动	-0.137	0.088	0.117
	省外流动	-0.214 ***	0.076	0.005

关注当地招生政策		均值差($I-J$)	标准误	P
农村一般	城市一般	-0.469 ***	0.111	0.000
	省内流动	-0.328 ***	0.122	0.007
	省外流动	-0.530 ***	0.116	0.000

对"参加学校志愿活动"组间两两比较发现,农村一般和城市一般、省内流动、省外流动三组差异显著;其他组间差异不显著。在家长学校志愿活动参与上,随迁家庭明显优于农村家庭,而随迁家庭和城市家庭间并不显著存在差异(见表5-17)。

表5-17 参加学校志愿活动分组比较

I	J	均值差($I-J$)	标准误	P
农村一般	城市一般	-0.338 ***	0.086	0.000
	省内流动	-0.218 **	0.093	0.019
	省外流动	-0.188 **	0.081	0.020

对"和孩子同学的家长联系"组间比较发现,城市一般和农村三组的差异显著;农村一般组和省外流动组的差异不显著;省内流动和城市一般,农

村一般及省外流动的差异显著;省外流动和城市一般、省内流动差异显著。在和孩子同学家长联系上,城市家庭优于农村家庭,省外流动相对于城市一般和省内流动存在明显劣势,而省内流动则较农村一般、省外随迁均有优势(见表5-18)。

表5-18 和孩子同学的家长联系分组比较

I	J	均值差($I-J$)	标准误	P
城市一般	农村一般	0.435***	0.093	0.000
	省内流动	0.218**	0.109	0.046
	省外流动	0.438***	0.098	0.000
省内流动	城市一般	−0.218**	0.109	0.046
	农村一般	0.217**	0.100	0.030
	省外流动	0.220**	0.104	0.035
省外流动	城市一般	−0.438***	0.098	0.000
	农村一般	−0.003	0.087	0.972
	省内流动	−0.220**	0.104	0.035

总体来看,在父母校园活动参与上,城市家庭优于农村家庭,但是随迁家庭的状况并不能一概而论,省内迁徙家庭在很多方面都优于农村一般家庭;而省外迁徙家庭在四组比较中处于劣势地位。

(三)校园人际网络

从家长和教师、其他家长等之间构建的校园人际网络来看,67.3%的家长熟悉(含非常熟悉和比较熟悉,下同)孩子的班主任,42.8%的家长熟悉孩子的任课老师,16.8%的家长熟悉孩子所在学校的校领导,24.9%的家长熟悉孩子同班好友的父母,15.7%的家长熟悉家委会成员,41.6%的家长熟悉孩子的好朋友。在校园人际网络中,家长对其熟悉程度由高到低依次是孩子的班主任、任课教师、好朋友、好友父母,学校领导和家委会成员(见表5-19)。

方差分析发现,在校园人际网络上,家长对孩子的班主任、孩子所在学校领导的熟悉情况不存在显著差异;而在孩子任课教师($F=4.205$, $sig=0.006$)、孩子好朋友($F=7.929$, $sig=0.000$)、孩子同班好友父母($F=11.733$, $sig=0.000$)以及家委会成员($F=5.863$, $sig=0.001$)间均存在显著差异。

表5-19 家长校园人际网络状况(%)

	不认识	比较陌生	一般	比较熟悉	非常熟悉
孩子的班主任	0.9	3.4	28.3	39.5	27.9
孩子的任课教师	2.6	10.9	43.7	32.4	10.4
所在学校的校领导	11.5	28.2	43.5	13.2	3.6
孩子同班好友的父母	10.0	19.5	45.6	20.1	4.8
家委会成员	23.7	25.3	35.3	11.8	3.9
孩子的好朋友	3.7	10.7	44.0	31.8	9.8

　　两两组间比较发现,对孩子的任课教师的熟悉程度,城市一般和农村一般、省外流动存在显著差异,和省内流动差异不显著;省内流动和农村一般、省外流动差异显著;省外流动和城市一般、省内流动差异显著。农村一般、省外流动家庭对任课教师的熟悉程度显著低于城市一般,省内流动家庭对任课教师的熟悉程度显著高于农村一般和省外流动,但是省内流动和城市一般的差异不显著。对孩子任课教师的熟悉程度呈现城乡之别和省内外的差异(见表5-20)。

表5-20 孩子的任课老师熟悉程度分组比较

I	J	均值差($I-J$)	标准误	P
	农村一般	0.212 ***	0.078	0.007
城市一般	省内流动	0.016	0.092	0.859
	省外流动	0.219 ***	0.083	0.009
	城市一般	−0.016	0.092	0.859
省内流动	农村一般	0.196 **	0.084	0.020
	省外流动	0.203 **	0.089	0.023
	城市一般	−0.219 ***	0.083	0.009
省外流动	农村一般	−0.007	0.075	0.923
	省内流动	−0.203 **	0.089	0.023

　　孩子好友的熟悉状况,城市一般和农村一般、省外流动差异显著;省内流动和省外流动差异显著;省外流动和城市一般、省内流动差异显著。即,

在孩子好友的熟悉状况上,城市组显著优于其他农村组;省外流动显著低于城市一般和省内流动,省内流动显著低于城市一般、高于省外流动;省外流动、省内流动和农村一般的差异不显著(见表5-21)。

表5-21 孩子好友的熟悉状况分组比较

I	J	均值差($I-J$)	标准误	P
城市一般	农村一般	0.311***	0.079	0.000
	省内流动	0.175	0.094	0.062
	省外流动	0.380***	0.085	0.000
省内流动	城市一般	−0.175	0.094	0.062
	农村一般	0.137	0.086	0.111
	省外流动	0.205**	0.091	0.024
省外流动	城市一般	−0.380***	0.085	0.000
	农村一般	−0.069	0.076	0.368
	省内流动	−0.205**	0.091	0.024

父母对孩子好友的熟悉状况分组比较发现,城市一般和其他农村三组的差异均显著,农村一般、省内流动,省外流动三组之间的差异均不显著。城市家庭显著优于农村家庭,其他农村三组间差异不显著(见表5-22)。

表5-22 孩子好友的父母熟悉状况分组比较

I	J	均值差($I-J$)	标准误	P
城市一般	农村一般	0.405*	0.081	0.000
	省内流动	0.329*	0.094	0.003
	省外流动	0.506*	0.091	0.000
省内流动	城市一般	−0.329*	0.094	0.003
	农村一般	0.075	0.089	0.952
	省外流动	0.177	0.098	0.357
省外流动	城市一般	−0.506*	0.091	0.000
	农村一般	−0.102	0.085	0.795
	省内流动	−0.177	0.098	0.357

家委会成员的熟悉状况分组比较发现,城市一般和农村三组均存在显著差异,对家委会成员的熟悉程度显著高于其他三组,其他组间的差异并不显著。就是说随迁家庭在家委会成员熟悉程度上,显著低于城市家庭,但是与农村一般家庭无显著差异(见表5-23)。

表5-23 家委会成员的熟悉状况分组比较

	I	J	均值差(I−J)	标准误	P
		农村一般	0.309***	0.094	0.001
	城市一般	省内流动	0.263**	0.111	0.018
		省外流动	0.405***	0.101	0.000

第二节 家长参与、代际闭合与学业状况

大量研究认为,家长参与、代际闭合影响子女的学业状况,本节主要讨论家长参与、代际闭合在城乡青少年教育获得中的作用大小以及作用路径。

一、家长参与、代际闭合与学业状况模型

将代际闭合、家长学业参与和亲子沟通、学业参与、学业成绩等潜变量纳入模型,根据模型拟合状况,删除不显著的路径,得到模型如图5-1所示。

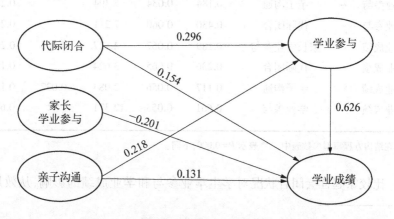

图5-1 家长参与、代际闭合与学业状况模型

从模型拟合状况来看,模型适配度非常高,模型拟合状况非常好。[1] 对路径系数或载荷系数进行统计显著性检验。亲子沟通对子女学业参与的非标准化系数估计值为 0.184,估计值的标准误差为 0.034,临界比值为 5.394,$p <$ 0.001,亲子沟通对子女学业参与有显著影响;代际闭合对学业参与、学业参与对学业成绩、代际闭合对学业成绩有显著影响,p 值均小于 0.001;家长学业参与对子女学业成绩、亲子沟通对学业成绩这两条路径在 $p < 0.05$ 的水平上显著。

标准化路径系数代表共同因素对测量变量的直接影响。亲子沟通与学业参与的路径系数为 0.218,说明亲子沟通对学业参与的直接效果为 0.218,其预测力为"0.218×0.218≈4.8%"(下同),以亲子沟通预测学业参与可以消减 4.8%的误差;代际闭合与学业参与的路径系数为 0.296,按同样的计算方法,以家庭代际闭合状况预测学生的学业参与状况可以消减 8.8%的误差;家长学业参与与学业成绩的路径系数为-0.201,以家长学业参与预测子女学业成绩可以消减 4.0%的误差;且方向为负,即家长参与每增加一个单位,则子女学业成绩下降一个标准单位,家长学业参与越多,子女学业成绩越差;代际闭合与学业成绩的路径系数为 0.154,以代际闭合状况预测学生学业成绩可以消减 2.4%的误差;亲子沟通与学业成绩的路径系数为 0.131,以亲子沟通状况预测子女学业成绩可以消减 1.7%的误差;学业参与和学业成绩的路径系数为 0.626,以学生学业参与状况预测学业成绩状况可以消减 39.2%的误差(见表 5 - 24)。

表 5 - 24　家长参与、代际闭合与学业状况模型参数

			估计值	标准误	临界比率	P	β系数
学业参与	←	亲子沟通	0.184	0.034	5.394	***	0.218
学业参与	←	代际闭合	0.430	0.060	7.211	***	0.296
学业成绩	←	家长学业参与	-0.189	0.067	-2.827	0.005	-0.201
学业成绩	←	代际闭合	0.236	0.065	3.624	***	0.154
学业成绩	←	亲子沟通	0.117	0.056	2.084	0.037	0.131
学业成绩	←	学业参与	0.661	0.053	12.371	***	0.626

注:在结构方程模型参数表中,*** 表示 $P = 0.000$,下同。

比较家庭社会闭合状况对学生学业参与和学业成绩的影响,从效用的

---

[1] 受篇幅限制,模型拟合状况略。下同。

大小、方向和作用路径来看：家庭社会闭合状态通过不同的路径、在不同的水平影响子女的学业参与和学业成绩。对学业参与的影响，亲子沟通对学业参与有 0.218 的总效用，均为直接效用；家长学业参与对子女学业参与没有直接或间接影响；代际闭合对子女学业参与的总效用为 0.296。代际闭合大于亲子沟通，更好的代际闭合状况能更有效地促进子女的学业参与；家长参与的亲子沟通对学业参与有一定的影响，而父母学业参与对子女学业参与影响不显著。

对学业成绩的影响，家长学业参与对其有直接的负向影响，而代际闭合和亲子沟通都是通过学业参与的部分中介作用在起作用。代际闭合对子女学业成绩影响的总效用为 0.340，其中直接效用为 0.154，间接效用为 0.185；亲子沟通对子女学业成绩影响的总效用为 0.267，小于代际闭合的影响，其中直接效用为 0.131，间接效用为 0.137。间接效用略大于直接效用（见表5－25）。

表 5－25 家长参与、代际闭合与学业状况模型效用分布

			总 效 用	直接效用	间接效用
学业参与	←	亲子沟通	0.218	0.218	—
学业成绩	←	亲子沟通	0.267	0.131	0.137
学业参与	←	家长学业参与	—		
学业成绩	←	家长学业参与	−0.201	−0.201	
学业参与	←	代际闭合	0.296	0.296	
学业成绩	←	代际闭合	0.340	0.154	0.185
学业成绩	←	学业参与	0.626	0.626	—

在模型中，代际闭合状态比父母参与状况（学业参与和亲子沟通）对学业状况影响更大；从作用路径来看，社会闭合状况通过子女学业参与的部分中介作用影响学业成绩，学业参与状况对学业成绩有近 40% 的预测力。社会闭合的各个层面对子女教育状况的影响不同，在模型中，代际闭合对子女学业状况影响最大，其次是亲子沟通。在方向上，代际闭合、父母沟通对子女的学业成绩有的正向影响，而父母学业参与则为负向影响。笔者认为出现这种情况的原因在于，在初中阶段，父母对子女的辅导能力有限，有可能存在负向选择，负向选择在后面讨论。而通过学业代际闭合形成的良好的学习氛围则对子女学业有更大影响。

综上，可以得出：父母学业参与对子女教育获得有负向影响，父母学业

参与越多子女学业状况越糟糕;良好的亲子沟通对子女教育获得有正向影响,亲子沟通状况越好,子女的教育获得状况越好。代际闭合能促进子女的学业参与和学业成绩。具体表现为:代际闭合状况越好,子女学业参与越多;代际闭合状况越好,学业成绩越好。

二、分组比较

家庭社会闭合状态对子女学业状况的影响路径、大小和方向在不同儿童组间是否一致? 不同状态的儿童,其城乡分布和是否受流动影响? 接下来对四组儿童的情况展开比较。

（一）城市一般

将城市儿童样本纳入模型,并进行模型修正,得到家长参与、代际闭合与学业状况(城市一般)模型(见图5-2)。

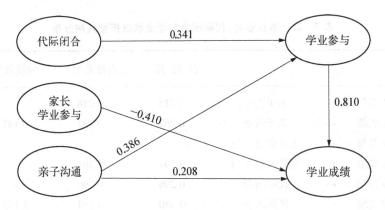

图5-2　家长参与、代际闭合与学业状况(城市一般)模型

亲子沟通对子女学业参与等四条路径的路径系数在 $P<0.001$ 的水平上显著;家长学业参与对子女学业成绩的路径系数 $P<0.01$,亲子沟通对学业成绩的路径系数 $P<0.1$,亲子沟通对学业成绩的路径处于临界显著。从标准化回归系数来看,代际闭合与学业参与的直接效果值为0.341,其预测力为 $0.341×0.341≈0.116$,以家庭代际闭合状况预测学生的学业参与状况可以消减11.6%的误差;亲子沟通与学业参与的路径系数为0.386,以亲子沟通状况预测学业参与状况可以消减14.9%的误差;家长学业参与对学生学业成绩的路径系数为-0.410,以家长学业参与预测子女的学业成绩状况可以消减16.8%的误差,且因为方向为负,说明家长学业参与越多,子女的学业成绩越差;学业参与和学业成绩的路径系数为0.810,以学生学业参与状况预测学业成绩状况可以消减65.6%的误差;亲子沟通对学业参与的标准化

回归系数为 0.208,即以亲子沟通对学业参与进行预测能消减 4.3% 的误差(见表 5-26)。

表 5-26　家长参与、代际闭合与学业状况(城市一般)模型参数

			估计值	标准误	临界比率	P	β 系数
学业参与	←	亲子沟通	0.237	0.061	3.883	***	0.386
学业参与	←	代际闭合	0.392	0.109	3.597	***	0.341
学业成绩	←	家长学业参与	-0.394	0.135	-2.916	0.004	-0.410
学业成绩	←	学业参与	1.340	0.278	4.825	***	0.810
学业成绩	←	亲子沟通	0.211	0.126	1.675	0.094	0.208

在城市一般家庭中,家庭社会闭合状态中的代际闭合和父母参与均对子女的学业参与和学业成绩有显著影响。对路径做检验,发现除了亲子沟通对学业成绩的路径的标准化直接效用未通过检验外,其他路径的标准化直接效用、间接效用及总效用均显著。由此可以得出,代际闭合、亲子沟通均通过子女的学业参与的完全中介作用影响子女的学业成绩,方向为正;而家长的学业参与对子女的学业参与影响不显著,但是直接对子女的学业成绩有负向的影响,学业参与状况大大地影响子女的学业成绩。

比较城市一般模型中,家庭社会闭合对子女教育获得的影响,发现不同于基本模型中,代际闭合影响大于其他潜变量的状况,在城市一般儿童中,亲子沟通对子女学业参与和学业成绩的作用均大于代际闭合和家长学业参与。亲子沟通对子女学业参与的总效用为 0.386,大于代际闭合对学业参与的 0.341;由于直接效用不显著,亲子沟通对学业成绩的总效用为 0.312,均为间接效用,大于代际闭合对学业成绩的 0.276,小于家长学业参与对子女学业成绩的效用绝对值 0.410(见表 5-27)。

表 5-27　家长参与、代际闭合与学业状况(城市一般)模型效用分布

			总效用	P	直接效用	P	间接效用	P
学业参与	←	亲子沟通	0.386	0.001	0.386	0.001	—	—
学业成绩	←	亲子沟通	0.520	0.001	0.208	0.110	0.312	0.001
学业成绩	←	家长学业参与	-0.410	0.002	-0.410	0.002		

续表

			总效用	P	直接效用	P	间接效用	P
学业参与	←	代际闭合	0.341	0.001	0.341	0.001	—	—
学业成绩	←	代际闭合	0.276	0.001	—	—	0.276	0.001
学业成绩	←	学业参与	0.810	0.001	0.810	0.001	—	—

（二）农村一般

将农村儿童样本纳入模型,并进行模型修正,得到家长参与、代际闭合与学业状况(农村一般)模型(见图5-3)。

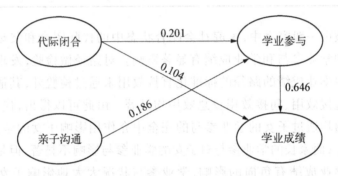

图5-3　家长参与、代际闭合与学业状况(农村一般)模型

在农村一般模型中,亲子沟通对子女学业参与的路径系数在 $P<0.01$ 的水平上显著;代际闭合对子女学业参与的路径系数在 $P<0.01$ 的水平上显著;学业参与对学业成绩的路径系数也在 $P<0.001$ 的水平上显著,代际闭合对学业成绩的路径系数在 $P<0.1$ 的水平上处于临界显著状态(见表5-28)。

表5-28　家长参与、代际闭合与学业状况(农村一般)模型参数

			估计值	标准误	临界比率	P	β系数
学业参与	←	亲子沟通	0.173	0.061	2.832	0.005	0.186
学业参与	←	代际闭合	0.254	0.084	3.023	0.003	0.201
学业成绩	←	学业参与	0.677	0.083	8.111	***	0.646
学业成绩	←	代际闭合	0.138	0.083	1.672	0.095	0.104

从标准化回归系数来看,代际闭合与学业参与的路径系数为0.201,按前述公式以代际闭合状态预测子女学业参与可以消减4.0%的误差;亲子沟

通与学业参与的路径系数为 0.186,以亲子沟通预测子女的学业参与可以消减 3.5%的误差,学业参与和学业成绩的路径系数为 0.646,以学业参与状况预测农村一般儿童的学业成绩状况可以消减 41.7%的误差,代际闭合对学业成绩的路径系数为 0.104,以代际闭合预测子女学业成绩可以消减 1.1%的误差。

对路径做检验,发现除了代际闭合对学业成绩的标准化直接效用未通过检验外,其他路径的标准化直接效用、间接效用及总效用均显著。比较效用路径和大小发现,家长学业参与对农村一般儿童的学业参与和学业成绩的影响均不显著,在家庭社会闭合的各个潜变量中,只有代际闭合和亲子沟通影响学业参与,并通过学业参与的完全中介作用影响子女的学业成绩。代际闭合对学业参与的总效用为 0.201,大于亲子沟通的 0.186;代际闭合对子女学业成绩的间接效用为 0.130,大于亲子沟通对子女学业成绩的间接效用 0.120。代际闭合对子女的学业参与和学业成绩的影响均大于亲子沟通(见表 5-29)。

表 5-29　家长参与、代际闭合与学业状况(农村一般)模型效用分布

			总效用	P	直接效用	P	间接效用	P
学业参与	←	亲子沟通	0.186	0.011	0.186	0.011	—	—
学业成绩	←	亲子沟通	0.120	0.011	—	—	0.120	0.011
学业参与	←	代际闭合	0.201	0.003	0.201	0.003	—	—
学业成绩	←	代际闭合	0.234	0.001	0.104	0.131	0.130	0.003
学业成绩	←	学业参与	0.646	0.001	0.646	0.001		

(三) 省内流动

将省内流动样本纳入模型,并进行模型修正,得到家长参与、代际闭合与学业状况(省内流动)模型(见图 5-4)。

在省内流动子女中,家长与子女的亲子沟通对子女的学业参与和学业成绩无显著影响;代际闭合影响子女学业参与,其路径系数为 0.249,按前述方法,以代际闭合预测子女的学业参与可以消减 6.2%的误差;家长学业参与对子女学业参与和学业成绩均有显著影响,家长学业参与对子女学业参与的路径系数为 0.286,以家长学业参与状况预测子女的学业参与状况可以消减 8.2%的误差;家长学业参与对子女学业成绩的路径系数为-0.270,以家长学业参与状况预测子女学业成绩可以消减 7.3%的误

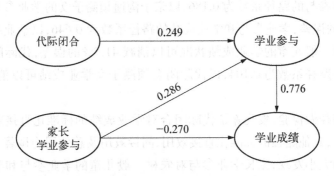

图5-4 家长参与、代际闭合与学业状况(省内流动)模型

差,且家长学业参与对子女的学业成绩与影响方向为负,家长学业参与通过学业参与部分中介作用影响子女的学业成绩,子女学业参与对学业成绩的路径系数为0.776,以学业参与状态预测学业成绩可以消减60.2%的误差(见表5-30)。

表5-30 家长参与、代际闭合与学业状况(省内流动)模型参数

			估计值	标准误	临界比率	P	β系数
学业参与	←	代际闭合	0.644	0.271	2.376	0.018	0.249
学业参与	←	家长学业参与	0.179	0.079	2.267	0.023	0.286
学业成绩	←	家长学业参与	−0.174	0.075	−2.314	0.021	−0.270
学业成绩	←	学业参与	0.798	0.115	6.958	***	0.776

从效用的大小来看,在省内流动儿童组中,家庭家长学业参与状况对子女学业参与的影响总效用为0.286,大于代际闭合状况对子女学业参与的影响总效用0.249;代际闭合状况对学业成绩的影响总效用为0.193,绝对值大于家长学业参与的影响效用−0.048。家长学业参与对子女学业成绩的总效用为−0.270+0.286×0.776=−0.048;代际闭合对学业参与没有直接影响,是通过学业参与的完全中介效用作用于子女的学业成绩,其大小为0.193(见表5-31)。

对中介效应进行检验,在家长学业参与对学业成绩的影响路径中,总效用不显著,按遮掩效应立论,进而检验直接效用和间接效用,发现均显著,且直接效用和间接效用符号相反,在省内流动组中,家长学业参与对子女学业成绩影响的遮掩效应成立。

表5-31 家长参与、代际闭合与学业状况(省内流动)模型效用分布

			总效用	P	直接效用	P	间接效用	P
学业参与	←	家长学业参与	0.286	0.012	0.286	0.012	—	—
学业成绩	←	家长学业参与	-0.048	0.676	-0.270	0.010	0.222	0.011
学业参与	←	代际闭合	0.249	0.036	0.249	0.036	—	—
学业成绩	←	代际闭合	0.193	0.033	—	—	0.193	0.033
学业成绩	←	学业参与	0.776	0.001	0.776	0.001	—	—

（四）省外流动

将省外流动样本纳入模型,并进行模型修正,得到家长参与、代际闭合与学业状况(省外流动)模型(见图5-5)。

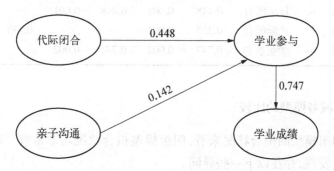

图5-5 家长参与、代际闭合与学业状况(省外流动)模型

在省外流动子女中,家长与子女的亲子沟通对子女的学业参与有显著影响,路径系数为0.142,以亲子沟通预测子女学业参与可以消减2.0%的误差,解释力有限;代际闭合影响子女学业参与,其路径系数为0.448,以代际闭合预测子女的学业参与可以消减20.1%的误差,但对学业成绩无直接影响;家长参与对学业参与和学业成绩均无显著影响;学业参与对学业成绩的路径系数为0.747,以学业参与状态预测学业成绩可以消减55.8%的误差(见表5-32)。

从效用的大小来看,在省外流动儿童组中,家庭代际闭合状况对学业参与和学业成绩的影响大于亲子沟通;代际闭合状况对学业参与的影响效用为0.448,大于亲子沟通的0.142,代际闭合状况对学业成绩的影响效用为0.335,大于亲子沟通的0.106。从作用的路径来看,代际闭合和亲子沟通通过学业参与的完全中介效用作用于子女的学业成绩。其直接效用和间接效用如表5-33所示。

表 5 - 32　家长参与、代际闭合与学业状况(省外流动)模型参数

			估计值	标准误	临界比率	P	β 系数
学业参与	←	亲子沟通	0.144	0.073	1.959	0.050	0.142
学业参与	←	代际闭合	0.658	0.119	5.541	***	0.448
学业成绩	←	学业参与	0.775	0.083	9.286	***	0.747

表 5 - 33　家长参与、代际闭合与学业状况(省外流动)模型效用分布

			总效用	P	直接效用	P	间接效用	P
学业参与	←	亲子沟通	0.142	0.066	0.142	0.066	—	—
学业成绩	←	亲子沟通	0.106	0.066	—	—	0.106	0.066
学业参与	←	代际闭合	0.448	0.001	0.448	0.001	—	—
学业成绩	←	代际闭合	0.335	0.001	—	—	0.335	0.001
学业成绩	←	学业参与	0.747	0.002	0.747	0.002	—	—

三、城乡模型的比较

从四组模型的拟合状况来看,四组模型拟合状况均非常好。对四组模型比较后发现,存在以下一些异同。

(1)代际闭合状况对子女的学业参与均有重要影响,并且都是通过学业参与的中介作用影响子女的学业成绩。但是在不同的城乡分布和流动状态下,代际闭合对学业成绩的影响在路径和大小上略有差异,在路径上,在农村一般模型中,代际闭合通过学业参与的部分中介作用影响学业成绩,而在其他三组模型中,代际闭合通过学业参与的完全中介作用影响学业成绩。关于影响大小:代际闭合对省外流动家庭子女的学业影响最大(0.335),其次是城市一般(0.276),再次是农村一般(0.234),最后是省内流动(0.193)。

(2)学业参与对学业成绩有重要影响,家庭社会闭合状态要转化成子女的实际学业参与行为才能实现学业成绩的提升;城市儿童的学业参与状态解释了其65.6%以上的变异,其次是省内流动60.2%,再次是省外流动55.8%,和农村一般41.7%。也就是说,对于城市儿童和省内流动儿童而言,学生个人是否努力学习对其学业成绩有较大的影响,而对于省外流动和农村一般儿童而言,除了学业参与状态,以及之前提到的社会闭合之外,还有其他层面的因素,诸如学校适应、心理归属等其他因素影响子女的学业成

绩,这有待进一步研究和发现。

（3）家长学业参与和亲子沟通对子女学业影响的路径和大小不同。在城市一般组中,家长学业参与和亲子沟通均对子女学业状况有显著影响,其中亲子沟通通过子女学业参与部分中介作用影响学业成绩,而家长参与则直接对学业成绩有负向影响;在农村一般模型和省外流动模型中,家长学业参与对子女学业状况的影响不显著,而亲子沟通通过学业参与完全中介作用影响子女学业成绩。在省内流动子女中,亲子沟通对子女学业参与和学业成绩无显著影响,家长学业参与通过学业参与部分中介作用影响子女的学业成绩,家长学业参与对子女的学业成绩与影响方向为负,一方面家长的学业参与能促进子女的学业参与,从而间接正向影响学业成绩,但是另一方面又直接对学业成绩有负向影响,负向影响大于正向影响,总效用为负。为什么家长的学业参与对子女学业成绩呈现负的影响,检验和讨论在下一节中展开。

亲子沟通对学业成绩影响的大小也不同,在城市一般中为 0.520,解释了学业成绩 27.0%的变异,在农村一般中为 0.120,在省外流动中为 0.106,在省内流动模型中不显著,可以看到,亲子沟通在城市一般中影响最大,也就是对于城市一般子女而言,父母和子女沟通和交流,以及沟通和交流的效果直接影响子女的学业状况。总体来看,对于初中阶段的儿童教育问题,家长应注意方式和方法,监督和指导等学业参与对初中孩子的学业没有效用,甚至会起反作用,而相反,形成良好的家校关系和家长关系网络,与子女之间进行有效的沟通等对于子女教育获得有重要影响。

综上可以得出结论:社会闭合各维度对城乡、省内、省外儿童教育获得影响不同。具体表现在:代际闭合对省外流动家庭子女的学业影响最大;家长学业参与在城市一般和省内流动组中,对子女学业成绩有负向影响;亲子沟通在城市一般中影响最大。

第三节　家长学业参与"负向选择"检验

在以往的研究中,家长学业参与对子女学业成绩的影响问题一直存在争议。有研究发现,父母指导功课及检查作业等直接干预孩子学习的行为对孩子学业成绩表现出消极作用。[1] 父母监督指导学习会对孩子学业状况

---

① 赵延东,洪岩璧.社会资本与教育获得——网络资源与社会闭合的视角[J].社会学研究,2012(05): 47 - 69+243 - 244.

产生负向影响的原因是,越是那些成绩不好的孩子,父母直接监督和指导学习的可能性越高,在这个过程中存在"负向选择"。但是,赵延东等人将不良行为作为工具变量发现父母干预对学业成绩的消极作用仍然显著,在其研究中"负向选择"解释并不成立。① 本书也发现,父母指导功课与学业成绩呈现负相关的关系。

　　子女自身特征也会影响父母的参与行为。有研究发现,父母的参与行为随着孩子年龄增长而呈现逐渐下降的趋势。② 父母对女儿的教育参与行为更多体现为家庭内部父母参与,即父母和女儿的交流比儿子多。③ 而父母对儿子的教育参与行为更多发生在家庭外部,即父母为儿子和学校教师的交流频率要比女儿高。子女的学业基础也会影响父母的参与行为,子女的学业基础越差,父母对子女作业督导越多,与学校老师的沟通也越频繁。④ 父母参与质量,影响子女学业成绩。低质量的父母参与会导致子女产生厌烦和被约束的心理,而降低学业成绩;只有高质量的父母参与,才能激发学习兴趣,促进学业发展。⑤

　　个体特征也影响父母参与的模式与效果。在讨论功课辅导"负向选择问题"时,需控制学业基础,如果不控制学业基础,就可能导致估计结果有偏。⑥ 不是父母越辅导孩子功课越差,而是因为孩子功课差,父母才需要参与辅导。同时,对于女生和本地儿童,其父母参与行为显著高于男生和流动儿童。与此同时,家庭资本、学生学业基础和所处教育阶段不同,父母参与对子女学业成绩的影响会存在异质性。⑦ 为了检验"负向选择"效用是否存在,本书将样本分为"有不良行为组"和"无不良行为组"进行

① 赵延东,洪岩璧.社会资本与教育获得——网络资源与社会闭合的视角[J].社会学研究,2012(05):47-69+243-244.

② Hango D. Parental Investment in Childhood and Educational Qualifications: Can Greater Parental Involvement Mediate the Effects of Socioeconomic Disadvantage? [J]. Social Science Research, 2007, 36(4): 1371-1390.

③ Sui-Chu E H, Willms J D. Effects of Parental Involvement on Eighth-Grade Achievement[J]. Sociology of Education, 1996: 126-141.

④ Natriello G, Mcdill E L. Performance Standards, Student Effort on Homework, and Academic Achievement[J]. Sociology of Education, 1986: 18-31.

⑤ 张云运,骆方,陶沙等.家庭社会经济地位与父母教育投资对流动儿童学业成就的影响[J].心理科学,2015,38(01):19-26.
李波.父母参与对子女发展的影响——基于学业成绩和非认知能力的视角[J].教育与经济,2018(03):54-64.

⑥ Mcneal Jr R B. Checking in Or Checking Out? Investigating the Parent Involvement Reactive Hypothesis[J]. The Journal of Educational Research, 2012, 105(2): 79-89.

⑦ 李波.父母参与对子女发展的影响——基于学业成绩和非认知能力的视角[J].教育与经济,2018(03):54-64.

分组比较。

一、不良行为的影响

（一）城乡儿童不良行为状况

对城乡儿童不良行为的调查显示，71.1%的被调查者表示没有不良行为，28.9%汇报自己有下列各种不良行为。可以看到在不良行为中，最多的是不按时交作业（57.1%），其次是迟到（33.5%），再次是不遵守课堂纪律（22.6%），而抽烟、喝酒、打架、逃学旷课和考试作弊等严重不良行为均在10.0%以下（见表5-34）。

表 5-34 城乡儿童不良行为状况

	N	响应百分比/%	个案百分比/%
逃学旷课	9	1.5	2.8
迟到	107	18.0	33.5
顶撞老师	28	4.7	8.8
不遵守课堂纪律	72	12.1	22.6
打架	26	4.4	8.2
吵架	58	9.7	18.2
抽烟	6	1.0	1.9
喝酒	18	3.0	5.6
不交作业	60	10.1	18.8
作业晚交	182	30.5	57.1
考试作弊	30	5.0	9.4
合计	596	100.0	186.9

比较不同儿童组间的不良行为发现，除了不遵守课堂纪律在各组间存在显著差异外，其他各组间差异不显著，即在不良行为自我汇报上，随迁儿童与城市儿童和其他类型的儿童间差异并不显著。可以看到，在是否遵守课堂纪律上，城市一般最好，其次是省内流动，再次是农村一般，最后是省外流动。在遵守课堂纪律上，省外流动明显差于其他组（见表5-35）。

（二）无不良行为组

将无不良行为组样本纳入模型，并进行模型修正，得到无不良行为组模型（见图5-6）。

表 5－35　"是否遵守课堂纪律"城乡比较

	无/%	有/%	N
城市一般	97.0	3.0	233
农村一般	93.5	6.5	354
省内流动	95.0	5.0	181
省外流动	88.0	12.0	274
	$\chi^2 = 17.903$　$P = 0.000$		

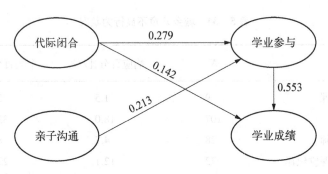

图 5－6　无不良行为组模型

亲子沟通对子女学业参与等三条路径的路径系数在 $P<0.001$ 的水平上显著;代际闭合对学业成绩的 $P<0.05$,代际闭合对学业成绩有显著影响。从标准化回归系数来看,亲子沟通与学业参与的路径系数为 0.213,说明亲子沟通在无不良行为组,对学业参与的直接效果为 0.213,其预测力为 $0.213 \times 0.213 \approx 0.045$,以亲子沟通状况预测学业参与状况可以消减 4.5% 的误差;代际闭合与学业参与的路径系数为 0.279,以家庭代际闭合状况预测学生的学业参与状况可以消减 7.8% 的误差;代际闭合与学业成绩的路径系数为0.142,以代际闭合状况预测学生学业成绩可以消减 2.0% 的误差;学业参与和学业成绩的路径系数为 0.553,以学生学业参与状况预测学业成绩状况可以消减 30.6% 的误差(见表 5－36)。

比较家庭社会闭合状况对学生学业参与和学业成绩的影响,从效用的大小、方向和作用路径来看:在无不良行为组,代际闭合状况对子女的学业参与和学业成绩的影响均大于亲子沟通,更好的代际闭合状况能更有效地促进子女的教育活动;父母学业参与对子女学业参与、学业成绩的影响均不显著。

表 5 - 36　无不良行为组模型参数状况

			估计值	标准误	临界比率	P	β 系数
学业参与	←	亲子沟通	0.187	0.044	4.199	***	0.213
学业参与	←	代际闭合	0.404	0.075	5.415	***	0.279
学业成绩	←	学业参与	0.572	0.065	8.837	***	0.553
学业成绩	←	代际闭合	0.189	0.073	2.576	0.010	0.142

从作用的路径和方向来看,代际闭合和亲子沟通都是通过学业参与的中介作用在起作用。代际闭合对子女学业成绩影响的总效用为 0.296,其中直接效用为 0.142,间接效用为 0.154,代际闭合通过学业参与的部分中介作用影响子女学业成绩;亲子沟通对子女学业成绩影响的总效用为 0.118,是通过学业参与的完全中介作用影响子女学业成绩,间接效用为 0.118(见表 5 - 37)。

表 5 - 37　无不良行为组效用分布

			总 效 用	直接效用	间接效用
学业参与	←	亲子沟通	0.213	0.213	—
学业成绩	←	亲子沟通	0.118	—	0.118
学业参与	←	代际闭合	0.279	0.279	—
学业成绩	←	代际闭合	0.296	0.142	0.154
学业成绩	←	学业参与	0.553	0.553	—

从模型的拟合状况来看,除了有不良行为组的 NFI 指数略小于 0.9 外,其他指标拟合状况良好,两组模型的拟合状况均非常好。

（三）有不良行为组

将有不良行为组样本纳入模型,并进行模型修正,得到有不良行为组模型(见图 5 - 7)。

代际闭合对学业参与等两条路径的路径系数在 $P<0.001$ 的水平上显著,亲子沟通对子女学业参与等两条路径的路径系数在 $P<0.05$ 的水平上显著,代际闭合对学业成绩临界显著。从标准化回归系数来看,代际闭合与学业参与的路径系数为 0.325,代际闭合对学业参与的直接效果值为 0.325,其预测力为 $0.325×0.325≈0.106$,以家庭代际闭合状况预测学生的学业参与状

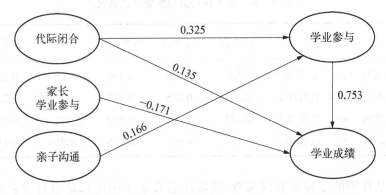

图 5 - 7　有不良行为组模型

况可以消减 10.6% 的误差;亲子沟通与学业参与的路径系数为 0.166,以亲
子沟通状况预测学业参与状况可以消减 2.8% 的误差;家长学业参与与学生
学业成绩的路径系数为 -0.171,以家长学业参与预测子女的学业成绩状况
可以消减 2.9% 的误差,家长学业参与越多,子女的学业成绩越差,家长学业
参与每增减一个单位,则子女的学业成绩下降一个标准单位;学业参与和学
业成绩的路径系数为 0.753,以学生学业参与状况预测学业成绩状况可以消
减 56.7% 的误差(见表 5 - 38)。

表 5 - 38　有不良行为组模型参数

			估计值	标准误	临界比率	P	β 系数
学业参与	←	亲子沟通	0.132	0.056	2.364	0.018	0.166
学业参与	←	代际闭合	0.494	0.114	4.317	***	0.325
学业成绩	←	家长学业参与	-0.205	0.087	-2.345	0.019	-0.171
学业成绩	←	学业参与	0.828	0.091	9.071	***	0.753
学业成绩	←	代际闭合	0.224	0.115	1.950	0.051	0.135

　　具体看社会闭合在有不良行为组中的作用状况:在城市一般家庭中,
家庭社会闭合状态中的代际闭合和父母参与均对子女的学业参与和学业成
绩有显著影响。代际闭合和亲子沟通均通过子女的学业参与状态的间接中
介作用影响子女的学业成绩,方向为正;而家长的学业参与对子女的学业参
与影响不显著,但是直接对子女的学业成绩有负向的影响。学业参与状况
大大地影响子女的学业成绩。比较城市一般儿童中,家庭社会闭合潜变量
对子女教育状况的影响发现,不同于基本模型中,代际闭合状况的影响大于

其他潜变量,在城市一般儿童中,亲子沟通对子女学业参与和学业成绩的作用均大于代际闭合和家长学业参与。亲子沟通对子女学业参与的总效用为0.166,小于代际闭合对学业参与的效用0.325;亲子沟通对学业成绩的总效用为0.125,其绝对值大于家长学业参与对学业成绩的总效用−0.171,小于代际闭合对学业成绩的总效用0.379。从作用的路径来看,亲子沟通、代际闭合直接影响学业参与;而亲子沟通、代际闭合通过子女的学业参与的完全中介作用影响子女的学业成绩(见表5−39)。

表5−39 有不良行为组效用分布

			总 效 用	直接效用	间接效用
学业参与	←	亲子沟通	0.166	0.166	—
学业成绩	←	亲子沟通	0.125	—	0.125
学业参与	←	代际闭合	0.325	0.325	—
学业成绩	←	代际闭合	0.379	0.135	0.245
学业参与	←	家长学业参与			
学业成绩	←	家长学业参与	−0.171	−0.171	—
学业成绩	←	学业参与	0.753	0.753	—

可以看到,在有不良行为组,父母教育参与的负向效应显著,也就是说,在这些孩子中,父母学业参与越多,其学业成绩越糟糕,是受到家长学业参与负向选择的影响。通过有不良行为组和无不良行为组的比较发现,家长学业参与的"负向"成立。是不是家长的学业参与完全可以由"负向选择"来解释?结合前面的分析可以看到,家长学业参与在城市一般和省内流动组中,对子女学业成绩有负向影响,且对城市一般(−0.410)的负向影响大于省内流动(−0.048)。笔者认为,除了之前解释的负向选择之外,还有其他的影响机制。

在初中阶段,子女的学业更多是在学校的教育基础上展开自主学习,家长在文化水平和教育能力上难以对子女的学业有有效的促进。在城市一般儿童就学的学校质量往往高于农村和随迁子女就学的学校,学校在很大层面上能为其提供系统和科学的教育及辅导,在校园内形成的学业风气和氛围都在一定程度上促进了子女的学业状况,父母参与学业指导更可能是出于"负向选择";与此不同,在农村,学校的质量、校园学习氛围等往往不及城市,家长如果能在学业上对子女监督指导,能在一定程度上促进子女学业参与,从而减弱家长学业参与对学业成绩的负向影响。另外,调查发现,城市一般子女的自主性更强,逆反心态更激烈,这可能是父母参与学业对城市一般子女学业成绩负向影响最大的原因。

二、家长参与模式的影响

家长通过学业参与和亲子沟通影响子女价值体系和学习状况,但是家长参与的效果深受教养模式的影响。本节在模型中纳入父母的教育模式对家长参与和子女学业状况的影响展开讨论。鲍姆里德(Baumreid)最早提出教养方式分类,即"权威型""专制型"和"消极型";马科布(Makobu)和马丁(Martin)把鲍姆里德的三个分类区分为责任感和要求程度两个维度并进行交互分类得到四种教养方式:"权威型""专制型""溺爱型"和"忽视型"。而兰博朗等则把教育方式通俗地分为"家长说了算""孩子做主"和"共同做主"三类,庞雪玲等人又增加了家长和孩子都很少做决定的"含糊放任型"。与专制型和消极型家庭相比,权威型家庭的小孩更为成熟、独立,具有更多的社会责任感和成就倾向。[①]

父母学业参与在省外流动和农村一般模型中不显著,笔者认为可能和家长的教养方式有关。洪岩璧、赵延东在《从资本到惯习:中国城市家庭教育模式的阶层分化》中曾提出,中产阶层父母在资本投入上有显著优势,但在家庭教养态度惯习上却和底层父母无甚差别。[②] 但是,笔者在研究中发现,不同类型儿童母亲在子女犯错误时的教养方式不存在显著差异($x^2 = 5.066; P = 0.829$),而父亲之间存在显著差异($x^2 = 17.465; P = 0.042$)。在粗暴型管理上,城市一般为14.0%,农村一般为15.6%,省内流动为21.1%,省外流动为24.6%;在道理管理中,城市一般为79.8%,农村一般为79.4%,省内流动为73.0%,省外流动为72.6%。可以看到,在子女管教过程中,城市父亲的管教方式优于农村父亲,农村一般家庭的父亲管教方式优于受流动影响家庭的父亲,省内流动父亲优于省外流动父亲。在子女管教方式上,随迁家庭存在显著劣势。

(一)对学习时长和学习态度的影响

家长学业参与对子女完成教师作业的投入时间的影响分析发现,在OLS模型中,家长学业参与与子女学习时间之间关系比较弱,模型只能解释2.2%的误差。在控制班级、学校效应之后,模型的解释力上升至14.2%,也

---

① 陈陈.家庭教养方式研究进程透视[J].南京师大学报(社会科学版).2002(06):95-103+109.

② 洪岩璧,赵延东.从资本到惯习:中国城市家庭教育模式的阶层分化[J].社会学研究,2014(04):73-93+243.

就是说有班级和学校的固定效应能解释 14.2% 的变异,班级和学校的因素对学生学业投入时间有较大的影响。在控制班级和学校的效应之后,自变量的影响发生一些变化,性别、亲子沟通和父母辅导功课对学业参与时间的影响减弱,民族的影响由原来的显著负向影响变为无影响,父母职业状况、户口流动状态由原来的显著影响变为无影响;经济条件由原来的无影响变为有负向影响,教养方式的影响协商型、专制型和民主型相对于溺爱型在 OLS 模型中在 1% 的水平上有显著影响,但是在固定效应模型中,协商型变得不显著,专制型和民主型在 10% 的水平上显著,且影响力降低。也就是说,在子女学习时间上,家长学业参与对其影响小,班级和学校的特征影响要远远大于家长学业参与;家长学业参与中的教养模式对子女学业时间卷入的影响最大,父母辅导功课、亲子沟通等影响小,父母教育水平等则无显著影响。

就家长参与对学生学习态度的影响进行 OLS 回归和固定效应模型分析,在 OLS 模型中可以发现,子女性别、年龄、父亲文化程度、父亲职业、亲子沟通、父母辅导功课以及父母教养模式对子女学业态度有一定的影响,以这些变量解释学习态度可以消减 11.1% 的误差,模型有一定的解释力。控制年度效应可以看到在年度效应固定模型中,年度效应不显著,也就是说子女的学业态度是一种比较稳定的状态,不会随着时间的变化发生比较大的变动。在控制班级、学校效应之后,在固定效应模型中,解释力为 14.4%,且班级、学校的固定效应显著,家庭层面的因素影响力减弱,也就是说不考虑班级和学校的效应会扩大家庭的效应。在固定效应模型中可以看到,父母辅导功课、亲子沟通对子女学习态度有一定的正向影响,但是影响力很弱;父母教养模式中的放任型和专制型都会对子女学业态度产生负向影响,协商型和民主型则对子女学业态度无显著影响(见表 5-40)。

表 5-40 家长参与模式对学习时长和模式的影响

	对学习时长的影响		对学习态度的影响	
	OLS	固定学校和班级效应	OLS	固定学校和班级效应
性别	0.089***	0.053*	0.313***	0.298***
	(3.00)	(1.86)	(11.83)	(11.17)
年龄	0.064***	0.016	0.037*	0.027
	(2.91)	(0.73)	(1.90)	(1.30)
民族	-0.123**	-0.072	0.046	-0.043
	(-2.27)	(-0.99)	(0.97)	(-0.63)

续表

	对学习时长的影响		对学习态度的影响	
经济条件	−0.020	−0.082***	−0.009	−0.025
	(−0.74)	(−3.07)	(−0.38)	(−0.97)
母亲文化	0.010	−0.000	0.008	0.006
	(0.92)	(−0.03)	(0.88)	(0.59)
父亲文化	0.012	0.009	0.036***	0.034***
	(1.17)	(0.91)	(3.87)	(3.51)
专业技术人员	−0.021	−0.036	−0.081*	−0.041
	(−0.43)	(−0.76)	(−1.85)	(−0.90)
蓝领	−0.122**	−0.043	−0.060	−0.032
	(−2.45)	(−0.89)	(−1.33)	(−0.70)
城市一般	0.223***	−0.037	−0.018	−0.001
	(6.27)	(−0.94)	(−0.56)	(−0.04)
省内流动	0.203***	0.003	0.070	0.049
	(2.77)	(0.04)	(1.07)	(0.66)
省外流动	0.067	−0.008	−0.022	0.090
	(1.06)	(−0.11)	(−0.41)	(1.34)
亲子沟通	0.024***	0.018**	0.079***	0.073***
	(3.01)	(2.26)	(10.86)	(9.74)
辅导功课	0.043***	0.037**	0.072***	0.069***
	(2.62)	(2.24)	(5.00)	(4.53)
协商型	0.199***	0.092	−0.053	−0.042
	(2.64)	(1.28)	(−0.80)	(−0.63)
专制型	0.305***	0.150*	−0.195**	−0.212**
	(3.20)	(1.65)	(−2.33)	(−2.51)
民主型	0.218***	0.117*	0.100	0.104
	(2.99)	(1.69)	(1.54)	(1.59)
放任型	0.161	0.011	−0.297**	−0.276**
	(1.29)	(0.09)	(−2.56)	(−2.37)
cons	−124.924***	−29.014	−71.597*	−51.594
N	9 059	9 059	4 798	4 798
Adj r²	0.022	0.142	0.111	0.144
F	12.873	7.334	36.168	4.404
FeChi²		1 412.676***		408.345***

（二）对子女学业成绩的影响

从家长学业参与对子女学业成绩的影响 OLS 模型可以看到,性别、年龄、民族状况、经济条件、父母受教育程度、家长职业状况、户籍迁徙状况、亲子沟通、父母教养方式等显著影响成绩状况。具体来看,性别、年龄对学业成绩有正向影响,少数民族学生学业成绩状况优于汉族学生,经济条件正向影响子女学业状况,父母受教育程度正向影响子女学业状况,其中,父亲的受教育程度影响大于母亲受教育程度。以家长学业参与估计学业成绩可以消减 14.7% 的误差。

控制年度效应后,年度效应显著,年度呈负向影响,即随着子女年级的递增,父母参与对子女学业成绩的影响减弱。在控制班级和学校效应之后,可以看到模型的解释力上升至 48.1%,在控制年度、班级和学校的效应之后模型解释力上升至 48.9%。也就是说,学生学习成绩状况有 30% 以上的变异是班级、学校带来的。在 OLS 模型中,没有控制这些效应,导致夸大,甚至是扭曲了家长学业参与的影响。

比较 OLS 模型和控制所有固定效用模型,发现在 OLS 模型中,经济状况正向影响子女学业成绩,但是在控制年度、班级、学校效应等后,经济状况的影响变成负向影响;父母辅导功课在 OLS 模型中影响为正,但是在控制年度等的固定效应后,父母辅导功课的影响显著为负。在 OLS 模型中,父母的教养模式专制型和民主型较溺爱型更好地促进学生的学业成绩,而在固定效应模型中,专制型的父母对子女学业成绩的正向影响消失,而民主型的教养模式依旧有正向的影响。在这个模型中,可以看到家长学习辅导对学业成绩有负向作用(见表 5－41)。

表 5－41　家长学业参与影响子女学业成绩模型

	OLS	固定年份效应	固定学校和班级效应	全模型
性别	20.905***	20.872***	19.529***	19.485***
	(15.78)	(15.80)	(18.51)	(18.60)
年龄	11.530***	11.803***	9.533***	9.689***
	(11.70)	(12.01)	(11.43)	(11.70)
民族	−18.411***	−18.351***	−2.447	−2.469
	(−7.55)	(−7.55)	(−0.91)	(−0.93)
经济条件	2.576**	2.154*	−1.453	−2.185**
	(2.15)	(1.80)	(−1.47)	(−2.22)

	OLS	固定年份效应	固定学校和班级效应	全模型
母亲文化	2.218***	2.307***	1.086***	1.159***
	(4.78)	(4.98)	(2.83)	(3.04)
父亲文化	3.867***	3.911***	1.886***	1.908***
	(8.29)	(8.41)	(4.96)	(5.05)
专业人员	−5.707***	−5.663***	−1.721	−1.771
	(−2.63)	(−2.62)	(−0.97)	(−1.00)
蓝领	−2.981	−3.085	−2.271	−2.434
	(−1.34)	(−1.39)	(−1.26)	(−1.36)
城市一般	9.028***	9.230***	−0.025	−0.266
	(5.68)	(5.82)	(−0.02)	(−0.18)
省内流动	17.967***	18.066***	3.768	3.269
	(5.49)	(5.54)	(1.29)	(1.13)
省外流动	−6.142**	−6.325**	7.849***	7.154***
	(−2.18)	(−2.25)	(2.89)	(2.66)
亲子沟通	4.186***	4.035***	2.675***	2.472***
	(11.63)	(11.23)	(9.16)	(8.51)
辅导功课	0.021	−0.213	−0.949	−1.337**
	(0.03)	(−0.29)	(−1.55)	(−2.19)
协商型	2.220	2.361	1.988	2.057
	(0.66)	(0.71)	(0.75)	(0.78)
专制型	10.012**	9.769**	3.583	3.121
	(2.35)	(2.30)	(1.06)	(0.93)
民主型	11.593***	11.962***	9.247***	9.569***
	(3.56)	(3.68)	(3.59)	(3.74)
放任型	3.876	4.536	0.784	1.344
	(0.70)	(0.82)	(0.18)	(0.31)
年份		−10.156***		−11.697***
		(−7.74)		(−11.37)
cons	−2.3e+04***	−2.3e+04***	−1.9e+04***	−1.9e+04***
	(−11.64)	(−11.94)	(−11.33)	(−11.59)
Adj r²	0.147	0.152	0.481	0.489
F	93.186	91.912	36.650	37.567
FeChi²		59.900***	4 754.740***	4 886.449***

本章主要讨论社会闭合对教育获得的影响。

首先,讨论家长参与对教育获得的影响。研究中:① 家长参与的城乡比较发现,农村家长学业参与和亲子沟通较城市家长有明显劣势。② 代际闭合的城乡比较发现,城市家长显著优于农村家长;随迁家庭的状况并不能一概而论,省内迁徙家庭在很多方面优于农村一般家庭;而省外迁徙家庭在四组比较中常常处于劣势地位。

其次,分析代际闭合对教育获得的影响。研究发现:① 父母学业参与对子女教育获得有负向影响,父母学业参与越多子女学业状况越糟糕;良好的亲子沟通对子女教育获得有正向影响。② 代际闭合能促进子女的教育获得,代际闭合状况越好,子女学业参与越多,学业成绩越好。③ 分组比较发现社会闭合各维度对城乡儿童教育获得影响不同,代际闭合对省外随迁子女的学业影响最大;在城市一般和省内流动组中,家长学业参与对子女学业成绩有负向影响;亲子沟通在城市一般中影响最大。

最后,对家长学业参与的"负向选择"进行检验。分组比较后发现:① 在无不良行为组,代际闭合对子女学业参与和学业成绩的影响均大于亲子沟通,更好的代际闭合能有效地促进子女的教育获得;父母学业参与对子女学业、学业成绩的影响均不显著。在有不良行为组,家长学业参与的"负向选择"成立,即父母辅导功课越多,孩子的学业成绩状况越差。② 在管教子女过程中,城市家庭管教方式优于农村家庭,农村一般家庭管教方式优于受流动影响家庭,省内流动家庭优于省外流动家庭。父母教养模式中的放任型和专制型都会对子女学业态度产生负向影响;民主型的教养模式对子女的学业成绩有正向影响。

第六章　社会网络与教育获得

社会网络能为子女进入更好的学校提供机会,同时也通过影响家长代际闭合影响子女学业状况。有研究发现,在高收入群体中,获得非亲友的帮助对在读年限和大学入学率有影响;而亲友帮助对此影响并不显著。[1] 父母运用社会关系能够有效地帮助孩子获取信息和资源,使其增加高校入学择校的准确率。[2] 本章主要探讨家庭社会网络对子女教育获得产生的影响,主要回答以下几个问题:城乡家庭社会网络状况如何? 家庭社会网络是否会对子女学业状况产生影响? 社会网络对子女小学入学、初中后教育分流又有何影响?

第一节　城乡家庭社会网络比较

个体网络分析是国内外社会网络研究的重要流派,常用提名法和定位法等展开测量。提名法主要有"核心讨论网""社会支持网""亲密关系网"等;定位法由林南提出,边燕杰提出"拜年网",改良了定位法。"拜年网"调查被调查者在春节期间相互拜年的人所形成的社会网络,考察网络成员的职业类型、单位类型,以及与被调查者的关系,进而分析被调查者的社会网络结构以及网络资源状况。胡荣则以"红白喜事网"来测量农村居民的社会网络资源。这些都是社会网络测量的重要工具和方法。

但是由于升学事件的特殊性,一般的"讨论网""拜年网"等并不能有效地测量在升学过程中城乡居民关系网的构成和影响,而必须基于子女升学这个事件,将在这个特定事件中与调查对象保持互动的人界定为其关系网

①　Hofferth S L, Boisjoly J, Duncan G J. Parents' Extrafamilial Resources and Children's School Attainment[J]. Sociology of Education, 1998: 246 - 26.

②　Kim D H, Schneider B. Social Capital in Action: Alignment of Parental Support in Adolescents' Transition to Postsecondary Education[J]. Social forces, 2005, 84(02): 1181 - 1206.

络成员而勾勒出调查对象子女升学过程中的社会网络图景。由此笔者在对社会网络关系进行梳理后在"升学讨论网""拜年网""社团参与"等不同的网络基础上对城乡家庭的社会网络资本进行分析。

一、"小升初"升学网络中的关系梳理

（一）小升初过程中的"引路人"

在小升初过程中，政策规定就近入学，由对口小学直接升学，但是每个公办初中除了接受辖区内的生源外，如果还有多余的名额，这些名额则用来招录学业成绩优秀的其他学生。参加筛选考试是小升初的农民工随迁子女改变其就学状况的重要机会。参加这种择校考试需要家长关注各个中学择校考试的时间及考试科目，甚至送孩子参加相应的辅导。于是，在升学过程中，招考信息、机会等就显得非常重要，有没有提供这些信息的"引路人"可能直接影响这些孩子的升学机会。

调查显示，城乡学生升学的途径主要有：对口小学直升，占62.9%，考试考入，占21.2%，其他如初二、初三转学，占11.1%，也有通过摇号等方式进入目前就读的学校的，占4.8%。对口小学直升是主要的升学途径，另也有一部分以考试或者其他途径进入当前学校。在这个过程中，是否有"引路人"存在？他们与家长是什么关系？

"在小升初的过程中，是否有人起到过关键作用？"只有13.3%表示有，另外86.7%则表示没有。这13.3%当中，60.9%的是1人，35.3%的是2人，3.0%的是3人，另外还有0.8%的是6人。方差分析发现，在小学升初中的过程中，城乡各组在"是否有人起到关键作用"和"起作用的人数"上差异都不显著（$F=1.099$，$sig=0.352$）。

（二）升学网络中的关系类型

调查显示，在小升初过程中，这些起关键作用的人与被调查者（或者其配偶）的关系，分别是：朋友（23.0%）、亲戚（12.3%）、同乡（10.7%）、同学（9.8%）、熟人（3.7%）、朋友的亲戚（2.5%）、朋友的朋友（1.6%）、孩子的老师或孩子父母的老师（1.6%）、同事（1.1%）、邻居（1.2%）、其他人（35.2%）。将所涉及的人合并为亲属和非亲属两大类，其中亲属占12.3%，其他均为非亲属。如果将朋友的朋友、朋友的亲戚和其他人归为弱关系，其他类型关系归为强关系，则弱关系占比40.0%，强关系占比60.0%。在升学社会网络资源的应用过程中，强关系所占的比重更大，其中亲属只是占了一部分，更多的是同学、同乡、同事等关系。比较发现城乡家庭在升学关系网应用中的强关系和弱关系在类型上差异不显著。

以关系类别区分强弱关系,容易忽略关系的深浅,同样是同事,有关系很好的,也有关系一般的;同样是老乡,有的关系密切,有的只是来自同一个地方而已,并无更多交集。用关系亲密程度进行区分就可以更清楚地看到内在的差异。接下来按关系密切度、信任度等进行城乡比较。

从被调查者与关键人物的熟悉程度、信任状态等进行调查发现:从与关键人物的熟悉程度来看,18.5%的不太熟悉,18.5%的有点熟悉,35.3%的一般,27.7%的比较熟悉。分组比较发现,在关系熟悉程度上各组间存在显著差异($F=2.896, sig=0.038$)。两两比较发现,城市一般、农村一般仅和省外流动存在显著差异;省外流动和城市一般、农村一般存在显著差异,和省内流动差异不显著。在子女升学过程中,城市一般与关键人物的熟悉程度最高,其次是农村一般,再次是省内流动,最后是省外流动(见表6-1)。

表 6-1　关系密切程度分组比较

I	J	均值差($I-J$)	标准误	P
城市一般	农村一般	0.093	0.263	0.723
	省内流动	0.534	0.324	0.102
	省外流动	0.634**	0.254	0.014
省内流动	城市一般	−0.534	0.324	0.102
	农村一般	−0.441	0.315	0.165
	省外流动	0.100	0.308	0.746
省外流动	城市一般	−0.634**	0.254	0.014
	农村一般	−0.541**	0.243	0.028
	省内流动	−0.100	0.308	0.746

与关键人物的亲密程度上,18.5%认为谈不上亲密,11.8%认为不太亲密,36.1%表示关系一般,26.1%认为比较亲密,认为关系非常亲密的占7.5%。分组比较发现,在与关键人物的关系亲密程度上各组间呈现显著差异($F=7.685, sig=0.000$)。组间两两比较发现,在子女升学过程中,城市一般和省内流动、省外流动差异显著,城市一般与关键人物的亲密熟悉程度显著高于省内流动、省外流动;省内流动和城市一般差异显著,和农村一般差异临界显著;省外流动和城市一般、农村一般差异存在显著差异,和省内流动差异不显著(见表6-2)。

表6-2　亲密程度分组比较

I	J	均值差($I-J$)	标准误	P
城市一般	农村一般	0.282	0.279	0.315
	省内流动	0.892**	0.344	0.011
	省外流动	1.167***	0.269	0.000
省内流动	城市一般	−0.892**	0.344	0.011
	农村一般	−0.610	0.335	0.071
	省外流动	0.275	0.327	0.402
省外流动	城市一般	−1.167***	0.269	0.000
	农村一般	−0.885***	0.258	0.001
	省内流动	−0.275	0.327	0.402

在与关键人物的信任程度上,11.8%认为谈不上信任,3.4%表示不太信任,认为一般信任的占28.6%,42.0%表示比较信任,14.2%表示非常信任。分组比较发现,在关系信任程度上各组间存在显著差异($F = 2.729, sig = 0.047$)。两两比较发现,在子女升学过程中,城市一般仅仅和省外流动差异显著,和其他三组的差异不显著;农村一般、省内流动和其他三组差异均不显著;城市一般显著高于省外流动(见表6-3)。

表6-3　信任状况分组比较

I	J	均值差($I-J$)	标准误	P
城市一般	农村一般	0.333	0.284	0.244
	省内流动	0.550	0.350	0.119
	省外流动	0.762***	0.274	0.006
省内流动	城市一般	−0.550	0.035	0.119
	农村一般	−0.217	0.340	0.525
	省外流动	0.212	0.332	0.524
省外流动	城市一般	−0.762***	0.274	0.006
	农村一般	−0.429	0.262	0.104
	省内流动	−0.212	0.332	0.524

与关键人物的关系延续状况上,调查显示,76.5%表示在升学结束后,仍然与关键人物保持着联系,而23.5%表示联系结束。这也从另一个层面说明,在小升初的过程中,弱关系起到一定的作用。卡方检验发现,城市家庭在子女升学完成后,仍有93.1%与关键人物保持联系,而在农村家庭中该比例要低很多(见表6-4)。

表6-4 关系延续状况比较

	是/%	否/%	N
城市一般	93.1	6.9	29
农村一般	70.6	29.4	34
省内流动	58.8	41.2	17
省外流动	76.9	23.1	39
	$\chi^2 = 8.059$	$P = 0.045$	

通过比较可以看到,城市一般在子女小升初过程中所应用的关系更多是强关系;流动家庭在关系应用上更多是调动可能调动的所有资源,包括强关系和弱关系。农村三组家庭在弱关系上的应用更多于城市家庭,在一定程度上也说明,农村家庭关系网络质量较低,无法在升学的过程中直接应用其强关系,而需拐弯抹角地、人托人地找各种关系。省外流动家庭对所应用的关系呈现一种低度亲密、低度信任的状况,虽然这些家庭在子女升学的过程中,与关键人物的关系一般,但是家长还是会抱着碰运气、试试的心理看看能不能为子女争取入学机会。

二、"小升初"升学讨论网

亲子沟通是家庭社会资本影响教育的重要形式;在家长与子女沟通过程中,不可避免地掺入了亲属、朋友对教育的见解。尤其是在"小升初"过程中,家长或多或少地会与其关系网络中的人进行沟通交流,进而影响对子女的教育决策。本部分将就"小升初"升学讨论网展开分析。

(一)升学讨论网规模

在升学问题上,有9.6%的人没有和除了配偶和子女之外的任何人讨论过该问题,在升学问题讨论网的规模上(计算中不包含配偶和子女),1人的,占5.6%,2人的,占14.2%,3人的,占14.3%,4人的,占11.7%,5人的,占14.1%,6人的,占6.6%,7人的,占3.3%,8人的,占2.8%,9人的,占1.4%,10人的,占 10.1%。19.8%的人升学讨论网在 1~2 人之间,59.9%的人升学讨论网规模在 1~5 人之间,84.1%的人升学讨论网规模在 0~10 人之间,其余在 10 人以上。分组比较升学讨论网的规模发现,各组间的差异不显著。

（二）升学讨论网构成

在升学讨论网人员构成上,调查显示,配偶和子女是主要的讨论对象,分别占比 84.8%和 69.0%,接下来是兄弟姐妹(45.4%)、班主任(44.3%)、其他亲戚(32.1%)、父母(27.4%)、孩子同学家长(24.8%)、同事(24.7%)、邻居(16.1%)、任课教师(18.5%)、一般朋友(15.1%)、其他学校的教师、教育工作者(10.5%)、同学(11.5%)、就读学校领导(4.3%)、战友(1.2%)、专业咨询人员(3.2%)、其他(1.5%)。个案百分比累计 436.2%,说明每个家庭在子女升学问题上,讨论的大约有 4.3 类人(见表 6-5)。

表 6-5　升学讨论网构成状况

	N	响应百分比/%	个案百分比/%		N	响应百分比/%	个案百分比/%
配偶	804	19.6	84.8	孩子同学家长	235	5.7	24.8
子女	654	15.9	69.0	同学	109	2.6	11.5
父母	260	6.3	27.4	邻居	153	3.7	16.1
兄弟姐妹	430	10.4	45.4	战友	11	0.3	1.2
其他亲戚	304	7.4	32.1	同事	234	5.7	24.7
班主任	420	10.2	44.3	一般朋友	143	3.5	15.1
任课教师	175	4.3	18.5	专业咨询人员	30	0.7	3.2
就读学校领导	41	1.0	4.3	其他	14	0.3	1.5
教育工作者	100	2.4	10.5				
合计					4 117	100.0	434.4

将讨论网中的各类人进行分类,分成亲属、非亲属和专业人员三类。由于笔者研究的是升学讨论网,专业知识和受教育水平直接影响教育决策,教育系统专业人员在网络中的地位和作用要高于其他群体,因此单独将其列出。亲属包括配偶、子女、父母、兄弟姐妹和其他亲戚,占比 59.6%。非亲属包含孩子同学家长、同学、邻居、战友、同事、一般朋友,占比 21.5%,专业人员包含班主任、任课教师、就读学校领导、其他教育工作者和专业咨询人员,占比 18.6%。

就讨论网中的每一项进行比较发现,除了父母($X^2 = 7.940, P = 0.047$)、就读学校领导($\chi^2 = 11.886, P = 0.008$)、其他教育工作者($\chi^2 = 8.380, P = 0.039$)、孩子同学家长($\chi^2 = 10.665, P = 0.014$)、同学($\chi^2 = 35.491, P = 0.000$)、邻居($\chi^2 = 9.288, P = 0.026$)、同事($\chi^2 = 20.231, P = 0.000$)存在显著差异,其他项差异均不显著。比较分析发现,城市一般家庭和省外流动家庭在子女升学讨论网中接触子女就学学校的领导比例略高于其他组;在父母、其他教育工作者、孩子同学家长,同学和同事这几项中,城市一般的比例均高于其他组,而在邻居这项,城市一般则最低、农村一般家庭最高(见表6-6)。

表6-6　升学讨论网中人员构成比较个案(%)

	父母	学校领导	其他教育工作者	孩子同学家长	同学	邻居	同事	N
城市一般	34.6	7.7	13.8	32.4	22.4	10.0	32.9	153.8
农村一般	24.1	2.2	11.1	22.4	10.4	19.3	16.6	106.1
省内流动	29.3	2.4	12.7	28.1	9.5	18.9	26.6	127.5
省外流动	25.3	6.0	6.0	20.4	5.0	15.4	27.5	105.6

梁漱溟指出,中国社会既非个人本位,亦非社会本位,而是关系本位。① 费孝通认为中国乡土社会的基层结构是一种"差序格局"。在这个格局中,"社会关系是逐渐从一个一个人推出去的,是私人联系的增加,社会范围是一根根私人联系所构成的网络"。中国乡土社会的差序格局中,主轴在父子之间、婆媳之间,夫妇则是配轴。其次才是兄弟姐妹和其他远亲。② 张文宏在北京城市居民的讨论网中发现,配偶关系成为主轴,其次才是父母、子女、兄弟姐妹和远亲。③

笔者研究中发现,在升学讨论网上,大部分遵循"差序格局",以配偶、子女为核心,推向兄弟姐妹、其他亲戚等,父母在升学讨论网中并不处于主轴,而是排在较后位置。在升学讨论网中,班主任的排序甚至在父母、其他亲戚之前,"孩子同学的家长"作为社会闭合的重要成员,在子女升学过程中,也是讨论咨询的重要对象。升学作为一个涉及子女学业成绩状况和未来发展道路选择的重要问题,形成的讨论网具有专业性和特殊性,在这个网络中,文化水平和专业素养、是否有"见识"成了重要资本。费孝通认为"差序格局"既是个人

① 梁漱溟.中国文化要义[M].上海:上海人民出版社,1998.
② 费孝通.乡土中国[M].北京:北京大学出版社,1998.
③ 张文宏.城市居民社会网络中的差序格局[J].江苏行政学院学报,2008(01):67-72.

和家庭发生社会联系的信道,也是其生存和发展的社会资源的支持。在升学讨论网中,各种亲属排列次序的变化实际上反映了在特殊问题面前中国家庭结构的"工具性差序格局",即:社会关系是围绕个人而建立起来的自我中心式;为了可图实利,人们建立关系时将亲属和非亲属都纳入格局中;由内至外,格局中成员工具性价值逐级递减;中心成员要加强与那些工具性价值较大的其他成员的关系;关系越亲密,越有可能被自我用来实现实利目标。①

（三）升学讨论网的异质性

在升学讨论网的异质性上,城乡家庭升学讨论对象中,本市人几乎全部的占33.7%,几乎全部是老乡的占12.4%;在文化水平分布上,升学讨论对象几乎全部是大专以上文化程度的占3.6%,升学讨论对象大专以上文化占小部分的有48.4%(见表6-7)。

表6-7 升学讨论网异质性状况

	几乎全部/%	大部分/%	一半左右/%	小部分/%	几乎没有/%	N
本市人比例	33.7	24.9	15.7	19.4	6.3	823
老乡比例	12.4	23.2	19.9	30.0	14.5	763
大专以上比例	3.6	12.0	20.3	48.4	15.7	801

分组比较不同群体间讨论网异质性的状况发现,四组均存在显著差异。在本市人的比例中,城市一般在子女升学讨论网中,讨论对象几乎全部是本市人的占比在城市一般中为57.5%,农村一般为46.4%,省内流动为21.8%,而省外流动则只有5.5%(见表6-8)。

表6-8 本市人比例分组比较

	几乎全部/%	大部分/%	一半左右/%	小部分/%	几乎没有/%	N
城市一般	57.5	23.2	12.2	6.6	0.6	181
农村一般	46.4	32.0	13.7	6.5	1.4	278
省内流动	21.8	20.4	16.3	32.0	9.5	147
省外流动	5.5	20.3	20.7	38.2	15.2	217

$$\chi^2 = 255.914 \quad P = 0.000$$

① 张文宏,李沛良,阮丹青.城市居民社会网络的阶层构成[J].社会学研究,2004(06):1-10.

从讨论网中老乡的比例来看,省内流动和省外流动家庭老乡占比是最低的,省内流动有 24.3% 的是大部分(含"几乎全部"和"大部分"数据,下同)都是老乡,省外流动 25.7% 是老乡,而这个比例在城市一般中为 80.7%、在农村一般中为 78.4%,流动家庭在升学讨论网上老乡的比例显著低于其他组。从升学讨论网的本市人比例和老乡比例可以发现,一方面,流动家庭从乡土社会脱嵌;另一方面,他们却没有很好地嵌入城市,尤其是省外流动家庭与市民的关系网络并未很好地建立(见表 6-9)。

表 6-9 老乡比例分组比较

	几乎全部/%	大部分/%	一半左右/%	小部分/%	几乎没有/%	N
城市一般	17.7	22.8	13.9	20.3	25.3	158
农村一般	17.7	29.4	20.2	21.0	11.7	248
省内流动	7.2	17.1	23.6	35.7	16.4	140
省外流动	5.4	20.3	21.7	43.8	8.8	217
		$\chi^2 = 78.453$		$P = 0.000$		

在讨论网的文化分布上,省外流动和省内流动讨论网中,大专及以上文化程度占比 14.6% 和 8.2%(含"几乎全部"和"大部分"数据,下同),农村一般为 9.1%,均低于城市一般的 32.1%(见表 6-10)。

表 6-10 大专以上文化的比例

	几乎全部/%	大部分/%	一半左右/%	小部分/%	几乎没有/%	N
城市一般	8.0	24.1	22.4	39.1	6.3	174
农村一般	0.7	8.4	21.3	52.5	17.1	263
省内流动	3.4	4.8	22.6	50.0	19.2	146
省外流动	3.1	11.5	16.1	50.0	19.3	218
		$\chi^2 = 66.630$	$P = 0.000$			

三、"拜年网"

春节是中华民族的重要传统节日,按照文化传统,在春节期间,人们与密切相关的人通过各种方式相互拜年。通过拜年网对拜年者的各种关系类型和职业间社会交往的范围和强度做出评估是分析个人和家庭社会网络资源的重要途径。[1] 笔者沿用拜年网的网络规模、网顶网差、网络差异和网络构成等对城乡家庭的社会网络资源进行考察和分析。

（一）网络规模

网络规模大则关系多，信息和人情桥梁也较多，占比有社会资本优势。在本书中，网络规模直接由春节期间相互拜年的亲属、亲密朋友以及全体人员的人数相加获得。城乡家庭总体的网络规模均值为 40.3 人，最大值为400 人，最小值为 0，65.1% 的家庭在拜年中规模在 30 人及以下。分段来看，0 人占 0.3%，1～10 人占 18.8%，11～20 人占 27.0%，21～30 人占 19.0%，31～40 人占 9.3%，41～50 人占 4.0%，51～100 人占 11.6%，101～150 人占6.2%，151 人及以上占 3.8%。方差检验发现，各组间拜年网规模不存在显著差异（$F = 0.376, sig = 0.770$）（见表 6-11）。

表 6-11　拜年网总规模

网络规模 （拜年人数）	平均值	标准差	最大值	最小值	N
总　　体	40.339 2	50.171 84	400	0	737
城市一般	52.677 8	54.723 43	297	0	152
农村一般	47.597 8	54.892 87	304	0	227
省内流动	48.180 5	52.679 75	400	3	134
省外流动	43.729 3	39.477 63	297	3	224

大量研究认为，拜年网规模存在阶层的差异，领导干部、企业经理、专业人员及其他白领阶层拥有优势的社会网络。[2] 但是比较发现，城乡家庭拜年网规模并不存在显著差异。城市家庭在拜年网规模上并不优于农村一般和流动家庭。这也可能与城乡间人际交往方式不同有很大关系：在城市中，相互走动的更多是亲属、业缘等群体；而在农村熟人社会，除了亲缘之外，地缘群体占很大的比重，亲缘和地缘的交叠，使得农村居民的拜年网规

---

①　边燕杰，张文宏.经济体制、社会网络与职业流动[J].中国社会科学，2001(02)：77-89+206.
②　边燕杰.城市居民社会资本的来源及作用：网络观点与调查发现[J].中国社会科学，2004(03)：136-146+208;边燕杰，丘海雄.企业的社会资本及其功效[J].中国社会科学，2000(02)：87-99+207;张文宏.城市居民社会网络资本的阶层差异[J].社会学研究，2005(04)：64-81+244.

模大大扩展。

（二）网络多元性

在探讨拜年网的多元性之前，笔者先就城乡家庭拜年网的状况展开描述。从拜年对象的职业构成来看，个体户、自由职业者（52.2%）、农民（47.2%）、中学教师（29.6%）、司机（30.9%）、村干部（26.8%）、小学教师（26.2%）、医生（23.8%）、会计（21.1%）、企事业单位负责人（20.5%），这些人在拜年网中出现的频次最高（见表6-12）。

表 6-12 城乡家庭拜年网构成

	N	响应百分比/%	个案百分比/%		N	响应百分比/%	个案百分比/%
国有事业单位人员	180	3.8	20.8	会计	183	4.1	21.1
党政机关人员	131	2.9	15.1	医生	206	4.6	23.8
党群组织负责人	85	1.9	9.8	民警	97	2.2	11.2
行政办事人员	150	3.3	17.3	护士	133	3.0	15.3
法律工作者	103	2.3	11.9	产业工人	141	3.1	16.3
政府机关负责人	100	2.2	11.5	司机	268	6.0	30.9
企事业单位负责人	178	4.0	20.5	厨师、炊事员	155	3.4	17.9
大学教师	77	1.7	8.9	农民	409	9.1	47.2
中学教师	257	5.7	29.6	个体户、自由职业者	453	10.1	52.2
小学教师	227	5.0	26.2	包工头	169	3.8	19.5
工程技术人员	119	2.6	13.7	村干部	232	5.2	26.8
科学研究人员	32	0.7	3.7	保姆、计时工	57	1.3	6.6
经济业务人员	88	2.0	10.1	其他	171	3.8	19.7
饭店餐馆服务员	101	2.2	11.6				
总计					4 502	100.0	519.2

个体户、私营业主在拜年网中占比最高，这和浙江的经济发展类型和状况有直接的关系。浙江商业发达，大量的人口从事个体和私营经济；另外，中小学教师在拜年网中占比也较高，家长通过拜年和老师建立更密切联系，以建立更好的家校关系。

对于网络多元性的测量，通过询问被调查者拜年网中人们的各种职业，给其赋分并将这些职业权力分数相加，得到职业权力总分，以代表被调查者所拥有的社会资源总和。以下列举此次调查中的职业的权力分数（见表6-13）。

表 6 - 13 职业权力赋分①

	职业声望	职业权力		职业声望	职业权力
科学研究人员	95	42	政府机关负责人	80	73
大学教师	91	46	中小学教师	77	38
工程技术人员	86	43	党群组织负责人	73	73
法律工作者	86	59	企事业单位负责人	71	72
医生	86	57	经济业务人员	64	28
农民	5	2	个体户、自由职业者	—	28
会计	58	34	厨师炊事员	24	13
行政办事人员	53	56	产业工人	20	7
民警	52	54	营销人员（无）	15	9
护士	48	20	餐饮服务员	11	6
司机	25	15	保姆、计时工	6	5
包工头	—	28	村干部		20

对样本社会网络中职业权力分值做统计分析发现,最大值为884,最小值为0,均值为161.7。分组比较发现,城乡不同组间拜年网的职业权力存在显著差异($F=6.880, sig=0.000$)。两两比较发现,城市一般和其他农村三组间存在显著差异,城市家庭的网络职业权力总分显著高于农村组;农村一般和城市一般,省外流动存在显著差异,农村一般组的网络职业权力总分低于城市一般,高于省外流动组。省内流动和农村一般、省外流动组间差异不显著;省外流动显著低于城市一般和农村一般。即在家庭网络资源权力总分上,省外流动较城市一般和农村一般的劣势明显,而省内流动仅仅比城市一般差,和农村组的比较并无劣势(见表 6 - 14)。

(三) 网顶、网底和网差

每个人关系网络中的他人都有其一定的权力、地位、声望,按标准排列起来都形成一个塔形的结构。网顶即在网络中权力、地位、声望最高的人,而网底则是处于网络底层的人,网顶越高则网络蕴含的资本量越大。网差则是网顶和网底之间的差值,网差越大,说明家庭社会资本的层次越多,掌

---

① 此处赋分方法参见:边燕杰,李煜.中国城市家庭的社会网络资本[J].清华社会学评论,2001(02):1-18;尉建文,赵延东.权力还是声望:社会资本测量的争论与检验[J].社会学研究,2011(03):64-83.

握各种信息、拥有不同价值观的人越多,网络内部异质性越大。对城乡家庭的网顶和网差进行统计发现,城乡家庭网顶均值为50.2,最大值为73,最小值为2,网底均值为11.4,最大值为72,最小值为2;网差均值为38.7,最大值为71,最小为0。对城乡家庭的网顶、网底、网差进行比较发现,城乡家庭在网顶($F = 10.455$, $sig = 0.000$)和网底($F = 17.627$, $sig = 0.000$)上存在显著差异,网差上差异不显著($F = 1.969$, $sig = 0.117$)。两两比较发现,城市一般家庭网顶显著高于农村家庭,省外流动低于城市一般和农村一般,而省内流动和农村一般的网顶差异不显著。在网底上,城市一般显著高于农村三组家庭,而农村三组家庭内部网底差异不显著(见表6-15)。

表 6-14 职业权力总分比较

I	J	均值差($I-J$)	标准误	P
城市一般	农村一般	35.533 91 **	14.424 98	0.014
	省内流动	57.806 03 ***	16.700 33	0.001
	省外流动	62.335 35 ***	14.704 95	0.000
省内流动	城市一般	-57.806 03 ***	16.700 33	0.001
	农村一般	-22.272 12	15.593 32	0.154
	省外流动	4.529 31	15.852 67	0.775
省外流动	城市一般	-62.335 35 ***	14.704 95	0.000
	农村一般	-26.801 43 **	13.434 52	0.046
	省内流动	-4.529 31	15.852 67	0.775

表 6-15 网顶、网底分组比较

网 顶		均值差($I-J$)	标准误	P
城市一般	农村一般	5.784 79 ***	1.736 85	0.006
	省内流动	8.949 80 ***	2.128 26	0.000
	省外流动	10.212 44 ***	1.798 13	0.000
省内流动	城市一般	-8.949 80 ***	2.128 26	0.000
	农村一般	-3.165 00	2.143 13	0.598
	省外流动	1.262 64	2.193 08	0.993

续表

网　顶		均值差$(I-J)$	标准误	P
	城市一般	$-10.212\,44$***	1.798 13	0.000
省外流动	农村一般	$-4.427\,64$	1.815 70	0.087
	省内流动	$-1.262\,64$	2.193 08	0.993

网　底		均值差$(I-J)$	标准误	P
	农村一般	$8.035\,03$***	1.396 45	0.000
城市一般	省内流动	$7.316\,53$***	1.549 07	0.000
	省外流动	$8.007\,57$***	1.388 54	0.000
	城市一般	$-7.316\,53$***	1.549 07	0.000
省内流动	农村一般	$0.718\,51$	1.272 70	0.994
	省外流动	$0.691\,05$	1.264 01	0.995
	城市一般	$-8.007\,57$***	1.388 54	0.000
省外流动	农村一般	$0.027\,46$	1.071 54	1.000
	省内流动	$-0.691\,05$	1.264 01	0.995

（四）网络构成

对一个家庭而言，社会网络构成越合理，家庭所能动用的资源越丰富。接下来比较城乡家庭中与政府事业单位负责人、企业高级管理层、教研人员的关系纽带。在职业规模大于 0 的情况下，分别统计受访者的拜年对象中是否有政府机关负责人或党群组织负责人（政府事业单位负责人），企业单位负责人（企业高管），大学教师、中小学老师、科学研究人员（教研人员），各组中只要有其中的一个就记为 1，否则为 0。统计发现，拜年网中 36.6% 的人与教研人员有联系，13.9% 的与政府事业单位负责人有联系，16.5% 的与企业高管有联系。

分组比较发现，在三种纽带关系中，各个组间均存在显著差异。不论是哪个人群的关系，城市一般均优于农村家庭，在教研人员、企业高管联系上，农村一般家庭最弱；在政府事业单位负责人联系上，省外流动家庭最差。在教研人员、企业高管联系上，省外流动仅排在城市一般之后。这样的情况和省外流动家庭在浙江省内所从事的工作有很大关系。他们要么打工、要么当老板办企业，因此，在人际交往中，与企业高管的联系就比较多（见表 6 - 16）。

表 6-16 各组间网络构成的比较

	教研人员/%		政府事业单位负责人/%		企业高管/%	
城市一般	43.9		17.5		20.7	
农村一般	34.3	$\chi^2 = 7.262$	14.3	$\chi^2 = 8.570$	13.2	$\chi^2 = 7.877$
省内流动	34.4	$P = 0.064$	15.6	$P = 0.036$	14.0	$P = 0.049$
省外流动	34.7		9.1		18.6	

通过对城乡家庭"拜年网"的比较发现,城市家庭在拜年网规模上并不优于农村一般和流动家庭。在家庭网络资源权力总分上,省外流动较城市一般和农村一般的劣势明显,而省内流动仅仅比城市一般网络资源存在劣势。在网顶上,城市家庭显著高于农村家庭,省外流动低于城市家庭和农村一般家庭,而省内流动和农村一般家庭的网顶差异不显著。在网底上,城市家庭显著高于农村家庭,农村家庭间网底差异不显著。在网络构成上,城市一般均优于农村家庭,在教研人员、企业高管联系上,农村一般家庭最弱,省外流动仅排在城市一般后;在政府事业单位负责人联系上,省外流动家庭最差。

四、社团参与

美国学者帕特南提出了宏观社会资本理论,在他看来,社会资本主要包括关系网络、规范和信任,其中关系网络是最基础的,有了广泛的网络才可以形成普遍的互惠规范,才可以建立起广泛的社会信任;社团参与是形成宏观社会资本的重要途径。以下对城乡家庭社团活动参与状况做一阐述(见表 6-17)。

表 6-17 城乡居民社团参与

	经常/%	比较多/%	一般/%	较少/%	从不·不适用/%	N
同乡、校友、战友聚会	5.1	12.1	31.1	35.5	16.0	1 019
居委会/物业组织的活动	1.5	2.6	21.5	35.6	38.8	1 017
兴趣群体活动	3.2	6.7	27.8	34.2	28.1	1 014
志愿者活动	0.6	2.8	18.7	37.7	40.2	1 018
行业协会、学术团体活动	1.0	3.0	15.9	28.7	51.5	1 014
单位组织的集体活动	5.3	12.0	28.4	26.9	27.4	1 015

调查显示,城乡家庭除了"同乡、校友、战友聚会""单位组织的集体活动"的参与率较高外,其余社团活动参与率都不高,尤其是志愿服务活动参与率最低。分组比较发现,不同组在参与同乡、校友、战友聚会($X^2 = 30.361$,$P = 0.002$),居委会/物业组织的活动($X^2 = 33.603$,$P = 0.002$),兴趣群体活动($X^2 = 35.193$,$P = 0.000$),单位组织的集体活动($X^2 = 50.376$,$P = 0.000$)上存在显著差异,而在其他社团组织活动参与状况不存在显著差异。总体来看,城市家庭在各种社团组织活动的参与上均高于农村家庭。

分组来看,城市一般参与"同乡、校友、战友聚会"较多(含"经常"和"比较多",下同)的为25.1%,比例最高;其次是省外流动占比17.8%,但是"从不/不适用"的比例省外流动最高为20.3%。参与"居委会/物业组织的活动"中,省内流动和省外流动"从不/不适用"的比例最高,都在45%以上,城市和农村家庭或多或少都会参与一些这类活动。从参加兴趣群体活动来看,城市一般最高,较多参与的占15.8%,其次是农村一般8.8%,省外流动最低。从参与"单位组织的集体活动"来看,城市一般较多参与的占29.3%,远远高于农村一般的12.0%,省内流动占比16.4%,省外流动的占14.8%(见表6-18)。

表6-18 社团参与分组比较

同乡、校友、战友聚会($N=1\,019$)					
	经常/%	比较多/%	一般/%	较少/%	从不·不适用/%	合计
城市一般	7.2	17.9	36.8	29.1	9.0	223
农村一般	4.8	9.0	29.7	39.9	16.6	343
省内流动	4.5	9.6	31.1	37.9	16.9	177
省外流动	5.0	12.7	28.3	33.7	20.3	276

居委会/物业组织的活动($N=1\,017$)					
	经常/%	比较多/%	一般/%	较少/%	从不·不适用/%	合计
城市一般	1.4	3.6	26.1	41.4	27.5	222
农村一般	2.1	2.0	23.4	37.4	35.1	342
省内流动	1.7	1.7	18.1	33.3	45.2	177
省外流动	0.6	2.9	17.8	30.1	48.6	276

续表

兴趣群体活动($N=1\,014$)					
	经常/%	比较多/%	一般/%	较少/%	从不·不适用/%	合计
城市一般	4.5	11.3	33.9	31.7	18.6	221
农村一般	3.8	5.0	29.3	34.6	27.3	341
省内流动	1.7	6.8	27.1	35.6	28.8	177
省外流动	2.1	5.1	21.5	34.9	36.4	275

单位组织的集体活动($N=1\,015$)					
	经常/%	比较多/%	一般/%	较少/%	从不·不适用/%	合计
城市一般	10.4	18.9	33.3	19.8	17.6	222
农村一般	2.6	9.4	25.3	30.6	32.1	340
省内流动	4.0	12.4	28.2	30.5	24.9	177
省外流动	5.4	9.4	28.3	25.7	31.2	276

　　本书的发现与以往研究类似,农村居民参与社团的比例很小,远远低于城市居民。[1] 而在农村人口内部,受流动影响的随迁人口虽然在城市中生活,但是他们总体社团参与也要比城市居民少。在中国,个人很大程度上依附于其所在的工作单位,虽然随着市场经济的逐步建立和改革的深入,城市居民对单位的依附有所减弱,但和农民相比,其对工作单位仍具有很高的依附性;由于省内流动和省外流动家庭就业以个体、私营经济为主,其"单位组织活动"参与率显著低于城市。

第二节　社会网络与学业状况

一、社会网络与学业状况模型

　　将拜年网、社团参与、讨论网以及学业参与、学业成绩等纳入模型,删除不显著路径,得到社会网络与学业状况基本模型,检验发现模型适配度非常好。模型如图6-1所示。

---

[1]　Walder A G. Communist Neo-Traditionalism: Work and Authority in Chinese Industry [M]. University of California Press, 1986.

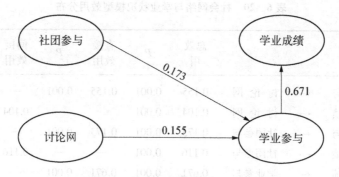

图6-1 社会网络与学业状况模型

在模型中所有路径间的路径系数均在 $P<0.001$ 的水平上显著。父母的讨论网、社团参与对子女的学业参与有显著影响，学业参与影响学业成绩。比较标准化回归系数，父母社团参与对子女学业参与的路径系数为0.173，以父母社团参与预测子女学业参与可以消减误差的3.0%；讨论网和子女学业参与的路径系数为0.155，以升学讨论网状况预测子女学业参与可以消减2.4%的误差（见表6-19）。

表6-19 社会网络与学业状况模型参数

			估计值	标准误	临界比率	P	β 系数
学业参与	←	讨 论 网	0.276	0.075	3.669	***	0.155
学业参与	←	社团参与	0.234	0.053	4.387	***	0.173
学业成绩	←	学业参与	0.731	0.048	15.150	***	0.671

比较家庭社会网络对学生学业参与和学业成绩的影响发现，拜年网对子女学业状况没有直接影响，而讨论网和社团参与通过对子女学业参与的完全中介作用影响子女学业成绩。对路径做检验，发现所有路径的标准化直接、间接效用及总效用均显著，也就是说，所有路径中学业参与的中介作用都成立。从效用大小和路径来看，讨论网对学业参与的总效用为0.155，全部为直接效用，讨论网对学业成绩的总效用为0.104，由学业参与的完全中介作用产生影响；社团参与对子女学业参与的总效用为0.173，略大于讨论网的影响；社团参与对学业成绩的总效用为0.116，是通过学业参与的完全中介作用产生影响，作用大于讨论网。家庭社会网络对子女的学业参与和学业成绩有一定的影响，但是影响不大（见表6-20）。

表 6-20　社会网络与学业状况模型效用分布

			总效用	P	直接效用	P	间接效用	P
学业参与	←	讨 论 网	0.155	0.001	0.155	0.001	—	—
学业成绩	←	讨 论 网	0.104	0.001	—	—	0.104	0.001
学业参与	←	社团参与	0.173	0.001	0.173	0.001	—	—
学业成绩	←	社团参与	0.116	0.001	—	—	0.116	0.001
学业成绩	←	学业参与	0.671	0.001	0.671	0.001	—	—

二、拜年网、社会闭合与学业状况模型

赵延东等人研究发现,家长网络资源能帮助孩子进入优质学校,但不能直接提高孩子的成绩;家长通过闭合型的社会资本间接发挥作用:家长如拥有更丰富的网络资本,则能更有效地和老师、其他家长进行交流,可以间接地提高孩子的学习成绩。① 拜年网是否会通过社会闭合等其他形式的家庭社会资本作用于子女教育获得? 将拜年网、代际闭合、家长学业参与、亲子沟通以及子女学业参与、学业成绩等纳入模型参数,删除不显著路径,得到修正后模型,检验发现模型适配度非常好。模型如图 6-2 所示。

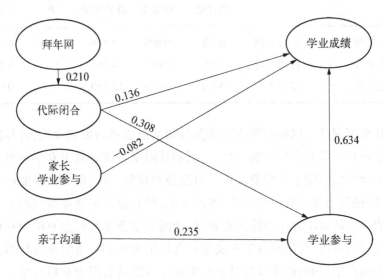

图 6-2　拜年网、社会闭合与学业状况模型

① 赵延东,洪岩璧.社会资本与教育获得——网络资源与社会闭合的视角[J].社会学研究,2012,27(5):47-69+243-244.

拜年网对代际闭合、代际闭合对学业参与等 6 条路径的路径系数在 $P < 0.001$ 的水平上显著。比较标准化回归系数发现,拜年网对代际闭合的标准化路径系数为 0.210,以拜年网的状况预测家庭代际闭合可以消减 4.4%的误差;代际闭合对学业参与的标准化回归系数为 0.308,即以代际闭合预测子女学业参与可以消减 9.5%的误差;代际闭合对子女学业成绩的标准化回归系数为 0.136,以代际闭合预测子女学业成绩可以消减 1.8%的误差(见表 6 - 21)。

表 6 - 21　拜年网、社会闭合与学业状况模型参数

			估计值	标准误	临界比率	P	β系数
代际闭合	←	拜 年 网	0.493	0.082	6.022	***	0.210
学业参与	←	代际闭合	0.375	0.049	7.722	***	0.308
学业参与	←	亲子沟通	0.345	0.058	5.934	***	0.235
学业成绩	←	学业参与	0.691	0.052	13.242	***	0.634
学业成绩	←	代际闭合	0.181	0.051	3.507	***	0.136
学业成绩	←	家长学业参与	-0.168	0.042	-4.017	***	-0.082

具体分析代际闭合在拜年网和学业状况之间的中介作用。对路径做检验发现,在模型中除了家长学业参与对子女学业成绩的总效用和直接效用不显著外,其他路径的标准化直接效用、间接效用及总效用均显著。

从效用分布来看,拜年网对代际闭合的影响为 0.210,全部为直接效用;拜年网对学业参与的总效用为 0.065,全部为间接效用;拜年网对学业成绩的总效用为 0.070,也全部为间接效用。代际闭合直接影响子女的学业参与,总效用为 0.308,代际闭合通过子女学业参与的部分中介作用影响子女学业成绩,总效用为 0.332,直接效用为 0.136,间接效用为 0.196。拜年网通过家庭代际闭合的完全中介作用影响子女学业参与,通过家庭代际闭合、子女学业参与的多重中接链的完全中介作用影响子女学业成绩。所有的影响方向均为正。

综上,拜年网对父母学业参与和亲子沟通没有显著影响,只是影响家庭代际闭合;拜年网络状况越好,家庭代际闭合也越好,家庭拜年网的社会网络资本通过代际闭合间接影响子女学业状况,且方向为正(见表 6 - 22)。

表6-22　拜年网、社会闭合与学业状况模型效用分布

			总效用	P	直接效用	P	间接效用	P
代际闭合	←	拜 年 网	0.210	0.002	0.210	0.002	—	—
学业参与	←	拜 年 网	0.065	0.001	—	—	0.065	0.001
学业成绩	←	拜 年 网	0.070	0.002	—	—	0.070	0.002
学业参与	←	亲子沟通	0.235	0.001	0.235	0.001	—	—
学业成绩	←	亲子沟通	0.149	0.001	—	—	0.149	0.001
学业参与	←	代际闭合	0.308	0.001	0.308	0.001	—	—
学业成绩	←	代际闭合	0.332	0.003	0.136	0.003	0.196	0.001
学业成绩	←	家长学业参与	-0.082	0.189	-0.082	0.189	—	—
学业成绩	←	学业参与	0.634	0.001	0.634	0.001		

三、分组比较

社会网络资本对城乡青少年的学业状况有何影响？其作用大小、路径在不同组中是否存在差异？接下来对城乡四组展开分组比较。

（一）城市一般

将城市一般儿童样本纳入模型,并进行模型修正,得到社会网络与学业状况（城市一般）模型。拜年网对子女学业状况没有显著影响,但是父母社团参与和家庭升学讨论网对子女学业状况产生影响（见图6-3）。

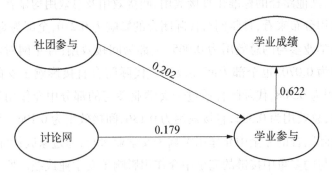

图6-3　社会网络与学业状况（城市一般）模型

父母社团参与和升学讨论网对子女学业参与有显著影响：讨论网对学业参与、社团参与对学业参与的路径系数在 $P<0.05$ 的水平上显著,学业参与对学业成绩的路径系数在 $P<0.001$ 的水平上显著。从标准化路径系数来看,社团参与对学业参与的路径系数为0.202,以父母社团参与预

测子女学业参与可以消减 4.1% 的误差;讨论网对学业参与的路径系数
为 0.179,以父母社团参与预测子女学业参与可以消减 3.2% 的误差(见
表 6-23)。

表 6-23 社会网络与学业状况(城市一般)模型参数

			估计值	标准误	临界比率	P	β 系数
学业参与	←	讨论网	0.274	0.139	1.976	0.048	0.179
学业参与	←	社团参与	0.303	0.127	2.390	0.017	0.202
学业成绩	←	学业参与	0.730	0.118	6.204	***	0.622

　　对路径做检验,发现所有路径的标准化直接效用、间接效用及总效用均
显著。从效用分布来看,城市一般升学讨论网对子女学业参与的总效用为
0.179,均为直接效用;对子女学业成绩的总效用为 0.112,全部为间接效用;
城市一般父母社团参与对子女学业参与的总效用为 0.202,均为直接效用;
对子女学业成绩的总效用为 0.126,全部为间接效用。城市家庭父母社团参
与、讨论网通过子女学业参与的完全中介作用影响子女学业成绩。虽然父
母社团参与、升学讨论网对子女学业状况有影响,但是影响不大;父母社团
参与对学业状况的影响大于升学讨论网(见表 6-24)。

表 6-24 社会网络与学业状况(城市一般)模型效用分布

			总效用	P	直接效用	P	间接效用	P
学业参与	←	讨论网	0.179	0.042	0.179	0.042	—	
学业成绩	←	讨论网	0.112	0.041	—	—	0.112	0.041
学业参与	←	社团参与	0.202	0.014	0.202	0.014	—	
学业成绩	←	社团参与	0.126	0.013	—	—	0.126	0.013
学业成绩	←	学业参与	0.622	0.001	0.622	0.001	—	

　　(二) 农村一般
　　将农村一般儿童样本纳入模型,并进行模型修正,得到社会网络与学业
状况(农村一般)模型。在农村一般组中,家庭社会网络中的拜年网对子女
学业状况没有显著的影响,但是父母的社团参与和升学讨论网对子女学业
状况产生影响(见图 6-4)。

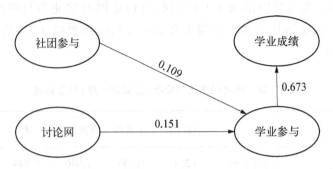

图6-4 社会网络与学业状况(农村一般)模型

分析影响路径发现：升学讨论网对子女学业参与有显著影响,路径系数在 $P<0.05$ 的水平上显著;学业参与对学业成绩的路径系数在 $P<0.001$ 的水平上显著;父母社团参与对学业参与的路径系数在 $P<0.1$ 的水平上显著。从标准化路径系数来看,父母社团参与对子女学业参与的路径系数为0.109,以父母社团参与预测子女学业参与可以消减 1.2% 的误差;升学讨论网对学业参与的路径系数为0.151,以升学讨论网预测子女学业参与可以消减 2.3% 的误差(见表6-25)。

表6-25 社会网络与学业状况(农村一般)模型参数

			估计值	标准误	临界比率	P	β 系数
学业参与	←	讨论网	0.231	0.108	2.131	0.033	0.151
学业参与	←	社团参与	0.147	0.085	1.724	0.085	0.109
学业成绩	←	学业参与	0.704	0.084	8.354	***	0.673

对路径做检验发现,所有路径的标准化直接效用、间接效用及总效用均显著。从效用分布来看,升学讨论网对子女学业参与的总效用为0.151,均为直接效用;对子女学业成绩的总效用为0.102,全部为间接效用;父母社团参与对子女学业参与的总效用为0.109,均为直接效用;父母社团参与对子女学业成绩的总效用为0.073,全部为间接效用。父母社团参与对学业状况的影响大于讨论网。从作用路径来看,父母社团参与、讨论网通过子女学业参与的完全中介作用影响子女学业成绩。父母社团参与、升学讨论网对子女学业状况有影响,但是影响不大,且小于这些潜变量对城市一般儿童的影响(见表6-26)。

表6-26 社会网络与学业状况(农村一般)模型效用分布

			总效用	P	直接效用	P	间接效用	P
学业参与	←	讨论网	0.151	0.054	0.151	0.054	—	—
学业成绩	←	讨论网	0.102	0.048	—		0.102	0.048
学业参与	←	社团参与	0.109	0.104	0.109	0.104	—	—
学业成绩	←	社团参与	0.073	0.100	—		0.073	0.100
学业成绩	←	学业参与	0.673	0.001	0.673	0.001		

（三）省内流动

将省内流动样本纳入模型,并进行模型修正,得到社会网络与学业状况(省内流动)模型。在模型中,父母社团参与、升学讨论网对子女的学业参与、学业成绩无影响,家庭拜年网对子女学业状况有影响(见图6-5)。

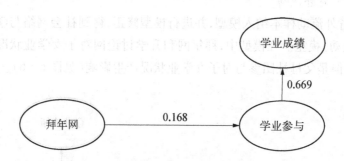

图6-5 社会网络与学业状况(省内流动)模型

具体看社会网络对省内流动子女学业状况之间的关系。拜年网对学业参与的路径系数在 $P<0.05$ 的水平上显著;学业参与对学业成绩的路径系数在 $P<0.001$ 的水平上显著。从标准化路径系数来看,拜年网对学业参与的路径系数为0.168,以家庭拜年网状况预测子女学业参与可以消减2.82%的误差(见表6-27)。

表6-27 社会网络与学业状况(省内流动)模型参数

			估计值	标准误	临界比率	P	β系数
学业参与	←	拜年网	0.567	0.270	2.101	0.036	0.168
学业成绩	←	学业参与	0.688	0.098	6.986	***	0.669

对路径做检验,发现所有路径的标准化直接效用、间接效用及总效用均显著。从效用分布来看,拜年网对子女学业参与的总效用为 0.168,均为直接效用;对子女学业成绩的总效用为 0.113,全部为间接效用。从作用路径来看,家庭拜年网对通过子女学业参与的完全中介作用影响子女学业成绩;拜年网状况越好,子女学业参与越好,学业成绩越好(见表 6-28)。

表 6-28　社会网络与学业状况(省内流动)模型效用分布

			总效用	P	直接效用	P	间接效用	P
学业参与	←	拜年网	0.168	0.034	0.168	0.034	—	—
学业成绩	←	拜年网	0.113	0.030			0.113	0.030
学业成绩	←	学业参与	0.669	0.001	0.669	0.001		

(四) 省外流动

将省外流动样本纳入模型,并进行模型修正,得到社会网络与学业状况(省外流动)模型。在模型中,拜年网和升学讨论网对子女学业状况没有显著影响,但是父母社团参与对子女学业状况产生影响(见图 6-6)。

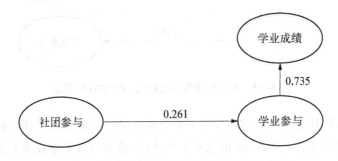

图 6-6　社会网络与学业状况(省外流动)模型

具体看父母社团参与对子女学业状况的影响。社团参与对学业参与、学业参与对学业成绩的路径系数在 $P<0.001$ 的水平上显著。从标准化路径系数来看,社团参与对学业参与的路径系数为 0.261,以父母社团参与预测子女学业参与可以消减 6.8% 的误差,大于城市一般儿童 4.2% 的解释力(见表 6-29)。

对路径做检验,发现所有路径的标准化直接效用、间接效用及总效用均显著。从效用分布来看,省外流动儿童父母社团参与对子女学业参与的总效用为 0.261,均为直接效用;对子女学业成绩的总效用为 0.192,全部为间接效用。再看作用的路径,城市家庭父母社团参与通过子女学业参与的完全中介作用影响子女学业成绩。在省外流动儿童中,父母社团参与对子女学业状况有影响,但影响不大(见表6-30)。

表6-29　社会网络与学业状况(省外流动)模型参数

			估计值	标准误	临界比率	P	β系数
学业参与	←	社团参与	0.380	0.110	3.456	***	0.261
学业成绩	←	学业参与	0.782	0.085	9.186	***	0.735

表6-30　社会网络与学业状况(省外流动)模型效用分布

			总效用	P	直接效用	P	间接效用	P
学业参与	←	社团参与	0.261	0.001	0.261	0.001	—	
学业成绩	←	社团参与	0.192	0.001	—		0.192	0.001
学业成绩	←	学业参与	0.735	0.002	0.735	0.002	—	

（五）四组模型的比较

从拟合状况来看,四组模型均较好。对四组模型进行比较,发现存在一些异同。

第一,在城市一般和省外流动组中,父母的社团参与会对子女学业状况产生影响;在农村一般模型中,升学讨论网会对子女学业状况产生影响。城市家庭、省外流动儿童父母社团参与通过子女学业参与的完全中介作用影响子女学业成绩。城市一般、农村一般家庭升学讨论网通过子女学业参与的完全中介作用影响子女学业成绩。在省内流动子女中,拜年网通过影响子女学业参与的完全中介作用影响子女学业成绩,而在其他三组模型中,拜年网对子女学业状况影响的路径系数均不显著。

第二,从社会网络对子女学业状况影响的大小来看,城市一般、省外流动和农村一般家庭父母社团参与对子女学业状况有影响,比较而言,父母社团参与对子女学业状况的影响在省外流动家庭中略大于城市一般,在农村一般中影响最小。

第三,在城市一般和农村一般家庭中,升学讨论网对子女学业状况有影响,均是通过学业参与的完全中介作用影响子女学业成绩。比较来看,升学讨论网对子女学业状况的影响在城市一般家庭中大于农村一般家庭。

第三节　社会网络与教育分流

以往的研究认为,家庭社会经济地位对教育分流的影响,可以体现为家长借助社会关系或权力为子女择校,帮助孩子获得最优的教育资源。一些研究显示,父母阶层地位越高,子女所就读的小学和初中的学校级别越高①,家庭社会网络资源越丰富,越能为子女提供好的教育机会。② 因此,本节重点讨论社会网络对教育分流的影响,包括对中小学分流的影响和对初中后教育分流的影响。

一、城乡儿童教育分流状况比较

吴愈晓指出,中国的教育分流体制(重点学校制度和学轨制)与教育机会不平等间有密切的关系。③ 对于城市居民而言,其子女的就学有重点、非重点,优质学区、一般学区之分,但是对于农民工随迁子女,其入学一般与重点学校、优质学校无缘,更多的是一般公办、只招收农民工子弟的公办学校和质量一般的民办学校之间的差异。

（一）小学就读状况

从城乡儿童小学六年级的就读状况来看,84.5%就读于公办学校（"无外地生的公办学校"或"一般公办学校"）,4.3%就读于只招收外来务工人员子女的公办学校,10.6%就读于民办学校,还有 0.6%的被调查者不知道学校的性质。

分组比较发现,城乡儿童在就读学校类型上存在显著性差异。省外流动儿童在小学六年级就读学校性质上存在明显劣势,其在公办学校就读的比例仅为 65.3%,低于省内流动的 82.8%,更是低于农村一般的 93.8%和城市一般的 97.0%;10.2%的省外流动子女就读在"只招收外来务工人员子女

---

① 方长春,风笑天.阶层差异与教育获得———项关于教育分流的实证研究[J].清华大学教育研究,2005(5)：22 - 30.

② 赵延东,洪岩璧.社会资本与教育获得———网络资源与社会闭合的视角[J].社会学研究,2012,27(05)：47 - 69+243 - 244.

③ 吴愈晓.教育分流体制与中国的教育分层(1978—2008)[J].社会学研究,2013(4)：179 - 202.

的公办学校",24.4%的就读于民办学校。相比较而言,省内流动子女在"只招收外来务工人员子女的学校"(7.4%)和"民办学校"(9.7%)就读的比例低于省外流动子女(见表6-31)。

表6-31　小学就读状况比较

	无外地生的公办学校/%	一般公办学校/%	只招收外来务工人员子女的公办学校/%	民办学校/%	N
城市一般	22.3	74.7	0.0	3.0	233
农村一般	8.8	85.0	0.0	6.2	353
省内流动	5.1	77.7	7.4	9.7	175
省外流动	12.2	53.1	10.2	24.4	254

$\chi^2 = 171.426$　$P = 0.000$

　　城市一般和农村一般均有少量儿童小学在民办学校就读,但是城乡儿童就读的民办学校有着质的区别。在教育体系中,民办学校有两大类,一类是教学资源、教学质量都优于公办学校、需要较高学费和一定社会资本才能进入的民办学校;而另一类则是为了解决随迁子女无法入学问题而建立的民办学校,两种民办学校的教学资源和质量不可同日而语。在本书中,笔者并未将其做区分,其实可以判断,对于城市一般儿童而言,他们所就读的民办学校更多是指前一类,而农村一般、随迁子女所就读的更多是后一类。

　　"两为主"政策体现了国家在流动儿童教育问题上的立场和决心,政策实施大大改善了随迁子女的受教育状况。杭州于2013年宣布全部取消针对农民工子弟的民办学校,但是在调查中发现,由于公办学校无法满足随迁子女的教育需求,在主城区以外,仍然有一些"民办公助"或者民办学校。

　　从城乡儿童六年级就读的地点来看,86.0%就读于现在所在的城市,2.4%就读于其他城市,3.4%就读于老家县城,8.2%就读于农村老家。各组在六年级就读地点存在显著差异。分组比较发现,农村一般、省内流动、省外流动子女六年级在外地就读的比例较高,其中,省外流动占比最高,在老家就读占比16.8%,在其他城市就读占比3.1%(见表6-32)。

表 6 - 32　六年级就读的学校

	现在所在的城市/%	其他城市/%	老家/%	N
城市一般	96.1	2.6	1.3	235
农村一般	83.3	1.4	15.3	354
省内流动	86.4	3.4	10.2	176
省外流动	80.1	3.1	16.8	256
$\chi^2 = 38.898$　$P = 0.000$				

（二）初中就读状况

从城乡儿童初三就读的学校性质来看,公办学校占 76.2%,普通民办学校占 3.4%,只招收外来务工人员子女的公办学校占 9.5%,民办农民工子弟学校占 10.9%。比较初中就读学校的类型发现,城乡儿童间存在显著差异。城市一般和农村一般均在公办和普通民办学校内就读,城市一般在普通民办就读的比例要高于农村一般,而省内流动儿童初中就读主要分布在四种类型的学校中,其中一般公办学校最多,其次是只招收外来务工人员子女的公办学校,在招收外来务工人员子女的民办学校和普通民办学校的比例不高,分别为 6.5% 和 3.8%。

省外流动子女中,没有随迁子女在普通民办就读,有 36.5% 在一般公办学校就读,26.7% 在只招收外来务工人员子女的公办学校就读,还有 36.8% 在招收外来务工人员子女的民办学校就读。在学校类型分布上,省外流动人口子女存在的劣势最明显,省内流动人口子女较其他类型的儿童在学校类型分布上也存在劣势(见表 6 - 33)。

表 6 - 33　初中就读的学校类型

	招收外来务工人员子女的民办学校/%	只招收外来务工人员子女的公办学校/%	一般公办学校/%	普通民办学校/%	N
城市一般	0.0	0.0	91.5	8.5	246
农村一般	0.0	0.0	97.5	2.5	363
省内流动	6.4	14.5	75.3	3.8	186
省外流动	36.8	26.7	36.5	0.0	285
$\chi^2 = 515.529$　$P = 0.000$					

比较小学和初中学校类型,分析小升初是否存在学校类型的上升或下降。比较发现,在不同类型学校就读的城乡儿童,其小升初过程中呈现一定的流动规律。一般公办学校就读的绝大部分流向一般公办学校,另外有2.9%的实现向上流动进入普通民办学校,也有10.0%的向下流动。在农民工子弟公办学校就读的,大部分升入农民工子弟公办学校,有少部分(8.6%)流入了一般公办学校。小学在民办学校就读的,41.9%的升入一般公办学校,7.3%的升入公办农民工子弟学校,9.7%升入普通民办学校(见表6-34)。

表6-34 小升初的流动

	一般公办/%	普通民办/%	民办公助/%	招收外来务工人员子女民办/%	农民工子弟公办/%	N
一般公办	87.1	2.9	1.2	5.0	3.8	921
农民工子弟公办	8.6	0.0	0.0	14.3	77.1	35
民办	41.9	9.7	15.3	25.8	7.3	124

$$\chi^2 = 485.160 \quad P = 0.000$$

分组比较发现,城市一般和农村一般初中后分流呈现向更好学校流动的向上流动趋势,而随迁子女的初中后分流则呈现更多的分化。在省内流动中,一般公办绝大部分流入公办学校,流入农民工子弟学校的比例较低;但是在省外流动组中,超过40.0%的在小升初的过程中从一般公办学校流向了以招收外来务工人员子女为主的公办学校。在民办学校就读的省内流动人口子女中,41.2%流向公办学校,而这个比例在省外流动组中为22.6%。在公办农民工子弟学校就读的大部分流向公办农民工子弟学校。这里有两方面原因,第一,初中升学机会问题。由于农民工子弟学校教学等各方面条件一般,在民办学校就读的随迁子女父母只要有条件都会将孩子转到公办学校去;而相比较而言,公办农民工子弟学校整体师资、教学质量等要优于民办学校,也有些家长选择让孩子继续在公办农民工子弟学校就读。第二,在小升初的过程中,农民工子弟学校大量优秀的生源流向一般公办学校,但是由于总量有限,样本分布分散而无法统计到(见表6-35)。

(三)初中后教育分流

高中教育是衔接义务教育和高等教育的中间环节,在完成初中教育之后,学生面临着影响个人未来发展的重要选择:放弃继续升学机会,或者进入普通高中、职高、技校、中专等继续学习。但是,省外流动人口子女受教育政策的影响,他们多了一项城乡之间的选择,返乡就读或留城就读的选择。李春玲基于全国数据(CGSS,CASS)发现,47.3%的初中毕业生或初中辍学者放弃继续求学,52.7%的毕业生继续升学。辍学的毕业生中,89.8%来自农村,农民子弟占66.7%,工人子弟占21.4%。升学毕业生中,管理人员和专业人员子女更多升入普通高中;专业人员和办事人员子女的比例略低,农民子女不论是职业教育还是普通教育入学的比例都最低。[①] 本书基于浙江的数据发现,初中后分流状况中,4.0%的不读书,45.6%的读职高、技校,35.0%的读普通高中,13.3%的就读重点高中,2.1%的回老家读高中。上高中的比例为51.3%,与李春玲的研究发现非常接近。

表 6-35　小学性质和中学分流状况分类比较

	省　内　流　动				
	只招收外来务工人员子女民办/%	农民工子弟公办/%	一般公办/%	普通民办/%	N
一般公办	1.3	6.9	89.0	2.8	145
农民工子弟公办	7.7	84.6	7.7	0.0	13
民办	23.5	29.4	41.2	5.9	17

$\chi^2 = 84.629$　$P = 0.000$

	省　外　流　动				
	只招收外来务工人员子女民办/%	农民工子弟公办/%	一般公办/%	普通民办/%	N
一般公办	26.5	21.1	52.4	0.0	166
农民工子弟公办	15.4	80.8	3.8	0.0	26
民办	46.8	30.6	22.6	0.0	62

$\chi^2 = 54.913$　$P = 0.000$

　　分组比较发现,在初中后分流状况上,省外流动组存在显著劣势。就读

---

① 李春玲."80后"的教育经历与机会不平等——兼评《无声的革命》[J].中国社会科学,2014 (4):66-77+205.

职高技校的比例比城市一般组高 45%,而上重点高中的比例比城市一般低
近 30%。不读书的比例达到 8.7%,另外有 5.7% 的回老家读高中,还有 0.4%
的选择了复读。同样是流动人口子女,省内流动子女的分流状况较省外流
动要好很多,虽然其上职高技校的比例比农村一般高出近 20%,上普通高中
的比例比农村一般高 20%,但是其上重点高中的比例高出农村一般约 6%。
从初中后教育分流来看,城市一般优势非常明显,农村一般较省内流动有优
势,而省外流动处于最弱势地位(见表 6 - 36)。

表 6 - 36　初中后分流状况分组比较

	不读书/%	职高技校/%	普通高中/%	重点高中/%	回老家读/%	复读/%	N
城市一般	0.0	20.0	47.3	32.7	0.0	0.0	110
农村一般	1.2	30.6	57.2	11.0	0.0	0.0	173
省内流动	2.7	50.4	30.1	16.8	0.0	0.0	113
省外流动	8.7	66.8	14.4	3.9	5.7	0.4	229

$$X^2 = 198.942 \quad P = 0.000$$

已有研究发现,不同阶层子女在进入高级中等教育阶段,出现了三个层
次的教育分化,农民子女在这个过程中显示出劣势;[1]家庭社会经济地位越
高的学生,越有可能进入重点学校,或更可能选择学术教育轨道而非职业教
育轨道。[2] 笔者的研究也得出了类似的结论,城市学生更多可能进入重点
学校,更可能选择学术教育轨道而非职业教育轨道;而省外流动子女在初中
后分流中处于绝对劣势。

二、社会网络与中小学阶段分流

方长春、风笑天认为,家庭社会经济地位对子女教育分流的影响,是通
过影响学生在每一阶段的分流而实现的,而每一级分流的结果会在一定程
度上逐步累积,结果是最终的分流[3],家庭网络资源对教育机会获得的影响

---

[1] 李春玲."80 后"的教育经历与机会不平等——兼评《无声的革命》[J].中国社会科学,2014
(4):66 - 77+205.

[2] 吴愈晓.教育分流体制与中国的教育分层(1978~2008)[J].社会学研究,2013(4):179 -
202.

[3] 方长春,风笑天.阶层差异与教育获得——一项关于教育分流的实证研究[J].清华大学教
育研究,2005(5):22 - 30.

存在不同阶段的差异。① 接下来分别讨论社会网络对中小学不同阶段分流的影响。

（一）社会网络与中小学阶段分流基本模型

对父母社会网络资源对子女入读学校状况的影响进行分析得到社会网络与中小学分流模型，由于讨论网是对近期子女升学、学业状况的一个特殊讨论状态，不能影响其过去的子女入学状况，在这个模型中不纳入。拜年网对小学状况和中学状况都无显著影响，而父母的社团参与对中小学生的学校状况有显著影响。看模型的拟合状况，所有指标均达到要求，说明模型拟合状况非常好（见图6-7）。

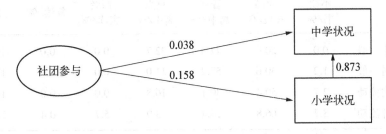

图6-7 社会网络与中小学分流模型

社团参与对小学状况、小学状况对中学状况的路径系数在 $P<0.001$ 的水平上显著；社团参与对中学状况的路径系数在 $P<0.05$ 的水平上显著。比较标准化回归系数发现，社团参与对小学状况的影响大于对中学状况的影响，以家长社团参与预测子女小学状况能消减 2.5% 的误差，社团参与对中学状况有影响，但是非常小。小学状况对中学状况的影响非常大，以小学状况预测中学状况可以消减 76.2% 的误差，小学越好，越有可能进入好的中学（见表6-37）。

表6-37 社会网络与中小学分流模型参数

			估计值	标准误	临界比率	P	β 系数
小学状况	←	社团参与	0.232	0.050	4.679	***	0.158
中学状况	←	社团参与	0.071	0.031	2.322	0.020	0.038
中学状况	←	小学状况	1.116	0.019	59.244	***	0.873

具体分析社会网络对中小学就学的影响：社团参与对小学状况有直接影响；社团参与对中学状况有直接和间接影响，其中直接效用为0.038，间接效用为0.138，总效用为0.175。社团参与通过小学状况的部分中介作用影响子女中学状况。对路径做检验发现，所有路径的标准化直接效用、间接效用及总效用均显著，即各个潜变量间的中介效用成立（见表6-38）。

表6-38 社会网络与中小学分流模型效用分布

			总效用	P	直接效用	P	间接效用	P
小学状况	←	社团参与	0.158	0.001	0.158	0.001	—	—
中学状况	←	社团参与	0.175	0.001	0.038	0.012	0.138	0.001
中学状况	←	小学状况	0.873	0.002	0.873	0.002		

父母社团参与对子女升入好的学校有显著影响，但是这个影响非常小，而教育分流具有强烈的累积性和延续性，是否能进入一个好的小学，在很大程度上决定了孩子是否能进入一个好的初中。这与方长春、风笑天的研究结论一致。有研究认为，受中国教育资源分布状况的影响，家长网络资源对孩子能否进入更好的中学影响更为显著；[1]但是本书发现，父母社会网络资本对子女小学就学状况的直接影响要大于对子女小升初的直接影响，这和我国教育政策的调整有重要关系。

研究发现，由于中学之间的发展不平衡，小学就近进入优质初中难度加大，就中小学两个阶段的入学而言，"小升初"过程中择校更加激烈。[2] 但是由于近年来教育政策的调整，小升初考试被对口小学直升政策取代，也就意味着想要进入好的初中，必须先进入好的小学，进入好的小学之后，通过对口小学直升初中。因此，当下的择校首先是选择小学，进入较好小学才有机会进入好的中学，小学入学显得比以前重要很多。而在小学入学过程中，一般实行就近入学，而家庭能否在一个好的学区有一套住房成为能否进入好小学的先决条件。就近入学、学区房加大家庭经济资本对教育获得影响的同时，降低了家庭网络社会资本的影响。

① 赵延东,洪岩璧.社会资本与教育获得——网络资源与社会闭合的视角[J].社会学研究,2012,27(5)：47-69+243-244.
② 赵延东,洪岩璧.社会资本与教育获得——网络资源与社会闭合的视角[J].社会学研究,2012,27(5)：47-69+243-244.

（二）分组比较

社会网络资本对城乡儿童教育分流有何影响？其作用大小、路径是否存在差异？接下来笔者展开分组比较。

1. 城市一般

将城市一般儿童样本纳入模型，并进行模型修正，得到社会网络与中小学分流（城市一般）模型。模型所有指标均达到要求，模型拟合状况非常好（见图6-8）。

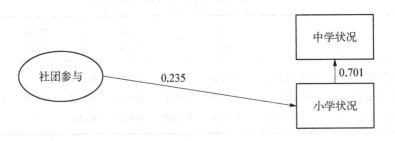

图6-8 社会网络与中小学分流（城市一般）模型

社团参与对小学状况的路径系数在 $P<0.01$ 的水平上显著；小学状况对中学状况的路径系数在 $P<0.001$ 的水平上显著。比较标准化回归系数发现，社团参与对小学状况的直接影响为 0.235，以家长社团参与预测子女小学状况能消减 5.5% 的误差；社团参与对中学状况没有影响。小学状况对中学状况的影响非常大，以小学状况预测中学状况可以消减 49.1% 的误差，小学状况越好，则越有可能进入好的中学（见表6-39）。

表6-39 社会网络与中小学分流（城市一般）模型参数

			估计值	标准误	临界比率	P	β 系数
小学状况	←	社团参与	0.213	0.065	3.262	0.001	0.235
中学状况	←	小学状况	1.047	0.068	15.405	***	0.701

具体分析作用分布发现，社团参与对小学状况有直接影响；社团参与对中学状况有间接影响。社团参与通过对小学状况的影响的完全中介作用影响子女中学状况。对路径做检验，所有路径的标准化直接效用、间接效用及总效用显著，即各个潜变量间的中介效用成立（见表6-40）。

2. 农村一般

将农村一般儿童样本纳入模型，并进行模型修正，得到社会网络与中小学分流(农村一般)模型。模型所有指标均达到要求,模型拟合状况非常好(见图6-9)。

表6-40　社会网络与中小学分流(城市一般)模型效用分布

		总效用	P	直接效用	P	间接效用	P
小学状况	←	社团参与	0.235	0.001	0.235	0.001	—	—
中学状况	←	社团参与	0.165	0.001	—	—	0.165	0.001
中学状况	←	小学状况	0.701	0.001	0.701	0.001	—	—

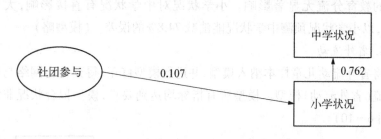

图6-9　社会网络与中小学分流(农村一般)模型

社团参与对小学状况的路径系数在 $P<0.1$ 的水平上显著;小学状况对中学状况的路径系数在 $P<0.001$ 的水平上显著。比较标准化回归系数发现,社团参与对小学状况的直接影响为 0.107,以家长社团参与预测子女小学状况能消减 1.1% 的误差;社团参与对中学状况没有影响。小学状况对中学状况的影响非常大,以小学状况预测中学状况可以消减 58.1% 的误差,小学状况越好,则越有可能进入好的中学(见表6-41)。

表6-41　社会网络与中小学分流(农村一般)模型参数

			估计值	标准误	临界比率	P	β 系数
小学状况	←	社团参与	0.128	0.068	1.870	0.062	0.107
中学状况	←	小学状况	0.946	0.042	22.447	***	0.762

分析社会网络对中小学就学的影响发现,社团参与对小学状况有直接影响;社团参与对中学状况有间接影响。社团参与通过对小学状况的影响的完全中介作用影响子女中学状况。对路径做检验,所有路径的标准化直接效用、间接效用及总效用显著,即各个潜变量间的中介效用成立(见表6-42)。

表 6 - 42 社会网络与中小学分流(农村一般)模型效用分布

			总效用	P	直接效用	P	间接效用	P
小学状况	←	社团参与	0.107	0.053	0.107	0.053	—	—
中学状况	←	社团参与	0.082	0.053	—	—	0.082	0.053
中学状况	←	小学状况	0.762	0.002	0.762	0.002	—	—

3. 省内流动

将省内流动儿童样本纳入模型,在模型中,家庭社会网络对该类型家庭子女的教育分流无显著影响。小学状况对中学状况有直接影响,大小为0.865,以小学状况预测中学状况能消减74.8%的误差。(模型略)

4. 省外流动

将省外流动儿童样本纳入模型,并进行模型修正,得到社会网络与中小学分流(省外流动)模型。模型所有指标均达到要求,模型拟合状况非常好(见图6-10)。

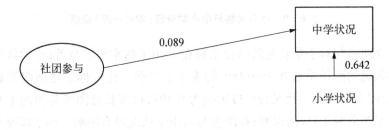

图 6 - 10 社会网络与中小学分流(省外流动)模型

社团参与对中学状况的路径系数在 $P<0.1$ 的水平上显著;小学状况对中学状况的路径在 $P<0.001$ 的水平上显著,社团参与对小学状况无显著影响。比较标准化回归系数发现,社团参与对中学状况有影响,但是非常小,直接效用仅为0.089;小学状况对中学状况的影响非常大,以小学状况预测中学状况可以消减41.2%的误差(见表6-43)。

表 6 - 43 社会网络与中小学分流(省外流动)参数

			估计值	标准误	临界比率	P	β 系数
中学状况	←	社团参与	0.151	0.086	1.749	0.080	0.089
中学状况	←	小学状况	0.689	0.049	14.107	***	0.642

在省外流动组中,社团参与对小学状况无直接影响;社团参与对中学状况有直接影响。对路径做检验,社团参与对中学状况的直接效用、总效用在$P<0.1$的水平上显著,小学状况对中学状况直接效用和总效用显著(见表6-44)。

表6-44　社会网络与中小学分流(省外流动)效用分布

			总效用	P	直接效用	P	间接效用	P
中学状况	←	社团参与	0.089	0.096	0.089	0.096	—	—
中学状况	←	小学状况	0.642	0.001	0.642	0.001	—	—

5. 三组模型比较

对四组模型进行比较,发现社会网络资本在加入家庭义务感和教育期望等中介潜变量之后,城乡各组模型间呈现一定的共同点和差异性。

第一,教育分流的累积性。小学状况对中学状况的影响非常大,以小学状况预测中学状况可以消减40%以上的误差,小学状况越好,则越有可能进入好的中学。小学状况对初中状况影响的大小城乡有一定差异,省内三组(城市一般、农村一般、省内流动)以小学状况预测中学状况要高于省外流动组。

第二,在三组中,拜年网对子女的中小学状况均不起作用,而是社团参与影响子女的中小学状况。不同的是,城市一般和农村一般组中,父母社团参与通过影响子女小学状况进而间接地影响子女初中就读学校水平,而在省外流动组中,父母社团参与对子女小学学校状况影响不显著,而是直接影响其中学学校状况。

三、社会网络与初中后教育分流

教育分流严格意义上,是从初中后开始的,一方面初中后是义务教育和非义务教育的分水岭,有职业教育和普通学术教育的教育分流;另一方面,在入学标准上,义务教育阶段,就读学校选择主要依据教育政策的规定(如划区就近入学),初中后的升学则是依据学生的学业成就。在初中后分流过程中,学业成绩、中学状况等均会对分流产生重要影响,因此,在探讨社会网络对初中后教育分流影响时,纳入学生学业参与、学业成绩和中学学校层次等变量。

(一) 社会网络与初中后教育分流模型

将拜年网、社团参与、讨论网等潜变量纳入模型,删除不显著的路径得到模型:社会网络与初中后教育分流模型(见图6-11)。模型所有指标均达到要求,模型拟合状况非常好。

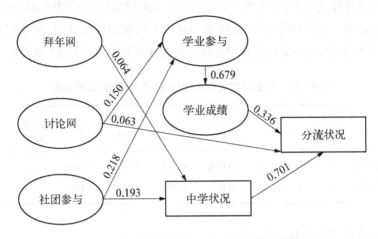

图 6-11 社会网络与初中后教育分流模型

社团参与对学业参与等 5 条路径的路径系数在 $P<0.001$ 的水平上显著;讨论网对分流状况路径系数在 $P<0.05$ 的水平上显著,拜年网对中学状况的路径系数在 $P<0.1$ 的水平上显著。比较标准化回归系数发现,社团参与和拜年网影响中学状况,社团参与的影响比拜年网大,学业成绩、中学状况和讨论网影响子女初中后分流状况。比较系数大小发现,中学状况对初中后分流状况影响最大,以中学状况预测初中后分流状况能消减 49.1% 的误差,而以学业成绩预测初中后分流状况则能消减 11.3% 的误差。初中所就读的学校越好、学业成绩越好,则越有可能升入重点高中,所就读的学校越差、学习成绩越差则就读职高技校或不读书的可能性越大(见表 6-45)。

表 6-45 社会网络与初中后教育分流模型参数

			估计值	标准误	临界比率	P	β 系数
学业参与	←	社团参与	0.330	0.070	4.699	***	0.218
学业参与	←	讨论网	0.290	0.100	2.913	0.004	0.150
中学状况	←	社团参与	0.510	0.111	4.595	***	0.193
中学状况	←	拜年网	0.106	0.063	1.674	0.094	0.064
学业成绩	←	学业参与	0.758	0.056	13.501	***	0.679
分流状况	←	学业成绩	0.305	0.028	11.004	***	0.336
分流状况	←	中学状况	0.405	0.013	30.506	***	0.701
分流状况	←	讨论网	0.123	0.057	2.164	0.030	0.063

　　讨论网、社团参与和拜年网都会对分流状况产生影响,社团参与、拜年网对分流状况为间接影响,讨论网对分流状况有直接和间接影响,其总效用比较小。比较来看,社团参与对分流状况的影响最大,为 0.185,其他两个潜变量对分流状况的影响均不超过 0.1。具体看作用路径发现,拜年网通过中学状况的完全中介作用影响子女初中后分流;讨论网通过学业参与,学业成绩的多重中介链的部分中介作用影响子女初中后分流;社团参与通过中学状况的完全中介作用影响分流,同时也通过学业参与、学业成绩多重中介链影响初中后分流。比较而言,中学状况对初中后分流的影响最大,学业成绩其次,学业参与最小(见表 6-46)。

表 6-46　社会网络与初中后教育分流模型效用分布

			总效用	直接效用	间接效用
学业参与	←	讨论网	0.150	0.150	—
学业成绩	←	讨论网	0.102	—	0.102
分流状况	←	讨论网	0.097	0.063	0.034
学业参与	←	社团参与	0.218	0.218	—
中学状况	←	社团参与	0.193	0.193	—
学业成绩	←	社团参与	0.148	—	0.148
分流状况	←	社团参与	0.185	—	0.185
中学状况	←	拜年网	0.064	0.064	—
分流状况	←	拜年网	0.045	—	0.045
学业成绩	←	学业参与	0.679	0.679	—
分流状况	←	学业参与	0.228	—	0.228
分流状况	←	中学状况	0.701	0.701	—
分流状况	←	学业成绩	0.336	0.336	—

　　(二) 分组比较

　　社会网络、学业状况和中学状况对城乡儿童初中后教育分流有何影响?其作用大小、路径是否存在差异? 接下来展开分组比较。

　　1. 城市一般

　　将城市一般儿童样本纳入模型,并进行模型修正,得到社会网络与初中后教育分流(城市一般)模型(见图 6-12)。

　　社团参与对中学状况等 4 条路径的路径系数在 $P<0.001$ 的水平上显著。比较标准化回归系数发现,社团参与影响中学状况,以社团参与预测子女初中状况可以消减 18.0% 的误差。学业成绩和中学状况对初中后分流都

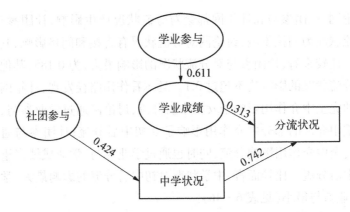

图 6－12　社会网络与初中后教育分流（城市一般）模型

有直接影响，比较系数大小发现，中学状况对初中后分流状况影响更大，以中学状况预测初中后分流状况能消减 55.0% 的误差，而以学业成绩预测初中后分流状况则能消减 10.0% 的误差（见表 6－47）。

表 6－47　社会网络与初中后教育分流（城市一般）模型参数

			估计值	标准误	临界比率	P	β 系数
中学状况	←	社团参与	1.014	0.249	4.067	***	0.424
学业成绩	←	学业参与	0.736	0.185	3.971	***	0.611
分流状况	←	学业成绩	0.266	0.069	3.852	***	0.313
分流状况	←	中学状况	0.502	0.036	13.972	***	0.742

　　具体分析路径发现，社团参与对教育分流有一定影响，而讨论网、拜年网对分流状况无影响，社团参与对分流状况的影响为间接影响，大小为 0.315，社团参与通过中学状况的完全中介作用影响子女初中后分流。比较而言，学业参与、学业成绩和中学状况对初中后分流的影响大于社会网络的影响，学业参与通过学业成绩的完全中介作用影响分流状况（见表 6－48）。

表 6－48　社会网络与初中后教育分流（城市一般）模型效用分布

			总效用	直接效用	间接效用
中学状况	←	社团参与	0.424	0.424	—
分流状况	←	社团参与	0.315	—	0.315
学业成绩	←	学业参与	0.611	0.611	—

续表

			总　效　用	直接效用	间接效用
分流状况	←	学业参与	0.191	—	0.191
分流状况	←	中学状况	0.742	0.742	—
分流状况	←	学业成绩	0.313	0.313	—

2. 农村一般

将农村一般儿童样本纳入模型,并进行模型修正,得到社会网络与初中后教育分流(农村一般)模型。社团参与、拜年网对分流状况无影响,讨论网对初中后分流有间接影响(见图6-13)。

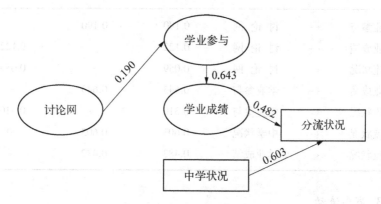

图6-13　社会网络与初中后教育分流(农村一般)模型

讨论网对学业参与的路径系数 $P < 0.05$,路径显著,其他路径系数 $P < 0.001$,均显著。讨论网对初中后分流无直接影响,学业成绩和中学状况同样影响初中后分流。比较系数大小发现,中学状况对初中后分流状况影响更大,以中学状况预测初中后分流状况能消减 36.4% 的误差;而以学业成绩预测初中后分流状况则能消减 23.2% 的误差;以学业参与状态预测子女初中后分流可以消减 9.6% 的误差。学校的层级效应在分流中的作用在农村一般模型中比城市一般模型要小,而学业成绩的影响则比较大(见表6-49)。

具体看作用路径,讨论网通过学业参与、学业成绩的多重中介链的完全中介作用影响子女初中后教育分流。相比较而言,学业参与、学业成绩和中学状况对初中后分流的影响要远远大于讨论网的影响。在农村一般模型中,学业参与和学业成绩的总预测力接近中学状况的预测力(见表6-50)。

表 6 - 49　社会网络与初中后教育分流(农村一般) 模型参数

			估计值	标准误	临界比率	P	β系数
学业参与	←	讨 论 网	0.305	0.139	2.195	0.028	0.190
学业成绩	←	学业参与	0.775	0.095	8.118	***	0.643
分流状况	←	学业成绩	0.450	0.052	8.620	***	0.482
分流状况	←	中学状况	0.476	0.034	14.042	***	0.603

表 6 - 50　社会网络与初中后教育分流(农村一般) 模型效用分布

			总 效 用	直接效用	间接效用
学业参与	←	讨 论 网	0.190	0.190	—
学业成绩	←	讨 论 网	0.122	—	0.122
分流状况	←	讨 论 网	0.059	—	0.059
学业成绩	←	学业参与	0.643	0.643	—
分流状况	←	学业参与	0.310	—	0.310
分流状况	←	中学状况	0.603	0.603	—
分流状况	←	学业成绩	0.482	0.482	—

3. 省内流动

将省内流动儿童样本纳入模型,并进行模型修正,得到社会网络与初中后教育分流(省内流动)模型。讨论网、拜年网对分流状况无影响,社团参与对初中后分流有间接影响(见图 6 - 14)。

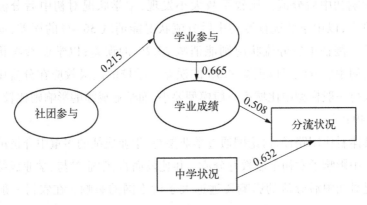

图 6 - 14　社会网络与初中后教育分流(省内流动) 模型

社团参与对学业参与的路径系数 P<0.05,其他路径系数 P<0.001,均显著。社团参与对初中后分流无直接影响,学业成绩和中学状况影响初中后分流。中学状况对初中后分流状况影响大些,以中学状况预测初中后分流状况能消减 39.4% 的误差,而以学业成绩预测初中后分流状况则能消减 25.8% 的误差。在省内流动模型中学校质量在分流中的作用比在城市一般模型中要小,而学业成绩的影响则较大(见表 6-51)。

表 6-51　社会网络与初中后教育分流(省内流动)模型参数

			估计值	标准误	临界比率	P	β系数
学业参与	←	社团参与	0.340	0.159	2.132	0.033	0.215
学业成绩	←	学业参与	0.655	0.107	6.104	***	0.665
分流状况	←	学业成绩	0.417	0.061	6.838	***	0.508
分流状况	←	中学状况	0.401	0.034	11.750	***	0.632

具体路径:社团参与通过学业参与、学业成绩的多重中介链的完全中介作用影响子女初中后教育分流。学业参与、学业成绩和中学状况对初中后分流的影响大于社团参与,中学状况影响最大,学业成绩其次,学业参与最小。学业参与对分流状况有间接影响,以学业参与预测子女初中后分流可以消减 11.4% 的误差。与农村一般模型类似,在省内流动模型中,学业参与和学业成绩的总预测力接近中学状况的预测力(见表 6-52)。

表 6-52　社会网络与初中后教育分流(省内流动)模型效用分布

			总效用	直接效用	间接效用
学业参与	←	社团参与	0.215	0.215	0.000
学业成绩	←	社团参与	0.143	0.000	0.143
分流状况	←	社团参与	0.073	0.000	0.073
学业成绩	←	学业参与	0.665	0.665	0.000
分流状况	←	学业参与	0.338	0.000	0.338
分流状况	←	中学状况	0.632	0.632	—
分流状况	←	学业成绩	0.508	0.508	—

4. 省外流动

将省外流动儿童样本纳入模型,并进行模型修正,得到社会网络与初中后教育分流(省外流动)模型(见图 6-15)。

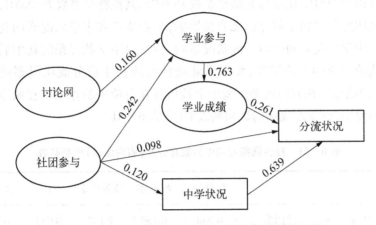

图 6 – 15 社会网络与初中后教育分流(省外流动)模型

社团参与对学业参与的路径系数在 $P<0.01$ 的水平上显著,讨论网对学业参与等 3 条路径的路径系数处于临界显著,其他 3 条路径的路径系数在 $P<0.001$ 的水平上显著。社团参与对初中后分流有直接影响,大小为0.098;学业成绩和中学状况影响初中后分流。比较发现,中学状况对初中后分流状况影响大些,以中学状况预测初中后分流状况能消减 40.1% 的误差,而以学业成绩预测初中后分流状况则能消减 6.8% 的误差(见表 6 – 53)。

表 6 – 53 社会网络与初中后教育分流(省外流动)模型参数

			估计值	标准误	临界比率	P	β 系数
学业参与	←	社团参与	0.337	0.115	2.922	0.003	0.242
学业参与	←	讨论网	0.478	0.281	1.699	0.089	0.160
中学状况	←	社团参与	0.168	0.100	1.679	0.093	0.120
学业成绩	←	学业参与	0.795	0.092	8.628	***	0.763
分流状况	←	社团参与	0.100	0.054	1.854	0.064	0.098
分流状况	←	学业成绩	0.184	0.045	4.060	***	0.261
分流状况	←	中学状况	0.467	0.038	12.234	***	0.639

讨论网对初中后分流有间接影响,但是影响非常小,仅为 0.032;社团参与对分流状况的直接影响为 0.098,间接影响为 0.125,总效用为 0.242,以社团参与预测子女初中后分流可以消减 5.86% 的误差。具体看作用路径,讨论网通过学业参与、学业成绩的多重中介链的完全中介作用影响子女初中后教育分流;社团参与通过中学状况的部分中介作用影响初中后分流,同时通过学业

参与、学业成绩的多重中介链的部分中介作用影响分流(见表6-54)。

表6-54 社会网络与初中后教育分流(省外流动)模型效用分布

			总 效 用	直接效用	间接效用
学业参与	←	讨 论 网	0.160	0.160	—
学业成绩	←	讨 论 网	0.122		0.122
分流状况	←	讨 论 网	0.032		0.032
学业参与	←	社团参与	0.242	0.242	—
中学状况	←	社团参与	0.120	0.120	
学业成绩	←	社团参与	0.185		0.185
分流状况	←	社团参与	0.223	0.098	0.125
学业成绩	←	学业参与	0.763	0.763	0.000
分流状况	←	学业参与	0.199		0.199
分流状况	←	中学状况	0.639	0.639	
分流状况	←	学业成绩	0.261	0.261	—

与其他模型不同的是,在省外流动模型中,社团参与对学业分流的影响超过了学业参与的影响,对学业分流影响大小,依次为中学状况、学业成绩、社团参与和学业参与。在一定程度上可以说,在省外流动组中,社会网络资本的影响较其他组大。

5. 四组模型比较

第一,中学状况对初中后分流状况影响最大。在各组中,以中学状况预测初中后分流状况能消减36.0%~55.0%的误差,学校的层级效应在分流中的作用在城市一般模型中影响最大。

第二,学业成绩对初中后分流状况的预测能力不如学校层级的大,但是也是重要影响因素。以学业成绩预测初中教育分流能消减6.8%~25.8%的误差。其中省外流动组中,以学业成绩预测分流状况所能消减的误差最小。也就是说在省外流动组中,影响子女分流的除了学业成绩、学校层次等因素外,还有其他因素影响。在笔者看来,这主要是政策因素。通过访谈笔者发现,不少不能在浙江升学的都是因为不符合政策条件要求。相关学校老师说,有些家长也是走一步看一步,不会想太长远,造成孩子没有足够的学习年限和学籍,无法参加考试、升学。

第三,学业参与通过学业成绩中介作用影响学业分流。在农村一般和省内流动中,个人成绩和努力状况得分加总,其预测力接近中学状况的预测力。

第四,社会网络资本对学业分流有一定影响,但是总体影响要比学业状况和学校层级状况的影响小得多。在城市一般组中,父母社团参与通过影响子女中学状况间接影响分流;而在农村一般组中,讨论网通过学业参与等多重中介链的影响对初中后分流有间接影响,但是影响非常小;在省内流动和省外流动组中,社团参与都对分流状况有影响,尤其是在省外流动模型中,社团参与对中学状况、学业参与和分流状况均有直接影响,总体来看,父母社团参与对学业分流的影响超过了子女学业参与的影响。在一定程度上可以说,在省外流动组中,社会网络资本的影响较其他组大。

本章对社会网络与教育获得的关系进行讨论。首先,对城乡家庭社会网络进行比较:① 在子女升学过程中,与关键人物的亲密熟悉程度,由高到低依次为城市一般、农村一般、省内流动、省外流动。② 在升学讨论网上,讨论网依旧大部分遵循"差序格局",以配偶、子女为核心,推向兄弟姐妹,其他亲戚等,父母在升学讨论网中并不处于主轴,而是排在较后位置。③ 城市家庭在拜年网规模上并不优于农村一般和流动家庭。在家庭网络资源权力总分上,省外流动较城市一般和农村一般劣势明显,而省内流动与城市一般相比,资源存在劣势。

其次,分析社会网络对学业状况的影响。研究发现:① 社会网络中的拜年网通过代际闭合的中介作用对子女学业成绩产生影响;社会网络中的其他形式的社会资本,尤其是社团参与,对子女学业状况有影响。② 社会网络资本要转化为子女实际的学业参与行为才能对子女学业成绩有影响。

最后,分析社会网络对教育分流的影响。研究发现:① 在中小学入学上,教育分流具有累积性。小学状况对中学状况影响非常大,拜年网对子女中小学状况均不起作用,而是社团参与影响子女中小学状况。城市一般和农村一般组中,父母社团参与通过影响子女小学入学的层次进而间接地影响子女初中就读学校的层次;省外流动组中,父母社团参与对子女小学入学无影响,而是直接影响其中学的入学状况。父母社团参与对学业分流的影响超过了对子女学业参与的影响。在省外流动组中,社会网络资本的影响较其他组大。② 在初中升学上,中学状况对初中后分流状况影响最大。但是,学业成绩对初中后分流状况的预测能力不如学校层级的大;在省外流动组中,影响子女分流的除了学业成绩、学校层次等因素外还有其他因素。

第七章 家庭社会资本代际
传递路径分析

"布劳-邓肯的社会职业经济地位获得模型"指出,家庭背景通过影响子女的受教育水平,从而间接地影响子女职业和社会经济地位获得。但在该模型中父亲职业和受教育程度如何影响子女受教育程度并没有得到解释。20世纪50年代,"威斯康星地位获得模型"引入了"教育期望"作为中间变量,来测量家庭的职业、经济等地位因素对教育获得的具体影响。之后,有大量研究探讨家庭社会资本代际传递的中介路径。教育期望在教育获得中的作用机制被广泛关注,研究认为,家长教育期望是家庭社会资本和教育成就直接的中介机制,子女教育期望也通过中介效应影响学业状况,教育期望会通过代际传递影响阶层流动和再生产。家庭义务感作为重要的心理机制,影响移民子女学业参与和社会融入,是大多数移民青年在学校适应过程中的重要资源。本章主要探讨家庭社会资本如何通过子女教育期望、家庭义务感影响教育获得,以及子女教育期望、家庭义务感之间的关系等问题。

第一节 城乡家庭教育期望、家庭义务感比较

一、教育期望城乡比较

教育期望,可以理解为一个人的教育抱负,指的是一个学生对他未来获得的教育的看法、感知或者打算。[1] 另外也包含父母对子女的教育打算。

---

[1] Nichols T M, Kotchick B A, Mcnamara Barry C, et al. Understanding the Educational Aspirations of African American Adolescents: Child, Family, and Community Factors [J]. Journal of Black Psychology, 2010, 36(01): 25 - 48.

教育期望既是家长投资教育的动力,又是一种"重要的他人激励",这种价值观和偏好会在代际传递。国内对教育期望的研究发现,教育期望阶层、城乡差异明显[1],在公办学校就读的流动儿童,其教育期望不仅要高于就读于农民工子弟学校的儿童,而且也要高于本地儿童。[2] 劳动阶层父母希望子女"好好读书、考上好大学、找到好工作、过上好生活",教育期望呈现出工具理性取向、实用主义取向和家庭主义取向的阶层特征。[3] 但是也有研究发现,中国父母对子女教育期望普遍较高,城乡居民对子女学业目标的差异不显著。[4] 本节主要比较教育期望的城乡差异,同时比较子女教育期望和父母教育期望状态。

作为家庭社会资本中重要的部分,教育期望在城乡子女中是否存在差异? 本书从上大学的愿望和教育期望的类型两方面进行比较。从教育期望的类型来看,21.1%的被调查者期望能实现大专水平,71.8%的被调查者期望实现大学本科及以上水平。另外,60.0%的被调查者表示非常想上大学(见表 7-1)。

表 7-1 教育期望状况

想读大学吗?	非常想/%	比较想/%	一般/%	不想/%	从不想/%	N
	60.0	22.9	14.5	2.2	0.4	1 075

对自己的教育期望	初中/%	高中·职高等/%	大专/%	本科/%	研究生/%	N
	0.8	16.3	21.1	45.7	16.1	1 001

方差分析发现,读大学的愿望($F = 14.399, sig = 0.000$)和教育期望类型($F = 21.330, sig = 0.000$)各组间在教育期望上存在差异显著。组间两两比较发现,"上大学的愿望"组间差异显著,省外流动和城市一般、农村一般及省内流动三组的两两差异均显著,省外流动子女显著地低于其他三组,而其他组间差异不显著(见表 7-2)。

① 杨春华.教育期望中的社会阶层差异:父母的社会地位和子女教育期望的关系[J].清华大学教育研究,2006(04):1-7.
② 杨威.流动儿童家庭教育期望的影响因素探析——基于北京市某区的问卷调查[J].西北人口,2012(02):98-102.
③ 熊和妮.底层式"望子成龙"——劳动阶层父母教育期望的内容与特点[J].民族教育研究,2017(05):105-112.
④ 蒋国河,闫广芬.家庭资本与城乡学业成就差异——基于实证调查基础上的相关分析[J].青年研究,2006(06):28-34.

表 7-2　上大学愿望分组比较

I	J	均值差($I-J$)	标准误	P
城市一般	农村一般	0.071	0.061	0.822
	省内流动	0.172	0.082	0.208
	省外流动	0.428***	0.070	0.000
省内流动	城市一般	−0.172	0.082	0.208
	农村一般	−0.101	0.080	0.754
	省外流动	0.256**	0.087	0.021
省外流动	城市一般	−0.428***	0.070	0.000
	农村一般	−0.357***	0.067	0.000
	省内流动	−0.256**	0.087	0.021

检验发现,在教育期望水平上,城市一般和省内流动及省外流动的差异显著,与农村一般的差异不显著。城市一般子女教育期望显著高于随迁子女。农村一般则仅仅和省外流动差异显著,农村一般子女教育期望显著高于省外流动。省内流动和城市一般、省外流动差异显著;省外流动和城市一般、农村一般及省内流动差异显著。可见,省内流动子女教育期望显著低于城市一般,高于省外流动;省外流动子女教育期望显著低于其他三组(见表 7-3)。

表 7-3　教育期望水平分组比较

I	J	均值差($I-J$)	标准误	P
城市一般	农村一般	0.173	0.073	0.101
	省内流动	0.346***	0.088	0.001
	省外流动	0.677***	0.086	0.000
省内流动	城市一般	−0.346***	0.088	0.001
	农村一般	−0.172	0.086	0.241
	省外流动	0.331***	0.097	0.004
省外流动	城市一般	−0.677***	0.086	0.000
	农村一般	−0.504***	0.083	0.000
	省内流动	−0.331***	0.097	0.004

与以往研究的发现不一致,本书发现,省外流动人口子女在教育期望上,相对于城市一般、农村一般,劣势显著;省内流动人口子女相对于城市一般,劣势显著,相对于省外流动优势显著,但是与农村一般比,差异并不显著。

二、家庭义务感城乡比较

家庭义务感是一种支持家庭、尊重家庭成员和对其提供帮助的责任意识。内隐和外显的家庭义务意识通常对家庭成员行为有指导意义。家庭义务感常反映一个人的家庭背景和文化底蕴,是理解儿童发展的重要因素。家庭义务感存在种族、移民状况间的差异[1],研究者常将家庭义务感和教育结果以及心理和行为适应联系在一起。家庭义务感会与其他塑造儿童的因素相互作用,影响儿童发展。[2]

调查显示,城乡儿童赞同"长大了我要好好孝顺父母"的比例最高,占86.0%(含"非常符合"和"比较符合"数据,下同);其次是"我不会要求父母给我买太贵的东西",占72.5%,此外,71.4%的儿童赞同"新鲜东西父母不知道,我会教他们";63.1%的儿童赞同"我要努力学习为父母争气",48.2%的儿童赞同"我非常高兴为父母做家务,分担辛苦",42.3%的儿童认为应该"早点赚钱减轻父母的负担"。可以看到,被调查者有较强烈的家庭义务感(见表7-4)。

表7-4　家庭义务感状况

	非常不符/%	不符/%	一般/%	比较符合/%	非常符合/%	N
我非常高兴为父母做家务,分担辛苦	2.7	10.0	39.1	31.1	17.1	1 062
我不会要求父母给我买太贵的东西	2.3	4.5	20.7	35.9	36.6	1 055
我要早点工作赚钱减轻父母负担	4.1	14.6	38.9	26.4	16.0	1 051

① Fuligni A J, Tseng V, Lam M. Attitudes toward Family Obligations among American Adolescents With Asian, Latin American, and European Backgrounds[J]. Child Development, 1999, 70 (4): 1030-1044; Hughes D. Cultural and Contextual Correlates of Obligation to Family and Community among Urban Black and Latino Adults[J]. Caring and Doing for Others, 2001: 179-226.

② Telzer E H, Gonzales N, Fuligni A J. Family Obligation Values and Family Assistance Behaviors: Protective and Risk Factors for Mexican-American Adolescents' Substance Use[J]. Journal of Youth and Adolescence, 2014(43): 270-283.

	非常不符/%	不符/%	一般/%	比较符合/%	非常符合/%	N
我要努力学习为父母争气	1.1	4.8	31.0	33.6	29.5	1 052
长大了我要好好孝顺父母	2.2	1.0	10.8	30.6	55.4	1 051
新鲜东西父母不知道,我会教他们	2.7	3.6	22.4	36.4	34.9	1 051

方差分析发现,"我非常高兴为父母做家务,分担辛苦""我要早点工作赚钱减轻父母负担""很多新鲜东西父母不知道,我会教他们"这三项的差异不显著,"我不会要求父母给我买太贵的东西"($F=4.205, sig=0.006$),"我要努力学习为父母争气"($F=7.537, sig=0.000$),"长大了我要好好孝顺父母"($F=4.097, sig=0.007$)这三项的组间差异显著。

检验发现,"我不会要求父母给我买太贵的东西",城市一般和其他三组间的差异不显著,农村一般和省内流动的差异显著。省内流动、省外流动仅仅和农村一般差异显著。即农村一般子女的家庭义务感中的该项显著高于城市子女和随迁子女,随迁子女和城市一般子女间的差异不显著(见表7-5)。

表7-5 "我不会要求父母给我买太贵的东西"分组比较

I	J	均值差(I-J)	标准误	P
城市一般	农村一般	-0.028	0.075	0.999
	省内流动	0.224	0.094	0.104
	省外流动	0.176	0.088	0.243
省内流动	城市一般	-0.224	0.094	0.104
	农村一般	-0.251**	0.088	0.028
	省外流动	-0.048	0.100	0.998
省外流动	城市一般	-0.176	0.088	0.243
	农村一般	-0.204	0.082	0.074
	省内流动	0.048	0.100	0.998

"我要努力学习为父母争气",城市一般和省外流动差异显著,和其他组间的差异不显著;农村一般和省外流动差异显著,和其他组差异不显著;省内流动和其他三组间差异均不显著;省外流动和城市一般、农村一般的差异显著,和省内流动差异不显著。即,在要为父母争气上,省外流动显著低于城市一般和农村一般,和省内流动没有显著差异;省内流动和其他组间的差异不显著(见表7-6)。

表7-6　"我要努力学习为父母争气"分组比较

I	J	均值差($I-J$)	标准误	P
城市一般	农村一般	−0.106	0.077	0.667
	省内流动	0.069	0.095	0.977
	省外流动	0.243**	0.084	0.025
省内流动	城市一般	−0.069	0.095	0.977
	农村一般	−0.175	0.085	0.224
	省外流动	0.174	0.092	0.312
省外流动	城市一般	−0.243**	0.084	0.025
	农村一般	−0.349***	0.074	0.000
	省内流动	−0.174	0.092	0.312

"长大了我要好好孝顺父母",农村一般和两组随迁子女差异显著,省内流动和省外流动子女和城市子女差异不显著。即,在"长大了我要好好孝顺父母"这个问题上,省外流动、省内流动子女显著低于农村一般,但是和其他组间差异不显著(见表7-7)。

表7-7　"长大了我要好好孝顺父母"分组比较

I	J	均值差($I-J$)	标准误	P
农村一般	城市一般	0.160	0.061	0.052
	省内流动	0.210**	0.076	0.037
	省外流动	0.213**	0.076	0.033
省内流动	城市一般	−0.050	0.082	0.991
	农村一般	−0.210**	0.076	0.037
	省外流动	0.003	0.094	1.000

续表

I	J	均值差($I-J$)	标准误	P
省外流动	城市一般	−0.054	0.082	0.987
	农村一般	−0.213**	0.076	0.033
	省内流动	−0.003	0.094	1.000

对子女家庭义务感的比较发现,随迁子女和城市子女间的差异并不十分显著,仅仅在"我要努力学习为父母争气"上,省外流动显著低于城市一般;从城乡比较来看,农村一般子女的家庭义务感在各个维度都是最高的,且和各组间的差异显著。

第二节　社会闭合与教育期望、家庭义务感

虽然大量研究认为社会闭合正向影响学生的教育获得,且越来越多的研究发现这个过程中有着复杂的中介机制。教育期望、家庭义务感在中国儿童成长过程中扮演着重要角色,本节对教育期望、家庭义务感在家庭社会闭合向子女教育获得转化过程中的作用进行探讨。

一、社会闭合与教育期望、家庭义务感模型

接下来探讨社会闭合、教育期望、学业参与、学业成绩间的关系。由于父母教育期望和父母参与及代际闭合有着相互的影响,不能确定为因果关系,又因为在确立因果关系时,学界普遍趋于接受休谟(Hume)和米尔斯(Mills)所提出的必要性准则,即共变性、次序性、排除竞争性解释,所以在模型中,将父母教育期望作为自变量,以子女教育期望、家庭义务感为中介变量。将代际闭合、父母教育期望、家长学业参与、亲子沟通等潜变量纳入模型,并对模型进行修正,得到社会闭合与教育期望、家庭义务感模型(见图7-1)。

亲子沟通对家庭义务感、父母教育期望对家庭义务感、代际闭合对子女教育期望等12条路径的路径系数在$P<0.001$的水平上显著;家长学业参与对子女教育期望、亲子沟通与学业参与、家庭义务感与学业成绩等3条路径的路径系数在$P<0.05$的水平上显著;亲子沟通与子女教育期望的路径系数在$P<0.1$的水平上显著。

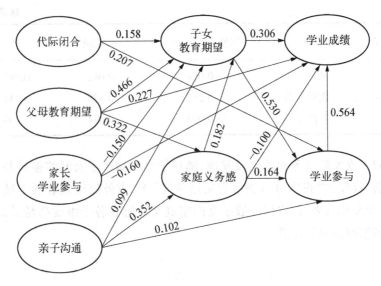

图 7 - 1 社会闭合与教育期望、家庭义务感模型

　　亲子沟通、父母教育期望对家庭义务感均有显著影响。比较标准化回归系数发现，亲子沟通、父母教育期望对家庭义务感的路径系数分别为0.352、0.322，以亲子沟通、父母教育期望预测家庭义务感可分别消减12.4%和10.4%的误差。代际闭合、家长学业参与、亲子沟通、父母教育期望、家庭义务感对子女教育期望均有显著影响，作用绝对值由大到小依次为：父母教育期望(0.466)、家庭义务感(0.182)、代际闭合(0.158)、家长学业参与(-0.150)、亲子沟通(0.099)。代际闭合、亲子沟通、家庭义务感、子女教育期望对子女学业参与有显著影响，比较作用大小发现，子女教育期望对学业参与的影响最大(0.530)。家长学业参与、父母教育期望、家庭义务感、子女教育期望、学业参与对子女学业成绩均有显著影响，其中学业参与的影响最大(0.564)(见表7-8)。

表 7 - 8 社会闭合与教育期望、家庭义务感模型参数

			估计值	标准误	临界比率	P	β系数
家庭义务感	←	亲子沟通	0.146	0.018	8.046	***	0.352
家庭义务感	←	父母教育期望	0.404	0.057	7.093	***	0.322
子女教育期望	←	代际闭合	0.232	0.055	4.194	***	0.158
子女教育期望	←	家长学业参与	-0.098	0.044	-2.233	0.026	-0.150
子女教育期望	←	亲子沟通	0.057	0.034	1.657	0.097	0.099

		估计值	标准误	临界比率	P	β系数
子女教育期望	←	家庭义务感	0.251	0.062	4.022	***	0.182
子女教育期望	←	父母教育期望	0.808	0.087	9.333	***	0.466
学业参与	←	代际闭合	0.233	0.046	5.119	***	0.207
学业参与	←	亲子沟通	0.045	0.020	2.273	0.023	0.102
学业参与	←	家庭义务感	0.174	0.052	3.339	***	0.164
学业参与	←	子女教育期望	0.406	0.040	10.228	***	0.530
学业成绩	←	家庭义务感	-0.143	0.063	-2.267	0.023	-0.100
学业成绩	←	家长学业参与	-0.108	0.030	-3.643	***	-0.160
学业成绩	←	学业参与	0.766	0.114	6.719	***	0.564
学业成绩	←	子女教育期望	0.319	0.070	4.558	***	0.306
学业成绩	←	父母教育期望	0.411	0.083	4.929	***	0.227

具体分析家庭义务感、子女教育期望的中介作用。对中介效用做检验，发现所有路径的直接效用、间接效用及总效用的检验均显著。父母教育期望通过家庭义务感和子女教育期望的中介作用影响子女学业状况：父母教育期望对家庭义务感的直接效用为 0.322；父母教育期望通过家庭义务感的部分中介作用影响子女教育期望，直接效用为 0.466、间接效用为0.059；父母教育期望通过家庭义务感和子女教育期望的完全中介作用影响子女学业参与，大小为 0.331；父母教育期望通过家庭义务感、子女教育期望和子女学业参与的多重部分中介效用影响子女学业成绩，直接效用为0.227、间接效用为 0.315。

亲子沟通通过家庭义务感和子女教育期望的中介作用影响子女学业状况：亲子沟通对家庭义务感的直接效用为 0.352；亲子沟通通过家庭义务感的部分中介作用影响子女教育期望，直接效用为 0.099、间接效用为 0.064；亲子沟通通过家庭义务感和子女教育期望的部分中介作用影响子女学业参与，直接效用为 0.102，间接效用为 0.144；亲子沟通通过家庭义务感、子女教育期望、子女学业参与的多重完全中介效用影响子女学业成绩，大小为 0.154，均为间接效用。

家长学业参与、代际闭合均通过子女教育期望的中介作用影响子女学业状况。家长学业参与对子女教育期望有直接效用，为-0.150；家长学业参与通过子女教育期望的完全中介作用影响子女学业参与，总效用为-0.079，均为间接效用;家长学业参与通过子女教育期望和学业参与的部分中介作用影响子女学业成绩,其中直接效用为-0.160,间接效用为-0.091。代际闭合对子女教育期望有直接效用,为0.158;代际闭合子通过子女教育期望的部分中介作用影响子女学业参与,其中直接效用为0.207,间接效用为0.084;代际闭合通过子女教育期望和学业参与的完全中介作用影响子女学业成绩,大小为0.212,均为间接效用。

家庭义务感和子女教育期望的作用路径:家庭义务感对子女教育期望的直接效用为0.182;家庭义务感通过子女教育期望的部分中介作用影响子女学业参与,其中直接效用为0.164,间接效用为0.096;家庭义务感通过子女教育期望和学业参与的部分中介作用影响子女学业成绩,其中直接效用为-0.100,间接效用为0.203,虽然直接效用和间接效用方向相反,但是总体来看,家庭义务感对学业成绩有正向影响。子女教育期望对学业参与有直接正向影响,大小为0.530;通过学业参与的部分中介作用对学业成绩产生影响,其中直接效用为0.306,间接效用为0.299(见表7-9)。

表7-9　社会闭合与教育期望、家庭义务感模型中介效用分布

		总效用	P	直接效用	P	间接效用	P
家庭义务感	← 父母教育期望	0.322	0.001	0.322	0.001	—	—
子女教育期望	← 父母教育期望	0.524	0.002	0.466	0.002	0.059	0.001
学业参与	← 父母教育期望	0.331	0.001	—		0.331	0.001
学业成绩	← 父母教育期望	0.542	0.002	0.227	0.001	0.315	0.001
家庭义务感	← 亲子沟通	0.352	0.001	0.352	0.001	—	—
子女教育期望	← 亲子沟通	0.163	0.005	0.099	0.100	0.064	0.001
学业参与	← 亲子沟通	0.246	0.001	0.102	0.034	0.144	0.001
学业成绩	← 亲子沟通	0.154	0.001	—		0.154	0.001
子女教育期望	← 家长学业参与	-0.150	0.028	-0.150	0.028	—	—
学业参与	← 家长学业参与	-0.079	0.025	—		-0.079	0.025
学业成绩	← 家长学业参与	-0.250	0.001	-0.160	0.002	-0.091	0.026
子女教育期望	← 代际闭合	0.158	0.001	0.158	0.001	—	—
学业参与	← 代际闭合	0.291	0.001	0.207	0.001	0.084	0.001
学业成绩	← 代际闭合	0.212	0.001	—		0.212	0.001
子女教育期望	← 家庭义务感	0.182	0.001	0.182	0.001		

续表

			总效用	P	直接效用	P	间接效用	P
学业参与	←	家庭义务感	0.261	0.001	0.164	0.002	0.096	0.001
学业成绩	←	家庭义务感	0.103	0.024	-0.100	0.024	0.203	0.001
学业参与	←	子女教育期望	0.530	0.001	0.530	0.001	—	
学业成绩	←	子女教育期望	0.605	0.001	0.306	0.003	0.299	0.001
学业成绩	←	学业参与	0.564	0.001	0.564	0.001		

　　研究发现如下。① 父母对子女教育期望显著地影响子女学业状况，父母对子女教育期望越高，子女教育期望越高，学业状况上优势越明显。② 子女教育期望影响子女学业状况，教育期望越高，学业状况越好。③ 家庭社会资本通过子女教育期望的中介作用发挥影响。即亲子沟通、父母学业参与和社会闭合都直接影响子女教育期望，子女教育期望显著影响子女学业参与和学业成绩。但是家庭社会资本对子女学业期望影响的方向不同，其中亲子沟通和社会闭合对其起正向作用，而家长学业参与则负向影响子女学业参与和学业成绩。④ 家庭社会资本通过家庭义务感的中介作用发挥影响。家庭义务感越强，子女学业参与越好，但是，家庭义务感对子女学业成绩的直接影响为负，而间接影响为正，间接影响大于负向影响。不同家庭社会资本的作用路径不同。其中，亲子沟通通过家庭义务感中介作用影响子女学业状况，亲子沟通越好，家庭义务感越强；但是家长学业参与和代际闭合则不通过家庭义务感的中介作用影响子女学业状况。家庭义务感是联结父母教育期望和子女教育期望的中介变量。

二、分组比较

　　家庭义务感、子女教育期望的中介作用大小、路径在城乡儿童之间是否存在差异？接下来对四组儿童展开分组比较。

　　（一）城市一般

　　将城市儿童样本纳入模型，并进行模型修正，得到社会闭合与教育期望、家庭义务感（城市一般）模型（见图 7-2）。

　　父母教育期望对子女教育期望、子女教育期望对学业参与等路径的路径系数在 $P<0.001$ 的水平上显著；亲子沟通对家庭义务感、父母教育期望对家庭义务感等 6 条路径的路径系数在 $P<0.01$ 的水平上显著；家长学业参与

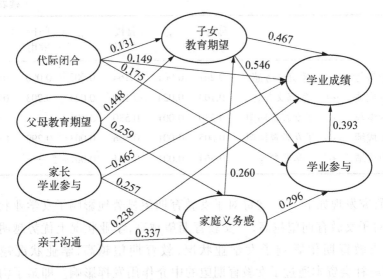

图 7-2　社会闭合与教育期望、家庭义务感(城市一般)模型

对家庭义务感、代际闭合对子女教育期望等 6 条路径的路径系数在 $P<0.05$ 的水平上显著;代际闭合对子女教育期望、代际闭合对子女学业成绩在 $P<0.1$ 的水平上显著。

在城市一般组中,亲子沟通、父母教育期望、家长学业参与对家庭义务感有显著影响。比较标准化回归系数发现,亲子沟通对家庭义务感的影响大于父母教育期望和家长学业参与,以亲子沟通、父母教育期望预测家庭义务感可以分别消减 11.4% 和 6.7% 的误差;以家长学业参与预测家庭义务感可以消减 6.6% 的误差。

代际闭合、家庭义务感、父母教育期望对子女教育期望均有显著影响,其中父母教育期望的影响最大(0.448),家庭义务感次之(0.260),代际闭合影响最小(0.131)。代际闭合、家庭义务感、子女教育期望对子女学业参与有显著影响,其中子女教育期望的影响最大(0.546),家庭义务感次之(0.296)。家长学业参与、学业参与、亲子沟通、子女教育期望、代际闭合对子女学业成绩均有显著影响,其中子女教育期望的影响最大(0.467),家长学业参与对子女学业成绩的直接效用为负(-0.465)(见表 7-10)。

具体分析家庭义务感、子女教育期望的中介作用。检验发现,除了代际闭合对学业成绩的直接效用不显著外,其他所有路径的标准化直接效用、间接效用、总效用的检验均显著。

父母教育期望通过家庭义务感和子女教育期望的中介作用影响子女学业状况:父母教育期望对家庭义务感的直接效用为 0.259;父母教育期望通

过家庭义务感的部分中介作用影响子女教育期望,直接效用为 0.448,间接效用为 0.067;父母教育期望通过家庭义务感和子女教育期望的完全中介作用影响子女学业参与,大小为 0.358;父母教育期望通过家庭义务感、子女教育期望和子女学业参与的多重完全中介效用影响子女学业成绩,总效用为 0.382。

表 7-10　社会闭合与教育期望、家庭义务感(城市一般)模型参数

			估计值	标准误	临界比率	P	β系数
家庭义务感	←	亲子沟通	0.098	0.034	2.914	0.004	0.337
家庭义务感	←	父母教育期望	0.318	0.115	2.771	0.006	0.259
家庭义务感	←	家长学业参与	0.101	0.048	2.098	0.036	0.257
子女教育期望	←	代际闭合	0.168	0.099	1.702	0.089	0.131
子女教育期望	←	家庭义务感	0.382	0.134	2.853	0.004	0.260
子女教育期望	←	父母教育期望	0.810	0.199	4.058	***	0.448
学业参与	←	代际闭合	0.182	0.086	2.106	0.035	0.175
学业参与	←	家庭义务感	0.353	0.127	2.781	0.005	0.296
学业参与	←	子女教育期望	0.443	0.110	4.025	***	0.546
学业成绩	←	家长学业参与	-0.379	0.130	-2.913	0.004	-0.465
学业成绩	←	学业参与	0.682	0.320	2.130	0.033	0.393
学业成绩	←	亲子沟通	0.143	0.071	2.024	0.043	0.238
学业成绩	←	子女教育期望	0.656	0.222	2.960	0.003	0.467
学业成绩	←	代际闭合	0.269	0.155	1.731	0.083	0.149

　　亲子沟通通过家庭义务感和子女教育期望的中介作用影响子女学业状况:亲子沟通对家庭义务感的直接效用为 0.337;亲子沟通通过家庭义务感的完全中介作用影响子女教育期望,全部为间接效用 0.088;亲子沟通通过家庭义务感和子女教育期望的完全中介作用影响子女学业参与,全部为间接效用,大小为 0.148;亲子沟通通过家庭义务感、子女教育期望、子女学业参与的多重部分中介效用影响子女学业成绩,直接效用为 0.238,间接效用为 0.099。

　　家长学业参与对家庭义务感有直接影响,大小为 0.257,家长学业参与对子女教育期望的间接效用为 0.067;家长学业参与通过家庭义务感、子女教育期望的完全中介作用影响子女学业参与,总效用为 0.112,均为间接效用;家长学业参与通过家庭义务感、子女教育期望、学业参与的部分中介作

用影响子女学业成绩,大小为 -0.390,其中直接效用为 -0.465,间接效用为 -0.075。在城市一般组中,一方面,家长学业参与对子女学业成绩有直接负向影响;另一方面,又通过增强家庭义务感、子女教育期望和学业参与等对子女学业成绩有正向影响,但是负向影响总体而言大于正向影响。

代际闭合对家庭义务感无显著影响,是代际闭合通过子女教育期望的中介作用影响子女学业状况。代际闭合对子女教育期望有直接效用,为 0.131;代际闭合子通过子女教育期望的部分中介作用影响子女学业参与,其中直接效用为 0.175,间接效用为 0.072;代际闭合通过子女教育期望和学业参与的多重完全中介效用影响子女学业成绩,作用大小为 0.158。

家庭义务感对子女教育期望的直接效用为 0.260;家庭义务感通过子女教育期望的部分中介作用影响子女学业参与,其中直接效用为 0.296,间接效用为 0.142;家庭义务感通过子女教育期望和学业参与的完全中介作用影响子女学业成绩,大小为 0.294。在城市一般模型中,家庭义务感对学业成绩没有直接的负向影响,在城市中,家庭义务感并未成为子女学业上的负担,他们的首要任务就是完成学业,而无须考虑其他。

子女教育期望对学业参与有直接正向影响,大小为 0.546;学业成绩则通过学业参与的部分中介作用产生影响,其中直接效用为 0.467,间接效用为 0.215。学业参与对学业成绩有 0.393 的直接正向影响(见表 7 - 11)。

表 7 - 11　社会闭合与教育期望、家庭义务感
(城市一般)模型中介效用分布

		总效用	P	直接效用	P	间接效用	P
家庭义务感	← 父母教育期望	0.259	0.012	0.259	0.012	—	—
子女教育期望	← 父母教育期望	0.515	0.001	0.448	0.001	0.067	0.017
学业参与	← 父母教育期望	0.358	0.002	—	—	0.358	0.002
学业成绩	← 父母教育期望	0.382	0.001	—	—	0.382	0.001
家庭义务感	← 亲子沟通	0.337	0.044	0.337	0.044	—	—
子女教育期望	← 亲子沟通	0.088	0.030	—	—	0.088	0.030
学业参与	← 亲子沟通	0.148	0.026	—	—	0.148	0.026
学业成绩	← 亲子沟通	0.337	0.002	0.238	0.035	0.099	0.024
家庭义务感	← 家长学业参与	0.257	0.056	0.257	0.056	—	—
子女教育期望	← 家长学业参与	0.067	0.046	—	—	0.067	0.046
学业参与	← 家长学业参与	0.112	0.042	—	—	0.112	0.042

续表

		总效用	P	直接效用	P	间接效用	P
学业成绩	← 家长学业参与	-0.390	0.002	-0.465	0.002	0.075	0.034
子女教育期望	← 代际闭合	0.131	0.090	0.131	0.090	—	—
学业参与	← 代际闭合	0.247	0.005	0.175	0.035	0.072	0.088
学业成绩	← 代际闭合	0.308	0.002	0.149	0.129	0.158	0.035
子女教育期望	← 家庭义务感	0.260	0.015	0.260	0.015	—	—
学业参与	← 家庭义务感	0.438	0.001	0.296	0.014	0.142	0.011
学业成绩	← 家庭义务感	0.294	0.006	—	—	0.294	0.006
学业参与	← 子女教育期望	0.546	0.002	0.546	0.002	—	—
学业成绩	← 子女教育期望	0.682	0.001	0.467	0.021	0.215	0.088
学业成绩	← 学业参与	0.393	0.059	0.393	0.059	—	—

（二）农村一般

将农村儿童样本纳入模型，并进行模型修正，得到社会闭合与教育期望、家庭义务感（农村一般）模型（见图7-3）。

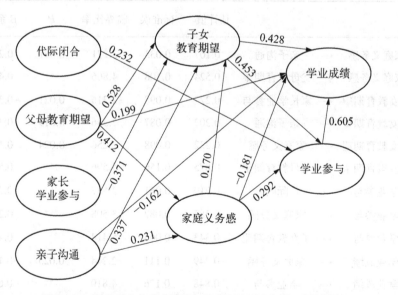

图7-3　社会闭合与教育期望、家庭义务感（农村一般）模型

父母教育期望对家庭义务感、父母教育期望对子女教育期望等7条路径的路径系数在 $P<0.001$ 的水平上显著；亲子沟通对家庭义务感、亲子沟通

对学业成绩等 2 条路径的路径系数在 $P<0.01$ 的水平上显著;家长学业参与对子女教育期望、亲子沟通对子女教育期望等 4 条路径的路径系数在 $P<0.05$ 的水平上显著。

在农村一般组中,亲子沟通、父母教育期望对家庭义务感有显著影响。比较标准化回归系数发现,父母教育期望对家庭义务感的影响大于亲子沟通。父母教育期望对家庭义务感的直接效用为 0.412,以父母教育期望、亲子沟通预测家庭义务感可以分别消减 17.0% 和 6.7% 的误差。家长学业参与、亲子沟通、家庭义务感、父母教育期望对子女教育期望均有显著影响,从作用绝对值来看,父母教育期望的影响最大(0.528),家长学业参与次之(-0.371),亲子沟通(0.337),家庭义务感的影响最小(0.170)。代际闭合、家庭义务感、子女教育期望对子女学业参与有显著影响,其中子女教育期望的影响最大(0.453),家庭义务感其次(0.292),代际闭合影响最小(0.232)。家庭义务感、学业参与、亲子沟通、子女教育期望、父母教育期望对农村一般儿童学业成绩有直接影响,学业参与的影响最大(0.605),子女教育期望次之(0.428)(见表 7 - 12)。

表 7 - 12　社会闭合与教育期望、家庭义务感(农村一般)模型参数

			估计值	标准误	临界比率	P	β 系数
家庭义务感	←	亲子沟通	0.107	0.033	3.271	0.001	0.231
家庭义务感	←	父母教育期望	0.524	0.108	4.866	***	0.412
子女教育期望	←	家长学业参与	-0.227	0.098	-2.316	0.021	-0.371
子女教育期望	←	亲子沟通	0.202	0.087	2.336	0.019	0.337
子女教育期望	←	家庭义务感	0.222	0.098	2.256	0.024	0.170
子女教育期望	←	父母教育期望	0.875	0.156	5.596	***	0.528
学业参与	←	代际闭合	0.219	0.061	3.587	***	0.232
学业参与	←	家庭义务感	0.287	0.082	3.508	***	0.292
学业参与	←	子女教育期望	0.343	0.063	5.414	***	0.453
学业成绩	←	家庭义务感	-0.249	0.111	-2.244	0.025	-0.181
学业成绩	←	学业参与	0.848	0.176	4.810	***	0.605
学业成绩	←	亲子沟通	-0.103	0.039	-2.638	0.008	-0.162
学业成绩	←	子女教育期望	0.453	0.103	4.392	***	0.428
学业成绩	←	父母教育期望	0.348	0.131	2.662	0.008	0.199

对家庭义务感、子女教育期望的中介效用做检验。亲子沟通对学业成绩的总效用,家庭义务感对学业成绩的总效用 $P>0.1$,总效用不显著,按遮掩效应立论。检验直接效用和间接效用发现均显著,且直接效用和间接效用符号相反,即亲子沟通对学业成绩,家庭义务感对学业成绩的影响遮掩效应成立。另外,家庭义务感和子女教育期望的总效用在 $P<0.1$ 的水平上显著,其他所有路径的标准化直接效用、间接效用及总效用的检验均显著。

父母教育期望通过家庭义务感和子女教育期望的中介作用影响子女学业状况:父母教育期望对家庭义务感的直接效用为 0.412;父母教育期望通过家庭义务感的部分中介作用影响子女教育期望,直接效用为 0.528,间接效用为 0.070;父母教育期望通过家庭义务感和子女教育期望的完全中介作用影响子女学业参与,大小为 0.392;父母教育期望通过家庭义务感、子女教育期望和子女学业参与的多重部分中介效用影响子女学业成绩,直接效用为 0.199,间接效用为 0.418。

亲子沟通通过家庭义务感和子女教育期望的中介作用影响子女学业状况:亲子沟通对家庭义务感的直接效用为 0.231;亲子沟通通过家庭义务感的部分中介作用影响子女教育期望,其中直接效用为 0.337,间接效用为 0.039;亲子沟通通过家庭义务感和子女教育期望的完全中介作用影响子女学业参与,大小为 0.238;亲子沟通通过家庭义务感、子女教育期望、子女学业参与的多重部分中介效用影响子女学业成绩,总效用为 0.102,其中,直接效用为 -0.162,间接效用为 0.263。亲子沟通对学业成绩有直接负向影响的同时也通过中介作用的间接效用产生积极影响,间接效用大于直接效用,总效用为正。在农村一般家庭中,亲子沟通会产生直接负向影响,这很可能和家长的沟通交流方式有关。

家长学业参与对家庭义务感没有直接影响。家长学业参与对子女教育期望有直接效用,大小为 -0.371;家长学业参与通过子女教育期望的完全中介作用影响子女学业参与,均为间接效用,大小为 -0.168。家长学业参与通过子女教育期望、学业参与的完全中介作用影响子女学业成绩,大小为 -0.261。

家长学业参与通过子女教育期望、学业参与的完全中介作用影响子女学业成绩,全部为间接效用,大小为 -0.261。在城市一般组中,家长学业参与对子女学业成绩的负向影响总体上大于正向影响;但是在农村一般组中,家长学业参与并不能通过中介变量对子女学业成绩带来正向的影响,而是对子女教育期望、学业参与带来完全的负向影响。

代际闭合对家庭义务感、子女教育期望均无显著影响,代际闭合子对子女学业参与有直接正向影响,大小为 0.232;代际闭合通过学业参与的完全中介作用影响子女学业成绩,其大小为 0.140。

　　家庭义务感对子女教育期望有直接影响,大小为 0.170;家庭义务感通过子女教育期望的部分中介作用影响子女学业参与,其中直接效用为 0.292,间接效用为 0.077;家庭义务感通过子女教育期望和学业参与的部分中介作用影响子女学业成绩,直接效用为-0.181,间接效用为 0.296,间接效用大于直接效用,总效用的遮掩效应成立。在农村一般家庭中,家庭义务感会成为子女的一种学业负担,过强的家庭义务感会负向影响子女学业成绩,但是同时也会通过影响教育期望对学业产生正向影响。

　　子女教育期望对学业参与有直接正向影响,大小为 0.453;子女教育期望通过学业参与的部分中介作用对学业成绩产生影响,其中,直接效用为 0.428,间接效用为 0.274。学业参与对学业成绩有 0.605 的直接正向影响(见表 7-13)。

表 7-13　社会闭合与教育期望、家庭义务感
（农村一般）模型中介效用分布

		总效用	P	直接效用	P	间接效用	P
家庭义务感	← 父母教育期望	0.412	0.001	0.412	0.001	—	—
子女教育期望	← 父母教育期望	0.598	0.001	0.528	0.001	0.070	0.046
学业参与	← 父母教育期望	0.392	0.001	—	—	0.392	0.001
学业成绩	← 父母教育期望	0.617	0.001	0.199	0.013	0.418	0.001
家庭义务感	← 亲子沟通	0.231	0.004	0.231	0.004	—	—
子女教育期望	← 亲子沟通	0.377	0.006	0.337	0.012	0.039	0.026
学业参与	← 亲子沟通	0.238	0.002	—	—	0.238	0.002
学业成绩	← 亲子沟通	0.102	0.402	-0.162	0.013	0.263	0.007
子女教育期望	← 家长学业参与	-0.371	0.006	-0.371	0.006	—	—
学业参与	← 家长学业参与	-0.168	0.005	—	—	-0.168	0.005
学业成绩	← 家长学业参与	-0.261	0.006	—	—	-0.261	0.006
学业参与	← 代际闭合	0.232	0.001	0.232	0.001	—	—
学业成绩	← 代际闭合	0.140	0.001	—	—	0.140	0.001
子女教育期望	← 家庭义务感	0.170	0.059	0.170	0.059	—	—
学业参与	← 家庭义务感	0.369	0.001	0.292	0.001	0.077	0.045
学业成绩	← 家庭义务感	0.116	0.169	-0.181	0.024	0.296	0.001
学业参与	← 子女教育期望	0.453	0.001	0.453	0.001	—	—
学业成绩	← 子女教育期望	0.702	0.001	0.428	0.001	0.274	0.000
学业成绩	← 学业参与	0.605	0.001	0.605	0.001	—	—

（三）省内流动

将省内流动儿童样本纳入模型，并进行模型修正，得到社会闭合与教育期望、家庭义务感（省内流动）模型（见图7-4）。

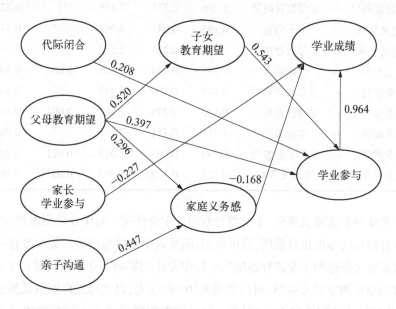

图7-4 社会闭合与教育期望、家庭义务感（省内流动）模型

父母教育期望对子女教育期望、亲子沟通对家庭义务感等4条路径的路径系数在$P<0.001$的水平上显著；代际闭合对学业参与、父母教育期望对学业参与的路径系数在$P<0.01$的水平上显著；父母教育期望对家庭义务感的路径系数在$P<0.05$的水平上显著；家庭义务感对子女学业成绩的路径系数在$P<0.1$的水平上显著。

省内流动组中，亲子沟通、父母教育期望对家庭义务感有显著影响，家长学业参与的影响不显著。比较标准化回归系数发现，亲子沟通对家庭义务感的影响大于父母教育期望。以亲子沟通、父母教育期望预测家庭义务感可以分别消减44.7%、29.6%的误差。父母教育期望对子女教育期望有显著影响，以父母教育期望预测子女教育期望可以消减27.0%的误差。代际闭合、子女教育期望、父母教育期望对子女学业参与有显著影响，其中子女教育期望的影响最大（0.543），父母教育期望次之（0.397），代际闭合最小（0.208）。家长学业参与、家庭义务感、学业参与对子女学业成绩均有显著影响，学业参与的影响最大（0.964），家长学业参与、家庭义务感对子女学业成绩的直接效用为负（见表7-14）。

表 7 - 14　社会闭合与教育期望、家庭义务感(省内流动)模型参数

		估计值	标准误	临界比率	P	β系数
子女教育期望 ←	父母教育期望	1.286	0.375	3.435	***	0.520
家庭义务感 ←	亲子沟通	0.195	0.042	4.594	***	0.447
家庭义务感 ←	父母教育期望	0.573	0.224	2.552	0.011	0.296
学业参与 ←	代际闭合	0.365	0.140	2.603	0.009	0.208
学业参与 ←	子女教育期望	0.444	0.100	4.449	***	0.543
学业参与 ←	父母教育期望	0.802	0.278	2.885	0.004	0.397
学业成绩 ←	学业参与	1.211	0.171	7.101	***	0.964
学业成绩 ←	家长学业参与	−0.145	0.063	−2.315	0.021	−0.227
学业成绩 ←	家庭义务感	−0.220	0.115	−1.905	0.057	−0.168

　　具体分析家庭义务感、子女教育期望的中介作用。对中介效用做检验,发现所有路径的标准化总效用、直接效用、间接效用检验均显著。父母教育期望通过家庭义务感和子女教育期望的平行中介作用影响子女学业状况:以父母教育期望预测家庭义务感,可以消减 8.76% 的误差;以父母教育期望预测子女教育期望,可以消减 27.4% 的误差。父母教育期望通过子女教育期望的部分中介作用影响子女学业参与,其中直接效用为 0.397,间接效用为 0.283;父母教育期望通过家庭义务感的完全中介作用,并通过子女教育期望和子女学业参与的多重完全中介效用影响子女学业成绩,总效用为 0.605。

　　亲子沟通通过家庭义务感的中介作用影响子女学业状况:亲子沟通对家庭义务感的直接效用为 0.447;亲子沟通通过家庭义务感的完全中介作用影响子女教育期望,大小为 −0.075。家长学业参与对学业成绩有直接负向的影响,大小为 −0.227。代际闭合对子女学业参与有直接影响,大小为 0.208;代际闭合子通过学业参与的完全中介作用影响子女学业成绩,大小为 0.201,全部为间接效用。家庭义务感直接对子女学业成绩有影响,大小为 −0.168。子女教育期望对学业参与有直接影响,大小为 0.543;子女教育期望通过学业参与的完全中介作用对学业成绩产生影响,大小为 0.524,全部为间接效用。学业参与对学业成绩有 0.964 的直接影响(见表 7 - 15)。

　　(四) 省外流动

　　将省外流动儿童样本纳入模型,并进行模型修正,得到社会闭合与教育期望、家庭义务感(省外流动)模型。在模型中,家长学业参与对子女学业状况没有直接和间接影响(见图 7 - 5)。

表 7 - 15　社会闭合与教育期望、家庭义务感
（省内流动）模型中介效用分布

		总效用	P	直接效用	P	间接效用	P
子女教育期望 ←	父母教育期望	0.520	0.001	0.520	0.001	—	—
家庭义务感 ←	父母教育期望	0.296	0.001	0.296	0.001	—	—
学业参与 ←	父母教育期望	0.680	0.001	0.397	0.014	0.283	0.001
学业成绩 ←	父母教育期望	0.605	0.001	—	—	0.605	0.001
家庭义务感 ←	亲子沟通	0.447	0.001	0.447	0.001	—	—
学业成绩 ←	亲子沟通	-0.075	0.031	—	—	-0.075	0.031
学业成绩 ←	家长学业参与	-0.227	0.038	-0.227	0.038	—	—
学业参与 ←	代际闭合	0.208	0.012	0.208	0.012	—	—
学业成绩 ←	代际闭合	0.201	0.011	—	—	0.201	0.011
学业参与 ←	子女教育期望	0.543	0.002	0.543	0.002	—	—
学业成绩 ←	子女教育期望	0.524	0.002	—	—	0.524	0.002
学业成绩 ←	家庭义务感	-0.168	0.041	-0.168	0.041	—	—
学业成绩 ←	学业参与	0.964	0.001	0.964	0.001	—	—

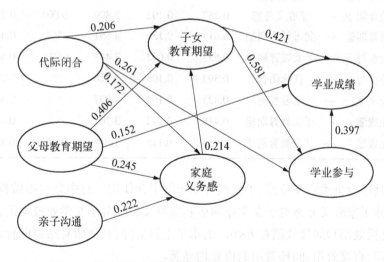

图 7 - 5　社会闭合与教育期望、家庭义务感（省外流动）模型

父母教育期望对子女教育期望、子女教育期望对学业参与等 5 条路径的路径系数在 $P<0.001$ 的水平上显著；亲子沟通对家庭义务感、父母教育期望对家庭义务感等 4 条路径的路径系数在 $P<0.01$ 的水平上显著；代际闭合对家庭义务感、父母教育期望对学业成绩等 2 条路径的路径系数在 $P<0.05$

的水平上显著。

　　亲子沟通、父母教育期望、代际闭合对家庭义务感有显著影响。比较标准化回归系数发现,父母教育期望对家庭义务感的影响最大,以父母教育期望、代际闭合、亲子沟通预测家庭义务感分别可以消减24.5%、17.2%和4.9%的误差。代际闭合、家庭义务感、父母教育期望对子女教育期望均有显著影响,其中父母教育期望的影响最大(0.406),家庭义务感次之(0.214),代际闭合最小(0.206)。代际闭合、子女教育期望对子女学业参与有显著影响,子女教育期望的影响最大(0.581),代际闭合次之(0.261)。学业参与、子女教育期望、父母教育期望对子女学业成绩均有显著影响,子女教育期望的影响最大(0.421)(见表7-16)。

表7-16　社会闭合与教育期望、家庭义务感(省外流动)模型参数

			估计值	标准误	临界比率	P	β系数
家庭义务感	←	亲子沟通	0.093	0.035	2.648	0.008	0.222
家庭义务感	←	代际闭合	0.209	0.090	2.331	0.020	0.172
家庭义务感	←	父母教育期望	0.277	0.091	3.036	0.002	0.245
子女教育期望	←	代际闭合	0.336	0.111	3.020	0.003	0.206
子女教育期望	←	家庭义务感	0.287	0.102	2.809	0.005	0.214
子女教育期望	←	父母教育期望	0.613	0.126	4.861	***	0.406
学业参与	←	子女教育期望	0.537	0.072	7.447	***	0.581
学业参与	←	代际闭合	0.393	0.105	3.726	***	0.261
学业成绩	←	学业参与	0.425	0.104	4.097	***	0.397
学业成绩	←	子女教育期望	0.416	0.112	3.702	***	0.421
学业成绩	←	父母教育期望	0.228	0.115	1.986	0.047	0.152

　　具体分析家庭义务感、子女教育期望的中介作用。对中介效用做检验,发现除了家庭义务感对子女学业期望和家庭义务感对子女学业成绩的总效用、直接效用和间接效用在$P<0.1$的水平上显著外,其他所有路径的标准化总效用、直接效用、间接效用的检验均显著。

　　父母教育期望通过家庭义务感和子女教育期望的中介作用影响子女学业状况:父母教育期望对家庭义务感的直接效用为0.245;父母教育期望通过家庭义务感的部分中介作用影响子女教育期望,直接效用为0.406,间接效用为0.053;父母教育期望通过家庭义务感和子女教育期望的完全中介作用影响子女学业参与,大小为0.267;父母教育期望通过家庭义务感、子女教

育期望和子女学业参与的多重部分中介效用影响子女学业成绩,直接效用为 0.152,间接效用为 0.299,间接效用大于直接效用。

亲子沟通通过家庭义务感和子女教育期望的中介作用影响子女学业状况:亲子沟通对家庭义务感的直接效用为 0.222;亲子沟通通过家庭义务感的完全中介作用影响子女教育期望,总效用为 0.047;亲子沟通通过家庭义务感和子女教育期望的完全多重中介作用影响子女学业参与,大小为 0.028;亲子沟通通过家庭义务感、子女教育期望、子女学业参与的多重完全中介效用影响子女学业成绩,总效用为 0.031。亲子沟通对子女学业状况有正向影响,但是影响比较小。

代际闭合对家庭义务感和子女教育期望均有直接影响,并通过它们的中介作用影响子女学业状况。代际闭合对家庭义务感有直接影响,大小为 0.172;代际闭合通过家庭义务感的部分中介作用影响子女教育期望,直接效用为 0.206,间接效用为 0.037;代际闭合子通过家庭义务感、教育期望的部分中介作用影响子女学业参与,直接效用为 0.261,间接效用为 0.141;代际闭合通过家庭义务感、教育期望和子女学业参与的完全多重中介作用影响子女学业成绩,作用大小为 0.262。

家庭义务感对子女教育期望有直接效用,为 0.214;家庭义务感通过子女教育期望的完全中介作用影响子女学业参与,总效用为 0.125;家庭义务感通过子女教育期望和学业参与的完全中介作用影响子女学业成绩,大小为 0.140。在省外流动模型中家庭义务感对学业成绩没有直接的负向影响。

子女教育期望对学业参与有直接影响,大小为 0.581;子女教育期望通过学业参与的部分中介作用对学业成绩产生影响,其中直接效用为 0.421,间接效用为 0.231。学业参与对学业成绩有 0.397 的直接影响(见表 7-17)。

表 7-17　社会闭合与教育期望、家庭义务感
（省外流动）模型中介效用分布

		总效用	P	直接效用	P	间接效用	P
家庭义务感	← 父母教育期望	0.245	0.008	0.245	0.008	—	
子女教育期望	← 父母教育期望	0.459	0.001	0.406	0.001	0.053	0.029
学业参与	← 父母教育期望	0.267	0.001	—		0.267	0.001
学业成绩	← 父母教育期望	0.451	0.001	0.152	0.062	0.299	0.003

续表

		总效用	P	直接效用	P	间接效用	P
家庭义务感	← 亲子沟通	0.222	0.007	0.222	0.007	—	—
子女教育期望	← 亲子沟通	0.047	0.037	—	—	0.047	0.037
学业参与	← 亲子沟通	0.028	0.039	—	—	0.028	0.039
学业成绩	← 亲子沟通	0.031	0.034	—	—	0.031	0.034
家庭义务感	← 代际闭合	0.172	0.025	0.172	0.025	—	—
子女教育期望	← 代际闭合	0.243	0.045	0.206	0.050	0.037	0.036
学业参与	← 代际闭合	0.402	0.001	0.261	0.001	0.141	0.041
学业成绩	← 代际闭合	0.262	0.002	—	—	0.262	0.002
子女教育期望	← 家庭义务感	0.214	0.054	0.214	0.054	—	—
学业参与	← 家庭义务感	0.125	0.051	—	—	0.125	0.051
学业成绩	← 家庭义务感	0.140	0.051	—	—	0.140	0.051
学业参与	← 子女教育期望	0.581	0.002	0.581	0.002	—	—
学业成绩	← 子女教育期望	0.652	0.005	0.421	0.013	0.231	0.001
学业成绩	← 学业参与	0.397	0.002	0.397	0.002	—	—

三、城乡组间比较

对四组模型比较发现,在四组模型中,家庭义务感、子女教育期望均以中介变量的形式影响子女学业状况,但也存在一些不同。

第一,代际闭合对学业成绩的影响机制。除了省外流动组,代际闭合直接影响学业参与和学业成绩。城市一般家庭代际闭合直接影响子女学业参与,但是检验不显著,其通过学业参与的完全中介作用对子女学业成绩产生影响;农村一般、省内流动组中,代际闭合则通过学业参与的完全中介作用影响学业成绩。这三组的共同之处在于:代际闭合不通过家庭义务感和子女教育期望的中介作用影响子女教育获得。而在省外流动组中,家庭代际闭合状况影响家庭义务感和子女学业期望,家庭义务感、子女教育期望作为中介变量影响子女学业状况,形成了复杂的中介链。代际闭合通过影响家庭义务感的部分中介作用影响子女学业期望;通过家庭义务感、子女教育期望的多重中介链的部分中介作用影响学业参与。社会闭合通过三条路径影响学业成绩:通过子女教育期望的完全中介作用影响学业成绩;通过子女教育期望、学业参与的多重中介链的完全中介作用影响学业成绩,通过家庭义务感、子女教育期望的完全中介作用影响学业成绩;通过家庭义务感、子女教育期望、学业参与的完全中介作用影响学业成绩。

第二,家长学业参与在城市一般、农村一般和省内流动组中均对子女学业状况有影响,但是在省外流动组中,影响不显著。家长学业参与在三组中的作用路径不同,大小不同,且方向也不同。

在城市一般组中,家长学业参与对家庭义务感有直接影响,对子女教育期望无直接影响,是通过家庭义务感的完全中介作用影响子女教育期望、学业状况。家长学业参与对子女学业成绩的直接作用为负(-0.465),间接作用为正(0.075)。家长学业参与通过家庭义务感、子女教育期望的完全中介作用正向影响子女学业参与;家长学业参与通过家庭义务感、子女教育期望、学业参与的部分中介作用影响子女学业成绩。即家长学业参与一方面对子女学业成绩有直接负向影响,但另一方面又通过增强家庭义务感、子女教育期望,促进了子女学业参与等,从而对子女学业成绩产生了正向影响。

在农村一般组中,家长学业参与对家庭义务感没有直接影响,对子女教育期望有直接负向影响;家长学业参与通过子女教育期望的完全中介作用影响子女学业参与;家长学业参与通过子女教育期望的完全中介作用影响学业成绩,通过子女教育期望、学业参与的多重中介链完全中介作用影响子女学业成绩。家长学业参与在农村一般组中不仅是对教育期望,也对学业参与,产生负向的影响。

在省内流动组中,家长学业参与不通过家庭义务感、子女教育期望和子女学业参与的中介作用影响子女学业成绩,只是对学业成绩有直接负向的影响。

在省外流动组中,家长学业参与并不对子女的学业状况产生直接或间接影响。

第三,父母教育期望在四组模型中均通过家庭义务感、子女教育期望的中介作用影响学业状况,但是作用路径在各组间存在一定的差异。

在城市一般组,父母教育期望对子女学业参与、学业成绩没有直接影响,均是通过子女教育期望、学业参与等中介变量产生影响。

在农村一般组中,父母教育期望对子女学业参与没有直接影响,分别通过家庭义务感、子女教育期望的完全中介作用,以及家庭义务感、子女教育期望多重中介链完全中介作用影响学业参与。父母教育期望直接影响学业成绩,通过家庭义务感、子女教育期望的部分中介作用,以及家庭义务感、子女教育期望、学业参与多重中介链部分中介作用影响学业成绩。

在省内流动组中,父母教育期望对子女学业参与有直接影响,通过子女教育期望的部分中介作用影响学业参与。家庭义务感在父母教育期望和学业参与中并不扮演中介角色。父母教育期望不直接影响学业成绩,分别通过家庭义务感、学业参与的完全中介作用影响学业成绩,还通过子女教育期望、学业参与多重中介链完全中介作用影响学业成绩。

在省外流动组中,父母教育期望对子女学业参与没有直接影响,而是通过子女教育期望的完全中介作用,以及家庭义务感、子女教育期望多重中介链部分中介作用影响学业参与。父母教育期望对学业成绩有直接影响,并通过三条路径产生间接影响:通过子女教育期望的部分中介作用,通过子女教育期望、学业参与多重中介链的部分中介作用,以及通过家庭义务感、子女教育期望、学业参与多重中介链部分中介作用影响学业成绩。

父母教育期望对家庭义务感和教育期望的影响,各组间大小不一:父母教育期望对家庭义务感的影响,从大到小依次为:农村一般、城市一般、省内流动、省外流动;父母教育期望对子女教育期望的影响,从大到小依次为:城市一般、农村一般、省内流动、省外流动。

父母教育期望对子女学业成绩的预测力在各组中都较高。父母教育期望对子女教育期望的影响由大到小依次为:农村一般、省内流动、省外流动、城市一般。农村家庭父母教育期望对子女教育期望的影响大于城市家庭父母教育期望的影响;父母教育期望对子女教育期望的影响大于父母教育期望对子女家庭义务感的影响。

第四,亲子沟通。在四组模型中,亲子沟通均通过家庭义务感的中介作用影响子女学业参与和学业成绩。亲子沟通在四组模型中均通过家庭义务感起作用,但作用路径和大小略有不同。从作用的路径来看,在城市一般组中,亲子沟通通过家庭义务感的完全中介作用影响子女学业参与,通过家庭义务感的部分中介作用影响子女教育期望,通过家庭义务感、子女教育期望、学业参与多重中介链的部分中介作用影响学业成绩;在农村一般组中,亲子沟通通过家庭义务感、子女教育期望的中介作用影响子女学业成绩。亲子沟通通过家庭义务感的完全中介作用影响子女学业参与;通过家庭义务感的部分中介作用,影响子女教育期望;通过家庭义务感、子女教育期望、学业参与多重中介链的部分中介作用影响学业成绩。

在省内流动组中,亲子沟通通过家庭义务感的完全中介作用影响子女学业成绩;在省外流动组中,亲子沟通通过家庭义务感的完全中介作用影响子女教育期望,通过家庭义务感、子女教育期望的完全中介作用影响子女学业参与,通过家庭义务感、子女教育期望、学业参与的完全中介作用影响学业成绩。比较其作用的大小可以发现,亲子沟通对家庭义务感的影响由大到小依次为：省内流动、城市一般、农村一般、省外流动。

第五，家庭义务感和教育期望中介作用的比较。家庭义务感对子女教育期望的作用由大到小依次为城市一般、省外流动、农村一般；家庭义务感在省内流动组中对子女教育期望无影响。家庭义务感对学业参与的作用由大到小依次为城市一般、农村一般、省外流动；家庭义务感在省内流动组中对学业参与无影响。家庭义务感对学业成绩的作用由大到小依次为城市一般、农村一般、省外流动，且在这三组中影响均为正；在省内流动组中，家庭义务感对学业成绩有负向影响。

子女教育期望对学业参与的作用由大到小依次为：省外流动、城市一般、省内流动、农村一般；子女教育期望对学业成绩的作用由大到小依次为：农村一般、城市一般、省外流动省内流动。子女教育期望对子女学业参与和学业成绩均有重要影响。

第三节　社会网络与教育期望、家庭义务感

在之前的研究中发现，家庭义务感、子女教育期望在子女教育获得的过程中扮演着中介的角色。本节将围绕家庭义务感、子女教育期望在社会网络作用于子女教育获得的过程中是否也存在着中介作用进行探讨。

一、社会网络与教育期望、家庭义务感模型

将拜年网、社团参与和讨论网等潜变量纳入模型。由于社会网络与父母教育期望之间存在着时间上的先后关系，因此，在该部分，父母教育期望作为中介变量纳入模型。删除不显著路径得到社会网络与教育期望、家庭义务感模型（见图7-6）。

社团参与对家庭义务感、父母教育期望对家庭义务感等7条路径在$P<0.001$的水平上显著；社团参与对父母教育期望等4条路径在$P<0.01$的水平上显著；拜年网对家庭义务感等3条路径的路径系数在$P<0.05$的水平上显著。拜年网、社团参与和父母教育期望对家庭义务感均有直接影响，比较标准化回归系数发现，父母教育期望的影响最大（0.400），其次是社团参与（0.129），拜年网的影响最小（-0.87）。社团参与和讨论网影响父母教育期望，讨论网的影响（0.142）略大于社团参与（0.106）。拜年网对子女教育期望有微弱的影响（0.064）；家庭义务感对子女教育期望有影响（0.175）（见表7-18）。

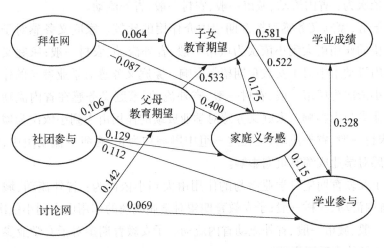

图 7-6 社会网络与教育期望、家庭义务感模型

表 7-18 社会网络与教育期望、家庭义务感模型参数

			估计值	标准误	临界比率	P	β系数
父母教育期望	←	社团参与	0.062	0.023	2.716	0.007	0.106
父母教育期望	←	讨论网	0.119	0.036	3.251	0.001	0.142
家庭义务感	←	拜年网	-0.042	0.017	-2.472	0.013	-0.087
家庭义务感	←	社团参与	0.108	0.032	3.375	***	0.129
家庭义务感	←	父母教育期望	0.568	0.069	8.291	***	0.400
子女教育期望	←	家庭义务感	0.241	0.051	4.731	***	0.175
子女教育期望	←	拜年网	0.042	0.020	2.099	0.036	0.064
子女教育期望	←	父母教育期望	1.048	0.097	10.751	***	0.533
学业参与	←	子女教育期望	0.511	0.043	11.935	***	0.522
学业参与	←	社团参与	0.127	0.039	3.257	0.001	0.112
学业参与	←	家庭义务感	0.156	0.052	3.014	0.003	0.115
学业参与	←	讨论网	0.111	0.061	1.811	0.070	0.069
学业成绩	←	学业参与	0.357	0.049	7.215	***	0.328
学业成绩	←	子女教育期望	0.620	0.052	11.952	***	0.581

具体分析家庭义务感、子女教育期望的中介作用。讨论网对父母教育期望有 0.142 的直接效用;讨论网对家庭义务感的间接效用为 0.057,对子女教育期望有间接效用,为 0.086;讨论网对学业参与的直接效用为 0.069,间接效用为 0.051;对子女学业成绩的间接效用为 0.089。讨论网对父母教育

期望的影响最大。社团参与对家庭义务感的直接效用为 0.129,间接效用为 0.042;社团参与对父母教育期望的直接效用为 0.106,对子女教育期望的间接效用为 0.086;社团参与对学业参与的直接效用为 0.112,间接效用为 0.065;对子女学业成绩的间接效用为 0.108。社团参与对子女学业参与的影响最大。拜年网对家庭义务感的直接效用为-0.087;对子女教育期望、学业参与和学业成绩的效用均非常小,小于 0.5。

　　对路径做检验,发现拜年网对学业参与、学业成绩的两条路径检验不显著,拜年网对子女教育期望的总效用不显著,讨论网对学业参与的路径在 $P<0.1$ 的水平上显著,其他路径的标准化直接效用、间接效用及总效用均显著。拜年网对子女教育期望的总效用检验不显著,且直接效用和间接效用的路径系数相反,即拜年网对子女教育期望的影响存在遮掩效应。另外,拜年网对子女学业参与和学业成绩的总效用和间接效用影响不显著,即子女教育期望和家庭义务感对拜年网和学业状况的中介效用不成立。讨论网通过父母教育期望的完全中介作用分别影响子女教育期望和家庭义务感,并通过家庭义务感、子女教育期望、学业参与的中介链的部分中介作用影响子女学业成绩。社团参与通过家庭义务感的完全中介作用影响子女教育期望;社团参与通过家庭义务感的部分中介作用影响子女学业参与;通过家庭义务感、子女教育期望、学业参与的多重完全中介作用影响子女学业成绩(见表 7-19)。

表 7-19　社会网络与教育期望、家庭义务感模型效用分布

		总效用	P	直接效用	P	间接效用	P
父母教育期望 ←	讨论网	0.142	0.001	0.142	0.001	—	—
家庭义务感 ←	讨论网	0.057	0.001	—	—	0.057	0.001
父母教育期望 ←	讨论网	0.142	0.001	0.142	0.001	—	—
子女教育期望 ←	讨论网	0.086	0.001	—	—	0.086	0.001
学业参与 ←	讨论网	0.120	0.002	0.069	0.062	0.051	0.001
学业成绩 ←	讨论网	0.089	0.001	—	—	0.089	0.001
父母教育期望 ←	社团参与	0.106	0.010	0.106	0.010	—	—
家庭义务感 ←	社团参与	0.171	0.001	0.129	0.002	0.042	0.009
子女教育期望 ←	社团参与	0.086	0.001	—	—	0.086	0.001
学业参与 ←	社团参与	0.177	0.001	0.112	0.003	0.065	0.001
学业成绩 ←	社团参与	0.108	0.001	—	—	0.108	0.001

续表

			总效用	P	直接效用	P	间接效用	P
家庭义务感	←	拜年网	-0.087	0.015	-0.087	0.015	—	—
子女教育期望	←	拜年网	0.048	0.128	0.064	0.035	-0.015	0.010
学业参与	←	拜年网	0.015	0.393	—	—	0.015	0.393
学业成绩	←	拜年网	0.033	0.164	—	—	0.033	0.164
子女教育期望	←	家庭义务感	0.175	0.001	0.175	0.001	—	—
学业参与	←	家庭义务感	0.206	0.001	0.115	0.004	0.091	0.001
学业成绩	←	家庭义务感	0.169	0.001	—	—	0.169	0.001
家庭义务感	←	父母教育期望	0.400	0.001	0.400	0.001	—	—
子女教育期望	←	父母教育期望	0.603	0.001	0.533	0.001	0.070	0.001
学业参与	←	父母教育期望	0.360	0.001	—	—	0.360	0.001
学业成绩	←	父母教育期望	0.468	0.001	—	—	0.468	0.001
学业参与	←	子女教育期望	0.522	0.001	0.522	0.001	—	—
学业成绩	←	子女教育期望	0.752	0.001	0.581	0.001	0.171	0.001
学业成绩	←	学业参与	0.328	0.001	0.328	0.001	—	—

二、分组比较

将家庭义务感、子女教育期望这两个中介变量纳入模型,社会网络资本对不同组的学生学业状况有何影响? 其作用大小、路径是否存在差异? 接下来笔者展开分组比较。

(一) 城市一般

将城市一般儿童样本纳入模型,并进行模型修正,得到社会网络与教育期望、家庭义务感(城市一般)模型(见图7-7)。

父母教育期望对家庭义务感等4条路径的路径系数在 $P<0.001$ 的水平上显著;社团参与对父母教育期望等7条路径的路径系数在 $P<0.05$ 的水平上显著;拜年网对子女教育期望在 $P<0.1$ 的水平上显著。对标准化回归系数的绝对值进行比较发现,讨论网对父母教育期望的影响最大(0.254),拜年网次之(-0.199),社团参与最小(0.026);拜年网对父母教育期望的影响为负,拜年网状况越好,父母对子女教育期望越低。父母教育期望对家庭义务感有较大直接影响,以父母教育期望预测家庭义务感可以消减20.4%的误差。家庭义务感对子女教育期望的影响大小处于拜年网和父母教育期望之间,父母教育期望对子女教育期望有较大影响,以父母教育期望、家庭义

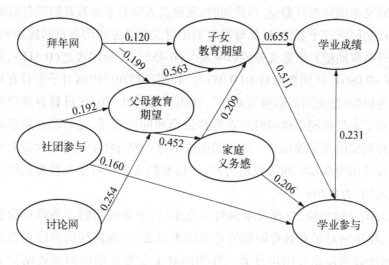

图 7 - 7　社会网络与教育期望、家庭义务感（城市一般）模型

务感和拜年网预测子女教育期望可以分别消减 31.7%、4.3% 和 1.4% 的误差。家庭义务感对子女学业参与有直接影响，以家庭义务感预测学业参与可以消减 4.2% 的误差（见表 7 - 20）。

表 7 - 20　社会网络与教育期望、家庭义务感（城市一般）模型参数

			估计值	标准误	临界比率	P	β 系数
父母教育期望	←	社团参与	0.102	0.046	2.224	0.026	0.192
父母教育期望	←	拜年网	−0.068	0.029	−2.373	0.018	−0.199
父母教育期望	←	讨论网	0.229	0.090	2.552	0.011	0.254
家庭义务感	←	父母教育期望	0.807	0.178	4.525	***	0.452
子女教育期望	←	家庭义务感	0.197	0.077	2.565	0.010	0.209
子女教育期望	←	拜年网	0.070	0.038	1.843	0.065	0.120
子女教育期望	←	父母教育期望	0.946	0.173	5.469	***	0.563
学业参与	←	子女教育期望	0.590	0.121	4.897	***	0.511
学业参与	←	社团参与	0.165	0.074	2.219	0.026	0.160
学业参与	←	家庭义务感	0.224	0.094	2.386	0.017	0.206
学业成绩	←	学业参与	0.275	0.132	2.084	0.037	0.231
学业成绩	←	子女教育期望	0.902	0.168	5.356	***	0.655

分析城市一般组中，家庭义务感、子女教育期望对子女学业状况的中介作用发现：拜年网、讨论网、社团参与通过作用于父母教育期望进而影响子

女家庭义务感和教育期望,与此同时,家庭义务感对子女教育期望有影响。

社会网络三个潜变量、父母教育期望对家庭义务感均存在间接影响,其中父母教育期望对家庭义务感影响最大(0.452),讨论网次之(0.115),拜年网为(-0.090),社团参与最小(0.087)。社团参与和讨论网对子女教育期望有间接影响,讨论网的影响为 0.167,社团参与为 0.126;父母教育期望和拜年网对子女教育期望则同时存在直接效用和间接效用,父母教育期望对子女教育期望的直接效用为 0.563,间接效用为 0.095;拜年网对子女教育期望的直接效用为 0.120,间接效用为-0.131;家庭义务感对子女教育期望存在直接效用,为 0.209。

对路径做检验,发现拜年网对学业参与、学业成绩的 2 条路径检验不显著,拜年网对子女教育期望的总效用不显著,其他路径的标准化直接效用、间接效用及总效用均显著。拜年网对子女教育期望的总效用检验不显著,且直接效用和间接效用的路径系数相反,即拜年网对子女教育期望的影响存在遮掩效应。另外,拜年网对子女学业参与和学业成绩的总效用和间接效用影响不显著,即子女教育期望和家庭义务感对拜年网和学业状况的中介效用不成立。讨论网通过父母教育期望的完全中介作用分别影响子女教育期望和家庭义务感,并通过家庭义务感、子女教育期望、学业参与的中介链的部分中介作用影响子女学业成绩。社团参与通过父母教育期望的完全中介作用分别影响子女教育期望和家庭义务感,并通过家庭义务感、子女教育期望、学业参与的中介链的完全中介作用影响子女学业成绩(见表 7 - 21)。

表 7 - 21　社会网络与教育期望、家庭义务感(城市一般)模型效用分布

		总效用	P	直接效用	P	间接效用	P
父母教育期望 ←	讨论网	0.254	0.007	0.254	0.007	—	—
家庭义务感 ←	讨论网	0.115	0.005	—	—	0.115	0.005
子女教育期望 ←	讨论网	0.167	0.011	—	—	0.167	0.011
学业参与 ←	讨论网	0.109	0.012	—	—	0.109	0.012
学业成绩 ←	讨论网	0.135	0.010	—	—	0.135	0.010
父母教育期望 ←	社团参与	0.192	0.053	0.192	0.053	—	—
家庭义务感 ←	社团参与	0.087	0.041	—	—	0.087	0.041
子女教育期望 ←	社团参与	0.126	0.063	—	—	0.126	0.063
学业参与 ←	社团参与	0.242	0.002	0.160	0.025	0.082	0.056

续表

		总效用	P	直接效用	P	间接效用	P
学业成绩	← 社团参与	0.139	0.017	—	—	0.139	0.017
父母教育期望	← 拜年网	-0.199	0.040	-0.199	0.040	—	—
家庭义务感	← 拜年网	-0.090	0.035	—	—	-0.090	0.035
子女教育期望	← 拜年网	-0.010	0.894	0.120	0.061	-0.131	0.037
学业参与	← 拜年网	-0.024	0.595	—	—	-0.024	0.595
学业成绩	← 拜年网	-0.012	0.852	—	—	-0.012	0.852
子女教育期望	← 家庭义务感	0.209	0.077	0.209	0.077	—	—
学业参与	← 家庭义务感	0.313	0.005	0.206	0.041	0.107	0.068
学业成绩	← 家庭义务感	0.210	0.033	—	—	0.210	0.033
家庭义务感	← 父母教育期望	0.452	0.001	0.452	0.001	—	—
子女教育期望	← 父母教育期望	0.657	0.002	0.563	0.002	0.095	0.054
学业参与	← 父母教育期望	0.429	0.003	—	—	0.429	0.003
学业成绩	← 父母教育期望	0.530	0.002	—	—	0.530	0.002
学业参与	← 子女教育期望	0.511	0.001	0.511	0.001	—	—
学业成绩	← 子女教育期望	0.773	0.001	0.655	0.001	0.118	0.085
学业成绩	← 学业参与	0.231	0.120	0.231	0.120	—	—

（二）农村一般

将农村一般儿童样本纳入模型，并进行模型修正，得到社会网络与教育期望、家庭义务感（农村一般）模型（见图7-8）。

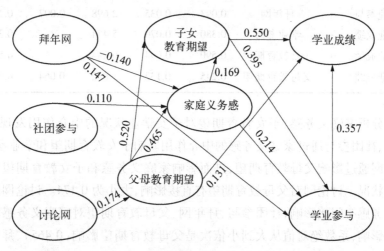

图7-8　社会网络与教育期望、家庭义务感（农村一般）模型

父母教育期望对家庭义务感等 5 条路径的路径系数在 $P<0.001$ 的水平上显著;家庭义务感对学业参与等 2 条路径系数在 $P<0.01$ 的水平上显著;讨论网对父母教育期望等 3 条路径在 $P<0.05$ 的水平上显著;社团参与对家庭义务感等 2 条路径在 $P<0.1$ 的水平上显著。比较标准化回归系数的绝对值,讨论网对父母教育期望有一定直接影响,能消减 3.0% 的误差。拜年网、社团参与和父母教育期望影响家庭义务感,其中父母教育期望正向影响最大(0.465),社团参与次之(0.110),而拜年网对家庭义务感有负向影响,为 -0.140。家庭义务感对子女教育期望的影响比父母教育期望的影响弱。对学业参与有影响的潜变量中,子女教育期望的影响最大(0.395),家庭义务感次之(0.214),拜年网最小(0.147)。子女教育期望对学业成绩的影响也远远大于父母教育期望的影响(见表 7 - 22)。

表 7 - 22　社会网络与教育期望、家庭义务感(农村一般)模型参数

			估计值	标准误	临界比率	P	β 系数
父母教育期望	←	讨论网	0.143	0.060	2.396	0.017	0.174
家庭义务感	←	拜年网	-0.069	0.028	-2.438	0.015	-0.140
家庭义务感	←	社团参与	0.099	0.054	1.823	0.068	0.110
家庭义务感	←	父母教育期望	0.632	0.112	5.621	***	0.465
子女教育期望	←	家庭义务感	0.217	0.085	2.558	0.011	0.169
子女教育期望	←	父母教育期望	0.906	0.142	6.366	***	0.520
学业参与	←	子女教育期望	0.397	0.070	5.662	***	0.395
学业参与	←	家庭义务感	0.276	0.088	3.153	0.002	0.214
学业参与	←	拜年网	0.093	0.035	2.698	0.007	0.147
学业成绩	←	学业参与	0.380	0.070	5.454	***	0.357
学业成绩	←	子女教育期望	0.590	0.094	6.244	***	0.550
学业成绩	←	父母教育期望	0.245	0.132	1.852	0.064	0.131

分析家庭义务感、子女教育期望对子女学业状况的中介作用发现:拜年网、社团参与通过家庭义务感的中介作用影响子女教育期望和学业参与;讨论网通过影响父母教育期望,进而影响家庭义务感和子女教育期望以及学业状况。讨论网对父母教育期望有直接影响,大小为 0.174。讨论网对家庭义务感有间接影响,社团参与、拜年网、父母教育期望对家庭义务感均有直接影响,系数绝对值从大到小依次是父母教育期望影响(0.465)、拜年网(-0.140)、讨论网(0.081)、社团参与、(0.110)。社团参与、讨论网、拜年网

对子女教育期望有间接影响,讨论网(0.104)、拜年网(-0.024)、社团参与
(0.019)。父母教育期望对子女教育期望影响的直接效用为 0.520,间接效
用为 0.079;家庭义务感对子女教育期望存在直接效用为 0.169。

对路径做检验,发现拜年网对学业成绩路径检验不显著;社团参与对家
庭义务感、子女教育期望、学业参与和学业成绩的路径检验在 $P<0.1$ 的水平
上显著,其他路径的标准化直接效用、间接效用及总效用均显著。拜年网对
子女学业成绩的总效用检验不显著,但是对其他潜变量的路径检验均显著,
即在农村一般组中,拜年网通过家庭义务感、子女教育期望影响子女学业状
况的中介效用成立。拜年网通过家庭义务感的完全中介作用影响子女教育
期望;通过家庭义务感的部分中介作用影响子女学业参与;通过家庭义务
感、子女教育期望的多重中介链部分中介作用影响学业参与。

讨论网通过父母教育期望的完全中介作用分别影响子女教育期望和家
庭义务感,并通过家庭义务感、子女教育期望、学业参与的多重中介链的完
全中介作用影响子女学业成绩。社团参与通过家庭义务感的完全中介作用
影响子女教育期望,并通过子女教育期望、学业参与多重中介链的完全中介
作用影响子女学业成绩(见表 7-23)。

表 7-23　社会网络与教育期望、家庭义务感(农村一般)模型效用分布

		总效用	P	直接效用	P	间接效用	P
父母教育期望 ←	讨论网	0.174	0.007	0.174	0.007	—	—
家庭义务感 ←	讨论网	0.081	0.006	—		0.081	0.006
子女教育期望 ←	讨论网	0.104	0.007	—		0.104	0.007
学业参与 ←	讨论网	0.058	0.007	—		0.058	0.007
学业成绩 ←	讨论网	0.101	0.007	—		0.101	0.007
家庭义务感 ←	社团参与	0.110	0.099	0.110	0.099	—	—
子女教育期望 ←	社团参与	0.019	0.067	—		0.019	0.067
学业参与 ←	社团参与	0.031	0.068	—		0.031	0.068
学业成绩 ←	社团参与	0.021	0.059	—		0.021	0.059
家庭义务感 ←	拜年网	-0.140	0.023	-0.140	0.023	—	—
子女教育期望 ←	拜年网	-0.024	0.026	—		-0.024	0.026
学业参与 ←	拜年网	0.107	0.037	0.147	0.004	-0.039	0.014
学业成绩 ←	拜年网	0.025	0.232	—		0.025	0.232
子女教育期望 ←	家庭义务感	0.169	0.028	0.169	0.028	—	—
学业参与 ←	家庭义务感	0.281	0.001	0.214	0.001	0.067	0.022

续表

			总效用	P	直接效用	P	间接效用	P
学业成绩	←	家庭义务感	0.193	0.003	—	—	0.193	0.003
家庭义务感	←	父母教育期望	0.465	0.001	0.465	0.001	—	—
子女教育期望	←	父母教育期望	0.598	0.002	0.520	0.001	0.079	0.020
学业参与	←	父母教育期望	0.336	0.001	—	—	0.336	0.001
学业成绩	←	父母教育期望	0.580	0.001	0.131	0.081	0.449	0.001
学业参与	←	子女教育期望	0.395	0.001	0.395	0.001	—	—
学业成绩	←	子女教育期望	0.691	0.001	0.550	0.001	0.141	0.001
学业成绩	←	学业参与	0.357	0.001	0.357	0.001	—	—

（三）省内流动

将省内流动儿童样本纳入模型,得到社会网络与教育期望、家庭义务感（省内流动）模型。从模型中可见,拜年网对子女学业状况无显著影响;社团参与直接影响学业参与;讨论网通过影响家庭义务感影响学业状况。社会网络2个潜变量均对父母教育期望无显著影响,父母教育期望通过家庭义务感和子女教育期望的中介作用影响子女学业状况（见图7-9）。

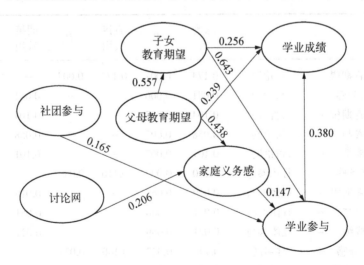

图 7-9　社会网络与教育期望、家庭义务感（省内流动）模型

家庭义务感对父母教育期望等3条路径的路径系数在 $P<0.001$ 的水平上显著;学业参与对学业成绩的路径系数在 $P<0.01$ 的水平上显著;讨论网对家庭义务感等3条路径的路径系数在 $P<0.05$ 的水平上显著;家庭义务感

对学业参与等 2 条路径在 $P<0.1$ 的水平上显著。从标准化回归系数来看,父母教育期望和讨论网影响家庭义务感,父母教育期望的影响大于讨论网的影响。以父母教育期望、讨论网预测家庭义务感能分别消减 19.1% 和 4.2% 的误差。以父母教育期望预测子女教育期望能消减 31.0% 的误差。对学业参与有影响的潜变量中,子女教育期望最大(0.643),其次是社团参与(0.165),最后是家庭义务感(0.147)(见表 7 - 24)。

表 7 - 24　社会网络与教育期望、家庭义务感(省内流动)模型参数

			估计值	标准误	临界比率	P	β 系数
家庭义务感	←	父母教育期望	0.890	0.260	3.427	***	0.438
家庭义务感	←	讨论网	0.254	0.115	2.210	0.027	0.206
子女教育期望	←	父母教育期望	1.245	0.311	4.008	***	0.557
学业参与	←	子女教育期望	0.713	0.126	5.671	***	0.643
学业参与	←	社团参与	0.211	0.096	2.188	0.029	0.165
学业参与	←	家庭义务感	0.179	0.102	1.753	0.080	0.147
学业成绩	←	学业参与	0.381	0.134	2.851	0.004	0.380
学业成绩	←	父母教育期望	0.594	0.275	2.164	0.030	0.239
学业成绩	←	子女教育期望	0.285	0.156	1.822	0.068	0.256

　　分析家庭义务感、子女教育期望的中介作用,发现:讨论网、父母教育期望对家庭义务感有直接影响,父母教育期望对家庭义务感的影响大小为 0.438,大于讨论网的影响;社团参与、讨论网、拜年网、家庭义务感对子女教育期望均无影响,父母教育期望对子女教育期望影响为 0.557。讨论网、父母教育期望对学业参与有间接影响;社团参与、家庭义务感、子女教育期望对学业参与有直接影响,大小依次为子女教育期望(0.643)、父母教育期望(0.423)、家庭义务感(0.147)、社团参与(0.165)、讨论网(0.030)。

　　对路径做检验,发现家庭义务感对学业参与的检验不显著、子女教育期望对学业成绩的直接作用不显著,讨论网对学业参与等路径在 $P<0.1$ 的水平上显著,其他路径的标准化直接、间接效用及总效用显著。在该模型中,拜年网对子女学业状况无直接或间接的显著影响。社团参与通过学业参与完全中介作用影响子女学业成绩。两个潜变量均不通过中介变量对学业状况产生影响。讨论网通过家庭义务感的完全中介作用影响子女学业参与,并通过家庭义务感、学业参与的多重中介链的完全中介作用影响子女学业成绩(见表 7 - 25)。

表 7 - 25　社会网络与教育期望、家庭义务感(省内流动)模型效用分布

			总效用	P	直接效用	P	间接效用	P
家庭义务感	←	讨论网	0.206	0.003	0.206	0.003	—	—
学业参与	←	讨论网	0.030	0.075	—	—	0.030	0.075
学业成绩	←	讨论网	0.012	0.046	—	—	0.012	0.046
学业参与	←	社团参与	0.165	0.041	0.165	0.041	—	—
学业成绩	←	社团参与	0.063	0.066	—	—	0.063	0.066
学业参与	←	家庭义务感	0.147	0.104	0.147	0.104	—	—
学业成绩	←	家庭义务感	0.056	0.057	—	—	0.056	0.057
家庭义务感	←	父母教育期望	0.438	0.001	0.438	0.001	—	—
子女教育期望	←	父母教育期望	0.557	0.001	0.557	0.001	—	—
学业参与	←	父母教育期望	0.423	0.003	—	—	0.423	0.003
学业成绩	←	父母教育期望	0.542	0.001	0.239	0.044	0.303	0.001
学业参与	←	子女教育期望	0.643	0.002	0.643	0.002	—	—
学业成绩	←	子女教育期望	0.500	0.002	0.256	0.238	0.244	0.073
学业成绩	←	学业参与	0.380	0.101	0.380	0.101	—	—

（四）省外流动

　　将省外流动儿童样本纳入模型,并进行模型修正,得到社会网络与教育期望、家庭义务感(省外流动)模型。拜年网、讨论网在该模型中对子女学业状况无显著影响;社团参与通过影响父母教育期望间接影响子女教育期望,进而影响学业状况,同时社团参与通过影响家庭义务感,间接影响子女教育期望和学业状况(见图 7 - 10)。

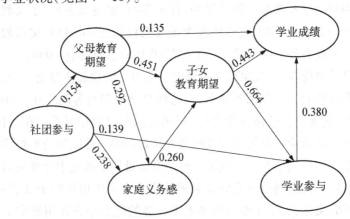

图 7 - 10　社会网络与教育期望、家庭义务感(省内流动)模型

家庭义务感对子女教育期望等5条路径的路径系数在 $P<0.001$ 的水平上显著;社团参与对家庭义务感的路径系数在 $P<0.01$ 的水平上显著;社团参与对学业参与的路径系数在 $P<0.05$ 的水平上显著;父母教育期望对学业成绩的路径系数在 $P<0.1$ 的水平上显著。从标准化回归系数来看,社团参与和父母教育期望直接影响家庭义务感,以父母教育期望预测家庭义务感能消减8.5%的误差,以社团参与预测家庭义务感能消减5.7%的误差。以父母教育期望预测子女教育期望能消减20.3%的误差,以家庭义务感预测子女教育期望能消减6.8%的误差。对学业参与有影响的潜变量中,子女教育期望影响最大(0.664)、社团参与次之(0.139);子女教育期望对学业成绩的影响大于父母教育期望的影响(见表7-26)。

表7-26　社会网络与教育期望、家庭义务感(省内流动)模型参数

			估计值	标准误	临界比率	P	β 系数
父母教育期望	←	社团参与	0.087	0.046	1.918	0.055	0.154
家庭义务感	←	社团参与	0.169	0.055	3.065	0.002	0.238
家庭义务感	←	父母教育期望	0.366	0.116	3.143	0.002	0.292
子女教育期望	←	家庭义务感	0.504	0.140	3.593	***	0.260
子女教育期望	←	父母教育期望	1.092	0.245	4.457	***	0.451
学业参与	←	社团参与	0.175	0.082	2.143	0.032	0.139
学业参与	←	子女教育期望	0.608	0.072	8.491	***	0.664
学业成绩	←	学业参与	0.417	0.106	3.920	***	0.380
学业成绩	←	父母教育期望	0.328	0.191	1.716	0.086	0.135
学业成绩	←	子女教育期望	0.445	0.115	3.872	***	0.443

分析家庭义务感、子女教育期望的中介作用,发现:社团参与对父母教育期望有直接影响,大小为0.154;父母教育期望对家庭义务感有直接影响,大小为0.292;社团参与对家庭义务感同时存在直接影响(0.238)和间接影响(0.045),总效用为0.283。社团参与对子女教育期望有间接影响,家庭义务感对子女教育期望则有直接影响,后者的影响更大。家庭义务感、父母教育期望对学业参与有间接影响,子女教育期望对学业参与有直接影响,社团参与对学业参与有直接和间接影响,比较来看,大小依次为,子女教育期望(0.664),父母教育期望(0.350),家庭义务感(0.173),社团参与(0.143),讨论网(0.030)。对学业成绩的影响,社团参与、家庭义务感为间接影响,分别为0.173和0.181,父母教育期望和子女教育期望对学业成绩均存在直接效

用和间接效用,在总效用上,子女教育期望的影响要大于父母教育期望。

对路径做检验,除了社团参与对父母教育期望的直接效用在 $P<0.1$ 的水平上显著,社团参与对家庭义务感的间接效用在 $P<0.1$ 的水平上显著,其他路径的标准化直接效用、间接效用及总效用显著。即在省外流动组中,各个潜变量间的中介效用成立。在该模型中,拜年网、讨论网对子女学业状况无直接或间接的显著影响。社团参与分别通过父母教育期望和家庭义务感的完全中介作用影响子女教育期望,通过父亲期望的部分中介作用影响家庭义务感,并通过父母教育期望、家庭义务感、学业参与等多重中介链的部分中介作用影响子女学业成绩(见表 7-27)。

表 7-27 社会网络与教育期望、家庭义务感(省内流动)模型效用分布

		总效用	P	直接效用	P	间接效用	P
父母教育期望 ←	社团参与	0.154	0.077	0.154	0.077	—	
家庭义务感 ←	社团参与	0.283	0.001	0.238	0.003	0.045	0.063
子女教育期望 ←	社团参与	0.143	0.002			0.143	0.002
学业参与 ←	社团参与	0.234	0.001	0.139	0.028	0.095	0.002
学业成绩 ←	社团参与	0.173	0.001			0.173	0.001
子女教育期望 ←	家庭义务感	0.260	0.036	0.260	0.036	—	
学业参与 ←	家庭义务感	0.173	0.032			0.173	0.032
学业成绩 ←	家庭义务感	0.181	0.019			0.181	0.019
家庭义务感 ←	父母教育期望	0.292	0.002	0.292	0.002	—	
子女教育期望 ←	父母教育期望	0.527	0.001	0.451	0.001	0.076	0.020
学业参与 ←	父母教育期望	0.350	0.001	—	—	0.350	0.001
学业成绩 ←	父母教育期望	0.501	0.001	0.135	0.120	0.367	0.008
学业参与 ←	子女教育期望	0.664	0.001	0.664	0.001	—	
学业成绩 ←	子女教育期望	0.695	0.014	0.443	0.017	0.252	0.005
学业成绩 ←	学业参与	0.380	0.005	0.380	0.005	—	

三、城乡组间比较

对四组模型进行比较,发现社会网络资本在加入家庭义务感和教育期望等中介潜变量之后,各组间呈现一定的共同点和差异性。

第一,在四组模型中,社会网络或多或少地通过家庭义务感和教育期望的中介效用影响子女学业状况,但是在各组中发挥作用的潜变量不同。在

城市一般和农村一般组中,社团参与、讨论网、拜年网均发挥作用,而在省内流动组中,社团参与和讨论网起作用,在省外流动组中,仅仅是社团参与起作用。

第二,父母教育期望、子女教育期望是影响子女学业状况的两个重要的中介变量。在所有的潜变量中,子女教育期望对学业状况的影响最大;父母教育期望对子女学业状况的影响仅次于子女教育期望产生的影响。在各组模型中,父母教育期望均是影响子女教育期望最大的潜变量。父母教育期望对子女教育期望的影响在 $0.527 \sim 0.657$ 之间,从大到小依次是城市一般、农村一般、省内流动、省外流动。拜年网在城市一般、农村一般中对子女教育期望有负向影响,且影响非常小。

第三,家庭义务感是影响子女教育期望和学业状况的重要中介变量。在三组模型中,家庭义务感对子女教育期望的影响在 $0.167 \sim 0.260$ 之间,大小依次是,省外流动、城市一般和农村一般。在省内流动组中,家庭义务感不通过子女教育期望起作用。在城市一般、农村一般和省外流动组中,家庭义务感对学业状况的影响仅次于子女教育期望;在省内流动组中,家庭义务感对学业状况的影响略小于父母社团参与状况的影响。

第四,社会网络对父母教育期望、子女教育期望和家庭义务感均有不同的影响。在省内流动和省外流动组中,拜年网不通过教育期望和家庭义务感的中介作用起作用,也不直接影响子女学业状况;在城市一般组中,拜年网影响父母教育期望和子女学业期望,但子女教育期望和家庭义务感的中介效用不成立;在农村一般组中,拜年网通过家庭义务感、子女教育期望的中介作用影响子女学业状况。

社团参与,在城市一般组中,通过父母教育期望的完全中介作用分别影响子女教育期望和家庭义务感,在农村一般组中,社团参与通过家庭义务感的完全中介作用影响子女教育期望。省内流动社团参与不通过家庭义务感和教育期望的中介作用发挥影响。在省外流动组中,社团参与分别通过父母教育期望和家庭义务感的完全中介作用影响子女教育期望,通过父母教育期望的部分中介作用影响家庭义务感。

在城市一般、农村一般组中,讨论网通过父母教育期望的完全中介作用分别影响子女教育期望和家庭义务感。在省内流动组中,讨论网通过家庭义务感的完全中介作用影响子女学业参与。在省外流动组中,讨论网对子女学业状况无直接或间接的影响。

本章主要对家庭社会资本代际传递多重中介作用的路径展开分析。

　　首先,对城乡家庭教育期望、家庭义务感进行比较分析。研究发现,城乡家庭对子女均有很高的期望,同时教育期望呈现城乡内外差异:城市一般组最高,省外流动组最低。城乡儿童均有较高的家庭义务感,其中农村一般组儿童最高,省内流动组、省外流动组较低。

　　其次,分析社会闭合通过教育期望、家庭义务感的多重中介作用对学业状况的影响。本书发现:① 父母教育期望、子女教育期望显著正向影响子女学业状况。② 家庭社会资本通过子女教育期望的中介作用发挥影响。亲子沟通、父母学业参与和社会闭合都直接影响子女教育期望,子女教育期望显著影响子女学业状况。但是家庭社会资本对子女学业状况影响的方向不同,其中亲子沟通和社会闭合对其起正向作用,而家长学业参与则负向影响子女学业状况。③ 家庭社会资本通过家庭义务感的中介作用发挥影响。家庭义务感越强,子女学业参与越好,但是,家庭义务感对子女学业成绩的直接影响为负,不同家庭社会资本的作用路径不同。④ 亲子沟通通过家庭义务感中介作用影响子女学业状况,亲子沟通越好,家庭义务感越强;家长学业参与和代际闭合则不通过家庭义务感的中介作用影响子女学业状况。家庭义务感是联结父母教育期望和子女教育期望的中介变量。

　　最后,分析社会网络与教育期望、家庭义务感的多重中介作用对学业状况的影响。研究发现:① 社会网络资本或多或少地通过家庭义务感和教育期望的中介效用影响子女学业状况。② 父母教育期望、子女教育期望是影响子女学业状况的两个重要的中介变量。子女教育期望对学业状况的影响最大;父母教育期望对子女学业状态的影响仅次于子女教育期望产生的影响。③ 家庭义务感是影响子女教育期望和学业状况的重要中介变量。④ 社会网络对父母教育期望、子女教育期望和家庭义务感均有不同影响。

第八章 中国家庭社会资本
代际传递

父辈和子代在社会地位上的传承及变化即代际传递,国家制度设计、教育和文化差异、家庭社会资本存量大小及模式都会影响家庭社会资本代际传递。有研究指出,在不同的制度背景和社会条件下,代际传递的流动模式不同,有自由竞争模式、家庭地位继承模式以及国家庇护流动模式等。[①] 中国家庭社会资本的结构及代际传递模式如何? 中国家庭社会资本影响教育获得的机制有哪些? 如何提升中国家庭社会资本? 本章将就这些问题展开探讨。

第一节 中国家庭社会资本结构及代际传递

布迪厄、科尔曼的社会资本理论框架在解释家庭社会资本对子女教育获得方面有重要作用,但是这些理论的提出有其独特的社会文化背景,在问题分析和解释上,也有其局限性。布迪厄基于法国经验提出其区隔、再生产理论,在他提出理论的时代,法国早已是稳定的工业社会,民众认同"精英文化",基于身份、荣誉、地位的等级区分明显,阶层流动机会少,阶层结构已相对固化;[②]科尔曼的理论则是基于工业化时期的美国社会文化,这一时期美国以父母和子女为主的核心家庭成为主流,种族歧视、种族差异依然顽固。与法国和美国社会文化不同,当下中国,经济、社会变迁更为复杂:虽然家庭结构、关系发生了变化,但家庭间的差异明显;虽然社会阶层有所分化,但是并未固化。[③] 因此,就中国问题分析中国家庭社会资本,讨论和发展符合

---

① 李煜.代际流动的模式:理论理想型与中国现实[J].社会,2009(06):60-84+223-224.

② 熊秉真.童年忆往:中国孩子的历史[M].桂林:广西师范大学出版社,2008:1.

③ 安超,康永久."文化区隔"与底层教育的污名化[J].贵州师范大学学报(社会科学版),2019(02):48-57.

中国社会特色的社会资本框架就显得十分必要。

一、中国家庭社会资本

在中国,教育过程中有制度(或结构)、文化和关系这三个层面的社会资本。每一个层面的社会资本对教育而言都是极其重要的,制度层面的社会资本为学校制度运行提供了良好的制度环境,文化层面的社会资本为教育活动开展提供社会价值导向和准则,关系层面的社会资本直接作用于子女,对教育获得产生影响。

制度层面的社会资本。从中国教育所涉及的制度性社会资本来看,有普职分流、重点学校制度等教育分流制度安排与实践;民办学校兴起、学区制度、"三限"政策,以及影子教育兴起带来影响;还有涉及农村教育政策的系列调整,如农村教育经费负担机制、农村学校布局调整、农民工随迁子女教育政策调整等。教育政策的变迁和调整直接影响家庭资本在教育领域作用的大小。

文化层面的社会资本。中国传统的"重教"文化和教育价值是家庭社会资本介入教育的文化基础;教育不平等是家庭社会资本教育介入的现实基础,学历下降回避与教育焦虑是家庭社会资本介入的心理基础。众多的社会、文化、心理基础影响中国家庭社会资本介入教育的强度和作用模式。在中国教育制度和社会文化的影响下,城乡家庭在教育选择和家长参与中呈现出不同的样貌。在子女择校、择教过程中,在学校质量选择、学校类别选择、影子教育选择和初中后教育分流中,城市家庭更为积极主动,而农村家庭则更加被动,甚至"别无选择"。在家长参与上,城市家庭总体呈现"密集母职"和密集管理、而农村家庭则多采用"扩大母职"和散养模式。

关系层面的社会资本。在中国,家庭社会资本更多体现在一系列"关系"上,呈现出一种"关系性嵌入"。社会资本强调通过互动而形成的人与人之间的关系,如"夫妻关系""亲子关系""亲友关系""师生关系"等,以及由各种关系形成的诸如信任、互惠、义务与期望等心理特征与模式。具体来看,家庭层面社会资本主要有父母态度、期望、情感支持以及亲子互动关系;共同体层面社会资本主要有家长间的关系、成人与他人孩子关系等共同体成员之间以及与孩子间的关系等;学校中社会资本则主要包括教师与学生、教师之间、学生之间、家长与学校的关系等。

中国家庭社会资本同时体现在社会网络中,呈现出一种"结构性嵌入"。中国家庭往往存在于与其他家庭、家族甚至宗族等连接的更大网络关系之中。社会关系网络已成为社会资源配置的一种重要方式,社会网络的数量、质量、密度以及位于其中位置的差别,意味着人在信息获得或教育资源占有方面的差异。在子女教育获得的过程中,关系网络是家庭能动员的、帮助子女获得教育的重要资源。中国家庭通过"拜年""社团活动"等维持关系网络,在子女升学过程中"升学讨论网"为子女升学提供重要信息资源。中国家庭社会资本的结构如图8-1所示。

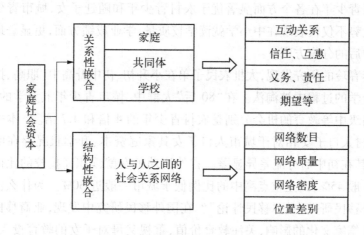

图8-1　中国家庭社会资本的结构

制度层面的社会资本和文化层面的社会资本共同影响关系层面的社会资本——家庭社会资本。制度层面的社会资本会影响家庭内部关系型社会资本形成,影响家庭社会资本中网络资本的应用和作用大小;文化层面的社会资本则形成家庭内部社会资本的价值体系和风气,也就是家风和家训,并通过父母的身体力行、言传身教传递给子女。家庭层面关系性社会资本是教育顺利开展的链接基础,只有健康合适的关系性社会资本才能将家长的价值体系、社会规范和国家教育目标传导给受教育者,完成儿童的社会化进程。

二、城乡家庭社会资本、子女教育获得比较

在当下的教育体系中,不同类型的流动人口子女(省内流动和省外流动)在教育获得中是否存在显著的劣势,或者是否存在国外研究中的"移民悖论"? 关于这一问题,本书发现,在当前城乡分割的境遇下,"移民悖论"并不存在,家庭社会资本和教育获得存在"城乡之差、城市化优势、内外之别"的样态。其中,城乡之别大于内外之差,即城市青少年在各个方面显著优于农村青少年;省内流动子女较农村一般青少年而言,则存在着城市化优

势;省外流动人口子女处于绝对的劣势地位,其就读学校层级和初中后教育分流劣势最为明显。

(一) 城乡之差: 农村青少年处于劣势地位

国内外大量研究认为移民子女(随迁子女)由于面临家庭资本不足,教育、移民政策限制,其学业成绩、升学状况等诸多方面的教育获得均处于劣势地位。在本书四组青少年的比较中,笔者发现"城乡之别大于内外之差",即城市青少年在各个方面显著优于农村青少年和随迁子女,城市青少年的这种优势不仅仅表现在中小学就读学校质量、学业成绩方面,更显著地表现在初中后的分流方面。

李春玲的研究发现,大批农民子弟在小升初、初中升高中(职高、技校)、高中升学的过程中被淘汰。在"80 后"人群中,城市青少年上大学的机会、接受高级中等教育的机会分别是农村青少年的 4 倍和 4.7 倍。① 本书也发现,农村人口子女相对于城市人口子女其家庭资本、升学状况存在明显劣势,尤其在初中后分流差异显著。省外流动子女就读职高技校的比例高出城市一般 45%,而上重点高中的比例低于城市一般近 30%。为什么没有出现国外移民研究中的"移民悖论"? 在国外移民研究中发现,亚裔移民由于受传统儒家文化的影响,关注教育价值,重视父母对子女的教育投入,亚裔移民子女受教育状况普遍较好。② 亚裔移民子女教育获得水平高于欧洲裔白人、非洲裔黑人、拉丁美洲裔人等③,被称为模范少数民族。但是本书在国内展开研究,所调查的均是受儒家文化影响多年的中国人,各个阶层对教育的价值和社会流动功能形成普遍共识,都希望子女能获得好的教育,通过教育实现地位保持或向上流动。农民工家庭并不比其他家庭对子女的教育期望更强烈,或者说具有这种社会心理的优势,相反,在父母对子女的教育期望,以及子女自身的教育期望上,也存在城乡差异,城市最高,农村较低,省外流动最低。较低期望,较差的家庭资本,加之不均衡的城乡教育资源分布,不平等的教育机会,不难解释农村青少年,尤其是随迁子女在教育获得中的劣势地位。

(二) 城市化优势: 省内流动处于相对优势地位

城市化优势是省内流动子女相对于农村一般子女而言的优势。在本书

① 李春玲."80 后"的教育经历与机会不平等——兼评《无声的革命》[J].中国社会科学,2014(04): 66 - 77+205.

② Kao G, Tienda M. Optimism and Achievement: the Educational Performance of Immigrant Youth [J]. Social Science Quarterly, 1995: 1 - 19.

③ 周敏,黎熙元.族裔特性、社会资本与美国华人中文学校——从美国华人中文学校和华裔辅助性教育体系的发展看美国华人移民的社会适应[J].世界民族,2005(04): 30 - 40.

的比较中发现,省内流动子女在家庭社会资本和教育获得中存在着城市化的优势。虽然本书未将留守青少年纳入比较序列,但是单就与农村一般家庭比较而言,在一些层面上,随迁子女较农村一般子女教育获得状况存在一定的优势。

流动是否能给个人带来更好的教育福祉?杨菊华认为,人口流动并不一定总是带来积极的教育结果。① 而大量的研究也认为,相比于留守儿童,随迁儿童在教育福祉和社会化后果上均呈现优势。② 但是,很少有研究将受流动影响的流动儿童和农村一般儿童进行比较。本书发现,在城市化进程中,区域内的、短距离的流动能带来更好的教育福祉,省内流动青少年的家庭社会资本和教育获得状况要优于一般农村青少年。本书认为之所以呈现省内流动相对优势,一方面,是父母城市化带来的影响。省内流动农民工从农村来到城市,受到城市文化的熏陶和感染,在教育理念、行为等方面都有了变化,相比于居住在农村的农民,其代际闭合有显著优势。通过前面比较分析可以发现,在使用网络工具和老师联系,参加学校志愿活动、和孩子同学家长联系、参加学校志愿活动,以及给老师教学管理,学校发展提意见、建议,关注当地招生政策上,省内流动家庭均明显优于农村家庭。省内流动家庭在家校联系手段、内容和程度上均优于农村一般家庭。

另一方面,是因为城乡基础教育不均衡。省内流动人口子女虽然离开家乡来到陌生的城市,其中75.3%就读于一般公办学校,另有3.8%就读于普通民办学校,但是他们的入学状况要明显优于省外流动,相较于省内农村97.5%就读于公办学校而言,其公办学校就读的比例虽然低,但是城乡公办学校的教学质量完全不可同日而语。农村学校不仅仅在教学设施、教师队伍等方面明显较城市差,在学生的学习氛围和环境上,也明显比城市糟糕。在调查中发现,由于教育资源分布不均,大量乡镇学校的优质生源外流,只要家庭有能力,学生学习成绩好,父母都会不遗余力地将子女送入城市中学就读,整个乡镇中学陷入"生源差—升学糟糕—生源更差—升学更糟糕"的恶性循环,城乡教育差距"马太效应"明显。

(三)内外之别:省外流动处于绝对劣势地位

内外之别在研究中非常明显,在本书中,笔者发现不同流出地的随迁子女其家庭资本和教育获得状况存在显著的差异。在流动人口群体内,不同

---

① 杨菊华.父母流动、家庭资源与高中教育机会[J].学海,2011(02):19-33.

② 刘成斌,吴新慧.流动好?留守好?——农民工子女教育的比较[J].中国青年研究,2007
(07):5-9.

流出地的区域身份使得省内、省外家庭资本和教育获得之间也存在巨大的异质性：省外流动人口子女在"外来人口""农村人口"的基础上，还多了一层"外省人"的劣势地位，呈现多重弱势地位，而省内流动人口子女较省外流动存在明显的优势。

本书认为出现省外流动绝对劣势的原因有三方面。第一，是区域经济影响，总体来看浙江属于经济发达地区，整体经济状况良好。2015 年上半年，从全国各地 GDP 总量排位来看，广东省 2015 上半年 GDP 总量为 34 526.64 亿元、江苏为 33 926.90 亿元，山东为 29 731.68 亿元，浙江为 19 280.69 亿元。而从 2014 年人均可支配收入状况来看，浙江以 32 658 元位列 2014 年居民人均可支配收入榜榜首。[①] 调查研究也发现，省内流动家庭在经济状况上要优于省外流动家庭。

第二，是教育政策的区别对待。在各地开放异地高考之前，各个省内流动子女由于最终是在浙江参加高考，不受高考政策的影响，能在浙江省内参考升学，而省外流动子女需要回原籍就读高中才能在原籍参加高考，而无法在浙江参加高考，即使在浙江就读高中也不能参加高考。虽然浙江省在 2012 年开放异地高考，宣布只需要满足连续学籍等条件就能参加本地高考，但是由于"异地中考"政策由各地自主设计，地区间政策的自主性和差异性，带来升学机会的差异。譬如 2015 年，XS 区各类高中报考指南明确规定：与主城区等额置换招生（主城区四所重点高中面向 XS 区各招 28 人，XS 区两个重点高中面向主城区各招 56 人）；一级重点高中部分名额分配到初中，XSZX 中学为 80%（含已提前自主招生的 137 名），其他三个优质初中各为 60%，经中招考试后成绩在一级重点高中录取总数110% 的名次所对应的分数及以上的考生，各校分配名额按第一志愿择优录取；统招生部分首次采用平行志愿，按"分数优先、遵循志愿"的投档规则进行录取。也就是说，进入了这些优质的初中，则升学进入优质高中的机会要高很多。

第三，是家庭社会资本的嵌入和脱嵌。省外流动家庭到浙江，虽然逐步融入浙江各城市的生活，但是其社会网络更多建立在原有的网络基础之上，联系本地人的、新的关系网络又还没有建立，没能在浙江形成良好的嵌入关系，而对浙江省内流动家庭而言，这种脱嵌要少很多。以上种种因素都导致了省外流动在整个教育体系中处于最劣势的状况。

---

① 王毅婷. 2014 年 31 省份 GDP 含金量排名：沪京粤意外跌出前三［EB/OL］.［2015 - 03 - 03］. http：//politics.people.com.cn/n/2015/0303/c1001 - 26623392.html.

第二节　中国家庭社会资本影响
教育获得的机制

代际资源传递始终是阶层再生产的最重要和最为直接的手段,家庭社会资本通过相互的作用和影响,作用于子女的教育获得。接下来对影响教育获得的机制进行讨论、分析。研究发现,在家庭社会资本转换成子女文化资本的过程中存在一些城乡共同的基本机制,如文化再生产机制(家长参与机制、教育期望中介机制、家庭义务感中介机制),资源转换机制(代际闭合、拜年网、社团参与等社会资源向子女教育获得的转换)、教育分流机制等。

一、家庭社会资本对教育获得的影响及路径

（一）家庭社会资本对教育获得的影响

社会闭合影响城乡青少年教育获得,代际闭合对省外流动子女教育获得影响最大。社会闭合中的代际闭合、亲子沟通、家长学业参与对城乡青少年教育获得有不同的影响。亲子沟通、代际闭合能正向促进子女学业参与和学业成绩,而家长学业参与对子女学业参与和学业成绩的影响为负,家长学业参与对子女的学业成绩的消极作用存在“负向选择”的影响。在城市一般组中亲子沟通影响最大,在农村组中代际闭合影响最大,尤其是在省外流动组中,代际闭合的影响远远超过了其他潜变量的影响。

社会网络对城乡青少年的学业状况、中小学入学状况和初中后教育分流,总体影响都不大。在初中后教育分流上,社会网络的影响要比学业状况和学校层级状况的影响小得多。拜年网对城市一般组和农村一般组的教育获得有影响。省内流动和省外流动家庭由于城市“欠嵌入”,其家庭拜年网对子女中小学、初中后分流影响不大,而父母社团参与状况比家庭拜年网能更大地影响子女教育获得。社团参与状况影响城市一般青少年和农村一般青少年的小学入学层次,进而影响其初中入学;省外流动家庭方面社团参与则直接影响其中学就学状况。在省外流动组中,社会网络对子女教育获得的影响要大于其他组。

教育期望是家庭社会资本向子女文化资本转换的重要中介变量。城乡家庭对子女均有很高的期望,同时呈现城乡内外差异:城市一般最高,省外流动最低。在家庭社会资本向子女文化资本转变过程中,父母期望向子女教育期望的转变是关键。父母期望对子女学业期望的影响,大大超过社会闭合、社会网络等诸多潜变量的影响;子女学业期望对学业状况

的影响也远大于其他潜变量。教育期望对教育获得在各组中均呈现正向影响。

　　家庭义务感是另一重要中介变量。城乡青少年均有较高的家庭义务感,其中农村一般最高,省内流动、省外流动较低。社会闭合、社会网络等家庭社会资本在很大程度上影响子女家庭义务感,并通过家庭义务感的中介机制影响学业参与和学业成绩。与此同时,家庭义务感会通过增强子女学业期望,从而促进子女学业参与并实现学习成绩提升。家庭义务感对不同组青少年的影响方向则不一致。对于城市一般组和省外流动组,家庭义务感对子女教育获得有正向影响;而对农村一般组子女而言,家庭义务感一方面能促使其努力学习,但是同时对学业成绩带来负向影响;在省内流动家庭中,家庭义务感带来的则完全是消极影响。

　　(二)家庭社会资本代际传递的基本路径

　　布迪厄认为:"教育活动中产生的学术性收益,取决于家庭先期投资的文化资本这一前提。"①而在家庭资本之间,是可以实现相互转换的,经济资本能实现向文化资本和社会资本的转换,社会资本也能实现向文化资本的转化。科尔曼则强调社会资本在实现家庭经济资本、人力资本向子女教育成就转化过程中的重要作用。在他看来,社会资本嵌在家庭联系中,父母的人力资本如果单独地运用在工作或家庭之外的其他地方,则可能与孩子的学业成就没有任何关联。② 本书发现,家庭社会资本向文化资本的转换是家庭资本代际传递的重要内容。表现为:第一,家庭社会资本向家庭文化资本、文化惯习的转变;第二,家庭社会资本向子女教育期望、家庭义务感等心理文化资本的转变;第三,子女教育期望、家庭义务感等心理文化资本向子女文化资本的转变。

　　家庭社会资本中亲子沟通、父母学业参与、代际闭合、社会网络等既包括家庭内部的社会资本,也包括家庭"外依性"资源。不同类型的社会资本对子女的教育获得影响不同。对于城市一般、农村一般和省内流动家庭而言,其子女的教育获得机制更多的是文化再生产模式、资源转化模式和教育分流模式。

　　亲子沟通、父母学业参与等以文化再生产模式激发学生的教育期望、家庭义务感等内在心理动机,从而促进子女的学业参与,提升学业成绩。这个

---

① 　[法]皮埃尔·布尔迪厄.资本的形式[M].北京:社会科学出版社,2005.
② 　蒋国河,同广芬.家庭资本与城乡学业成就差异——基于实证调查基础上的相关分析[J].青年研究,2006(06):28-34.

过程实际是社会资本向文化资本的转换过程,通过家庭内的互动,形成内化于家庭成员之中的知性与情感体系。亲子沟通、父母学业参与这类家庭社会资本较少受外部社会条件和社会过程的干预,往往以一种文化惯习的形式存在,其对子女教育获得,尤其是学业状况的影响稳定而持久。

代际闭合通过资源转换机制和文化再生产机制实现代际资源传递。在这个资源转换过程中,通过建立家校之间良好的互动以实现闭合的家校网络,促使子女获得更好的学业参与和学业成绩,实现了代际闭合向子女文化资本的转换;同时也存在文化再生产机制,即代际闭合同样也影响学生教育期望、家庭义务感等内在心理动机,影响子女学业行为和结果。

拜年网、父母社团参与、升学讨论网等家庭社会网络资源则通过资源转换和文化再生产实现代际资源传递。本书发现,社会网络资源对子女的学业状况有影响,但是影响不大,而且是通过代际闭合、教育期望、家庭义务感等内在心理因素的中介作用发挥影响,其对子女教育获得更多的影响在于,以资源转换模式影响子女优质教育资源的获得。

对于农民工随迁子女而言,除了以上文化再生产机制、资源转化机制外,还有政策干预下的教育分流机制。家庭社会资本转化为学习动机、学习成绩,进而导致教育机会的不同,而在这个过程中,教育政策应该是以绩效、而非家庭的社会、经济资源为基础的。在政策设计过程中,虽然给予以绩效为基础的升学机会,但是对于随迁子女和农村居民而言,社会政策通过直接排斥和隐性排斥使得优势群体获得更好的教育资源,而教育质量差异直接给优势群体带来更多的教育机会,这种情况是背离绩效原则的。教育在社会分层和流动中起着促进流动的作用,但是政策上的分割使得教育再生产十分明显。从农民工随迁子女的教育获得来看,总体而言是一种绩效公平掩盖下的政策显性排斥和家庭社会资本隐性竞争间的底层再生产模式。

二、文化再生产机制

再生产理论认为在社会中占优势地位的阶层,通过左右学校教育制度设计、向子女提供各种资源帮助其获得更好的教育机会,因此,其子女在教育机会获得上具有优势。教育的功能是在社会分层过程将中下阶层筛选至较低的职业岗位上,以保证优势阶层优势地位。[1]

---

① Bourdieu P, Passeron J C, Melendres J, et al. La Reproducción: Elementos Para Una Teoría Del Sistema De Enseñanza. Volume 1[M]. Laia Barcelona, 1977.

（一）家长参与机制

学术界认为家长参与模式对子女教育获得有影响,且不同模式的家长参与对子女的影响不同。[1] 本书通过比较发现,在家长参与机制中,亲子沟通和学业参与是两个重要方式,但是本书也发现,城乡家庭亲子沟通比家长学业参与对子女的教育获得影响更大。亲子沟通能正向促进子女学业参与和学业成绩,而家长参与对子女学业参与和学业成绩的影响为负。家长学业参与不仅负向影响子女的学业成绩,而且在农村一般组中,对子女的教育期望、学业成绩都呈现负向影响。本书发现,在总样本模型中"负向选择"成立,但是在城市一般模型和省内流动模型中,仍然存在家长学业参与对学业成绩的负向影响;而在农村一般模型中,在未纳入中介变量时,其负向影响不显著,而纳入中介变量后发现,其遮掩效应成立,家长学业参与对子女教育期望负向影响强烈,并通过教育期望中介作用影响其学业参与和学业成绩。本书认为家长学业参与对学业成绩的负向影响,除了负向选择之外还可能是家庭教养方式不同所致。

相比于父母学业参与,亲子沟通在总体上对子女的学业参与和学业成绩呈现正向的影响。良好的亲子沟通有利于亲子双方的互相了解,营造轻松自在的家庭氛围,是保障儿童身心健康的重要社会支持性因素。亲子沟通通过子女教育期望,家庭义务感等中介机制发挥作用,高效的亲子沟通能提升子女的家庭义务感和教育期望,将父母的期望传递给子女,并促进子女的学业行为和提升成绩。亲子沟通实际上是父母与孩子之间的信息、资源交换。这种家庭成员间沟通的内在工作模型一旦形成,便有相对稳定性;这种模式促进了家庭内部信息、情感的交流,促使成员间信任、期望、规范等的形成,从而有利于社会资本实现向子女教育成就的转换。

（二）教育期望机制

布迪厄曾提出,"随着社会等级的提高,家庭外的联系也在扩展,但仅限于相同的社会层次。所以,对社会地位最低的人来说,接受高等教育的主观愿望比客观机会还要小"。[2] 国内研究认为,农民工子女在与外界的互动过

---

[1] Fan, X. Parental Involvement and Students' Academic Achievement: a Growth Model Ing Analysis[J]. Journal of Experimental Education, 2001(1): 27-61.

Keith T Z, Keith P B, Quirk K J, et al. Longitudinal Effects of Parental Involvement on High School Grades: Similarities and Differences Across Gender and Ethnic Groups. Journal of School Psychology, 1998(36): 335-363.

[2] [法]布尔迪厄,帕斯隆.继承人:大学生与文化[M].邢克超,译.北京:商务印书馆,2021.

程中遭遇"看得见的天花板",从而对自身的前景预期较低,主动放弃了努力,熊易寒将之称作"制度性的自我放弃"。① 教育期望是社会资本向文化资本转换的重要中间机制,而在家庭社会资本向子女文化资本转变的这个过程中,子女教育期望对教育获得的影响最大。在这个过程中,父母教育期望向子女教育期望的转变是关键,父母教育期望通过子女的家庭义务感传递,而影响子女教育期望。子女教育期望对教育获得的直接影响在所有因素中最大,家庭的社会资本如家长参与、亲子沟通、代际闭合以及社会网络等大部分都需要转换成子女的教育期望,进而转化成子女的学业参与等实际学业行动,直接或间接地影响学业成绩。从子女的教育期望来看,子女一方面是出于对教育价值的认同,受传统"学而优则仕"和现代社会"知识改变命运"等思想的影响,普遍认同教育在个人发展和社会分层流动中的价值,另一方面是出于对家庭的责任感和义务感。作为一种支持和孝顺的行为,子女不但会将父母期望内化为自己的愿望,而且会以父母期望作为标准,通过实施父母赞同的行为,以服从道德规范,履行孝顺义务。

有研究发现,对于子女的教育获得,父母对孩子的监管和情感有影响,但是影响力低于父母期望;亲子沟通则无显著影响。② 与此类似,本书发现,父母教育期望对子女教育获得的影响仅次于子女教育期望的影响,超过亲子沟通、代际闭合、父母参与等其他因素。父母期望,在子女成长的过程中发挥着"自证预言效应",即,"父母预期什么,子女就会变成什么"。父母教育期望在很大程度上影响父母对子女教育的态度、行为和方式。父母教育期望与家庭社会闭合之间存在高度的相关性,父母期待越高,对子女学习的关注越多,与学校的沟通等越深入。③ 如果父母对孩子的期望低,他们不会投入时间和精力在子女的学业和那些有利于学业的活动上,有些甚至干扰或阻碍了孩子正常的课业安排。④ 具有优势地位的父母对子女有更高的期待,能更多地参与子女的教育过程,为子女创造更多的支持条件,这些都有助于子女维持和实现自己的教育期望。这意味着对于中学生而言,父母向其展示自己的期望比单纯的沟通、学业参与等更重要。

① 熊易寒.底层、学校与阶级再生产[J].开放时代,2010(01):94-110.
② You S, Nguyen J T. Parents' Involvement in Adolescents' Schooling: a Multidimensional Conceptualisation and Mediational Model[J]. Educational Psychology, 2011, 31(5):547-558.
③ 王晖,戚务念.父母教育期望与农村留守儿童学业成就——基于同祖两孙之家的案例比较研究[J].教育学术月刊,2014(12):66-71.
④ 高明华.父母期望的自证预言效应 农民工子女研究[J].社会,2012,32(04):138-163.

(三) 家庭义务感机制

中国人重视孝道,而家庭义务感又是孝道中的重要组成部分,它包括子女对父母养育过程中所做努力的回报信念、心甘情愿为家庭利益作出牺牲以及对家庭权威的尊重。[①] 对于中国儿童而言,努力学习,取得好成绩是其面临的首要家庭义务。

本书发现,家庭义务感是家庭社会资本影响子女学业状况的又一重要机制,城乡儿童之所以拥有较强学业动机,与家庭义务感有很大关系。在调查中,当问到"为什么读书"这个问题时,大部分孩子希望通过学习改变未来生活,报答祖国和父母。62.3%回答是为了"自己以后有好的生活",16.0%回答是为了父母过得好一点,7.3%回答是"为父母争气",3.6%回答是为"改变家庭社会地位",4.3%回答是"为了国家和社会进步读书",1.2%回答是"为老师和学校读书",其他回答占3.5%,只有1.7%回答学习目的不明确。可以看到,在学习的第一目的上,26.9%的学生是为了家庭,为了实现父母愿望或者未来更好地为家庭提供支持而努力学习。在这个过程中,父母参与、亲子沟通、社会网络等都在很大程度上影响子女的家庭义务感,通过家庭义务感机制转换成子女的教育期望和学业行为,最终影响子女教育获得。总体来看,家庭义务感会通过增强子女的教育期望,从而促进子女学业参与并实现学习成绩的提升。

本书发现,在不同群体中家庭义务感对教育获得的影响方向并不一致。对于城市一般家庭和省外流动家庭,家庭义务感对子女教育获得有正向影响;而对农村一般家庭,子女家庭义务感一方面能促使其努力学习,但是同时对学业成绩带来负向的效应,总体呈现正效应;在省内流动家庭中,家庭义务感带来的则完全是负效应。正如富里尼(Fuligni)等人研究发现的,家庭义务感强的儿童在学校学习较差。这可能是因为强大的家庭义务感使他们宁愿即刻地帮助家人,而不是花费时间在校学习。[②]

本书认为,在农村家庭中虽然子女的家庭义务感强,但是当子女学业成绩不佳,或者家庭无法提供给子女更好的上升空间,家庭需要和个人愿望发生冲突时,强烈的家庭义务感常常要求个体忽略自己的需要和愿望。具体来看,个人通过不同的学业行为来缓解心理压力:或者通过提供更多的当

---

① Ho D Y. Filial Piety and Its Psychological Consequences[M]//Bond M H. The Handbook of Chinese Psychology. Oxford University Press, 1996: 155 – 165.

② Fuligni A J, Tseng V, Lam M. Attitudes Toward Family Obligations among American Adolescents With Asian, Latin American, and European Backgrounds[J]. Child Development, 1999, 70 (4): 1030 – 1044.

下对家庭的现实帮助,以缓解学业不佳和高期望的压力;或者促进其更多地卷入学业,提高成绩;或者根据家庭的现实状况,选择"合适"的学业行为。家庭义务感在子女教育获得中到底是扮演促进的角色还是障碍机制,这需要综合个体、家庭等众多因素,其中的具体机制还有待深入研究。

三、资源转换机制

李煜在其研究中提出了资源转换模式。[①] 在这个模式中,家庭社会经济资源主要指父辈的经济能力、权力和社会网络资源等。具体来说,家庭将其社会经济资源优势转化为子女教育机会,实现不平等的代际传递。其中,社会网络资源向优质学习资源的转换是资源转换的重要模式。

(一)代际闭合机制:作用巨大

父母参与子女的友谊或伙伴关系,或者参与子女学校关系网络时,会形成闭合的关系圈,这个关系圈会对子女的学业和发展产生良性的影响。本书发现,不论是城市儿童还是农村儿童,家庭代际闭合状况可以对子女有良性的促进和推动作用;代际闭合对流动人口子女的教育获得有重要影响,尤其是省外流动子女影响最大。

在不同层面的代际闭合上四组家庭有不同的表现:在家校联系和校园活动参与上,农村家庭比城市家庭差,尤其是省外流动家庭社会闭合状况最糟糕:在"参加家长会""向老师了解孩子的学习情况""和孩子同学家长联系"上,在孩子任课教师、孩子好友、孩子好友父母等的熟悉程度上,省外流动比城市家庭存在显著劣势;但是在"给老师教学管理提意见、建议""给学校发展提意见、建议""关注当地招生政策"上,均呈现省外流动最多,其次是城市一般,再次是省内流动,农村一般最少。

本书认为,之所以代际闭合能对随迁子女的教育获得有正向影响主要有以下几个方面的原因:第一,与其他家长间闭合关系圈的形成,能实现高效的信息互换,有效地监督和管理子女的学习生活;第二,与教师的代际闭合能和教师间形成良性沟通,同时传导给教师一种家长积极配合学校教育的信息,使得教师能对其子女有更多的关注和关心;第三,良好的、积极主动的代际闭合状况在很大程度上,也增强了亲子沟通等其他家庭亲子行为的针对性和有效性,体现出家长对子女的关心、爱护,促进了子女家庭义务感的形成、父母教育期望向子女学业期望的转换;第四,通过提意见、建议,关

---

①　李煜.制度变迁与教育不平等的产生机制——中国城市子女的教育获得(1966~2003)[J].中国社会科学,2006(04):97-109+207.

注招生政策等,实现家校联系,在很大程度上,促进了农民工家长和学校之间的信息沟通、交换,使得家长自身能更好地理解学校教育的理念和方式,同时及早了解各种政策规定,而这些对于农民工家庭而言,是非常重要的。

(二)拜年网机制:有限效用

有关社会网络资源中的拜年网对子女教育获得的研究发现,拜年网通过与社会闭合的交互作用影响子女学业成绩;①家庭收入、人力资本、政治资本状况对给中小学老师拜年的概率有正向影响,家庭通过投资社会网络增强资源的获取能力,通过拜年形成的关系网络增加子女择校机会,实现代际间社会资本向人力资本的转化,减少代际社会流动性。② 但是本书发现,对于农民工阶层而言,尤其是省外流动家庭,父母社团参与状况对子女小学、中学人学状况产生了重要的影响,而拜年网络资源的影响则非常有限。为什么拜年网对受流动影响的农民工在资源转换过程中的效用有限? 本书认为最主要的是,农民工家庭社会网络的"欠嵌入"性所致。

波兰尼(Polanyi)认为,人们的经济行为与社会行为之间有嵌入性关系。劳动行为本身是嵌入在作为社会实体的"人"身上的,劳动过程与亲属关系、邻里关系、同业关系、信仰关系等生存的"有机形式"紧密联系在一起。③ 人们的行为因其所处的社会关系网络而异,人们的"嵌入性"存在差异性。这种差异性既体现在嵌入性的程度上,也体现在嵌入性的内容上。格兰诺维特区分了强关系、弱关系;乌泽(Uze)提出了"欠嵌入"和"过度嵌入"等嵌入性程度的区分;张春泥、刘林平则提出了社会网络"嵌入性"三层次的内容区分:第一层,人们的行动总是嵌入在一定经济、政治、社会、文化环境之中,特定环境影响特定时空中人们的行动;第二层,人的行动又嵌入在由互动形成的社会网络结构中,个体在社会网络结构中嵌入的位置是不同的,其规模和结构也不一样;第三层,行动嵌入在与目标相关的网络中的程度,与人们利用网络实现目标的可能性密切相关。④

英克尔斯(Inkles)认为,城市工厂以及其他科层制组织提供了一种新型人际关系生成途径。⑤ 农民工在从农村流动到城市的过程中,一方面,要去

---

① 赵延东,洪岩璧.社会资本与教育获得——网络资源与社会闭合的视角[J].社会学研究,2012(05):47-69+243-244.

② 周群力,陆铭.拜年与择校[J].世界经济文汇,2009(06):19-34.

③ [英]卡尔·波兰尼.大转型:我们时代的政治与经济起源[M].冯钢,刘阳,译.北京:当代世界出版社,2007.

④ 张春泥,刘林平.网络的差异性和求职效果——农民工利用关系求职的效果研究[J].社会学研究,2008(04):138-162+244.

⑤ [美]阿历克斯·英克尔斯.人的现代化[M].殷陆君,译.四川:四川人民出版社,1985.

适应工厂及其他组织;另一方面,则要去适应城市全新的制度安排和文化氛围。但是,他们的适应状况好坏则因个体的适应能力不同而呈现差异。大量的研究认为,农民工在城市中存在"脱嵌"的状态。本书也发现,对于省内流动和省外流动家庭,在关系网络上仍然未能很好地嵌入城市,或者说存在"欠嵌入",而且这种"欠嵌入"表现在多个层次上。

一是社会网络的地域"欠嵌入"。从拜年网的构成可以看出,城市一般家庭拜年网中54.9%是本市人,而这个比例在省内流动家庭中为13.2%,在省外流动家庭中只有4.0%。在家庭网络资源权力总分上,省外流动较城市一般和农村一般的劣势明显,而省内流动仅仅比城市一般的资源存在劣势,和农村组比较不存在劣势。二是与行动目标相关的具体社会网络"嵌入性"不足。虽然在拜年网中,在和教研人员、企业高管联系上,省内流动和省外流动优于农村一般家庭;其中,省外流动仅排在城市一般后。但是由于社会网络的地域"欠嵌入",这些网络资源在子女教育过程中无法施展。这个在小升初过程的关系应用中,也得到了体现,城市一般家庭所应用的关系更多是强关系;而随迁家庭在关系应用上更多是调动可能的所有资源,包括强关系和弱关系。这在一定程度上也说明,农民工家庭与"子女升入好中学"的行动目标相关的具体社会网络资源不足,无法在升学的过程中直接应用其强关系,而需拐弯抹角地、人托人地找各种关系。正是农民工家庭社会网络的地域"欠嵌入"和目标"欠嵌入",导致了关系网络中的拜年网对省外流动家庭子女的就学影响不大。

(三)社团参与机制:重要作用

帕特南认为集体的宏观社会资本存在于群体、组织、国家中,由网络、信任、规范等群体性特征构成,宏观社会资本通过推动群体成员间的合作,实现集体目标。[1] 然而在教育获得研究中,宏观社会资本的应用还处于起步阶段。本书将父母社团参与状况作为家庭社会资本的重要变量纳入模型,分析发现,由社团参与形成的关系网络比由拜年网形成的关系网络对子女教育获得的影响更大。为什么父母社团参与能对子女教育获得产生重要影响?

在帕特南看来,社会资本主要包括关系网络、规范、信任三方面内容,其中,关系网络是基础,只有在广泛的社会网络上,才可以形成普遍的互惠规范,才可以建立起广泛的社会信任。社会关系网络又有正式和非正式两种。

---

[1] Putnam R D. Tuning in, Tuning out: the Strange Disappearance of Social Capital in America[J]. Ps: Political Science & Politics, 1995, 28(4): 664-683.

其中正式社会关系网络紧跟当下事件,主要表现为社团的参与,诸如参与地方会议,参与教会和俱乐部会议,给慈善事业捐款,为社区项目工作等。而社团参与又有横向和垂直两种区分,其中,邻里组织、合唱队、合作社、体育俱乐部等,都属于横向社团参与。在横向社团参与中,将相同地位和权力的行为者联系在一起,形成密集的社会网络,构成社会资本基石。① 从农民工家庭的社团参与状况来看,总体参与不足,但是社团参与状况能显著地影响子女的入学就读学校的层次。

本书认为,社团参与一定程度上构建了农民工家庭在城市的社会网络,并形成了互惠规范和社会信任。对拜年网的分析可以看到,农民工家庭的拜年网网络更多局限于原来的乡土社会,在城市的嵌入不足;而社团参与,对子女教育获得有影响,主要是三方面原因,第一,这个网络是嵌入在城市社会生活中的,网络关系能和目标更接近,嵌入城市和嵌入目标都更大。通过社团参与和当地人、社会组织成员等形成互动和关系网络,这样的网络在其子女升学过程中才是能发挥功效的。第二,通过社团参与,促进了有关个人品行的信息之流通,参与者之间的交往越多,互信就越大,增加了单独交易中进行欺骗的潜在成本,培育了互惠规范,公民有可能为了共同利益展开合作。第三,社团参与能形成互惠规范和社会信任,其中也包括对教育价值的信任。美国有研究发现,家庭社会经济背景对白人族群的教育动机和教育成就的影响更强烈,黑人族群受到的影响则更小,这极可能是因为不同族群对教育或教育功能的认识差异所致。② 本书发现,社团参与状况影响家长对教育工作者的态度和教育价值观。社团参与越多,家长对学校领导和教师以及教育价值的信任程度越高,较高的对教育机构的信任以及对教育价值的信任会影响家长的教育行为和子女的教育获得。

四、教育分流机制

教育获得是教育场域中各种力量之间的竞争过程,在教育场域中存在国家、社会阶层和个人三种力量,存在制度选择、社会选择和技术选择三种基本方式。其中,教育分流是一种教育选择的制度框架,该框架通过国家意志或得到国家意志认可;考试制度是针对个体的教育选择的技术方式;社会选择是基于阶层群体成员资格或阶层优势的教育机会分配。③ 本书发现,

①　胡荣,胡康.城市居民的社会交往与社会资本建构[J].社会科学研究,2007(04):98-103.

②　Portes A. Social Capital: Its Origins and Applications in Modern Sociology[J]. Annual Review of Sociology, 1998, 24(1): 1-24.

③　刘精明.教育选择方式及其后果[J].中国人民大学学报,2004(01):64-71.

家庭社会资本中的社会闭合对子女的学业成绩影响较大,而社会网络对学业成绩和教育分流的影响不大;在分流过程中,初中就读学校层次发挥很大的作用。也就是说,在制度城乡区隔、内外有别的状态下,农民工家庭社会资本作用有限,更多是教育分流机制在发挥影响。在政策限制下的分流机制影响下,农民工家庭社会资本显得力量薄弱。在此,就在家庭社会资本之外,对教育获得影响巨大的教育分流展开讨论。

第一,政策排斥下的入学劣势。虽然经济排斥逐渐减少,但是身份排斥仍然存在。李煜认为,家庭社会经济资本的作用机制在于,拥有社会经济资源优势的家庭通过经济杠杆将部分竞争者排斥在竞争之外,或者垄断教育机会,将经济优势转化为升学、择校优势。主要手段有直接排斥(特权排斥和经济排斥)和隐性排斥。特权排斥是指在教育制度设计中特别为某特定阶层预留了位置;或者通过"捐助""择校费"等形式实现以经济资源换取教育机会。①

本书发现,直接排斥(特权排斥和经济排斥)在农民工随迁子女教育获得上并不明显,尤其是在国家出台政策逐步取消择校生,在择校生外以借读生、自费生、复读生等名义高收费招收学生等政策后,实际上以经济资源换取优质高中教育机会的模式越来越少。按照教育部等七部门《关于2012年治理教育乱收费规范教育收费工作的实施意见》要求,"在3年内取消公办普通高中招收择校生"。2014年,教育部联合国家发改委等五部委发布《关于2014年规范教育收费治理教育乱收费工作的实施意见》(以下简称《实施意见》)。《实施意见》指出:各地要尽快出台普通高中生均财政公用经费拨款标准,合理制定普通高中学费标准,为普通高中教育健康发展提供保障;严格执行公办普通高中招收择校生政策,进一步压缩"三限"招生比例;2014年,每所学校招收择校生的比例最高不得超过本校当年招收高中学生计划数(不含择校生数)的10%,为全面取消普通高中择校生打下坚实基础;严禁在择校生外以借读生、自费生、复读生等名义高收费招收学生。作为对该政策的回应,各地对择校生进行了限制,浙江杭州、萧山、温州等多地的择校生政策被取消。

虽然从历史的角度来看,我国教育政策的开放程度和公平程度越来越高,但是,对随迁家庭,尤其是区域外的"外人"存在种种排斥的现象并未杜绝。这主要体现在教育机会的获得上。在学校层次的获得上,依旧没有打

① 李煜.制度变迁与教育不平等的产生机制——中国城市子女的教育获得(1966~2003)[J].
中国社会科学,2006(04):97-109+207.

破内外区隔。省外流动人口子女难以进入优质的公办学校。由于优质教育资源有限,在城市中,需要通过购买学区房等方式才能进入,一些学校甚至对入户年限等做了严格规定。在招生过程中,这类学校由于无法满足区内人口需求,不会留下名额给外来农民工家庭。教育质量最优、升学状况最好的优质教育资源外来随迁子女是无法获得的。因此,随迁子女大部分分布在民办农民工子弟学校和公办农民工子弟学校,即使进了公办学校,也往往在城乡接合部或者是教育质量较差的一般学校。

第二,政策干预下的小升初"分流"劣势。学校因素是影响学生学业状况的重要内容。相较于一般公办学校,教育部门对农民工子弟学校不进行升学、教学质量等多方面的考核,而且教师进修、学习、评优等机会都要少于一般公办学校,教师教学动力不足,教育教学质量差。有研究发现,在民办农民工子弟学校中就读时间越长,农民工随迁子女的学业状况越糟糕。笔者通过访谈也发现,不少学生认为自己在老家小学的成绩不错,但是上了中学,成绩逐步下滑。成绩不好成为小升初过程中无法实现好的分流结果的重要因素。

当下的教育政策规定,小升初实行对口小学入学,由于初中班额扩大为非对口小学,这就为成绩优秀的随迁子女提供了进入好学校的机会;也有的公办农民工子弟学校每年向"定点学校"输送成绩优秀的学生。对于很多农民工随迁子女而言,即使是有机会通过小升初分流,但是很多因为小学阶段成绩状况不佳,无法实现,总体来看,只有少部分能从极端恶劣的环境中实现突破。

第三,初中后升学机会的绩效公平掩盖的累积性实质性不公平。对城乡家庭而言,在作升学决策时,因为升学风险承担能力差、教育预期收益评估低而过早地退出升学竞争的"隐性排斥"状况并不普遍存在。通过访谈发现,农民工不会过早地让子女进入劳动力市场,即使是成绩糟糕得一塌糊涂,如果子女有继续学习的意愿也会让他们在职业技术学校里"托管"几年。大部分家长认为:"孩子这么小,不读书让他们做什么呢?这么小出去打工,容易在社会上跟坏了,在学校里还能学点东西,至少不会惹出大事。"这个说法与高勇的观点类似,高勇也认为在"是否上高中"问题上,家庭经济地位的作用一直都并不显著。①

在初中后升学过程中,能进入什么层次的学校读书绝大部分是由子女的学业成绩状况决定的。看起来是一种绩效公平,但是实质上存在以绩效

① 高勇.中国城市教育获得的不平等程度考察[J].学术研究,2008(04):64-70.

公平掩盖的累积性实质性不公平现象。大量研究认为,教育分流中存在强烈累积性;①个体高中教育机会质量依赖于初中学校类型,高等教育机会质量对初中学校类型存在着弱依赖,而对高中学校类型则存在强依赖的关系。② 农民工随迁子女在小学、初中阶段就学的学校层次低、质量差,直接导致其学业状况糟糕,以至于在初中分流及以后的高等教育分流中只能流向职业教育体系。农民工随迁子女相对于城市儿童,其进入重点高中、普通高中的比例非常小。另外,本书还发现,在浙江公办农民工子弟学校,每年都有保送上重点高中的名额。考虑到高考政策的限制,原来这些名额只是针对学习成绩优秀的、浙江省内农民工随迁子女,而在异地高考政策实施以后,省外流动子女只要满三年初中学籍也有保送的资格。总体来看,保送的名额非常有限,而且有的民办公助的农民工子弟学校,或者一般农民工子弟学校会将保送的名额送给其他学校,原因是没有学生能通过接收学校的入学考核。

第三节　中国家庭社会资本提升路径

2022 年 1 月 1 日,《中华人民共和国家庭教育促进法》(简称《家庭教育促进法》)实施,该法明确了家庭责任、国家支持、社会协同、法律责任,家庭建设和发展有了法律的指导和依据。与此同时,我国教育进入城乡一体化的均衡发展时期,"双减"政策、公民同招、学区等教育政策变革与调整,直指教育公平;在降低家庭经济资本、网络型社会资本对教育获得影响的同时,提升了家庭社会资本,尤其是家庭内部关系型资本的重要性。家庭社会资本在新时期家庭建设和培养合格社会主义接班人中的作用进一步被重视。如何在新时期发展中华家庭社会资本呢? 本节笔者从好家风建设、家庭自身发展和家庭教育指导服务体系建设等三个层面着手进行阐述。

一、好家风与家庭社会资本提升文化引导

习近平总书记在第一届全国文明家庭表彰大会上指出:"中华民族历来

---

① 方长春,风笑天.阶层差异与教育获得———项关于教育分流的实证研究[J].清华大学教育研究,2005(05):22-30.
② 陈彬莉.教育获得之中的路径依赖[J].北京大学教育评论,2008(04):93-106+190.

重视家庭。中华民族传统家庭美德铭刻在中国人的心灵中,融入中国人的血脉中,是支撑中华民族生生不息、薪火相传的重要精神力量,是家庭文明建设的宝贵精神财富。无论时代如何变化,无论经济社会如何发展,对一个社会来说,家庭的生活依托都不可替代,家庭的社会功能都不可替代,家庭的文明作用都不可替代。"①家风是一个家庭或家族代代相传沿袭下来的体现家庭或家族成员精神风貌、道德品质、审美格调和整体气质的一种文化风格,并成为家庭或家族成员共同的文化基因、价值共识和精神家园。家风正,则民风淳;民风淳,则社稷安。家风既是家庭的风尚,又是社会风气的重要组成部分。家风能够在特定的场域营造制度文化、非正式制度、风俗习惯;传统家训既是社会主义核心价值观的宝贵思想来源,也为社会主义核心价值观的践行提供方法借鉴和启发,是社会道德教化的重要手段。

党的十八大以来,党和国家高度重视家庭建设,提出"紧密结合培育和弘扬社会主义核心价值观,发扬光大中华民族传统家庭美德"的任务和要求;2016 年,习近平提出要"推动形成爱国爱家、相亲相爱、向上向善、共建共享的社会主义家庭文明新风尚";在党的十九大报告中,习近平再次强调,培育和践行社会主义核心价值观要"从家庭做起,从娃娃抓起"。新时期家庭资本提升,需要在传统优秀家风的引导下,将传统家训、家风之精华融入当代社会发展和生活实践,聚合全社会之力,通过典型树立、基地建设等营造一个重家风、重家教的社会氛围;发展新型教养模式,树立和谐家庭关系,以实现传统文化的当代价值。

(一)挖掘区域家风文化,建设实践基地

教育机构开发家风读本,开展家风传承活动。中华文明博大精深,家风文化源远流长。在中国历史上,很多优秀家族都有自己进行家庭教育的专用"教材"——家训、家规典籍,形成独具特色的家风文化。例如,在浙江诸如嘉善有明代思想家袁了凡的《了凡四训》,衢州有孔氏南宗的《孔氏家训》,温州有明朝政治家刘基的《刘氏家训》,兰溪有诸葛后裔的《诫子书》,此外,还有德清的"德"文化、仙居的"慈孝"文化、义乌的"信义"文化等。但是,由于多方面的原因,家风家训日渐衰微,大多数家庭家训之类的文本失传,需要通过"讲家风、晒家训"等活动对传统家风、家训进行抢救性征集与挖掘,为广大家庭搜集、整理、提供家风家训题材,挖掘民间好家训。

要重视实践教育方式,把家风教育延伸至田间地头,利用家风文化研学

---

① 习近平.习近平会见第一届全国文明家庭代表[EB/OL].[2016 - 12 - 12].https: //www.rmzxb.com.cn/c/2016 - 12 - 12/1211142.shtml.

基地等开展体验式、互动式、沉浸式多种家风传播方式,让显性教育与隐性教育相互渗透。通过建设家谱馆、家风家训馆、体验馆以及文化礼堂等,建设家风、家训学习教育实践基地。家谱馆主要展示各姓氏家谱。家谱约有三千年历史,与国史、方志并称为三大历史文献,记载着中华儿女家学传承的生命延续。家谱中一般都有家规家训,对于规范族人和教育子孙有着重要的意义,是珍贵的历史和人文资料,对于家风家训发扬有不可替代的独特功能。

建设家风家训馆也是传承家风的重要途径,可以建设"百家训园""家风家训馆"等各具特色的家风家训活动阵地。家风家训馆集中展示各姓氏家风、家训的牌匾和对联等实物,将优秀的家风家训汇聚一堂,以弘扬中华民族传统家庭美德。诸如,天台山家风家训馆,由家风家训馆、谱训馆和乡贤馆组成,家风馆内收集了200多件实物,展示天台山慈孝、忠诚、仁惠等优良家风;谱训馆展示20多位天台名人家训和10多个姓氏的家训;乡贤馆展示天台古代和近现代100多位乡贤的家风家训。仙居县溪港乡金竹岭脚村,这个有着120多年历史的古村落以吕为大姓,从2017年开始,溪港乡将吕氏宗祠改造成吕氏家风家训馆,整理吕氏精华的家规家训,利用村前廊桥建设"家风长廊",成为当地乡风文明传承基地。

体验馆通过还原我国传统家庭布局,诸如书房、寝室、中堂等,介绍传统陈设布局和使用功能,从形式到仪式展示传统生活场景和规矩礼数。在传统居家的布局中,厅堂布局是最为讲究,最为严格的,通过还原中堂场景陈设,以体现中华民族礼仪之邦的"礼"。明礼就是有教养,懂礼仪,知书达理,是对个人的基本行为规范;明礼诚信又是公民应遵循的行为准则。

建设文化礼堂,构建展示"好家风"平台。国务院《乡村振兴战略规划(2018~2022年)》中提到家风文明是乡村振兴的保障,要深入挖掘农村文化中所蕴含的优秀思想观念、人文精神、道德规范,进一步弘扬中华优秀传统文化。农村地区可以通过文化礼堂建设,为传播家风、家训提供平台。到2021年,浙江省共计建成农村文化礼堂17 804家,500人以上的行政村覆盖率已超过90%。宁波、嘉兴已提前实现全覆盖。新时代文明实践中心建设试点已拓展到70%的县(市、区),共建成新时代文明实践所、站、点5万多个。① 文化礼堂成为农村精神家园,家风传承的基地。

这些家风家训场馆,是家风家学建设的阵地,是家训家教学习的课堂,

---

① 林婧.浙江推农村文化礼堂2.0版以"数字大脑"丰富触达场景[EB/OL].[2021-04-29].
https://m.gmw.cn/baijia/2021-04/29/34809049.html.

是家文化传播的基地,我们将用良好家风涵育道德品行,推动形成爱家爱国、向上向善、睦邻友好、共建共享的社会主义家庭文明新风尚。

（二）红色家风传承,培养家国情怀

"家国一体"、崇德向善与做人气节、精忠报国与自信自强,是习近平关于家风家教的重要论述。红色家风,是一种特殊的家风,是老一辈无产阶级革命家、老党员、老干部所建立和倡导的家风,其内涵体现为"爱党爱国、忠于理想的家国情怀;艰苦奋斗、无私奉献的优良作风;严于律己、廉洁奉公的高尚品质;从严治家、以身作则的榜样典范"。一代代中国共产党人以优良党风涵养红色家风,以优良家风强化党性修养,红色家风思想凝聚党心、民心;红色家风思想滋养着一代代青少年。

老一辈无产阶级革命家,为新中国成立、社会主义革命与建设作出了巨大贡献。他们是国家的功臣,也是治家的典范。作为党和国家的高级领导干部,他们身居高位,保持本色。他们从"齐家"做起,处处率先垂范,堪称模范。对子女,从严教育,育德育才;对妻子,相濡以沫,共同进步;对亲友,公私分明,坚持原则。我们可以通过一个个生动的故事,对老一辈无产阶级革命家的家庭教育进行有温度的叙述,为中华家庭提供楷模,以滋养青少年的道德品质。

习近平在中国人民大学考察时指出:"讲好中国共产党的故事,讲好党创办人民大学的故事,激励广大师生继承优良传统,赓续红色血脉。"[1]红色文化是在革命战争年代,党带领人民群众创造的先进文化。红色文化凝聚着无数先烈和人民英雄浴血奋战、艰苦奋斗、勇于探索的历史,蕴含着深厚的家国情怀,可以培养时代新人厚植爱国情怀。保护和传承红色文化是青少年家国情怀培育的重要途径。各地可以结合历史遗迹,推出红色家风、红色文化主题公园,将党性教育、廉政教育、家风教育融为一体。诸如龙山镇潘岙村依托"爱莲堂"和"反抢粮战斗遗址"历史遗存改造出的宁波市首家红色家风主题公园;长河镇在杨贤江故居中以"一门双烈士、八人参革命"为主要内容开设的红色家风馆;桥头镇以小桥头村的抗美援朝"一级战斗英雄"余新发为主人公写下的不留财产留家风的红廉故事。我们可以通过一个又一个的红色家风、红色文化基地,把红色资源利用好、把红色家风发扬好、把红色基因传承好,引导广大青年争做堪当民族复兴重任的时代新人,把红色江山世世代代传下去。

（三）社会协同促进好家风、好世风

2017 年,习近平提出"要发扬中华民族孝亲敬老的传统美德,引导人们

---

① 柴念.红色文化让思政教育"活"起来[N].光明日报,2022 - 06 - 15(06).

自觉承担家庭责任、树立良好家风,强化家庭成员赡养、扶养老年人的责任意识,促进家庭老少和顺。"当下,随着现代社会急速变迁,人们的人生观、价值观、道德观遭到不良社会风气的侵蚀。家风是世风的组成单元,世风是家风的整合与放大,面对不良世风,需要全社会协同发力,发扬传统美德、培养责任意识,以优良家风推进社会风尚改善。

推动家风家训文化进教材、进校园、进课堂。政府部门、研究机构需要根据不同年龄段读者的实际,利用传统家训名篇和当地家风文化资源,编写优秀家训、家风文化的教材、读物,让传统家训、家风文化为今天的家教和家风培育提供参考和借鉴。学校以及教育机构,要创新传统文化、家风文化教育管理机制,推动传统家风文化教育教学科学化、制度化、规范化。重视家风文化队伍建设、提供支持保障,要把家风文化教育纳入教学计划和大纲,打造高精尖水平传统文化课。创新红色文化教育形式。传承家风文化,要顺应新时代、面向新青年、把握新潮流,创新家风教育教学形式,运用现代新技术实现家风文化资源的创新转化,打造学生喜闻乐见的宣传平台,让家风教育"活起来""动起来",将家风文化内嵌于理论教学、实践教学、网络教学,实现多元教学资源的整合利用。我们将通过组织开展青少年礼仪、道德启蒙知识等竞赛活动,使少年儿童"学道德、懂礼节、看行动"在全国蔚成风气。

社区组织活动树典型。社区要在构建"夫妻和睦、勤俭持家、尊老爱幼、科学教子、邻里互助"家庭关系中起引导作用。通过寻找"最美家庭"活动,深入挖掘优秀家风家训。通过群众发现、媒体寻访、家庭自荐和各级推荐等形式,每年度产生一定数量的各个层级的"最美家庭",展示"最美家庭"风采、宣扬"最美家风"故事。我们将以"最美家庭"作为一种风向标,引领社会积极向上的力量,引领广大家庭成员崇德向善、见贤思齐。

媒体宣传促家风。宣传部门和社会媒介、新闻媒体要发挥建设优秀家风主阵地的作用,重点打造一批具有现代化气息、能够传播优秀家风文化的节目和网站;可以通过开设《寻找"我们的家训"》专栏,努力挖掘家风背后的故事,通过微博、微信、客户端、短信征集平台发出家训"征集令",以挖掘整理古今名人的家训、家规;可以开设《家庭道德启蒙》等专栏,邀请特定家庭互动,并采取有奖问答之类的方式,促进银幕前家庭的交流,将家庭零散式教育整合为荧屏前集体性活动。

二、父母成长与家庭社会资本提升实践路径

"家庭是人生的第一所学校,家长是孩子的第一任老师,要给孩子讲好

'人生第一课',帮助扣好人生第一粒扣子"。① 家庭作为儿童成长的重要场域,原生家庭对孩子的影响深远而长久。《家庭教育促进法》明确提出父母作为子女成长的第一责任人,尊重未成年人身心发展规律和个体差异;尊重未成年人人格尊严等家庭教育的要求。但是在实践过程中,也存在家庭教育能力不足的问题,父母在家庭教育过程中往往有越位、过密或者缺失、缺位等表现,这些都导致无法营造良好家风、建构家庭社会资本。因此,在家庭社会资本建构的过程中,我们应该由家庭建设入手,发展家长意识;由聚焦儿童发展转向父母学习,实现共同成长。

(一)德育为先,言传身教树家风

家庭教育是对未成年人进行道德启蒙、品性养成的最直接、最有效的形式。"家庭、家教、家风"是三位一体的,家庭的基础地位决定家庭是家风建设的基石,传承优秀家风是最有效的家庭教育途径。优良家风在日常生活、点滴家事中培育,在家人们的交流沟通中形成,在言传身教中得以传承。长辈要蒙以养正,注重在言传身教中向孩子传播正能量;在新时期,家长需要通过学习,树立"德智同行,德育为先"的育人理念;通过自我提升,实现"言传身教,身教为先";通过文化补习,发展家庭道德规范和行为准则。

德智同行,德育为先。"所谓教者,非徒诵读之谓也。大要使之识道理,顾廉耻,不作非法,不犯非礼,以尽人道而已。"父母要重视自身道德情操提升以及对子女道德品质的教育。在子女养育过程中,成长、成人、成才的顺序不同,子女的健康,德行是第一位的。父母子女养育的首要任务是保证子女身心健康成长,然后是帮助其树立正确的价值观、形成良好的品格——成人,最后才是学习知识,学习本领——成才。而当今家庭,绝大部分家长不重视自己德行修养,对子女"才智"的重视远远超过了对子女"德行"的重视,这种重智育轻德育的家庭教育带来了社会性道德焦虑。在子女教育过程中,我们要把培养孩子的好思想、好品行、好习惯作为家庭教育的首要目标,德智同行,德育为先。

言传身教,身教为先。在新时代家庭社会资本建构过程中,家长要通过立志、自省、慎独,修身养性,提高自身道德水平和修养。家长要先立志,勤思精学,不懈奋斗;重自省,即自我反思,不断反思自己行为是否符合为人父母的规范,是否符合社会道德标准的要求,并进行自我矫正;家长要慎独,保持个人高

---

① 习近平.坚持中国特色社会主义教育发展道路 培养德智体美劳全面发展的社会主义建设者和接班人[EB/OL].[2018-09-10].https://www.chinacourt.org/article/detail/2018/09/id/3491464.shtml.

度的自觉和自律。在家长自身发展的基础上,要重视言传身教,身教为先。中华传统家风注重言传身教,言传和身教在教育中相辅相成,双管齐下、效果最佳。两者相比较而言,身教重于言传,强调家长身体力行,率先垂范。

文化学习,规则为先。家长通过学习传统家风、家训,发展适合小家庭的教育规则体系。当代家庭的父母家长,需要学习传统文化知识,从传统家风家训中汲取家庭教育思想和理念;通过查阅家谱、氏族交流挖掘、整理自家的家训、家规;结合社会主义道德标准和家庭实际,制订家庭道德规范和行为准则。家长通过温暖平和家庭氛围的营造,发挥家庭教育中生活教育的职能,使家庭回归到孩子品德与人格养成的重要任务上来,以"道德、礼节的教育"涵养广大家庭未成年人的道德品质,为他们"扣好人生第一粒扣子"。

（二）观念变革,促进儿童发展

纪伯伦(Gibran)在《你的孩子,其实不是你的孩子》这首诗中写道:"他们通过你来到这世界,却非因你而来,他们在你身边,却并不属于你。"但是在中国,受传统三纲五常等文化糟粕的影响,家长与儿童在家庭伦理和社会等级中难以形成平等的社会关系。有些家长把孩子作为自己的附属品;有些家长将自己的个人价值更多与孩子联系在一起,"孩子是我的成绩单";也有家长把孩子作为自己"圆梦"的寄托,是实现自己未完成心愿的希望。错误的儿童观,使父母不能正确地看待孩子与自己的关系,带来错误的养育方式,导致儿童主体性的发展困难重重。

树立父母意识。父母作为家庭养育中重要的实践者,若缺乏必要的教育智识准备,将不可避免地导致主体意识缺失,教育行为错乱。因此,在家庭社会资本发展、家庭关系建构的过程中,家长通过学习,完善父母意识是首要任务。父母意识主要是父亲和母亲对于妊娠、分娩、育儿及亲子关系的态度,对为人父母的自信心与责任感,以及对自身及配偶成为父母的评价及情感体验等。父母意识体现了父母的价值取向,父母意识提升对孩子价值观形成有内在、本质的影响。

明确子女养育责任和边界。首先,"养不教,父之过",必须明确教育子女是家长责任。在随着工业化革命而来的现代学校制度背景下,家庭开始把自己的教育权"让渡"给学校。在当前教育中,大量家长将孩子送到各种补习班、培训班,一方面是出于对专业机构和专业人员的信任,另一方面也是父母责任意识不足,而将孩子学习生活外包,导致孩子缺乏家庭的关照和温暖。家长必须有明确的责任意识,子女成长、成人、成才是父母的责任和义务。其次,父母在子女教育过程中必须有边界感。当下,不少父母对子女采取密集养育,过度参与子女生活、教育,像直升机一样无时无刻不盘旋在儿女的头上,随时准备降落援助,抹杀了孩子自主性、内驱力。在子女养育过程中,父母要把握好教育的度,既不能越位,也不能缺席。

尊重孩子自由权利和独立人格。首先,在家庭教育中,应该以"儿童"为中心,尊重儿童的天性发展,尊重儿童自我成长的自由,使每个人的天性和与生俱来的能力得到健康生长,而不是以成人的思维去教育儿童,把知识直接灌输给儿童;不能仅仅以成绩衡量孩子,不要强迫儿童去学习不喜欢的东西,也不要因为孩子在某些方面的落后而去强行"恶补"。其次,儿童不是父母的附属品,也不是低父母一等的,他们有自己独立的人格,与父母有平等的地位。在家庭关系建构过程中,父母需要发展儿童权利意识,将作为主体的儿童放在中心位置;转变家长制作风,以平等尊重的态度对待孩子;由权威家长转变为无话不谈的朋友,增进彼此信任,以更好地沟通理解孩子的内心情感,指导和帮助他们成长。

(三)尊重规律,科学养育

万物生长有其自身规律和特点,儿童成长亦是如此。儿童在成长过程中,其身心发展、学习成长等都有阶段性的规律和特点。很多家长缺乏儿童发展的科学知识储备,不了解孩子的成长规律,以至于在子女养育过程中,以成人的思维看待孩子的行为,用成人的思想去教育儿童,无法实现科学养育。在子女教育过程中要做到以下几点。

第一,尊重成长规律,不揠苗助长。当下不少家长为了使孩子不"输在起跑线上",投入大量的人力、物力、财力,通过"直升机父母""鸡娃"对儿童过早、过度开发和密集养育,过多的课程挤压了孩子成长的时间和空间;无处不在的管教,使得儿童压抑自己内心的真实感受,变成家长所希望的"听话、懂事"的乖孩子。在成长过程中,孩子所能得到的快乐被消磨殆尽,独立、冒险和探索精神被剥离,变得没有安全感和内驱力。家长要遵循青少年成长规律,尊重孩子个体差异和天性,保护孩子的想象力、创造力;从身体素质、心理素质和社会文化素质等方面培养子女;家长必须认识到,急功近利地揠苗助长无法实现教育目标,必须正确认识自己的教养行为可能对孩子发展造成的结果。

第二,尊重成长规律,激发内驱力。家庭是重要的社会化场所,家长要通过不断自我完善、言传身教为孩子创造优越的生活环境;在日复一日的家庭日常生活中,潜移默化地把社会规范、生活技能和传统习俗等价值体系传递给儿童;为儿童提供成长的背景,让孩子养成"习以为常"的惯习。内驱力是儿童成长的首要动力,家长在子女教育过程中,除了要遵循儿童发展规律,也要激发孩子自身的潜力和内驱力。这就需要家长通过教育发展孩子"主动适应"能力,使孩子能够自己主动地调整活动,来利用、改造和适应环境,这是孩子持续不断地成长的动力。家长要让儿童在"玩中学""做中学",在轻松愉快的氛围中进行学习。

第三,尊重成长规律,理解孩子。在子女教育过程中,很多家长只看到孩子表面的行为,而不理解孩子真实内心需求。美国心理学家德西(Deci)和瑞安(Ryan)的"基本心理需要"理论认为,个体有"可以自我决定的自主需要""认为自己可以达到某个水平的胜任需要",以及"与他人建立情感联系的关系需要"三个基本心理需要,孩子同样有这些需求。① 家长在教育过程中,需要真正走进孩子内心世界,了解孩子行为背后的动机,给孩子发展的自由。当然,给孩子自然发展的自由,并不是放纵,而是为每个孩子提供一个良好的环境,让儿童能够朝着积极稳定的方向成长;为孩子提供充分的机会,着力培养孩子主动性,提高自我表现力,积极去探索。

(四)学习方法,科学沟通

家庭是一个复杂系统,亲子沟通方式及效率影响家庭成员间的关系。沟通时间少、地位不对等、方式不当、内容单一、时机不当等,都是当前家庭亲子沟通中存在的问题。不当的沟通方式影响良好家庭关系的建立,因此在家庭社会资本提升过程中,必须注意家庭成员沟通能力和技巧,提升沟通质量。

平等关系,双向沟通。在家庭中,家长主体性与儿童主体性是同时存在且相互依附的。由于儿童生理、心理的特征,在很多家庭,在很长时间内,儿童与父母的地位是不对等的,在这种关系中,父母只顾自己畅所欲言,不会倾听,而忽略子女的感受。这种"父母说,孩子听"的单向度沟通方式不利于信息交流与问题解决。沟通本质上是双向的,要改变家长单向度的说教模式,使儿童主体性得到更大程度的发挥,通过互动使儿童的声音得到更大的保护与释放。

父母参与,共同沟通。当前在我国大多数家庭中,受"男主外,女主内"的家庭分工,以及父亲往往不善于言辞的影响,在亲子沟通中,大多是"父子沟通冷,母子沟通热",在教育过程中父亲参与亲子沟通较少、父亲缺位,母子之间过分亲密,不利于家庭人际关系协调及儿童心理发展。② 有研究认

① Ryan R M, Deci E L. The Darker and Brighter Sides of Human Existence: Basic Psychological Needs as a Unifying Concept[J]. Psychological Inquiry, 2000, 11(4): 319-338.

② [美]尼科尔斯,施瓦茨.家庭治疗基础[M].林丹华,等译.北京:中国轻工业出版社,2005:137.

为,沟通中男性和女性侧重点不同,男性往往通过沟通解决问题,而女性则更关注情感共鸣和关系发展。在亲子沟通中,父母应该共同参与,母亲多和子女谈论生活、交友类话题,以促进情感和关系发展;而父亲则与子女就工作意向、学业规划、时事政治等问题进行讨论,培养孩子问题解决能力,树立远大目标。

正面管教,积极沟通。在中国传统文化中,父亲在教育中,往往是多批评、少表扬;当子女犯了错误时,父亲往往会以严厉的方式惩罚;而当子女有进步或良好行为时,即使父亲心里高兴,面上也不给孩子正面的强化和激励。笔者认为,家长应学习正面管教方法,对孩子既不惩罚也不娇纵,让孩子在和善而坚定的氛围中,培养出自律、责任感、合作以及自己解决问题的能力。父母要允许子女犯错误,把子女犯错误作为其成长的契机,正确地对其进行批评教育,择其优点进行恰到好处的鼓励,帮助孩子分析问题,解决问题。父母应该学会倾听。分享自己成长体验是孩子内心的重要需求,家长需要学会倾听,对孩子的话表现出极大的兴趣,全神贯注地聆听,以满足子女被尊重的需求。

把握时机,有效沟通。父母的情绪,影响亲子沟通效率,只有温柔而坚定的表达,才能达到沟通的效果。如果父母不会控制自己的情绪,对孩子大吼大叫,孩子则会"选择性失聪",甚至形成对抗。因此,父母需要明确地认识自身的情绪,通过调控将情绪平稳下来,再去解决子女的问题。父母还要把握恰当的沟通时机。当子女、家长心情不好时,当孩子吃饭时、上学前、睡觉前,当亲友在场或孩子与同伴一起玩耍时,都不要教育子女。家长通过亲子活动,增加沟通时间,增进亲子感情;陪孩子做一些有趣、有意义的事,参加社会公益性活动等,在促进亲子互动的同时,帮助孩子树立正确的人生观和价值观,培养子女的社会责任感和家国情怀。

三、家庭教育指导服务体系助力家庭社会资本提升

传统社会,"亲缘喂养""村落共育"模式普遍存在,家族或村落为儿童教育提供了社会支持。随着社会变迁,亲缘和村落给予家庭教育的支持逐渐减少,甚至消失;家庭教育制度保障不健全,家庭教育面临独木难支的困境。近年来,家庭教育逐渐由"私人领域"转向"公共领域",家庭教育指导服务逐渐上升为国家战略。党的十九届四中全会指出:"构建覆盖城乡的家庭教育指导服务体系";2021 年,《政府工作报告》提出:"深化教育评价改革,健全学校家庭社会协同育人机制";2022 年,《家庭教育促进法》规定家庭教育应当符合"家庭教育、学校教育、社会教育紧密结合、协调一致"要求。

新时期,家庭、学校、社会应相互协作,形成合力,提高家庭建设的实效性,助力家庭社会资本提升。

(一) 学校支持

苏联教育家苏霍姆林斯基(Sukhomlinsky)说过:"只有学校教育而没有家庭教育,或只有家庭教育而没有学校教育,都不能完成培养人这个极为细致、复杂的任务。最完备的教育是学校教育和家庭教育的组合。"学校是儿童学习生活的主要场所,是提供家庭教育指导的主要渠道,肩负着推动家庭教育事业发展的重大使命。特别是在"双减"政策背景下,学校对家庭教育指导服务的作用进一步凸显。《家庭教育促进法》指出"中小学校、幼儿园应当将家庭教育指导服务纳入工作计划"。我们需要在学校、家庭和社区之间建立一种以儿童为中心的新型伙伴关系,建立多元化的家校合作机制。

调整家校合作内容,注重家长培训。学生心理健康教育、良好行为习惯培养、学习品质和学业成绩提升,是早期家校合作的焦点。21世纪以来,家校合作内容扩展到学生德育、学校文化建设、校本课程开发、生涯规划教育、劳动教育等学校日常管理工作中;家长作为重要智库资源参与到学校发展重要决策中。近年来,家长对家庭教育科学化的呼声越来越高,家校合作除了学校日常管理工作以外,家长指导成为重要内容。但是在家长指导具体层面,学校对家长需求了解不充分,提供的指导多流于形式,指导内容的实用性和针对性不高。学校家庭教育指导应该立足家长需求,通过定期开展调研,充分了解家长的家庭教育需求,以家庭个性化和教育科学化为出发点,组织常规化指导服务,为家长成长助力,解决家庭教育中面临的问题;针对具有特殊需求的家长,组织家长互助小组,提供个性化支持。

家校合作模式调整,提高家校合作效率。传统家校沟通方式包括创建家校联系本、电话沟通、教师入户家访、举办家长会、组织家长开放日等。近年来,组织开展家长讲坛、家长沙龙、家长驻校、家长工作日、亲子活动逐渐被采用;同时,网络技术的发展使家校之间由线下为主发展到线上线下交互沟通成为可能。家校通平台、校园网、微信群、微信公众号等都可以为家校合作提供畅通沟通渠道。在这些渠道平台上,可以公开校领导、任课教师以及相关部门负责人的联系方式,以及家长遇到问题该如何向哪些部门反映;可以将学生在校学习生活情况、学校课程设置、重要活动安排、重大决策等信息及时传递给家长,以"互联网+家庭教育",探索新型家庭教育指导服务形式。我们可以通过建设网上家长学校、网络专栏、公众号家庭教育科普文章传播等,使家长获得更加自由、灵活的家庭教育指导服务;可以邀请自媒体平台定期报道学校的办学成果,提升家校合作影响水平。

在农村,一些学生家长受教育水平低、家庭教育质量不高、家校合作参与不足;与此同时,农村家庭分化严重,儿童父母流动状况不同,家庭经济水平也差异较大。学校需要动员家长重视孩子教育,做好家庭教育,配合学校做好家校合作;家校合作要适合农村家庭经济、文化和教育特点,针对不同的家庭提出合适的要求、标准和方式,避免要求过高,损害各方积极性和自信心。留守儿童、随迁子女、寄宿制学生等亲子分离的孩子,家校合作更要特别重视学校的主导作用和主体责任,给学生更多关爱;学校要尽全力解决问题,当遇到学校无法解决的问题时,要引导家长参与子女教育和家校合作,防止学生流失,实现"一个也不能少"。

(二) 社区支持

改革开放后,社区开始承担起服务家庭教育的职能。20 世纪 80 年代,第一所家长学校在北京创建;1992 年,《九十年代中国儿童发展规划纲要》明确了社区应支持家庭教育;此后,城乡地区的家长学校逐渐发展,这一时期家长学校的主要任务是普及育儿知识。在新时期,需要通过发展社区家长学校、父母课堂与社区讲堂等方式,发展社区学习共同体。社区学习共同体是指导社区居民基于共同的兴趣爱好与学习需求,以自主、协商、交流、融通、共享为基本特征而形成的一种自我学习、自我管理、自我服务的学习组织。通过学习共同体的学习交流,家长们从封闭式家庭教育中走出来,建立起相互支持的社会网络,建构了家庭教育社会支持系统。通过社区学习,家长可以排解无助、焦虑等负面情绪,可以获得信任、理解、友爱;可以提高其家庭教育能力,建构良好家庭关系、和谐家庭。

建设社区家长学校。社区家长学校是面向社区内不同层面家长,通过整合资源、组织学习团队,传授家庭教育的科学知识和方法,帮助家长树立科学教育理念和实现科学养育的学习组织。首先,整合资源,纳入多学科专业团队,建设服务团队。家庭教育涉及心理学、教育学、社会学等多学科,在家长学校开办的过程中要吸收专业人士加入讲师团队,以奠定多学科理论基础;在专业服务团队建设中,要在专业教师指导下,开展家庭教育指导师、讲师团的培训,以提高家庭教育指导服务水平。其次,建设父母课堂,共享家庭教育资源。父母课堂可以与学科融合,邀请不同学科、兴趣特长的父母成为讲师,为孩子提供丰富多彩的课程;可以父母互助,请优秀的父母现身说法,传授家庭教育心得体会,经验教训,让父母们互帮互助,自我教育;请不同职业的家长分享生活体验和教育感悟。

组织学习团队,分层分类启动线下培训指导。根据家庭的不同处境,例如按城乡家庭、单亲家庭、流动家庭、留守家庭,祖辈抚养家庭等对服务对象进行分层；或者根据子女的成长阶段进行划分，比如幼儿家庭、小学家庭、中学家庭、升学家庭等，在精细化家庭分层的基础上，为不同家庭提供针对性指导服务。当然也可以针对具体的问题提供专题指导，诸如对"学业焦虑""二胎养育""隔代抚养""子女叛逆"等问题，进行兼顾全面、重点突出的家庭教育指导。

开展社区大讲堂，为家庭教育指导服务提供广阔平台。可以根据学校教育需求，邀请社区工作人员，如片警、消防员、家庭医生等不同职业人员，以讲座等方式展开相应领域的家庭教育指导服务；社区中不同单位的软硬件资源都是开展家庭教育指导的重要载体，可以组织参观、体验课程活动，让家庭教育实践基地成为学生的第二课堂、父母的第二客厅、教师的第二讲台，以更充分、更稳定地发挥这些社会资源的效用；当然也可以利用"互联网+"等科技手段探索信息化、精准化的服务模式，通过精选实践经验丰富的优质师资，打造全方位"空中课堂"，为父母提供诸如"有效陪伴""心理调适""网课挑战"等适时有效的课程支持。

当然，家校社协同育人是一个系统工程，其高效运行需要政府的顶层设计、资金投入；需要厘清家校社三者各自权责，建立家校冲突的问题调解处理机制，完善社区家庭教育服务功能；需要将家庭指导服务体系、课外托管服务体系、边远农村地区和特殊群体的关爱体系等进行进一步整合等。

附录1 浙江青少年教育发展调查(学生卷)

亲爱的同学:

你好!感谢你参与此次问卷调查。为了了解初三同学的学业期望和初中后教育去向我们开展此次调查,经过科学抽样,我们选中了你作为调查对象。问卷中问题的回答,没有对错之分,你只要根据平时的想法和做法回答即可。调查结果仅作研究之用,绝不外泄。你的回答对我们非常重要,谢谢你的支持与合作!

请在( )内填写适当的数字,或者在_____填写具体情况

一、基本情况

A01. 你的姓名_____ 你的班级_____

A02. 你的性别:( ) 1. 男 2. 女

A03. 你的出生年_____

A04. 你有兄弟姐妹吗? 1. 没有,我是独生子女

　　2. 有,我有_____个哥哥　_____个姐姐　_____个弟弟

　　　　_____个妹妹

A05. 你是否住校?( ) 1. 是 2. 否

A06. 你来自哪里?_____你是哪一年来这个城市的?_____年(本地同学无须回答)

A07. 你有几次转学的经历?_____次(没有写0次)

A08. 你的户籍状况:_____1. 本地城市户口 2. 本地农村户口

　　3. 浙江省内城市户口 4. 浙江省内农村户口 5. 外省城市户口

　　6. 外省农村户口 7. 其他

A09. 每星期的零花钱大约 _____元

A10. 与班上其他同学相比,你的学习成绩属于哪个层次( )?

　　1. 上等 2. 中上等 3. 中等 4. 中下等 5. 下等 6. 不知道

二、学习状况

B01. 你小学六年级时所就读的学校性质是?(　　　)

　　1. 公办学校　2. 民办学校　3. 不知道

B02. 你小学六年级时所在学校的学生都是来自哪里的?

　　1. 全部是本地学生　2. 有本地生和外地生　3. 全部都是外地学生

　　4. 不知道

B03. 你到这里读初中是通过什么途径?(　　　)

　　1. 对口小学直升　2. 考试考入　3. 托人找关系进入　4. 初二、初三转学

　　5. 其他_____

B04. 你初中毕业后怎么打算?(　　　)

　　1. 在浙江读重点高中　2. 在浙江读普通高中

　　3. 在浙江读职业高中/技校　4. 在浙江读民办高中　5. 回老家读高中

　　6. 回老家,复读初三　7. 回老家读职高技校　8. 回老家读民办高中

　　9. 出国读书　10. 去当学徒/打工　11. 不读书,在家玩

　　12. 没打算

B05. 你想读大学吗?(　　　)

　　1. 非常想　2. 比较想　3. 一般　4. 不想　5. 从来都不想

B06. 你对自己的学历有什么期望?(　　　)你父母对你的学历有什么期望?

　　(　　　)

　　1. 初中毕业　2. 高中/职高/技校　3. 大学专科　4. 大学本科

　　5. 研究生　6. 不知道

B07. 如果没有实现你的学业期望,你会不会很难过?(　　　)你的父母呢?

　　(　　　)

　　1. 非常难过　2. 难过　3. 一般　4. 不难过　5. 一点都不难过

　　6. 不知道

B08. 你是为了什么而学习? 第一是为了(　　　);第二是为了(　　　)

　　1. 自己以后有好生活　2. 让老师开心　3. 让父母过得好一点

　　4. 为父母争气　5. 改变家庭社会地位　6. 为学校争光

　　7. 为国家和社会进步　8. 其他　9. 不知道

B09. 初中以来,你是否担任过学生干部?(　　　)

　　1. 正在担任　2. 以前当过　3. 从来没有

B10. 初中以来,你是否获得过各种奖项?(　　　)

　　1. 经常获奖　2. 偶尔获奖　3. 从未获奖

B11. 学习中以下行为的频率(请在表格的每一行选择一个合适的格子打"√")

	每天	经常	有时	很少	从不
课堂上举手发言					
遇到问题主动问老师					
保质保量完成作业					
做作业遇到困难					
感到学习很快乐					
感到学习有压力					
受到老师表扬					
受到老师批评					
参加学校文体活动					

三、课外休闲(略)

四、亲子关系

D01. 你的父亲关心你吗?( )你的母亲关心你吗?( )

　　1. 很不关心　2. 不太关心　3. 一般　4. 比较关心　5. 非常关心

D02. 你的父亲对你管教严吗?( )你的母亲对你管教严吗?( )

　　1. 很宽松　2. 比较宽松　3. 一般　4. 比较严　5. 非常严

D03. 你的父亲最关心你什么? 第一( )第二( )

　　你的母亲最关心你什么? 第一( )第二( )

　　1. 学习成绩　2. 身体状况　3. 心情　4. 饮食起居　5. 兴趣爱好

　　6. 人身安全　7. 交友情况　8. 道德品质　9. 生活能力

　　10. 其他_____

D04. 你犯错误时,你父亲通常会采取什么措施?( )你的母亲呢?
( )

　　1. 不管不顾　2. 打一顿　3. 骂一通　4. 严厉地批评　5. 又打又骂

　　6. 不惩罚,讲道理　7. 其他

D05. 你遇到烦恼会和父亲说吗?( )你遇到烦恼会和母亲说吗?( )

　　1. 基本不会　2. 少数情况下会　3. 一半的情况下会

　　4. 多数情况下会　5. 每次都会

D06. 家中关于你的重大事件,你父母怎么做决定?( )

　　1. 父亲说了算　2. 母亲说了算　3. 父母两人商量决定

　　4. 全家讨论决定　5. 我说了算　6. 其他

D07. 你父亲对你期望高吗?( );母亲对你期望高吗?( )

　　1. 完全没有期望　2. 期望不太高　3. 一般　4. 期望比较高

　　5. 期望很高

D08. 你的父亲理解你吗? ( )你的母亲理解你吗? ( )

　　你理解你的父亲吗?( )你理解你的母亲吗?( )

　　1. 很不理解　2. 不太理解　3. 一般　4. 比较理解　5. 非常理解

D09. 对于你的学习父母谁管得比较多?( )

　　1. 父亲　2. 母亲　3. 一样多　4. 都不管　5. 其他人

D10. 父母和你沟通交流的频率(根据管你较多的家长与你的沟通状况填写)

	几乎每天	两三天一次	一个星期一次	半个月左右一次	一个月以上一次	没有
监督你学习						
指导你做功课						
和你讨论在学校发生的事情						
和你讨论你的未来生活						
和你发生矛盾或争执						
带你出去玩						

D11. 你会帮助家里干家务吗? ( )

　　1. 天天干　2. 经常干　3. 有时干　4. 很少　5. 从来不干

D12. 以下情形和你是否相符?

	非常符合	比较符合	一般	比较不符合	非常不符合
父母对我的学习情况非常清楚					
父母经常和我的老师联系					

续表

	非常符合	比较符合	一般	比较不符合	非常不符合
父母认识我的大部分朋友					
遇到重要的事,我会主动和父母商量					
我会听从父母关于选择朋友的建议					
我能从内心接受父母对我的批评					
我非常高兴为父母做家务,分担辛苦					
	非常符合	比较符合	一般	比较不符合	非常不符合
我不会要求父母给我买太贵的东西					
我要早点工作赚钱减轻父母负担					
我要努力学习为父母争气					
长大了我要好好孝顺父母					
很多新鲜东西父母不知道,我会教他们					

附录 2　浙江青少年教育发展调查(家长卷)

亲爱的家长:

　　您好! 感谢您参与此次问卷调查。此问卷目的是了解您对子女升学状况的关注和支持情况。经过科学抽样,我们选中了您作为调查对象。问卷中问题的回答,没有对错之分,您只要根据平时的想法和做法回答即可。对于您的回答,我们将按照《统计法》的规定,严格保密,并且只用于学术分析,请您不要有任何顾虑。希望您协助我们完成这次调研,谢谢您的合作。

请在( )内填写适当的数字,或者在_____填写具体情况

一、个人基本情况

A01. 您的性别:( )1. 男　2. 女;　您的出生年_____

A02. 您孩子的姓名_____

A03. 您的文化程度( )　您配偶的文化程度( )

　　1. 小学及以下　2. 初中　3. 高中/中专/职高/技校　4. 大专　5. 本科

　　6. 研究生

A04. 您的政治面貌( )　您配偶的政治面貌( )

　　1. 党员　2. 民主党派　3. 群众

A05. 您的职业_____;您配偶的职业_____

　　您希望您孩子以后从事什么职业? _____(请写明具体工作)

A06. 您在这个城市生活了多少年? _____年

A07. 您家的月平均收入是多少? ( )(家庭收入)

　　1. 2 500 元及以下　2. 2 501~4 500 元　3. 4 501~6 500 元　4. 6 501~8 500 元

　　5. 8 501~10 000 元　6. 10 001~13 000 元　7. 13 001~16 000 元

　　8. 16 001~25 000 元　9. 25 001~50 000 元　10. 50 001 元及以上

二、学习期望

B01. 您孩子的学习成绩如何？（　　　）

　　1. 非常好　2. 比较好　3. 一般　4. 比较差　5. 很差

B02. 您孩子初中毕业后的学业打算是？（　　　）

　　1. 读高中　2. 读职业高中/技校　3. 出国读书　4. 复读　5. 去打工

　　6. 不读书,在家玩　7. 没打算

B03. 高中/职高/技校毕业后,您希望孩子做什么？（　　　）

　　1. 读国内重点大学　2. 读省重点大学　3. 读普通大学　4. 读高职

　　5. 出国　6. 工作　7. 到时候看

B04. 您对孩子的学历有什么期望？（　　　）

　　1. 初中毕业　2. 高中/职高/技校　3. 大学专科　4. 大学本科

　　5. 研究生　6. 不知道

B05. 如果孩子没有达成您的期望,您会不会很难过？（　　　）

　　1. 非常难过　2. 难过　3. 一般　4. 不难过　5. 无所谓

B06. 孩子的同学您认识几个？＿＿＿＿＿＿（没有就写 0 个）;孩子同学的父母

　　呢？＿＿＿＿＿＿孩子的任课老师您认识几位？＿＿＿＿＿＿;您认识多少个

　　(户)邻居＿＿＿＿＿＿

　　您是家委会成员吗？＿＿＿＿＿＿

C01. 以下活动您参与的频率(请在表格的每一行选择一个合适的格子打"√")

	经常	比较多	一般	较少	从不	不适用
同乡/校友/战友聚会						
居委会/物业组织的活动						
兴趣群体的活动						
志愿者活动						
行业协会、学术社体活动						
单位组织的集体活动						

三、家校联系

D01. 您的孩子理解您吗？（　　　）您理解您的孩子吗？（　　　）

　　1. 很不理解　2. 不太理解　3. 一般　4. 比较理解　5. 非常理解

D02. 初中以来,您有没有参加过学校的家长会? ( )

    1. 每次都去   2. 大部分都去   3. 有时间去,没时间不去   4. 很少去

    5. 都不去

D03. 初中以来,老师家访您都在家吗?( )

    1. 每次都在   2. 大多数在,少数几次不在   3. 少数几次在,多数不在

    4. 都不在家   5. 无家访

D04. 您通过以下哪些方式和学校老师联系? ( )(有几项选几项)

    1. 参加家长会   2. 家长信   3. 打电话   4. 发短信   5. 网络工具

    6. 直接与老师见面   7. 参加学校志愿活动   8. 其他_____

D05. 以下行为您的频率是怎样的?(请在表格的每一行选择一个合适的格子打"√")

	经常	有时	一般	很少	从来不
监督、指导孩子的功课					
因孩子犯错误惩罚孩子					
向老师了解孩子的学习情况					
和孩子同学的家长联系					
参加学校的志愿活动					
参加孩子班级、学校活动					
给教师教学管理提意见、建议					
给学校发展提意见、建议					
关注当地招生政策					

D06. 您对以下人员熟悉程度如何?(请在表格的每一行选择一个合适的格子打"√")

	非常熟悉	比较熟悉	一般	比较陌生	不认识
孩子的班主任					
孩子的任课教师					

	非常熟悉	比较熟悉	一般	比较陌生	不认识
孩子所在学校的校领导					
孩子同班好友的父母					
家委会成员					
孩子的好朋友					

四、升学问题

E01. 您孩子小学在哪里就读?(　　)

　　1. 现在所在的城市　2. 其他城市　3. 老家县城　4. 农村老家

E02. 您孩子小学就读的学校是什么性质的?(　　)

　　1. 无外地生的公办学校　2. 一般公办学校(有本地生和外地生)

　　3. 只招收外来人员子女的公办学校　4. 民办学校

　　5. 其他_____(请注明)

E03. 您孩子小学升初中时,是否有人起过关键性作用?

　　1. 有,有____人

　　2. 没有(选了该项,跳过 E08 - E11,从 E12 起继续回答)

E04. 这个起最关键作用的人与您/您爱人是什么关系?(同乡,同学,朋友的亲戚等)_____(如果是您的熟人,请您继续回答;如果是您爱人的熟人,请根据您爱人和这个人的关系情况回答)

E05. 您/您爱人和他的相熟程度:(　　)

　　1. 不太熟悉　2. 有点熟悉　3. 比较熟悉　4. 非常熟悉

E06. 您/您爱人和他的亲密程度:(　　)

　　1. 谈不上亲密　2. 不太亲密　3. 一般　4. 比较亲密　5. 非常亲密

E07. 您/您爱人对他的信任程度:(　　)

　　1. 谈不上信任　2. 不太信任　3. 一般　4. 比较信任　5. 非常信任

E08. 他在工作中是否从事管理工作,如果承担管理工作,他属于哪一层次:(　　)

　　1. 不从事任何管理工作　2. 一般管理人员　3. 中层管理人员

　　4. 高层管理人员　5. 不清楚

E09. 他的单位性质：（　　　）

　　1. 党政机关　　2. 国有企事业　　3. 教育系统　　4. 集体企事业

　　5. 个体经营　　6. 私营/民营企事业　　7. 三资企业　　8. 其他类型

　　9. 不清楚

E10. 您和他是否仍保持联系？（　　　）

　　1. 是　　2. 否

E11. 您的亲戚朋友中最高学历者的学历是（　　　）

　　1. 初中毕业　　2. 高中/职高/技校　　3. 大专　　4. 本科　　5. 研究生

　　6. 不知道

E12. 过去半年内,与您讨论过您的孩子升学问题的人的个数_____个
（不含配偶和孩子）

E13. 关于您孩子的升学问题,您与谁进行过讨论？（在选项的序号上打钩,
有几项选几项）

　　1. 配偶　　2. 子女　　3. 父母　　4. 兄弟姐妹　　5. 其他亲戚

　　6. 孩子的班主任　　7. 孩子的任课老师　　8. 孩子就读学校领导

　　9. 其他学校的老师、教育工作者　　10. 孩子同学的家长　　11. 您的同学

　　12. 邻居　　13. 战友　　14. 同事　　15. 一般朋友　　16. 专业咨询人员

　　17. 其他_____（请注明）

E14. 你家春节以各种方式(不含手机短信、微信)相互拜年、交往人(亲戚、
朋友等)的状况：

　　亲属_____人/户；　好朋友/亲密朋友_____人；　一般朋友/相
识_____人

E15. 在这些人中,请估计一下：（在每个括号中填写相应的数字）
本市人的比例（　　　）;本单位同事的比例（　　　）;老乡的比例（　　　）

　　1. 几乎全部　　2. 大部分　　3. 一半左右　　4. 小部分　　5. 几乎没有

E16. 他们里面有没有从事以下工作的？（请在选项的序号上打钩,有几项
选几项）

　　1. 国有事业单位人员　　2. 党政机关人员　　3. 党群组织负责人

　　4. 行政办事人员　　5. 法律工作者　　6. 政府机关负责人

　　7. 企事业单位负责人　　8. 大学教师　　9. 中学教师　　10. 小学教师

　　11. 工程技术人员　　12. 科学研究人员　　13. 经济业务人员

　　14. 饭店餐馆服务员　　15. 会计　　16. 医生　　17. 民警　　18. 护士

　　19. 产业工人　　20. 司机　　21. 厨师、炊事员　　22. 农民　　23. 个体户

　　24. 包工头　　25. 村干部　　26. 保姆、计时工　　27. 其他

主要参考文献

1. [美]阿历克斯·英克尔斯.人的现代化[M].殷陆君,译.成都:四川人民出版社,1985.

2. 安桂清,杨洋.不同社会经济地位家庭的家长参与对子女学业成就影响的差异研究[J].教育发展研究,2018(20).

3. 毕馨文,魏星,王美萍,等.父母受教育水平与青少年学业适应的关系:父母教养与亲子沟通的中介作用[J].心理科学,2018(02).

4. [法]布尔迪厄,帕斯隆.继承人:大学生与文化[M].邢克超,译.北京:商务印书馆,2021.

5. 陈学飞.美国、德国、法国、日本当代高等教育思想研究[M].上海:上海教育出版社,1998.

6. 邓小平.邓小平文选.第2卷[M].北京:人民出版社,1983.

7. 丁百仁,王毅杰.教育期望的户籍差异——基于四类儿童的比较研究[J].教育科学,2016(05).

8. 苑雅玲,侯佳伟.家庭对流动儿童择校的影响研究[J].人口研究,2012(02).

9. 方长春.家庭背景与教育分流——教育分流过程中的非学业性因素分析[J].社会,2005(04).

10. 方超,黄斌.非认知能力、家庭教育期望与子代学业成绩——基于CEPS追踪数据的经验分析[J].全球教育展望,2019(01).

11. 费孝通.乡土中国[M].北京:北京大学出版社,1998.

12. 高明华.教育不平等的身心机制及干预策略——以农民工子女为例[J].中国社会科学,2013(04).

13. 高燕.父母教育卷入对中小学生学业成就的影响:家庭社会经济地位的调节作用[J].教育测量与评价,2016(12).

14. 耿羽.莫比乌斯环:"鸡娃群"与教育焦虑[J].中国青年研究,2021(11).

15. 洪岩璧,赵延东.从资本到惯习:中国城市家庭教育模式的阶层分化[J].

社会学研究,2014(04).

16. 侯利明.地位下降回避还是学历下降回避——教育不平等生成机制再探讨(1978~2006)[J].社会学研究,2015(02).

17. [英]卡尔·波兰尼.大转型:我们时代的政治与经济起源[M].冯钢,刘阳,译.北京:当代世界出版社,2007.

18. 林耀华.金翼[M].北京:商务印书馆,2015.

19. 雷万鹏,王浩文.70年义务教育学校布局调整回顾与反思[J].华中师范大学学报(人文社会科学版),2019(06).

20. 雷望红.中国城乡母职形象何以分化——"教育家庭化"中的城市"虎妈"与农村"猫妈"[J].探索与争鸣,2020(10).

21. 李波.父母参与对子女发展的影响——基于学业成绩和非认知能力的视角[J].教育与经济,2018(03).

22. 李超海."减负"政策何以催生义务教育阶段的"赶学游戏"——以广州中产阶级家庭的调查为例[J].学术论坛,2019(02).

23. 李春玲.社会政治变迁与教育机会不平等——家庭背景及制度因素对教育获得的影响(1940~2001)[J].中国社会科学,2003(03).

24. 李春玲.高等教育扩张与教育机会不平等——高校扩招的平等化效应考查[J].社会学研究,2010(03).

25. 李煜.制度变迁与教育不平等的产生机制——中国城市子女的教育获得(1966~2003)[J].中国社会科学,2006(04).

26. 梁漱溟.中国文化要义[M].上海:上海人民出版社,2018.

27. 梁文艳,叶晓梅,李涛.父母参与如何影响流动儿童认知能力——基于CEPS基线数据的实证研究[J].教育学报,2018(01).

28. 刘保中,张月云,李建新.社会经济地位、文化观念与家庭教育期望[J].青年研究,2014(06).

29. 刘桂荣,滕秀芹.父母参与对流动儿童学业成绩的影响:自主性动机的中介作用[J].心理学探新,2016,36(05).

30. 刘浩.班级环境对初中生教育期望的影响研究[J].青年研究,2018(01).

31. 刘精明.教育选择方式及其后果[J].中国人民大学学报,2004(01).

32. 刘精明.高等教育扩展与入学机会差异:1978~2003[J].社会,2006(03).

33. 刘精明.能力与出身:高等教育入学机会分配的机制分析[J].中国社会科学,2014(08).

34. 陆韵.义务教育阶段"民办择校热"背后教育不公平的生成与治理[J].中国教育学刊,2020(12).

35. [美]罗伯特·帕特南.使民主运转起来[M].王列、赖海榕,译.南昌:江西人民出版社,2001.

36. [苏联]马卡连柯.家庭和儿童教育[M].丽娃,译.上海:上海人民出版社,2016.

37. 孟繁华,张爽,王天晓.我国教育政策的范式转换[J].教育研究,2019(03).

38. [美]尼科尔斯,施瓦茨.家庭治疗基础[M].林丹华,等译.北京:中国轻工业出版社,2005.

39. 庞圣民.市场转型、教育分流与中国城乡高等教育机会不平等(1977~2008)——兼论重点中学制度是否应该为城乡高等教育机会不平等买单[J].社会,2016(05).

40. [法]皮埃尔·布尔迪厄.资本的形式[M]//薛晓源,曹荣湘.全球化与文化资本.北京:中国社会科学出版社,2005.

41. 齐亚强,牛建林.教育的再生产:代际传承与变迁[J].中国人民大学教育学刊,2012(01).

42. [美]乔纳森·特纳.社会学理论的结构.下[M].邱泽奇,张茂元,等译.北京:华夏出版社,2001.

43. 邵亚萍.义务教育"零择校"与教育公平[J].浙江社会科学,2015(09).

44. 孙伦轩,林小莉.从"严父慈母"到"严母慈父"——子女管教严格程度的父母差异及其成因分解[J].教育学术月刊,2018(08).

45. 孙军,程晋宽.义务教育学校"公民同招"制度的设计与推进[J].中国教育学刊,2020(07).

46. 孙绵涛.教育行政学概论[M].武汉:华中师范大学出版社,1989.

47. 王甫勤,时怡雯.家庭背景、教育期望与大学教育获得——基于上海市调查数据的实证研究[J].社会,2014(01).

48. 王慧.中国当代农村教育史论[M].北京:光明日报出版社,2014.

49. 王慧敏,吴愈晓,黄超.家庭社会经济地位、学前教育与青少年的认知-非认知能力[J].青年研究,2017(06).

50. 王烨晖,张缨斌,辛涛.父母教育期望对四年级学生数学成就的影响:多重中介效应分析[J].心理与行为研究,2018(01).

51. 文东茅.家庭背景对我国高等教育机会及毕业生就业的影响[J].北京大学教育评论,2005(03).

52. 文军,顾楚丹.基础教育资源分配的城乡差异及其社会后果——基于中国教育统计数据的分析[J].华东师范大学学报(教育科学版),

2017(02).

53. 吴帆,张林虓.父母参与在青少年行为发展中的作用——基于 CEPS 数据的实证研究[J].中国青年研究,2018(12).

54. 吴开俊,周丽萍.进城务工人员随迁子女义务教育财政责任划分——基于中央与地方支出的实证分析[J].教育研究,2021(10).

55. 吴霓.随迁子女在流入地升学考试政策的实施状况与相关问题的解决路径[J].教育科学研究,2018(09).

56. 吴愈晓.教育分流体制与中国的教育分层(1978~2008)[J].社会学研究,2013(04).

57. 吴愈晓,黄超.基础教育中的学校阶层分割与学生教育期望[J].中国社会科学,2016(04).

58. 《习仲勋传》编委会.习仲勋传.下卷[M].北京:中央文献出版社,2013.

59. 徐清秀.农村家长参与学校教育低迷的原因及疏解——地方性知识的视角[J].中国教育学刊,2021(09).

60. 许怡,辛荣.流动中妇女的母职实践与主体重塑[J].社会发展研究,2021(04).

61. 薛海平.从学校教育到影子教育:教育竞争与社会再生产[J].北京大学教育评论,2015(03).

62. 杨笛,金一虹.教育母职化与母职的焦虑[J].社会建设,2022(01).

63. 杨东平.杨东平教育随笔:教育需要一场革命[M].上海:上海人民出版社,2007.

64. 杨东平.新一轮"教育产业化"的特征与治理[J].清华大学教育研究,2018(01).

65. 杨菊华,段成荣.农村地区流动儿童、留守儿童和其他儿童教育机会比较研究[J].人口研究,2008(01).

66. 杨可.母职的经纪人化——教育市场化背景下的母职变迁[J].妇女研究论丛,2018(02).

67. 杨习超,姚远,张顺.家庭社会地位对青少年教育期望影响研究——基于 CEPS2014 调查数据的实证分析[J].中国青年研究,2016(07).

68. 曾守锤.流动儿童的社会适应状况及其风险因素的研究[J].心理科学,2010(02).

69. 张东娇.义务教育阶段择校行为分析:社会资本结构的视角[J].教育发展研究,2010(02).

70. 张绘.我国城市流动儿童初中后教育意愿及其政策含义[J].教育学报,

2013,9(01).

71. 张俊友."就近入学"的局限及"大学区制"探索[J].中国教育学刊,2016(02).

72. 张阳阳,谢桂华.教育期望中的班级效应分析[J].社会,2017(06).

73. 张玉林,刘保军.中国的职业阶层与高等教育机会[J].北京师范大学学报(社会科学版),2005(03).

74. 张云亮.亲子互动、学校资源与学生教育期望——基于"中国教育追踪调查"的异质性分析[J].青年研究,2018(02).

75. 赵延东,洪岩璧.网络资源、社会闭合与宏观环境——教育获得中的社会资本研究及发展趋势[J].社会学评论,2013(04).

76. 赵延东,洪岩璧.社会资本与教育获得——网络资源与社会闭合的视角[J].社会学研究,2012(05).

77. 中共中央文献研究室.邓小平决策恢复高考讲话谈话批示集(1977年5月~12月),北京:中央文献出版社,2007.

78. 周皓.家庭社会经济地位、教育期望、亲子交流与儿童发展[J].青年研究,2013(03).

79. Abada T, Tenkorang E Y. Pursuit of University Education among the Children of Immigrants in Canada: the Roles of Parental Human Capital and Social Capital[J]. Journal of Youth Studies, 2009 (2).

80. Ackerman P, Brown D, Izard E. The Relations between Persistent Poverty and Contextual Risk and Children's Behavior in Elementary School[J]. Developmental Psychology, 2004(3).

81. Adler P S, Kwon S W. Social Capital: Prospects for a New Concept[J]. Academy of Management Review, 2002 (1).

82. Alexander K, Entwisle D, Bedinger S. When Expectations Work: Race and Socioeconomic Differences in School Performance[J]. Social Psychology Quarterly, 1994 (4).

83. Archambault I, Janosz M, Fallu J S, et al. Student Engagement and Its Relationship with Early High School Dropout[J]. Journal of Adolescence, 2009 (3).

84. Arendell T. Conceiving and Investigating Motherhood: the Decade's Scholarship[J]. Journal of Marriage and Family, 2000 (4).

85. Bailey R. Physical Education and Sport in Schools: a Review of Benefits and Outcomes[J]. Journal of School Health, 2006 (8).

86. Ball S J, Maguire M, Macrae S. Choice, Pathways, and Transitions Post - 16: New Youth, New Economies in the Global City[M]. Psychology Press, 2000.

87. Baron S, Field J, Schuller T. Social Capital: Critical Perspectives[M]. Oup Oxford, 2000.

88. Bassani C. Young People and Social Capital. Handbook of Youth and Young Adulthood: New Perspectives and Agendas[Z]. New York, Ny: Routledge, 2009.

89. Benner A D, Mistry R S. Congruence of Mother and Teacher Educational Expectations and Low-Income Youth's Academic Competence[J]. Journal of Educational Psychology, 2007 (1).

90. Biddle B. Social Class, Poverty and Education[M]. Routledge, 2014.

91. Bourdieu P. Cultural Reproduction and Social Reproduction [M]// Knowledge, Education, and Cultural Change. Routledge, 2018.

92. Bourdieu P. Distinction: a Social Critique of the Judgment of Taste[M]// Social Stratification. Routledge, 2018.

93. Bourdieu P. Homo Academicus[M]. Stanford University Press, 1988.

94. Bourdieu P. In Other Words: Essays toward a Reflexive Sociology[M]. Stanford University Press, 1990.

95. Bourdieu P. Passeron J C. Reproduction in Education, Society and Culture: Volume 4[M]. Sage, 1990.

96. Bourdieu P. The Forms of Capital (1986) [J]. Cultural Theory: an Anthology, 2011(1).

97. Bowen N K, Bowen G L.The Mediating Role of Educational Meaning in the Relationship between Home Academic Culture and Academic Performance [J]. Family Relations, 1998 (1).

98. Bronfenbrenner U. The Ecology of Human Development: Experiments by Nature and Design[M]. Harvard University Press, 1979.

99. Brooks R. Friendship and Educational Choice: Peer Influence and Planning for the Future[M]. Springer, 2004.

100. Burt R S. The Contingent Value of Social Capital [J]. Administrative Science Quarterly, 1997.

101. Campbell R T. Status Attainment Research: End of the Beginning or Beginning of the End? [J]. Sociology of Education, 1983.

102. Coleman J S. Equality of Educational Opportunity [J]. Integrated Education, 1968 (5).

103. Coleman J S. Foundations of Social Theory[M]. Harvard University Press, 1990.

104. Coleman J S. Social Capital in the Creation of Human Capital [J]. American Journal of Sociology, 1988.

105. Coleman J S. The Rational Reconstruction of Society: 1992 Presidential Address[J]. American Sociological Review, 1993.

106. Coleman J S, Thomas H. Public and Private High Schools: the Impact of Communities[Z]. New York: Basic Books, 1987.

107. Coleman P K, Karraker K H. Self-Efficacy and Parenting Quality: Findings and Future Applications[J]. Developmental Review, 1998 (1).

108. Cookson P W, Schneider B. Transforming School [M]. New York: Garland, 1995.

109. Crosnoe R. Social Capital and the Interplay of Families and Schools[J]. Journal of Marriage and Family, 2004, 66(2): 267 – 280.

110. Delgado-Gaitan C. School Matters in the Mexican-American Home: Socializing Children to Education [J]. American Educational Research Journal, 1992(29).

111. Epstein S, Pacini R, Denes-Raj V, et al. Individual Differences in Intuitive – Experiential and Analytical – Rational Thinking Styles[J]. Journal of Personality and Social Psychology, 1996 (2).

112. Fan W H, Williams C M. The Effects of Parental Involvement on Students' Academic Self-Efficacy, Engagement and Intrinsic Motivation [J]. Educational Psychology, 2010(1).

113. Fukuyama F. Social Capital, Civil Society and Development [J]. Third World Quarterly, 2001 (1).

114. Fuligni A J, Tseng V, Lam M. Attitudes toward Family Obligations among American Adolescents with Asian, Latin American, and European Backgrounds[J]. Child Development, 1999 (4).

115. Fuligni A J, Witkow M R, Garcia C. Ethnic Identity and the Academic Adjustment of Adolescents from Mexican, Chinese, and European Backgrounds[J]. Developmental Psychol Ogy, 2005(41).

116. Galvin K M, Braithwaite D O, Bylund C L. Family Communication:

Cohesion and Change[M]. Routledge, 2015.

117. Geel van M, Vedder P. The Role of Family Obligations and School Adjustment in Explaining the Immigrant Paradox[J]. Journal of Youth and Adolescence, 2011(2).

118. Goddard D. Relational Networks, Social Trust and Norms: a Social Capital Perspective on Students' Chances of Academic Success[J]. Educational Evaluation and Policy Analysis, 2003(1).

119. Hagan J, Macmillan R, Wheaton B. New Kid in Town: Social Capital and the Life Course Effects of Family Migration on Children[J]. American Sociological Review, 1996.

120. Hango D. Parental Investment in Childhood and Educational Qualifications: Can Greater Parental Involvement Mediate the Effects of Socioeconomic Disadvantage? [J]. Social Science Research, 2007 (4).

121. Horvat E M, Weininger E B, Lareau A. From Social Ties to Social Capital: Class Differences in the Relations between Schools and Parent Networks [J]. American Educational Research Journal, 2003 (2).

122. Israel G D, Beaulieu L J, Hartless G. The Influence of Family and Community Social Capital on Educational Achievement [J]. Rural Sociology, 2001 (1).

123. Jeynes W H. The Relationship between Parental Involvement and Urban Secondary School Student Academic Achievement: a Me-Ta-Analysis[J]. Urban Education, 2007 (7).

124. Jowkar B, Kohoulat N, Zakeri H. Family Communication Patterns and Academic Resilience [J]. Procedia − Social and Behavioral Sciences, 2011(29).

125. Juang L P, Cookston J T. A Longitudinal Study of Family Obligation and Depressive Symptoms among Chinese American Adolescents[J]. Journal of Family Psychology, 2009 (3).

126. Kerbaiv D, Bernhardt A. Parental Intervention in the School: the Context of Minority Involvement [M]//Parents, Their Children, and Schools. Routledge, 2018.

127. Kessler-Sklar S L, Baker A J. School District Parent Involvement Policies and Programs[J]. The Elementary School Journal, 2000 (1).

128. Kiang L, Andrews K, Stein G L, et al. Socioeconomic Stress and

Academic Adjustment among Asian American Adolescents: the Protective Role of Family Obligation[J]. Journal of Youth and Adolescence, 2013, 42(6).

129. Kiang L. Deriving Daily Purpose through Daily Events and Role Fulfillment among a Sian a Merican Youth[J]. Journal of Research on Adolescence, 2012(1).

130. Lanz M, Rosnati R, Marta E, et al. Adolescents' Future: a Comparison of Young People's and Their Parents' Views [M]. New York: Routledge Falmer, 2001.

131. Lareau A. Linking Bourdieu's Concept of Capital to the Broader Field[J]. Social Class, Poverty, and Education, 2001.

132. Lefkowitz E S, Laura F R, Rosalie C. How Latino American and European American Adolescent Discuss Conflict, Sexuality and AIDS with Their Mothers[J].Development Psychology, 2000 (3).

133. Leventhal T, Xue Y G, Brooks-Gunn J. Immigrant Differences in School-Age Children's Verbal Trajectories: a Look at Four Racial/Ethnic Groups[J]. Child Development, 2006(5).

134. Ling P S. The School Compositional Effect of Single Parenthood on 10th - Grade Achievement[J]. Sociology of Education, 1998.

135. Lin N. Building a Network Theory of Social Capital[J]. Social Capital, 2017.

136. Lin N. Social Capital: a Theory of Social Structure and Action: Volume 19 [M]. Cambridge University Press, 2002.

137. Marjoribanks K. Educational and Occupational Aspirations of "Common Man" Boys: Kahl's Study Revisited [J]. The Journal of Genetic Psychology, 2003(2).

138. Marschall M J, Shah P R, Donato K. Parent Involvement Policy in Established and New Immigrant Destinations[J]. Social Science Quarterly, 2012, 93(1): 130－151.

139. Mcneal R B. Checking in or Checking out? Investigating the Parent Involvement Reactive Hypothesis [J]. The Journal of Educational Research, 2012 (2).

140. Mcneal R B. Parental Involvement as Social Capital: Differential Effectiveness on Science Achievement, Truancy, and Dropping Out[J].

Social Forces, 1999(1).

141. Mickelson R A. The Attitude-Achievement Paradox among Black Adolescents[J]. Sociology of Education, 1990.

142. Milan S, Wortel S. Family Obligation Values as a Protective and Vulnerability Factor among Low-Income Adolescent Girls[J]. Journal of Youth and Adolescence, 2015 (6).

143. Morgan S, Sorensen A. Parental Networks, and Social Closure and Mathematics Learning: a Test on Coleman's Social Capital Explanation of School Effects[J]. American Sociological Review, 1999(2).

144. Morgan S. Modeling Preparatory Commitment and Nonrepeatable Decisions: Information Processing, Preference Formation, and Educational Attainment [J]. Rationality and Society, 2002 (4).

145. Murphy E. Risk, Responsibility, and Rhetoric in Infant Feeding[J]. Journal of Contemporary Ethnography, 2000 (3).

146. Nguyen T U H. Information Technology Adoption in Smes: An Integrated Framework [J]. International Journal of Entrepreneurial Behavior & Research, 2009.

147. Nielsen H S, Rosholm M, Smith N, et al.The School-to Work Transition of 2nd Generation Immigrants in Denmark [J]. Journal of Population Economics, 2003(16).

148. Oluwatelure T A.Effects of Parental Involvement on Students Attitude and Performance in Science[J].African Journal of Microbiol-Ogy Research, 2010, 4(1).

149. Parcel T L, Dufur M J. Capital at Home and at School: Effects on Student Achievement[J]. Social Forces, 2001, 79(3).

150. Parke D. Development in the Family [J]. Annual Review of Psychology, 2004(55).

151. Patterson G R. Performance Models for Antisocial Boys[J]. American Psychologist, 1986(4).

152. Perna L W. Studying College Access and Choice: a Proposed Conceptual Model[M]. Springer, 2005.

153. Pishghadam R, Zabihi R. Parental Education and Social and Cultural Capital in Academic Achievement [J]. International Journal of English Linguistics, 2011, 1(2).

154. Pittman K, Irby M, Ferber T. Unfinished Business: Further Reflections on a Decade of Promoting Youth Development [J]. Trends in Youth Development, 2001.

155. Portes A, Rumbaut R G. Legacies: the Story of the Immigrant Second Generation[M]. University of California Press, 2001.

156. Portes A. Social Capital: Its Origins and Applications in Modern Sociology [J]. Annual Review of Sociology, 1998, 24(1).

157. Pusztai G, Others. The Effects of Institutional Social Capital on Students' Success in Higher Education [J]. Herj Hungarian Educational Research Journal, 2014, 4(3).

158. Putnam R D. Tuning in, Tuning out: the Strange Disappearance of Social Capital in America[J]. Ps: Political Science & Politics, 1995, 28(4).

159. Ream R K, Palardy G J. Reexamining Social Class Differences in the Availability and the Educational Utility of Parental Social Capital [J]. American Educational Research Journal, 2008(45).

160. Reitzes D C, Mutran E. Significant Others and Self Conceptions: Factors Influencing Educational Expectations and Academic Performance [J]. Sociology of Education, 1980 (1).

161. Rose R. How Much Does Social Capital add to Individual Health? [J]. Social Science & Medicine, 2000 (9).

162. Sampson R J, Raudenbush S W. Systematic Social Observation of Public Spaces: a New Look at Disorder in Urban Neighborhoods[J]. American Journal of Sociology, 1999 (3).

163. Sandefur G D, Wells T. Does Family Structure Really Influence Educational Attainment? [J]. Social Science Research, 1999 (4).

164. Shucksmith M. Endogenous Development, Social Capital and Social Inclusion: Perspectives from Leader in the UK [J]. Sociologia Ruralis, 2000 (2).

165. Skinner E A, Kindermann T, Aconnell J P, et al. Engagement and Disaffection Asorganizational Constructs in the Dynamics of Motivational Development[M].New York: Routledge, 2009.

166. Stanton-Salazar R. A Social Capital Framework for Understanding the Socialization of Racial Minority Children and Youths [J]. Harvard Educational Review, 1997 (1).

167. Sun Y. The Contextual Effects of Community Social Capital on Academic Performance[J]. Social Science Research, 1999 (4).

168. Tseng V. Family Interdependence and Academic Adjustment in College: Youth from Immigrant and US - Born Families[J]. Child Development, 2004 (3).

169. Tzanakis M. Bourdieu's Social Reproduction Thesis and the Role of Cultural Capital in Educational Attainment: a Critical Review of Key Empirical Studies[J]. Educate, 2011 (1).

170. Tzanakis M. Social Capital in Bourdieu's, Coleman's and Putnam's Theory: Empirical Evidence and Emergent Measurement Issues[J]. Educate, 2013 (2).

171. Wu Q, Zhang X, Waley P. When Neil Smith Met Pierre Bourdieu in Nanjing, China: Bringing Cultural Capital into Rent Gap Theory[J]. Housing Studies, 2017 (5).

172. Yan W. Successful African American Students: the Role of Parental Involvement[J]. Journal of Negro Education, 1999.

173. You S, Nguyen J T. Parents' Involvement in Adolescents' Schooling: a Multidimensional Conceptualisation and Mediational Model[J]. Educational Psychology, 2011 (5).

174. Zhang Y, Haddad E, Torres B, et al. The Reciprocal Relationships among Parents' Expectations, Adolescents' Expectations, and Adolescents' Achievement: a Two Wave Longitudinal Analysis of the NELS Data[J]. Journal Youth Adolescence, 2011(4).

175. Zhou M, Kim S. Community Forces, Social Capital, and Educational Achievement: the Case of Supplementary Education in the Chinese and Korean Immigrant Communities [J]. Harvard Educational Review, 2006(76).

索 引

后 记

这本书是国家社科基金后期资助项目"家庭社会资本与教育获得研究"的最终成果，也是基于我的博士论文修改而成的专著。从博士入学到博士论文写作、毕业答辩，到课题申请、书稿再修改……这个过程虽然辛苦，但是无数师长、亲友、家人们的关爱、帮助和支持让我不断进步，不断成长。

感谢我的博士研究生阶段指导老师风笑天教授。风老师常常教导我们"念念不忘，必有回响"，认真工作、生活，一切"水到渠成"；风老师一直鼓励我们"做中学"，鼓励我们多读、多写、多实践，在实践中成长。博士选题对我来说是一个大难题，风老师长期从事独生子女、社会人口和社会学研究方法的研究，他不给我的论文命题，而是让我根据自己的兴趣自由发展，对于论文选题，老师严格把关，强调必须要有问题意识和现实关怀；在写作过程中，每当我遇到困难时，风老师就是最坚实的"靠山"，他总是安慰我"不着急、慢慢来"，并给出切实可行的意见和建议；即使是我参加工作以后，风老师都会为我选题遴选、申报书撰写提供指导、为项目执行提供支持。感谢师母张慧源老师，给我们无微不至的关怀，师母虽然关心我们的论文进展，但怕我们压力太大而从不主动提论文，更多的是关心我们的身心健康；师母总是那么和蔼可亲，每当有什么烦恼，和师母聊聊，一切又云淡风轻了。

感谢南京大学社会学院的老师们。在南京大学社会学院学习是我人生中最宝贵的经历，它为我进入学术圈提供了知识储备和精神力量。犹记得周晓虹教授第一次给我们讲课时曾说，"大多数人一辈子就只有一篇博士论文，博士论文要么把你送上光荣榜，要么把你钉在耻辱柱上"，这句话一直鞭策着我尽力把论文做好；还有张鸿雁教授对我们"知识一定要转化成生产力"的嘱咐；翟学伟教授对中国社会面子、人情所做的精辟入里的分析；彭华民教授课程中满满的社工精神……都让我受益终身。

感谢我的合作导师毛丹教授，在我学术发展遇到瓶颈的时候，为我指点迷津,鼓励我继续努力。感谢我的硕士研究生阶段指导老师孙秋云教授、雷洪教授,感谢我的老师卢福营教授,是他们带领我走进了社会学的殿堂。感谢我敬爱的老师们,你们给我的不仅有学术上的指引,更有做人、做事的教诲,你们帮助我积淀了"老老实实做人、踏踏实实做事"的人生底色。

感谢我的师兄师姐、师弟师妹们! 师门内关系融洽、互帮互助,让我学习有榜样,前进有方向;困惑有人解,困难有人帮! 感谢我社会学硕士、博士班上的同学们! 和你们一起学习的岁月是我一生的财富,这段经历终生难忘! 感谢我的朋友们!

开展一项较大规模的社会调查对于"小青椒"来说是一件难事。在调查过程中,我的领导、同事、朋友、学生都为我提供了大量的帮助。"有困难来找我",校党委金一斌副书记一直记挂着我的毕业论文,在我开展调研的时候,给予关切的询问和帮助。在挂职的陈巍书记、马化龙老师、周峰老师、杭州电子科技大学团委王秋兰副书记都为我的调研提供了支持;我的师姐徐燕峰,同学何丽敏,朋友黄海梁、郭可、孔伟,妹妹吴晶晶,学生叶显途、王军、孙慧慧、宋家豪,以及在调查中结识的一些书记、校长们,还有天真可爱的孩子和他们淳朴的父母都为研究提供了极大的帮助。法学院的领导、同事们在研究中为我出谋划策,排忧解难。感谢老书记王秩龙,书记郑海味、院长王轻鸿、副书记严莹、副院长方建中,徐旭初教授、王国枫教授、李庆真教授、徐燕杭副教授、徐琳等,谢谢大家一路的扶持与帮助!

感谢我的两个女儿,帮助我实现父母觉醒和成长。本书主要讨论家庭社会资本对教育获得的影响,在这里"亲子教育"和"亲子关系"是绕不过去的话题。本书成稿的同时也是我养育两个女儿的过程,是我在实践中深刻体会"亲子教育"和"亲子关系"的过程。这本书不但是我对家庭社会资本、亲子教育问题的思考,更是这几年我在亲子教育过程中自我学习、反思、成长的心得总结。

在我写博士论文的时候,我的大女儿三岁不到。那时候,我不是背着包去图书馆,就是到处跑田野、做调查,小朋友只有天天跟着阿姨。有一天,我的博士论文写得差不多了,想带小朋友出去玩一下。上车的时候,她带着哭腔说:"妈妈,我不要打针!"我才意识到,这么长时间,我除了带她打疫苗之外,几乎没有带她出去玩过,哪怕是周边走走。我的眼眶红了,眼泪在打转。可是接下来,我并没有意识到母亲陪伴对孩子的重要性,也没有改正。在她上幼儿园的三年时间里,我把她交给了幼儿园和兴趣班。现在回想,我送她上各种兴趣班，一方面是为了让她尝试各种事物，另一方面也是为了给自己腾点时间。

跌跌撞撞博士毕业，到了 2018 年，我的小女儿出生。在她出生后的三个月，我开始准备申请国家社科基金后期资助项目。她天天乖乖的，不吵不闹，饿了吃，困了睡，每次醒来都是笑眯眯的。于是，爷爷奶奶帮忙照看她，我去图书馆修改博士论文。

一切都看着很好：项目拿到了、孩子也慢慢长大了。但当大女儿上了小学，感觉一切都变了。由于之前一直觉得当妈妈是女性的天性，天生就会；我没有认真、系统地学习，只是凭着自己的一腔热情让小朋友学这学那，放学盯着她写作业、练钢琴……我以为自己是个很负责的妈妈，可是，在那段日子里，我的理智脑根本控制不了情绪脑，小朋友在学校里一有风吹草动，我就紧张、焦虑得不得了。这样的教育效果可想而知，那段时间只能说，家里是鸡飞狗跳，一地鸡毛。

当我面对孩子"无能为力"的时候，我的书稿修改也卡壳了。我亟须补充新的知识，于是开始大量地阅读儿童心理、亲子教育的相关书籍。我发现自己真的错了，犯了很多家长都会犯的错误：缺少对孩子的陪伴，不会控制情绪，焦虑、急躁……我需要平衡工作和生活，我需要新的教育方式与方法，我需要"修炼"……这些又何尝容易？但是，长期对家庭关系和家庭社会资本的学习，让我深刻意识到好妈妈对家庭的重要意义。即使再难，也必须改变。于是，我调整自己对待工作和生活的态度，放掉一些工作上的"角色"，让自己放松下来、慢下来；我继续阅读、学习，以更平和的心态对待自己、孩子、家人。一边带娃，一边反思；一边调研，一边写作。虽然慢了点，但是工作和生活慢慢地回到正轨，亲子关系好了很多。真心感谢我两个可爱的孩子，谢谢你们这么爱我！虽然我做得不够好，但是在你们心里我依旧是个好妈妈！

感谢我的父亲母亲、公公婆婆，你们永远是我最坚实的后盾，每次遇到困难，你们总是陪在我身边，帮助我渡过难关。感谢我的兄弟姐妹，为我分担照顾父母、公婆的重任。感谢我的丈夫，无条件地支持我，在我迷茫、彷徨的时候指点我；在我准备在"焦虑育娃"的道路上狂飙时，及时帮我踩刹车；在人生道路上陪我实现一个个小愿望。

感谢国家社科规划办，给了我重新修改、完善著作，反思自己教育问题的机会，感谢八位匿名评审专家为书稿提供的宝贵意见；感谢科研院王轻鸿院长一直的信任和鼓励；感谢好友李琳、许梦倩提供的"班主任"式的帮助和支持；感谢我的学生张玉坤、吴鹏飞、庞冬晨、戴红玉、戴雅芳和我一起校对书稿;感谢上海交通大学出版社编辑为书稿完美呈现所付出的辛劳! 感恩所有遇见与美好!

　　愿所有的父母能不断学习,做成长型的父母,让孩子们心中有爱、眼中有光,充满自我成长的力量和勇气!

吴新慧于杭州电子科技大学图书馆

2023 年 4 月 8 日